国家自然科学基金面上项目(41371155)
国家自然科学基金重点项目(41230631)

旅游地理论与实践探索丛书

都市圈旅游空间研究

陈 浩 陆 林 等著

科学出版社
北 京

内 容 简 介

本书从空间视角重点分析都市圈旅游者空间行为、区域旅游流空间网络特征，并基于旅游流空间网络分析都市圈旅游发展的空间特征、演化及机理，构建都市圈旅游发展的基本空间模式，定位都市圈城市旅游地的角色。以定性与定量相结合的方法，系统地探讨都市圈旅游目的地综合开发和旅游产业发展中区域空间矛盾形成的内在机理及对其有效的调控机制。本书可以为加强都市圈旅游目的地各城市之间的旅游合作、优化区域旅游空间结构、实现区域旅游空间的优化整合与重组、增强都市圈旅游目的地旅游开发的内动力、提高都市圈旅游目的地旅游经济的运行质量与竞争力以及在更高的平台上获取区域旅游整体优势等提供科学的依据和行动指南。

本书可以作为高等院校旅游管理、旅游地理、区域经济、城市规划等专业师生及科研机构工作人员作为相关研究的参考。

图书在版编目(CIP)数据

都市圈旅游空间研究/陈浩等著.—北京：科学出版社，2017.9
（旅游地理论与实践探索丛书）
ISBN 978-7-03-054502-2

Ⅰ.①都… Ⅱ.①陈… Ⅲ.①区域旅游-旅游业发展-研究-中国 Ⅳ.①F592.7

中国版本图书馆 CIP 数据核字(2017)第 227235 号

责任编辑：许　健
责任印制：谭宏宇 / 封面设计：殷　靓

科学出版社 出版
北京东黄城根北街 16 号
邮政编码：100717
http://www.sciencep.com

南京展望文化发展有限公司排版
苏州越洋印刷有限公司印刷
科学出版社发行　各地新华书店经销

*

2017 年 9 月第　一　版　开本：B5(720×1 000)
2017 年 9 月第一次印刷　印张：19¾
字数：382 000

定价：98.00 元
(如有印装质量问题，我社负责调换)

序

1979年7月15日，一代伟人邓小平同志徒步登上黄山之巅，语重心长地说：黄山是发展旅游的好地方，要有点雄心壮志，把黄山的牌子打出去。由此开启了黄山乃至整个中国现代旅游业发展的历史大幕。近40年来，我国改革开放事业取得了举世瞩目的成就，旅游业也迅速发展，已经成为国民经济的综合性产业，全面融入国家战略体系。

中国旅游业的发展为旅游研究提供了千载难逢的机遇。安徽师范大学师生深受鼓舞，20世纪80年代初，在卢村禾、韩也良先生的带领下开始了旅游学术研究，韩也良先生主持了我国第一项旅游研究的国家自然科学基金项目《黄山风景区开发理论的地学研究》。之后，安徽师范大学老师们承担了多项旅游研究的国家科研项目，持续开展旅游学术研究，取得了一些研究成果，培育了一批旅游研究人才。

我既是这一过程的见证者、参与者，更是这一过程的受益者。1985～1988年我师从安徽师范大学卢村禾先生，攻读硕士研究生，开始从事旅游研究；1992～1995年，师从南京大学曾尊固先生，攻读博士学位，继续从事旅游研究；1995～1997年，师从中国科学院地理科学与资源研究所郭来喜先生从事旅游研究的博士后工作。三位先生的教导，让我终身受益。

三十余年来，我一直从事旅游研究，获得了多项旅游研究的国家科研项目支持，培养了100多位旅游研究领域的博士和硕士研究生，他们中不少已经成为旅游研究领域专业研究者。在研究过程中，我们取得了一点成果，成果较明显地指向了旅游研究核心领域之一的旅游地研究。随着我们研究的深入和拓展，具备了形成主题化、系统化研究成果的条件。相对集中的研究领域、研究兴趣和研究成果为出版《旅游地理论与实践探索丛书》提供了条件。

希望以《旅游地理论与实践探索丛书》的形式，集中、系统出版的研究成果，更好地向国内外同行学习、与国内外同行交流，更好地为旅游地研究服务。

《旅游地理论与实践探索丛书》是一个开放的学术平台，我们非常欢迎相关研究成果以学术丛书的形式出版，一起为旅游地研究做贡献。

许多人为《旅游地理论与实践探索丛书》的出版做出了贡献，今后，还会有人为此做出贡献，在此衷心地感谢所有贡献者。

限于作者的学识和水平，丛书中的不到之处，敬请专家和读者批评、指正！

陆　林

2017年6月于安徽师范大学文津花园

前　言

　　都市圈是在特定的区域范围内集中相当数量的不同性质、类型和等级规模的城市，以一个或两个特大城市为中心，依托一定的自然环境和交通条件，城市之间的内在联系不断加强，共同构成一个相对完整的城市"集合体"。都市圈是城市发展到成熟阶段的高级空间组织形式，是在地域上集中分布的若干城市和特大城市集聚而成的庞大的多核心、多层次的城市集团，是大都市区的联合体。当前我国快速发展的工业化、城市化极大地推动着都市圈的建设和发展。以都市圈为特征的城市空间集聚态势明显。都市圈建设和发展为都市圈旅游提供了新的发展机遇，成为旅游发展的空间集聚地。同时，30 年来，我国旅游业快速发展，不断扩大的产业规模，日趋完善的产业体系，有力地促进了都市圈的建设和发展。都市圈旅游发展是我国从旅游大国走向世界旅游强国的主要保障，是旅游业成为国民经济战略性支柱产业和人民群众更加满意的现代服务业的主要保障。

　　都市圈是区域经济一体化的主要载体，都市圈发展研究是我国区域经济理论体系的重要内容和组成部分，也正逐步成为区域经济研究的热点命题。虽然地理学界、规划学界、经济学界的一些学者对都市圈发展问题进行了不少研究，一般是从经济、环境、空间、文化、制度等各个层面对都市圈发展问题进行研究，但从旅游业发展角度研究都市圈区域的成果还不多见。而都市圈是旅游创新发展的战略平台，旅游发展所需的发展要素多，发展机遇多，旅游产业规模大，产业体系较为完善，旅游发展的效应明显。都市圈旅游发展对全国乃至世界旅游发展具有明显的引领作用、示范作用。因此，进行都市圈旅游发展的系统性、机制性的研究将有利于拓展旅游地理学及城市地理学研究视野、丰富其研究内容。都市圈会集了传统的旅游发展要素和新的旅游发展要素，传统的发展要素和新的发展要素交织作用，需要以新的研究思路、新的研究理论和方法开展都市圈旅游发展研究。本研究从空间视角分析都市圈旅游发展的空间特征、演化及机理，构建都市圈旅游发展的基本空间模式，拟形成都市圈旅游空间的系统化研究成果。因此对创新旅游地理学以及城市地理学的研究思路、研究内容和研究方法将起到较显著的作用。有利于提升旅游地理学学科建设水平，推动城市地理学学科建设。同时，可以为政府管理部门制定此类区域的旅游经济发展战略和行之有效的旅游产业政策等提供有效的信息支持，使都市圈旅游目的地的区域管理和制度安排更加务实有效。

感谢研究团队的所有老师和同学,本书是大家多年来辛勤努力的汗水结晶。

感谢研究所涉及案例地的地方领导与朋友们给予调研的大力帮助。

书中引用了大量国内外学者公开发表的论著和文献,在此一并表示衷心的谢意。

本书的撰写经历了较长的时间跨度,因此部分调研数据和相关资料不是最新的。同时,由于本书是研究团队近年来的相关成果的整合,内容较多,信息量大,因此在部分章节的整合设计及其他方面可能还存在不足。

陈浩　陆林
2017 年 6 月

目　录

序
前言

第一章　研究区域概况 ·· 1
第二章　理论基础及文献分析 ·· 3
　第一节　基本概念 ·· 3
　第二节　基本理论 ·· 5
　第三节　都市圈及都市圈旅游文献分析 ··· 14
　第四节　本章小结 ·· 29
第三章　都市圈国内旅游者空间行为 ··· 37
　第一节　三大都市圈国内旅游者空间行为及其比较 ································ 37
　第二节　都市圈商务旅游者空间行为及其视角下城市形象 ···················· 64
　第三节　本章小结 ·· 96
第四章　都市圈旅游流空间网络 ··· 106
　第一节　研究模型构建 ·· 106
　第二节　上海市居民长三角区域游的空间网络研究 ······························ 109
　第三节　长江三角洲团队旅游者区内游空间网络结构研究 ·················· 117
　第四节　国内旅游者上海区内游空间网络 ·· 124
　第五节　本章小结 ·· 132
第五章　都市圈旅游空间结构 ··· 135
　第一节　珠三角都市圈旅游空间结构特征 ·· 135
　第二节　杭州市城市旅游空间网络特征 ·· 151
　第三节　本章小结 ·· 162
第六章　都市圈城市旅游地角色 ··· 165

  第一节 相关概念与理论基础 …………………………………… 165
  第二节 基于国内旅行社线路的长三角都市圈旅游地角色 ……… 169
  第三节 基于旅游经济网络的长三角都市圈旅游地角色 ………… 179
  第五节 本章小结 …………………………………………………… 197

第七章 都市圈旅游空间格局演化 ………………………………………… 201
  第一节 珠三角都市圈旅游空间结构演化 ………………………… 201
  第二节 都市圈旅游空间结构演化模式 …………………………… 212
  第三节 本章小结 …………………………………………………… 216

第八章 都市圈旅游空间机理 ………………………………………………… 218
  第一节 高铁对旅游目的地区域空间结构影响研究 ……………… 218
  第二节 基于VAR模型的交通与旅游发展内在关系研究 ………… 261
  第三节 都市圈旅游空间演化机理 ………………………………… 268
  第四节 本章小结 …………………………………………………… 276

第九章 都市圈旅游空间结构优化 …………………………………………… 283
  第一节 珠三角都市圈区际旅游空间合作 ………………………… 283
  第二节 泛珠三角区域旅游合作 …………………………………… 296
  第三节 本章小结 …………………………………………………… 305

第一章 研究区域概况

本书以我国发展较早且较为成熟的长三角、珠三角、京津冀三大都市圈为主要研究对象。

长三角指长江和钱塘江在入海处冲积成的三角洲。2010年5月24日,国务院正式批准实施的《长江三角洲地区区域规划》,明确了长三角地区发展的战略定位,并提出以上海市和江苏省的南京、苏州、无锡、常州、镇江、扬州、泰州、南通、浙江省的杭州、宁波、湖州、嘉兴、绍兴、舟山、台州16个城市为核心区,统筹两省一市发展。随后又分别于2010年和2013年进行了两次扩容,形成了包括合肥、盐城、淮安、金华、衢州以及马鞍山等30个城市的旅游经济圈。而2016年发布的《长江三角洲城市群发展规划》中则重新界定了区域范围,包括上海市、江苏省的南京、无锡、常州、苏州、南通、盐城、扬州、镇江、泰州、浙江省的杭州、宁波、嘉兴、湖州、绍兴、金华、舟山、台州、安徽省的合肥、芜湖、马鞍山、铜陵、安庆、滁州、池州、宣城等26个城市。由于本研究成果跨越5年左右的时间,因此,对于长三角的研究范围几个阶段均有涉及。按照最新的长三角区域范围,国土面积21.17万km^2,2015年地区生产总值13.55万亿元,总人口1.5亿人,分别约占全国的2.2%、20.02%、10.09%。这里是我国目前经济发展速度最快、经济总量规模最大、最具有发展潜力的经济板块。其城市体系也发展得较好,因而长三角旅游也代表了我国的较高水平和最主要的发展方向。区内有31座全国优秀旅游城市,占全国17%;拥有全国20%左右的旅行社,33%左右的百强社,海外旅游者占全国17%左右。"长三角旅游城市15+1高峰论坛"的定期举办也使得长三角各城市的旅游合作关系更加密切。

珠三角地区面积约5.6万km^2,人口5 160.3万人,范围包括广州市、深圳市、珠海市、东莞市、中山市、佛山市、江门市、惠州市、肇庆市,而将加入香港和澳门特别行政区后的区域范围称为大珠三角。2015年GDP为64 263.13亿元。加上香港和澳门特别行政区后,成为人口密集、经济发达、最具活力的我国三大城市连绵带之一,也成为我国城市旅游业发展较好的地区。凭借着原有的经济基础、人文地理优势和经济特区的优惠政策,特别是香港、澳门回归以及口岸开放的有利条件,旅游人数、旅游创汇、旅游总收入等均列全国前茅,在全国旅游经济中占有举足轻重的地位。到2015年,旅游收入已占广东省的86.6%,旅游外汇收入则占97.02%。在2015年广东省接待的过夜旅游者中,67%以上在珠三角。

早期的京津冀都市圈概念由京津唐工业基地的概念发展而来,包括北京、天津两大直辖市以及河北省的保定、廊坊、唐山、秦皇岛、石家庄、张家口、承德、沧州共8个地级市。中共中央政治局2015年4月30日召开会议,审议通过《京津冀协同发展规划纲要》。纲要指出,推动京津冀协同发展是一个重大国家战略,核心是有序疏解北京非首都功能,要在京津冀交通一体化、生态环境保护、产业升级转移等重点领域率先取得突破。该规划中界定的京津冀地区是指北京、天津及河北省"两市一省"区域范围,该区域不仅是我国重要的经济发展区域,而且也是旅游发展的重点区域之一。近年来,京津冀地区旅游业蓬勃发展,并成为这一地区经济新的增长点。京津冀地区拥有丰富的旅游资源,集聚着众多的风景名胜区、自然保护区、历史文化名城和旅游观光城市。区内拥有世界自然与文化遗产9处,国家重点风景名胜区30处,国家级森林公园63处,国家级自然保护区29处,国家地质公园13处,国家4A级景区124处,红色旅游经典区30个,全国工农业旅游示范点76个,分别占全国的36.3%、60%、21.5%、25.5%、19%、18%、30%和24.8%。区内历史文化名城有7座。著名的旅游城市有北京、天津、承德、秦皇岛等。

由于本书主要内容的研究持续了7年左右,在此期间三大都市圈范围界定一直处于变化过程中,在后文的专项研究中,涉及的三大都市圈范围均以该研究时间节点前的区域范围为准。

第二章 理论基础及文献分析

第一节 基 本 概 念

一、都市圈

又称城市带、城市圈,指在都市圈中出现的以大城市为核心,周边城市共同参与分工、合作,一体化的圈域经济现象。1950 年代,日本学者木内信藏(1951)等根据本国大城市多而人口密集的特点,参照美国标准大都市区(SMA),提出了"区域经济集聚块"(REC)和"功能城市区"(FUR)等确定城市功能地域范围的概念,并在 1960 年开始使用"大都市圈"概念来规定中心城市人口规模在 100 万人以上,并有两个或两个以上中心城市相互连接的区域。1957 年,法国地理学家戈特曼首次提出了大都市圈概念,用以概括一些国家出现的大都市圈现象。这些大都市圈往往具有以下特征:区域内城市高度密集,人口规模巨大,城市间具有建立在分工明确、各具特色、优势互补基础上的密切的经济联系,是一个国家和地区经济最活跃、最重要的区域。

都市圈是一种特殊的地域空间组织形式,是经济、政治、文化和社会共同作用的结果。一般认为都市圈是在特定的地域范围内,以一个或者多个经济较发达并且有较强城市功能的大城市或者特大城市为核心,以一系列不同性质、规模、等级的中小城市为主体,共同组成在空间上位置相近,在功能上紧密联系、相互依存的具有圈层式地域结构和经济一体化趋势的地域空间组织。都市圈概念的核心是圈内城市之间存在密切的互动关系,不同城市形成一个有机整体。

二、旅游(目的)地

关于旅游(目的)地(以下简称旅游地)的概念描述,多见于国外研究成果,国内对于旅游地概念的研究并不多见。Pearce 认为旅游目的地是"一个地方所有产品和服务的集合体"。Murphy 把目的地等同于集市,一个供求双方都力图体现各自特征引起消费的地方。这两种认识都重视旅游目的地的经济特性和功能,而忽视目的地其他方面的属性。D.Buhalis把目的地的界限划分定义为一个特定的地理区域被旅游者公认为是一个独立完整的个体,有统一的旅游业管理和规划的政策司法架构,也就是说由统一的目的地管理机构(DMO)进行管理的区域。Laws根据以往关于目的地的研究归纳了旅游目的地含义的演化,从"一个人在那里消磨假期的地方"到"一个人们选择来度假,并在那里产生影响的地区"到"对旅游需求加以管理,并对其在目的地的影响加以管理",从概念的演化过程看,旅游目的地除了要具备满足游客需求的功能外,目的地本身应该有所为。Wall(1997)从空间角度分为围点状、线状、面状三种形态,Gunn(1988)则提出目的地地带理论,提出目的地地带由吸引物组团、服务社区、中转通道和区内连接通道组成。将目的地地带分为三种类型,即都市型(urban)、放射型(radical)和扩展型(extended)。对于更大范围的区域旅游空间系统,Gunn认为由社区吸引物综合体、客源地到目的地的交通、区内交通、非吸引物腹地、交通入口、区域边界等组成。关于多节点目的地,Dredge(1999)根据Gunn的研究成果提出了区域空间模式中链状节点目的地模型。

通过以上对于旅游目的地概念研究的梳理,可以看出旅游目的地应具备以下几方面要素:① 空间要素,旅游目的地应由一定的地理空间承载,地理面积的大小并不特别重要;② 功能要素,即满足旅游者需求的功能,应具备旅游吸引物,同时为满足旅游者正常的旅游活动,还应具备相应的基础设施、服务设施;③ 管理要素,即旅游目的地为发展旅游业而从事的各种行为,特别是目的地管理。因此,旅游地是指在一定尺度的地理空间上,由旅游吸引物、设施(基础设施、专用服务设施)、社区有机结合,能满足旅游者旅游需求的区域,同时旅游目的地各方(政府、行业协会、旅游企业、社区居民)通过各种行动以促进旅游业的发展。从本质上看,旅游目的地是一个空间概念。之前虽然有国内外学者都提出旅游胜地可以替代旅游地的概念,但旅游胜地多指那些已经建成而且具有一定规模和影响的旅游地,显然其概念范围小于旅游地。

三、都市圈旅游地

(一) 都市圈旅游地

都市圈正逐渐成为重要的区域发展平台,综合以上都市圈及旅游地的概念,结合都市圈的本质特征,笔者认为所谓都市圈旅游地是指以都市圈为地理单元,由城市、旅游吸引物、设施(基础设施、专用服务设施)、社区有机结合,能满足旅游者旅游需求的区域,借助于现代化的交通工具和综合运输网的通达性,以及高度发达的信息网络,各城市密切连接,形成整体效应和形象,同时旅游目的地各城市、各方(政府、行业协会、旅游企业、社区居民)通过各种行动以促进旅游业的发展。

(二) 都市圈旅游地空间特性

由都市圈旅游地的概念可以看出,都市圈旅游地事实上是一种特殊尺度和类型的区域旅游地,与单个吸引物和城市所构成的旅游目的地相比较,都市圈旅游目的地的特征主要体现在城市之间高度连接所形成的整体效应和总体形象。而都市圈各城市之间的交通连接又是都市圈旅游发展至关重要的因素。

Haggett(1977)在描述空间结构模式与秩序时辨别出 6 个几何要素:① 运动模式,表示事物的空间移动特点;② 路径,表示事物运动沿着特定的路线;③ 节点,表示运动路径的交点,诸多结点控制着整个系统;④ 结点层次,表示各个结点的重要程度;⑤ 域面,位于由结点和路径形成的框架中;⑥ 扩散,即地面的时空变化过程。作为大尺度区域旅游目的地,都市圈旅游地同时具备这六个方面的几何要素,简言之,都市圈旅游地空间要素和特性可以归纳为三个方面:① 节点,包括节点和节点层次,都市圈旅游地的节点也就是都市圈内部的各城市,由于城市规模、经济发展及旅游资源等因素的不同,各城市在都市圈旅游发展中的重要程度存在差异;② 空间连接,包括城市间连接的线路及移动的方式,如高速公路、铁路、国道、航空连接,交通工具包括飞机、火车、汽车、轮船等,连接的内容也可以是信息连接;③ 区域,即由城市及交通和信息连接所形成的域面,处于时空变化的过程中。

第二节 基本理论

虽然旅游研究在最近 30 年取得了长足的进步,但与其他学科相比,仍属于起步较晚的学科,科研基础薄弱,理论与方法研究成果不多,目前还没有形成统一的理论体系,主要研究成果基本上是基于其他相关学科的理论和方法,如心理学、社会学、地理学、经济学、系统学、区域经济学、经济地理学等学科。本研究从空间视角研究都市圈旅游发展的基本模式与规律,尤其是空间发展模式,理论上则更多依赖系统学、区域经济学、空间经济学、经济地理学等学科的理论与方法。以下重点阐述相关理论与本研究的相关关系。

一、旅游地系统理论

(一) 旅游系统概念

近年来,系统思维与系统方法在地理学、规划学中的应用逐渐受到重视。而在旅游研究中的应用,以国外学者的研究为主,国内研究尚处于起步阶段。对于旅游系统的内涵,国内外的研究成果主要形成三种观点:以澳大利亚学者 N.Leiper

(1979)博士为代表的部分国内外学者提出旅游是旅游者不以谋利为目的的旅行和在目的地暂时停留活动所形成的功能系统。美国著名规划师 C.A.Gunn(1972)博士对旅游系统的研究认为旅游系统是由一系列空间要素组成的空间系统。美国学者 Mill 和 Morrison(1992)提出旅游是由要素构成并相互作用组成的经济系统。国内很多学者也分别从旅游系统的功能、空间结构、旅游系统与系统所处环境的关系等不同角度对旅游系统进行了研究和总结。虽然各学者所处的研究阶段、研究学科角度不同，但关于旅游系统构成基本要素的认识是统一的，即旅游系统是处在一定环境中，由旅游主体、旅游客体和旅游媒体等要素构成的开放系统。

(二) 旅游系统组成

1) 旅游功能系统：Leiper 的旅游系统是由目的地、客源地和交通线路三个要素和旅游者、旅游业两个功能要素组成，吴必虎提出的游憩系统由目的地、客源市场和出行系统组成。申葆嘉提出的旅游系统则由旅游者、旅游业两个主系统和政府、市政、物资、金融、商业、文化、科教和法律等部门与旅游现象相互作用的部分构成的子系统组成。

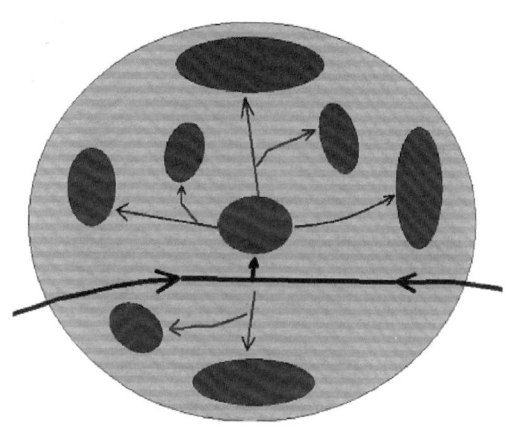

图 2-1　Gunn 旅游目的地地带模型

2) 旅游空间系统：关于旅游空间系统，Gunn 提出了目的地地带的概念，指出目的地地带由吸引物组团、服务社区、中转通道和区内连接通道等几部分组成（图2-1）。对于更大范围的区域旅游空间系统，Gunn 认为由社区吸引物综合体、客源地到目的地的交通、区内交通、非吸引物腹地、交通入口、区域边界等组成（图2-2）。

3) 旅游经济系统：Mill 和 Morrison 提出的旅游系统由市场、旅行、目的地和市场营销四个主要部分组成，由旅游购买、需求特点、旅游营销和抵达市场等行为将四个组成部分连接为整体。

(三) 旅游系统的特点

整体性：从结构上看，旅游系统是由旅游主体、客体、媒体三个子系统通过复杂的旅游流联系形成的有组织的整体；从功能上看，旅游系统是旅游流的空间组织单元，即旅游者通过在系统中的运动完成完整的旅游活动过程，这一过程依靠主体、客体、媒体子系统的协同作用才能完成，单个子系统则不具有这样的旅

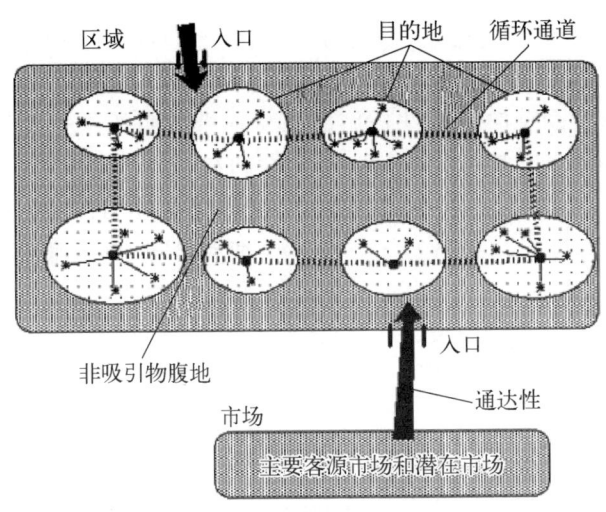

图 2-2　Gunn 区域旅游空间结构模型

游功能;从空间上看,旅游系统呈现为相互独立的具有一定边界范围的地域,不同旅游系统地域空间范围大小不同。

层次性:首先,旅游系统由主系统和子系统组成,而旅游主体、客体、媒体子系统则又由复杂的要素构成,如客体子系统包括资源系统、交通系统、信息系统、社区系统等。旅游系统的多层次性是旅游系统复杂性的根源。

复杂性:旅游系统的复杂性指旅游系统内部各级组成部分之间相互作用的非线性,具有"牵一发而动全身"的特性,例如,客源地经济发生变动,目的地会受到影响,目的地社会政治变动同样会影响客源地:东南亚经济危机发生后到我国的东南亚游客明显减少,旅游外汇收入降低,旅游业发展受到了影响;由于海湾战争的影响,到中东旅游的游客大减,以旅游业为主导产业的目的地经济大受打击。

开放性:旅游系统的开放性指旅游系统与外部环境之间具有物质、能量和信息的双向交流,既受环境的影响和制约,又对环境产生作用和影响,这里指的环境是自然—经济—社会环境。旅游系统的这种特性是由旅游系统是环境系统的子系统的性质所决定的。

动态性:旅游系统的动态性指旅游系统的发展变化性,无论是客源地还是目的地和旅游媒介都处在不断的发展变化之中,客源地出游率会随着客源地经济的发展而提高,游客的旅游需求特点会发生变化,交通工具随着科技发展变得更加快捷方便,目的地旅游产品和服务也随着市场的需求发生变化。以西方国家为例,旅游经历了从贵族式旅游到大众化旅游的发展历程,当前以生态旅游为代表的新旅游(new tourism)或(alternative tourism)正在兴起,游客选择旅游目的地的标准发生了很多变化,这种旅游需求的变化势必会引起旅游资源开发重点的转移,产生新的旅游格局。

地域性:旅游系统的地域性指旅游系统地域分布的不平衡性和跨地域性,在旅游目的地稀少(单位面积内旅游目的地的数量较少)的地区,旅游系统数量少,空间叠加程度也小,在旅游目的地稠密的地区,旅游系统数量多,空间叠加程度很高,形成旅游网络系统。这种不平衡性是由旅游资源分布的不均衡性决定的;旅游系统还具有跨地域的特征,目的地和客源地可能分布在距离遥远的不同地方,如以宗教盛地麦加为中心的旅游系统,其客源地有的远在欧洲、美洲,系统跨越不同的洲。

对都市圈旅游研究来说,系统学提供了一种整体思维方式,帮助研究者提高对于研究区域的总体把握程度,理清都市圈区域系统要素的构成、层次与结构,分析都市圈旅游区域系统内部空间结构特征,并考虑都市圈旅游系统内外部的关系,使得研究者对于研究对象的把握趋于完整性、条理性、层次性和系统性(图2-3)。

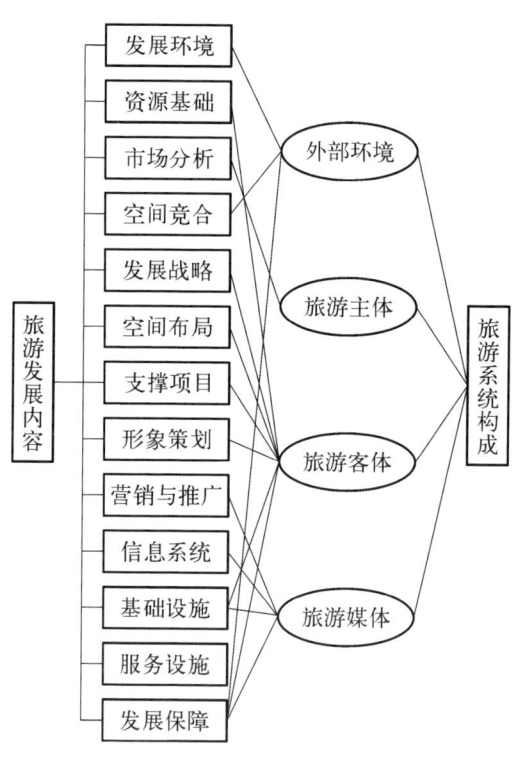

图2-3 旅游系统与旅游发展要素之间的关系

二、空间经济学相关理论

空间经济学是当代经济学对人类最伟大的贡献之一。空间经济学是在区位论的基础上发展起来的多门学科的总称。它研究的是空间的经济现象和规律,研究生产要素的空间布局和经济活动的空间区位。空间经济学是在德国的古典区位几何学如杜能的农业区位论、韦伯的工业区位论,新古典区位理论如克里斯塔勒的中心地理论、勒施的区位经济理论、奥林的区际贸易和生产布局理论等的基础上逐渐产生和发展起来的。

空间经济学研究经济活动的空间差异,它从微观层次探讨了影响企业区位决策的因素,在宏观层次上解释了现实中存在的各种经济活动的空间集中现象。空间经济学的核心观点是经济系统内生的循环累积因果关系决定了经济活动的空间差异、即使不存在外生的非对称冲击因素,经济系统的内生力量也可以促使经济活动的空间差异,在某些临界状态下经济系统的空间模式可以发生突然变。空间经济学第二个突出的特征是区位的黏性,也就是"路径依赖"、人们预期的变化对经济路径产生极其深刻的影响、产业聚集带来聚集租金等。

(一) 空间经济学与区域科学的融合形成了"中心—外围"模式

起初的"中心—外围"模式考虑的是一个只有农业和制造业两个部门的经济,农业是完全竞争的、生产单一的同质产品,而制造业部门是垄断竞争的、供给大量的差异化产品,具有收益递增的特征;两个部门分别使用一种资源——劳动力;农业雇佣劳动力要素不可流动,而制造业工人可以自由流动;农产品无运输成本,而制造品则存在"冰山成本"。在这些理论假设的前提下,经济的演化将有可能导致"中心—外围"格局——制造业"中心"和农业"外围",但要有三个条件:一是运输成本足够低时;二是当制造业的差异产品种类足够多时;三是当制造业份额足够大时。经济演化使得对称均衡在分岔点上瓦解,区域性质发生突变。当然,"中心—外围"模式能够发生并不表示必然发生,即便发生是否可以维持也是有条件的。在一定条件下,地区形成的产业集聚可以自我维持,但在同等条件下,产业在两个地区的分布也可能是稳定的。这也表明真实世界中的空间地理结构要比想象的复杂得多。

(二) 空间经济学与城市经济学的融合形成了城市层级体系的演化

城市的产生、在人口和企业不断流动的情况下城市的持续发展、城市的层级、城市是如何从单一中心地理向多城市地理发展、城市层级体系的自组织结构的演化过程和机制等都是空间经济学中城市模式所探讨的问题。在均值和单一地理中心中,有一个制造业集聚而成的孤立城市,四周被农业腹地包围。但随着人口不断发展且达到一定程度时,孤立城市中某些制造业会向城市外迁移,从而导致新城市的形成。人口的进一步增长又会生成更多的城市,然后继续向下发展。一旦城市的数量足够多,城市规模和城市间的距离在离心力和向心力的相对强度下将在某一固定水平稳定下来,便形成了城市的等级体系。当然,自然地理对经济地理的作用不容忽视,譬如河流和港口的作用。区位优势有催化作用:当一个新的中心出现时,一般情况下会是在这个地区而不是在其他地区形成,而一旦中心形成,它便通过自我强化不断扩大规模,起初的区位优势与集聚的自我维持优势相比就显得不那么重要了,这就是空间经济的自组织作用。旅游学引入空间经济学的相关理论,可以用以解释旅游产业集聚现象,旅游产业空间布局特征,尤其是区域旅游空间效应,对于探寻旅游业发展在空间方面特征的内部机理有着非常重要的意义。虽然空间经济学目前在旅游学研究中的应用并不多见,但其必将成为研究者探求旅游空间规律必要的理论工具。

三、区域经济学相关理论

区域经济学是 20 世纪 50 年代在经济学、生产布局学基础上发展起来的一门新兴学科。它以区域经济发展环境、生产布局、产业组织与结构优化、区际分工与协调发展、区域发展战略与区域国土开发规划为主要研究内容，是一门应用经济学科。关于学科的名称，除叫"区域经济学"之外，也叫"空间经济学""空间科学""区域科学"等。该学科经过近 50 年的发展，已初步建立起自己的理论体系和研究方法，但对学科研究的范畴与内容，尚无一致看法，是一门发展中的学科，还不够成熟。

区域经济学研究内容主要涉及以下一些方面：区域之间经济关系，如关于一个国家经济发展中国民经济总体利益与地区利益、区际之间的利益的协调问题和区域经济社会协调发展问题；区域经济发展战略与规划，即如何根据大区域的总体发展目标，结合各地区的具体情况，制定各地区的发展战略目标和发展模式，以及实现地区发展目标的策略和政策；关于区域发展的环境，即如何协调各个区域的生产发展环境，包括自然环境、经济环境、政治环境、科学文化环境等，使之形成一个有利于区域朝着专业化方向发展的环境；关于区域产业结构优化，即如何根据区域的经济优势与制约因素，并按照区域分工协作的原则，确定区域产业结构调整的方向、原则和途径，如何为区域选择和建立主导产业和优势产业群；关于区域合理规划，即如何在一个大区域内（如一个国家内）建立多层次的经济区划体系，并通过它实现地区合理分工、资源优化配置、协调各个地区的发展，以期在各个地区因地制宜地建立最优产业结构；关于区域网络建设，即如何配置区域发展，在区域内建立一个多层次的与区划系统相适应的城镇体系，并通过交通、信息、商业流通等多种网络把城乡连接成一个有机整体；关于区域国土开发规划，即如何根据区域发展战略制定区域国土开发整治规划，综合利用区域资源；关于区域经济政策，如关于区域协调发展的政策、区域产业政策等；关于区域经济学的研究方法，如调查研究方法、实证分析方法、定量分析方法和规范研究方法的应用。

四、旅游地空间结构及演化理论

关于旅游地空间结构，Gunn 提出了目的地地带的概念，指出目的地地带由吸引物组团、服务社区、中转通道和区内连接通道等几部分组成。对于更大范围的区域旅游空间系统，Gunn 认为由社区吸引物综合体、客源地到目的地的交通、区内交通、非吸引物腹地、交通入口、区域边界等组成。

Dredge(1999)提出三种目的地空间结构模型,即单节点旅游地、多节点旅游地、链状节点旅游地(图2-4、2-5)。三种结构模式也反映了区域旅游目的地成长过程。单节点旅游地是旅游空间成长的第一阶段,旅游者从客源地来到旅游地的这唯一旅游节点参观游览;随着旅游业发展,一些很具有吸引力的腹地旅游资源或深层次的历史文化资源被开发,多节点并存的旅游地开始出现;随着社会经济的进一步发展,区域旅游业的持续开发,旅游节点越来越多,不同性质的旅游地开始出现,旅游地日益呈现出多区的空间增长格局,区域旅游地体系从发展阶段转向成熟阶段,成熟的标志是形成结构合理、功能完备、稳定性好的旅游网络。

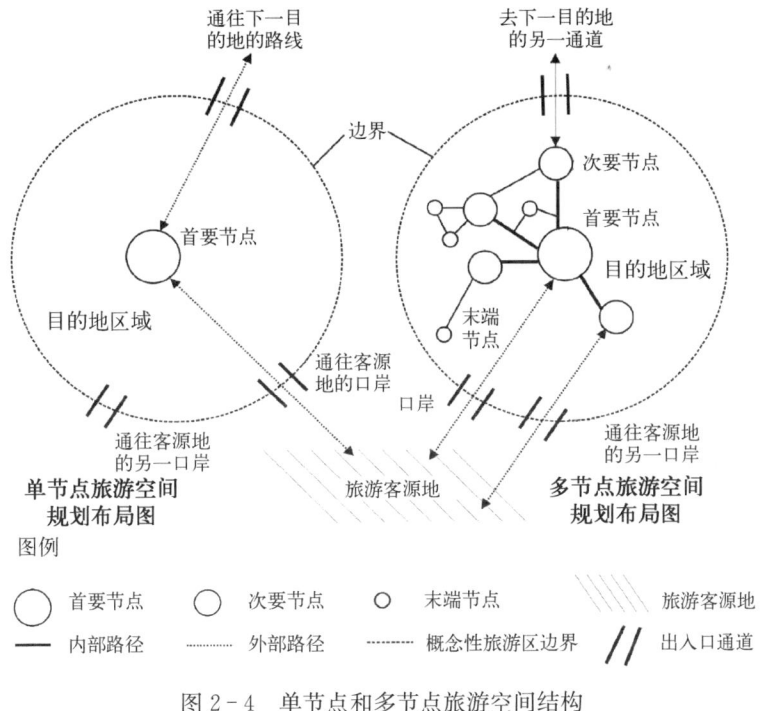

图2-4 单节点和多节点旅游空间结构

哈格特描述空间结构模式与秩序时辨别出6个几何要素:① 运动模式,表示事物的空间移动特点;② 路径,表示事物运动沿着特定的路线;③ 结点,表示运动路径的交点,诸多结点控制着整个系统;④ 结点层次,表示各个结点的重要程度;⑤ 地面,位于由结点和路径形成的框架中;⑥ 扩散,地面的时空变化过程叫做空间扩散。用这六个要素建立的旅游系统的空间结构模式是以旅游目的地、客源地为结点、以交通线路为连接的占据一定地面、处于扩散过程中的网络,可称之为旅游系统的网络空间结构模式,中心结点表示目的地,其他结点为该目的地吸引的全部客源地。

借鉴哈格特(P. Haggett)关于空间系统要素的分析,可把都市旅游目的地空间结构形成演进过程分解为以下6个方面。① 相互作用(interaction):旅游节点之间

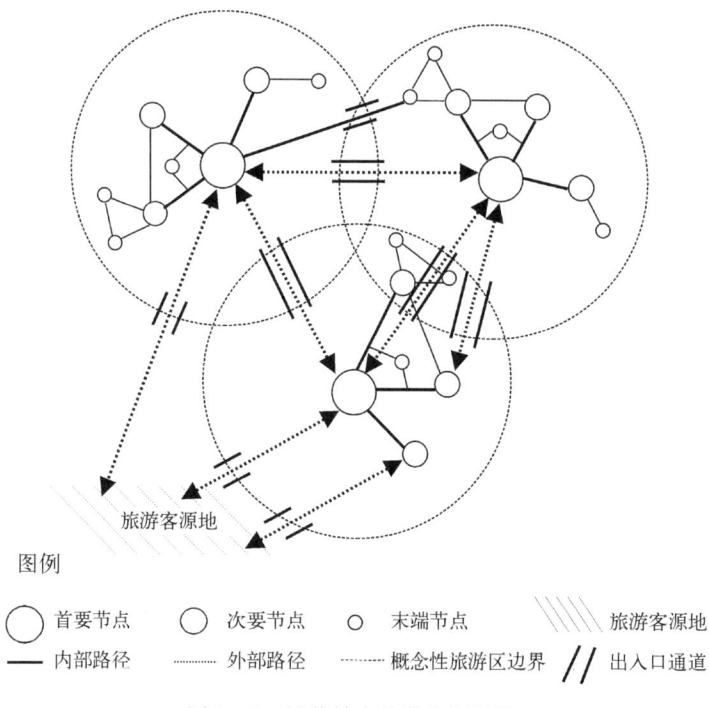

图 2-5 链状结点旅游空间结构

空间不稳定的相互联系。② 网络(networks)：旅游节点之间通过轴线连接形成网络。③ 枢纽(nodes)：旅游中心分布的形成与网络次生。④ 等级系列(hierarehles)：旅游中心等级体系的形成。⑤ 面(surfaces)：旅游中心体系共同的作用域出现。⑥ 扩散(diffusion)：旅游中心的扩张。旅游网络结构同时决定目的地和客源地之间的距离及旅游交通便利程度，通过交通费用影响旅游流的空间分布(图 2-6,2-7)(吴晋峰,2002)。

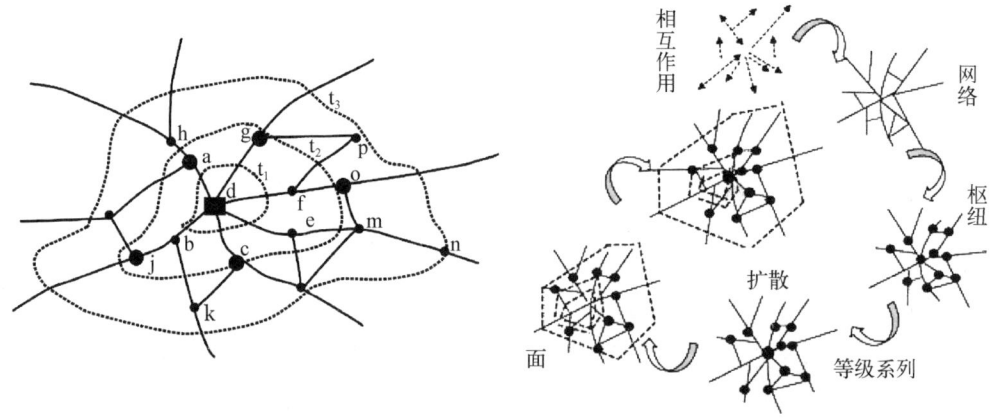

图 2-6 旅游系统的网络空间模型　　图 2-7 旅游目的地空间结构演化过程

综上所述,旅游地空间结构要素可以描述为点、线、面,旅游地空间结构的演化也是区域空间中点线面等要素的演变结果。

五、经济地理学相关理论

经济地理学是以人类经济活动的地域系统为中心内容的一门学科,它是人文地理学的一门重要分支学科,包括经济活动的区位、空间组合类型和发展过程等内容。以生产为主体的人类经济活动,包括生产、交换、分配和消费的整个过程,是由物质流、商品流、人口流和信息流把农场、矿场、工厂、乡村和城镇居民点、交通运输站点、商业服务设施以及金融等经济中心连接在一起而组成的一个经济活动系统。这一系列经济活动都是在具体的地域内进行的,因此,以地域为单元研究世界各国、各地区经济活动的系统和它的发展过程,成为经济地理学研究的特殊领域。

经济地理学所研究的经济活动的地域系统,既包括各经济部门在地域上的布局,也包括各地区经济部门的结构、规模和发展,以及地域布局和部门结构的相互联系,因此经济地理学涉及自然、社会经济、技术条件多方面的综合性问题,具有综合性特征;经济活动必然发生在一定的地域内,与一定的地理环境相关,因此经济地理学又具有明显的地域性。

区位理论是经济地理学的核心理论,主要用于解释第一、二、三产业的区位布局问题。代表性理论有杜能的农业区位理论,以单因子孤立化方法研究农业区位的理论。杜能学说的意义不仅在于阐明市场距离对于农业生产集约程度和土地利用类型(农业类型)的影响,更重要的是它首次确立了对于农业地理学和农业经济学都很重要的两个基本概念:土地利用方式(或农业类型)的区位存在着客观规律性和优势区位的相对性。此外,杜能的理论模式对于区位论的建立起到奠基作用。韦伯的工业区位理论,其中心思想就是区位因子决定生产场所,将企业吸引到生产费用最小、节约费用最大的地点。其他的工业区位理论还包括帕兰德、胡佛的工业区位理论,廖什的市场区位理论,艾萨德的区位指向理论,格林哈特的工厂区位理论。史密斯的收益性空间界限和普雷特的行为矩阵为代表的行为区位理论。克里斯塔勒的中心地理论,又称"中心地学说",是研究城市空间组织和布局时,探索最优化城镇体系的一种城市区位理论。克氏的中心地体系包括:中心地的数目;互补区域(即中心地所服务的地区)的数目;互补区域的半径;互补区域的面积;提供中心财货种类及其数量;中心地的标准人口数;互补区域的标准人口数。中心地理论模式将随人口数、生活习惯、技术等的改变而变化;同时也随人口分布、人口密度的不同,或中心财货价格的差异而表现互补区域大小的不同。中心地体系可分别根据市场、交通和行政最优原则而形成。中心地有等级、层次之分,一个较大的中心地市场区总是包含3个比它低一级的市场区,每个较高级的中心地概括了低级中心地的所有职能。

区位理论同样可以应用于旅游地理学中,旅游景区、城市的区位分析、市场分析;旅游景区、城市的等级体系;旅游区域的经合关系等都可以通过区位理论加以解释。

第三节　都市圈及都市圈旅游文献分析

一、相关概念研究

美国最早于1910年人口普查时提出大都市区(metropolitan district)的概念。Gottmann(1957)提出"megalopolis"的概念,认为是城市发展成熟阶段的最高空间组织形式,是构成大都市带的基本地域单元,规模是国家级甚至国际级的;由具备地理位置相近、有方便的交通走廊连接,有密切社会经济联系的众多城市组成。美国1960年及以后采用"标准大都市统计区"(standard metropolitan statistical area)概念,其中心城市5万人口以上或两个相连城市共同组成的社区总人口5万人口以上(较小者须在1.5万人口以上)。日本学者山田浩之和德冈一幸(1983)提出"标准大都市雇佣圈"(standard metropolitan employment area),由中心城市和郊外城市构成,二者人口合计在10万人以上。顾朝林等(1999)将megalopolis译为大都市连绵带;魏达志、段霞等将其译为城市群;姚士谋、李廉水等将其译为大都市带;张颢瀚等将其译为大都市圈(带)。袁家冬等(2006)认为都市圈是一种"点状"城市地域空间组织形态概念,而城市群(urban agglomerations)为"面状"形态,大都市带(megalopolis)为"线状"形态;都市圈是以中心城市职能空间集聚与扩散为条件,由中心城市与多个周边城市和地区共同构成,以城市日常生活圈空间范围为界限的多核心、一体化城市实体地域。国内和国外学者对"都市圈"都有不同认识,概念定义都有差别。笔者以为,其原因在于学者对都市圈的研究基于不同案例地,而不同都市圈的发展存在较大差异且可能处于不同的发展阶段。都市圈是一个地域概念,"地域"涉及尺度问题,在不同等级的都市及都市发展的不同阶段,其尺度有所差别。都市圈由相当数量的城市构成,具有一定的空间等级结构;相对于区域外的地区较为发达,城市化水平较高;城市与城市、城市与区域之间联系极为密切,并发生相互作用;在国家和地区具有重要的经济社会功能;核心城市在都市圈各方面起核心作用;一体化水平尤其是交通基础设施一体化水平高,网络化发展明显等。都市圈在国家发展中具有极其重要的地位。

都市圈研究内容主要包括空间扩展、发展阶段、形成演化和发展动力等方面。董晓峰等(2005)将都市圈发展归纳为都市圈基本标准、都市圈本质论、都市圈空间结果论、都市圈模式效应论、都市圈发展阶段论和都市圈发展管制论等,概括总结都市圈发展规划基本内容,强调一体化观与人居环境科学观对都市圈发展的重要意义。核心城市及其对都市圈发展作用研究是都市圈研究的重要内容,都市圈核心城市可能并不只有一个,多是世界城市或国际性大城市。核心城市的龙头带动作用是都市连绵区形成发展的首要条件。主要依据企业总部分布数量、生产性服务业集中度、经济文化指标、交通和信息指标等指标评价,段霞(2008)依据城市发展基础条件、国会交往能力、国际经济竞争力、国际文化影响力和国际事务协调力5个指标衡量城市国际化水平。Limtanakool 等(2006)使用节点—属性数据比较了10个国家的39个都市圈的排名。李廉水等(2006)认为都市圈视角下的世界城市是全球的金融中心、生产管理和控制中心、通信网络主要节点,产业向生产性服务业转型明显。

都市圈相关理论有中心地理理论、都市圈形成阶段理论、空间结构理论、规模等级结构理论、功能结构理论、产业结构理论、空间扩展理论、都市圈强化理论及信息环境与城市圈发展等。集合城市(conurbation)、中心地学说、工业区位论等是都市圈和城市体系的基本理论。都市圈形成机制理论包括空间理论、中心地理论、规模分布理论、都市圈体理论、大都市圈理论、产业集群理论和可持续发展理论。李玉江等(2009)认为可以用核心—外围理论、增长极理论、城市聚集经济理论、城市空间有机集中理论等来研究都市圈形成的动力机制,将城市群形成动力因素分为自然原动力、空间结构效益扩张力、资本投入拉动力、创新推动力和宏观调控力等五大类型。汪升华等(2006)认为某种意义上,是郊区化导致了多中心城市空间结构的形成和巨型城市带的兴起,进而促进了大都市旅游带的形成。都市圈发展是都市圈旅游发生发展的前提条件,而都市圈旅游的发展也会对都市圈发展产生巨大影响。都市圈旅游是都市圈研究的重要内容之一,都市圈旅游研究应借鉴都市圈研究的成果。

二、都市圈旅游竞合研究

都市圈由不同层次、等级的城市组成,各城市间经济、社会和生态联系密切。都市圈旅游发展过程中,其内部各城市之间存在复杂的竞争与合作关系。随着旅游合作水平的不断提高,都市圈旅游发展一体化程度不断加深。旅游竞合研究是都市圈旅游发展研究的重要内容,研究成果也相对较多。

(一) 都市圈旅游合作研究

都市圈旅游合作研究,涉及合作现状与合作对策、合作动力机制与合作模式、旅游整合和合作影响等。都市圈旅游合作,既有核心城市与区域之间的合作,也有一般城市与核心城市的合作、核心城市之间的合作、都市圈内城市整体优化合作等。合作现状上,蒋国田等(1991)研究了中心城市与旅游区域性发展。保继刚等(1999)基于双赢战略,对澳门与珠海旅游互动发展进行了研究。我国都市圈整体旅游合作程度不高,合作还存在较多问题和障碍。张晨(2007)分析长三角区域旅游合作现状,认为其合作程度还不高,有较多问题,合作发展机制很不完善,并从组织机构、制度约束和具体合作内容上提出建议和措施。万方秋等(2008)对珠海与港澳区域旅游合作进行研究,提出避免边界屏蔽效应和减少交易成本,以珠海与港澳结合部作为旅游合作切入点、建立多层次旅游合作组织、共同开发旅游线路产品、共同塑造区域旅游形象、提高珠港澳之间的交通通达性、联手规范旅游市场秩序、加强旅游规划的协调、共同争取有关政策的对策。张河清(2009)借鉴博弈论和帕累托最优理论方法和模型研究"泛珠三角"区域旅游协作中的问题和障碍,创建旅游产业政策和旅游协作机制,提出实现泛珠三角区域旅游协作的理想状态——区域均衡。

合作动力机制与合作模式研究上,Greer(2002)认为建立在"跨行政"基础上的旅游合作能够使旅游潜力最大化,减少旅游业重复建设,提出建立跨行政合作关系的6个先决条件:可持续旅游策略、参与性规划过程、一体化发展策略、参与性合作方法、关系平衡、政治敏感性理解。殷柏慧等(2004)对长三角与环渤海区域旅游合作条件进行对比研究,并探讨环渤海次区域旅游合作道路,提出该区旅游合作应走次旅游合作向区域一体化合作过渡的道路。董观志(2004)将粤港澳的旅游合作与发展划分为理念趋同、机制构建、制度变迁和模式转轨4个阶段,分析了制度性、市场性和技术性3个因素对粤港澳大旅游区创新路径的影响,提出了粤港澳大旅游区创新发展必须选择在"自由贸易区"基础上的区域一体化模式,建立多元化协调机制、制定协同化发展战略、构建集群化产业平台、激活互动化运作要素、实施主题化整合营销、建设统筹化泛珠三角是粤港澳大旅游区发展模式的基本创新策略。杨荣斌等(2005)认为区域旅游合作模式有点—轴发展模式、单核辐射模式、双核联动模式、核心—边缘模式和网络型模式五种结构模式。靳诚等(2006)将长三角区域旅游合作演化动力归结为空间生长力、市场驱动力和政府调控力三类,并构建区域旅游合作演化动力模型,揭示动力作用机制、合成原则及不同演化阶段的主导力量和演化特征关系。禹有松等(2008)研究安徽参与长三角区域旅游合作模式,认为应重点构建直通长三角的三大通道,并以上海为中心建设第三辐射环,在交通、信息、人才、服务管理政策法规、旅游规划等方面与长三角实现全面对接。刘德云等(2009)基于案例比较分析,从合作背景、合作驱动力、合作制约因素、合作组织协调机制、合作过程、合作主体六方面研究了跨界城市旅游合作机制。

旅游整合研究。梁明珠等(2006)认为"整合"的含义主要包含重组、统一和乘数效应三个关键要素,探究泛珠三角旅游旅游合作与资源整合模式,提出构建特色资源带构想和"分类整合,多点传播"的整合模式,把泛珠三角的旅游资源整合为红色历史文化带、现代城市风光带、少数民族风情带、热带风情观光带、锦绣河山风景带和世界遗产集群带,提出要处理好空间竞合关系,推进泛珠国际旅游圈旅游品牌构建。在旅游客源市场上,陶卓民等(2005)认为旅游客源市场共同开拓是旅游合作的重要环节,长三角地区旅游客源市场共同开拓的理论基础有协同论思想、新制度经济学原理(主要表现在信息理论和交易费用理论)和共赢思想。在旅游形象整合上,李飞等(2007)对大珠三角区域旅游合作中感知形象的差异性和可整合性进行了分析。在旅游景点整合上,蔡东等(2009)对浙中城市群区域旅游景点的互动与整合进行了研究,分析了浙中城市群旅游景点互动整合的可行性,并提出发展策略。

都市圈旅游合作是都市圈旅游整体竞争力提升和整体效益发挥的基础和前提条件,但是旅游合作也可能会对都市圈旅游业发展产生一些消极影响。利益相关者之间策划长期共同的旅游发展策略是必要的,可持续旅游合作关系是旅游业长远发展的基础。合作能够带来不同程度的经济利益,并整合资源、减少风险,但也意味着控制的减少。旅游合作也意味着决策制定变得复杂、耗时。

(二) 都市圈旅游竞争与竞合研究

未来都市圈将作为重要的旅游竞争单元,参与地区和全球竞争。都市圈旅游最终会朝着实现区域一体化方向发展,现阶段我国都市圈旅游发展仍处于初期合作阶段,都市圈旅游发展研究更多关注都市圈旅游合作,对都市圈或都市圈之间竞争的研究相对较少。田广增等(2004)对我国三大都市圈旅游资源进行了比较。潘丽丽等(2008)研究长江三角洲城市旅游地之间的竞争关系,发现内部城市旅游地之间存在核心辐射分流竞争、市场收益分配竞争、资源品牌竞争和区域功能等级竞争等四种类型的竞争形式,表现形式有显性和隐性两种。都市圈旅游竞争研究更多是对都市圈旅游竞争力的研究。都市圈旅游竞争力包含都市圈整体及其内部城市单体两个方面的竞争力,是都市圈整体旅游实力和能力的根本体现。已有研究探讨了都市圈旅游竞争力空间结构,对旅游竞争力评价指标体系进行了构建,并对都市圈旅游竞争力变化趋势进行仿真分析。如黄耀丽等(2006)探讨了珠江三角洲城市旅游竞争力空间结构体系,采用城市旅游竞争力多维评价和综合分析方法,将珠江三角洲城市旅游目的地划分为3个等级,并总结出珠江三角洲城市旅游竞争力具有以广深为轴线的"哑铃"型双极放射状空间形态模式,提出凭借城市自身比较优势,承担不同层次旅游竞争与合作角色的空间组织模式。李雪等(2008)从城市群整体及内部城市单体两个角度出发,构建旅游竞争力评价指标体系,运用系统动力学方法对山东半岛城市群旅游竞争力变化趋势进行仿真分析,发现城市群整体旅游竞争力提升幅度较单体城市大,表明城市群旅游一体化与区域整合是提升山东半岛旅游竞争力的重要途径。董锁成等(2009)亦从城市群整体及其内部城市单体两个角度构建旅游竞争力评价指标体系,包括发展动力、发展水平、旅游影响、旅游经济联系、城市区域旅游贡献度五个方面指标,并探讨其测度方法,确定旅游竞争力空间评价方法与系统动力学动态测度方法。都市圈旅游竞争力的研究除对竞争力影响因素、竞争力评价等进行研究外,还应对都市圈及单体城市的旅游竞争机制、竞争力提升战略等进行多因素研究。应关注重大理论和现实问题,探索全球化、信息化新知识经济背景下都市圈旅游竞争机制与空间效应等问题,研究都市圈旅游竞争力提升的障碍因素,探讨提升都市圈整体旅游竞争力的战略与对策。都市圈旅游竞合研究上,吴泓等以淮海经济区为例,应用共生理论研究区域旅游竞合。汪清蓉等(2008)认为区域旅游系统是由自然环境和社会环境构成的复杂生态系统,利用生态位理论对珠江三角洲城市的生态位进行测评,并研究其竞合模式,强调各城市应积极采取生态位分离、扩充、泛化及特化等策略优化竞争关系以准确定位,使各城市形成具有一定差异的"生态位",发挥各类城市的功能与作用,推动整体系统由低级到高级、由简单到复杂的演替与优化。

(三) 都市圈旅游一体化发展研究

促进都市圈合作,构建具有强大竞争力的都市圈,共同发展具有全球性质的城市功能和服务,提升世界城市竞争力,是都市圈未来发展的目标。都市圈一体化发展,涉及交通基础设施一体化、生态环境一体化、文化协调发展与文化经济一体化、信息一体化等诸多内容。都市圈一体化发展也面临着一些障碍,周牧之(2004)指出大规模人口移动、汽车社会、无序开发、土地利用粗放和产业分布不合理是区域一体化进程中亟待突破的障碍。张颢瀚等(2007)从本位主义(政府竞争)、攀比效应(产业同构)及去一体化倾向(制度缺失)等方面分析了长三角区域一体化发展中的障碍。

都市圈旅游一体化发展离不开交通基础设施、生态环境、经济文化、信息等的一体化,也面临着诸多障碍。已有研究内容主要包括旅游一体化对旅游竞争力的影响、旅游经济一体化措施与空间发展战略、一体化发展模式、旅游市场一体化发展、一体化进程中的障碍等。汪宇明等(2002)认为参与区域一体化对提升上海都市旅游竞争力具有重要影响。张殿发等(2006)认为推动长三角旅游经济一体化发展,需要从观念、机制和措施等方面进行创新,必须加强政府合作与联动,加强统一市场建设,加强地区间发展的协同和协调,提升区域综合竞争力。聂献忠等(2006)研究了长江三角洲一体化进程的形成演变、空间特征,并就空间环境与要素优势一体化、空间布局一体化和空间产业系统一体化等提出长三角一体化旅游区空间发展战略。刘昌雪等(2008)基于市场亲景度和竞争态,研究长江三角洲国际旅游市场一体化发展,确定出成熟市场、成长市场、崛起市场和机会市场四类长江三角洲国际旅游市场;并提出准确定位目标市场,有层次有重点开拓战略、增强国际旅游市场稳定性、提高长三角国际旅游市场竞争力、整合江浙沪旅游资源,提高长三角整体旅游市场吸引力等一体化发展战略。吴国清(2008)认为长三角区域旅游一体化发展模式是"多核心+网络化",并从旅游发展理念互动、旅游体制机制互动、旅游产品设计互动、旅游市场营销互动等角度,对长三角区域旅游一体化发展中上海、南京和杭州的旅游互动进行实例研究。靳诚等(2008)构建区域旅游一体化进程中边界效应度量方法,定量研究长江三角洲地区入境旅游中的边界效应,发现长江三角洲各城市间存在一体化趋势,但存在着量的边界效应,江苏和浙江的边界效应从有到无,上海与江苏、上海和浙江的边界效应存在增大趋势,且上海与江苏的边界效应增大速度明显地高于上海和浙江的边界效应增大速度,并从旅游资源条件、经济条件、交通条件、直辖市作用、制度条件5个方面对演化原因进行解释。

都市圈发展目的在于提高都市圈整体竞争力。都市圈应通过产业协同和空间协同来整合发展资源要素,发挥整体大于部分之和效应,提高区域整体竞争力。都市圈有自身形成的规律,空间结构由简单到复杂,均衡度逐步增大;内部城市关联性由松散到紧密,一体化程度逐步加深;功能分工由浅入深,整体竞争力逐步增强。都市圈复杂的结构、紧密的关联性和深入的功能分工等特征,决定了都市圈旅游竞合研究的目的在于找出合理竞争前提下的合作问题与障碍,对都市圈旅游各方面进行整合,不断推进都市圈旅游一体化进程,实现都市圈旅游整体效应发挥,提高都市圈旅游整体竞争力。当前研究有待深入,更需要理论支撑,而不仅仅是对案例的竞合问题进行简单归纳,提出对策应更具针对性。

三、都市圈旅游空间研究

(一) 都市圈旅游空间认知

都市圈空间很难界定,Fragkias 等(2009)利用时间序列卫星图像,结合 GIS 技术和时间序列空间模型研究都市圈空间形态,评估城市集聚特点。都市圈旅游空间认知主体有研究者、规划者和旅游者等。陈才(1999)研究了环渤海旅游圈的形成与发展。王德等(2001)对沪宁杭地区城市一日交流圈进行了划分与研究。张振国等(2005)根据旅游流域概念和旅游圈形成基础,利用旅游域模型和相关软件构建并划分出长江三角洲地区 7 个城市为中心的 3 个级别、7 个旅游圈,其中上海旅游圈为"长三角"地区一级旅游圈,杭州、苏州旅游圈为二级旅游圈,南京、常州、扬州和绍兴为三级旅游圈,提出应当建设涵盖整个长三角地区的"大上海旅游圈"。李琛等(2007)根据距离衰减规律,采用"时间距离法"对首都都市旅游度假圈范围进行界定,并从市场需求特征、区位特征和交通条件角度,分析首都都市旅游度假圈对承德市旅游空间结构的影响,构建承德"一体两翼"的旅游系统空间结构。以往研究和规划中"都市圈旅游"多是重点围绕某个大都市所形成的都市旅游圈,其旅游者多是面向大都市内部,而非都市圈旅游。一般"城市群"或都市圈旅游空间研究,很少将都市圈作为整体的旅游目的地,而是由诸多城市旅游目的地组成的集合体。而旅游者也尚未将都市圈作为一个整体旅游目的地。

(二)都市圈旅游空间结构研究

都市圈旅游空间结构研究从旅游目的地空间结构、旅游产业和企业空间结构以及旅游者行为空间结构等角度,利用生态学理论、"时间距离法"、图论、经典引力模型等理论方法进行研究,并探讨交通设施等大型工程对都市圈旅游空间结构的影响。邹仁爱等(2005)提出旅游地群落概念,探讨其形成条件、基本特征、理论内涵及空间关系类型,从生态学视角研究珠江三角洲旅游空间关系,发现珠三角旅游地之间竞争主要表现为协同进化型竞争,旅游地群落中共生关系明显,寄生现象得到较好控制,但局部区域空间关系存在开发雷同,导致相互抑制型竞争突出,部分旅游地缺乏"一体化"思想,没有实行统一有效地协调和合作、地方保护滋生旅游地群落局部区域寄生现象等问题。陈浩等(2008)度量了珠三角区域形态及空间连接度和通达度,用图论有关拓扑参数,对珠江三角洲都市圈旅游空间结构进行定量研究,分析珠三角都市圈旅游发展空间等级结构和旅游流空间组织并构建目的地空间模型,得出区域旅游发展空间格局。方世敏等(2009)根据群落生态学相关理论提出旅游景区群落概念,探讨旅游景区群落结构的内涵、特点及功能关联,分析长株潭旅游景区群落空间结构现状,并从水平结构、垂直结构和集群结构三个方面研究区域旅游景区群落空间结构优化问题。郑昭彦(2009)探讨了杭州湾跨海大桥对长三角旅游空间格局的影响。肖光明(2009)着眼宏观和中等空间尺度,从代表性旅游资源、旅游网络、旅游发展轴、旅游中心地体系等方面对珠江三角洲地区旅游空间结构现状进行系统分析,并提出优化思路。吴国清(2009)认为都市旅游圈是具有一定向心性和层次性的旅游经济地域系统,都市旅游圈形成和演化是都市旅游跨界拓展和区域旅游合作性竞争及趋向一体化发展共同推动的产物,空间集聚与扩散作用是都市旅游圈空间结构嬗变的主要动力,探析上海和长三角都市旅游圈空间结构网络化(多核心+互动)发展,即通过景区(点)、交通、产业、市场等各个子(分)网络共同构成互补、协作和竞争的大旅游产业体系,不断推动都市旅游圈发展壮大。

旅游产业和企业空间上,王忠诚等(2006)对长江三角洲地区旅游产业空间布局进行了研究。卞显红等(2008)基于旅游企业空间区位选择视角,分析旅游空间结构形成的产业机理,认为长江三角洲城市旅游企业空间布局状况对城市旅游增长极与城市旅游核心—边缘空间结构形成具有重要影响,旅游企业空间区位选择费用最小化行为是重要的实现推动力,旅游企业在城市旅游核心区或边缘区布局是旅游企业在固定成本与旅游接待人次两种因素之间博弈的过程,而是在城市旅游空间集聚区还是在非集聚区布局取决于在集聚区获得集聚经济的程度、集聚区产生的集聚不经济程度及非集聚区土地等成本差异等。在旅游者行为空间结构方面，Hwang等（2006）假定原籍国到目的地的实际和感知距离影响旅游者多城市旅游行为，并给予初次旅游者更多机会成本以增加其多城市旅游行为，研究游客在美国的多城市旅游方式，证实不同国籍和对目的地不同熟悉程度的国际旅游者在美国都市圈多城市旅游行为不同，其流动方向及范围和多城市旅游行为性质不同。丁正山（2005）研究南京都市圈国内旅游流，发现影响南京都市圈及周边城市旅游流聚集与扩散的主要因素是该地区的国内生产总值和旅游资源（包括旅游基础设施）。靳诚等从经典引力模型出发，构建城市旅游流强度模型，探讨长三角域内旅游流下的空间结构，表明域内长三角旅游目的地和客源地在地域上表现出以上海为中心的圈层结构；上海和除舟山外的长三角其他城市都发生强相互作用，具有较强的中心性，长三角外围地区城市旅游有被长三角边缘化的趋势；长三角域内旅游流网络在 $\alpha=1$ 水平下，β、γ 指数分别为 1.533 3、0.589 7，发展较好，但有很大提升空间；加强周边地区网络建设，要加强南京旅游圈、长江北岸旅游带和杭甬旅游带"一圈两带"的旅游网络化建设，以实现旅游流空间流向合理调整与结构优化，提高旅游网络化水平，促进旅游业健康发展。

都市圈空间结构演化与机制是都市圈研究的重要内容，如 Garreau（1991）指出城市群空间结构由单核心向多核心演化，形成边缘城市；Wallis 研究了郊区化对都市圈空间结构的影响作用；Romein（2003）认为，国际化和欧洲一体化过程使得平衡和合理的空间发展方式变得困难，作为一个动态的空间形式，"大城市走廊"的出现与空间规划变化的制度背景相一致，跨界铁路基础设施规划正在大城市走廊发生；Susilo 等（2003）研究了日本大阪都市圈通勤结构模式的变化及影响因素；Firman（2009）认为特大都市圈的发展以乡村和城市差别模糊为标志；Glazer 等研究了消费多样性对城市群形成的重要作用。已有都市圈旅游空间研究更多关注时下的都市圈旅游空间结构，只是都市圈旅游发展进程中的一个时间断面，而都市圈旅游发展中，其空间结构处在不断变化之中，应对都市圈旅游时空动态演化过程加以研究。现有研究多是仅对都市圈旅游空间结构进行"描述"，对其时空演进和形成机理研究有待深入。

（三）都市圈旅游空间联系与相互作用研究

都市圈旅游空间联系研究，主要借助乌尔曼空间相互作用原理对都市圈城市旅游空间相互作用条件进行分析，并考察相互作用的基本形式。卞显红等（2006）对长江三角洲城市旅游空间相互作用进行研究，分析相互作用基本条件——可转移性、互补性和介入机会；分析相互作用基本形式——旅游者流、旅游物流、旅游信息流；分析相互作用模型——城市旅游空间相互作用强度模型、非中心城市相对主要中心城市旅游经济隶属度模型、城市旅游吸引区边界确定模型，并依据长江三角洲城市旅游经济隶属度与旅游吸引范围对长江三角洲城市旅游经济区进行了划分。肖光明(2008)运用乌尔曼空间相互作用原理,分析珠江三角洲九城市旅游空间相互作用基本条件以及旅游空间相互作用的两种主要形式:旅游者流和普通旅客流,发现珠三角九城市旅游规模等级明显,城市旅游功能上表现出互补性,发达的交通网络使包括旅游者流在内的普通旅客流、旅游物流、旅游信息流等旅游要素在区域内转移便捷,中介机会的存在丰富了区域旅游产品类型,完善了区域旅游网络;并借助空间相互作用模型对九城市旅游空间相互作用强度进行测定,包括旅游经济联系度、旅游经济隶属度(珠三角其余六城市对广深珠三城市)、城市旅游吸引范围等。楚义芳将某一旅游地与其附近旅游地之间的空间相互作用概括为补充关系和替代关系两种,认为同等级旅游地之间作用是相互的;不同等级旅游地之间作用是单向的,表现为上一等级作用于下一等级。保继刚等(1999)认为资源个体相邻,会对其吸引力产生影响,即近邻效应,有正效应或负效应两种。已有研究基本是静态分析,较少研究空间联系和相互作用发展变化。

四、都市圈旅游可持续发展研究

研究既考查都市圈内部旅游发展差异,又对都市圈内部旅游经济溢出效应进行分析。罗志辉等(2006)考察了泛珠三角14个重点城市旅游发展现状并进行聚类分析。靳诚等(2007)运用变差系数(CV)、基尼系数(G)、首位度(S)和赫芬达尔系数(H5)4个指标分析长三角城市旅游规模差异,发现其差异波动下降,并将长三角各市旅游发展划分为平稳发展型、波动发展型、加速发展型和减速发展型四类,回归分析发现长三角城市旅游规模符合位序规模分布。徐菁等(2008)分析长江三角洲入境旅游趋同状况,发现不同年份间变差系数、基尼系数稍有波动,但总体呈下降趋势,长三角入境旅游发展存在 σ 趋同和 β 趋同,在考虑人口、经济条件影响下,长三角入境旅游发展趋同速度大于绝对趋同速度,认为长三角入境旅游发展趋同的内外动力机制在于内部市场拉动和外部政府调控。李凡等(2008)构建城市间旅游经济溢出模型,综合分析各变量对珠江三角洲城市群城市旅游经济溢出效应,发现城市之间旅游经济关联性强,溢出作用明显;邻近城市之间旅游经济竞争多于合作;肇庆、江门、惠州等城市总溢出值较高,旅游经济发展依赖性强,而广州、深圳等城市则相反;不同城市旅游溢出差异则与该城市社会经济发展水平、旅游产品结构和旅游设施情况具有一定相关性。李山等(2009)认为旅游业区域溢出与两个旅游区之间规模等级差异和空间距离呈负相关,而与它们之间类型差异和接受溢出方的学习能力呈正相关,借鉴经典知识溢出公式构建旅游业区域溢出机理模型,对长江三角洲"15+n"个旅游城市之间的溢出情况进行计算,表明上海与苏州、杭州与宁波、黄山与景德镇三组城市两两之间的旅游合作具有巨大的内在动力和发展潜力,"上海—杭州—黄山"旅游线和"环杭州湾"旅游线因上海与黄山之间、上海与舟山之间负溢出的存在,长期发展有待市场进一步检验。都市圈旅游经济持续发展是都市圈旅游发展研究的重要内容。

都市圈旅游可持续发展上,已有研究更多关注都市圈旅游生态环境承载力方面。张广海等(2008)参照状态空间法构造旅游环境可持续承载力,表明2000~2005年山东半岛城市群旅游环境可持续承载力0.924 82提高到1.201 18,旅游环境可持续承载能力逐年增强;采用灰色预测法对山东半岛城市群旅游环境承载状况进行模拟预测与综合评价,表明2006~2010年旅游环境可持续承载力呈持续上升趋势。张广海等(2008)构建环境承载力评价体系,提出旅游环境可持续承载力概念与测算模型,定量研究山东半岛城市群旅游环境系统承载潜力及旅游环境可持续承载状况,运用聚类方法考察山东半岛城市群旅游环境地域差异,划分优化开发、潜力开发与合理开发三类旅游环境承载功能区。崔峰(2008)引入协调发展度数学模型及计算方法,研究上海市2000~2006年旅游经济与生态环境协调发展状况,表明上海市旅游经济与生态环境的协调发展度总体呈上升趋势,但仍属中度到良好,与上海国际化大都市地位不相称;旅游经济与生态环境综合效益函数相比,生态环境建设适度超前于旅游经济发展,相对于生态环境,旅游经济有较大发展空间。张毓峰等(2009)分析都市旅游可持续发展的实质内涵、主要目标、协调机制和影响因素,为都市旅游可持续发展提供理论分析框架,强调都市旅游发展与都市及区域发展协调、都市旅游产业与都市其他产业发展协调以及都市旅游业内部各部分之间协调等宏观、中观和微观三个维度的协调。刘黎(2009)研究长株潭城市群两型社会建设中旅游业所面临的机遇和挑战,提出应具有国际视野,抓住两型社会建设机遇,向国际旅游业标准看齐,走区域旅游经济一体化发展之路,以推动旅游业的全面可持续发展。都市圈旅游必须走可持续发展道路,都市圈旅游可持续发展日益受到人们关注。都市圈旅游可持续发展,不仅是旅游经济发展和生态环境的可持续,也包括人文社会环境的可持续。都市圈文化旅游资源丰富,是都市圈旅游吸引物的重要组成部分。但是在现代城市发展中,存在"城市一发展,文化就遭殃"的普遍规律;不仅是城市改建,在新城建中也有城市风格"罐头化"与"新地标情结"等文化问题。

五、都市圈旅游发展机理与战略

(一) 都市圈旅游发展全球化背景

全球化是都市圈旅游发展重要背景,全球化发展使世界各国联系交往更为密切。作为国家最为发达的地区,都市圈拥有世界较高知名度的大都市。全球化给都市圈旅游带来很多国际旅游者,也给都市圈旅游发展带来资金、技术、服务以及国际旅游产业链等。全球化也会给都市圈旅游发展带来诸多挑战,如更为激烈的竞争、对生态环境与社会文化的消极影响等。外购、跨国所有权结构和投资、跨界营销合作、购买和销售、劳动力自由流动等并不仅限于制造业领域,也与现代旅游业高度相关。Chao 等(2004)认为全球化影响之一是旅游业的增长和资本的流动,利用一般均衡模型,验证了影响旅游业对东道主社会福利影响的三个渠道,即:旅游者到来的社会外部性、非流通价格上涨导致的贸易影响和资源流动对制造业部门的影响。Veronneau 等(2009)对佛罗里达全球航游公司游轮供应链关键特点和管理全球服务供应链实践进行研究。Aramberri(2009)否认"未来旅游业是全球化过程主导力量",认为"旅游是完全全球化,并且连接了世界最富有地区和边缘最贫穷地区"是后浪漫主义集体想象力,是对世界旅行和旅游业真实形态缺乏了解的表现。Bunnell(2002)研究吉隆坡都市区,发现物质基础设施和雄伟标志性空间促进了吉隆坡全球化进程。全球化对都市圈旅游发展影响较为复杂,机遇与挑战并存。

(二) 都市圈旅游产业集聚与创新发展

针对都市圈产业集聚,Simmie 等(1999)认为企业内部动因、本地化效应、城市化效应和全球化效应是创新企业在伦敦都市圈空间上集聚的原因。Glazer(2003)认为消费者消费偏好导致了不同类型消费群体、城市和某些产业的集聚。Boiteux-Orain 等(2004)研究发现巴黎都市圈和巴黎市不同类型产业集中于不同区域。Novelli 等(2006)指出网络和集群并非商业本质所导致的简单和自发的过程,而是与利益相关者之间合作紧密联系的复杂过程。Bhat 等(2008)指出网络关系建立对合作的需求和重要性的识别影响很大。Bontje 等(2005)研究巴黎和兰德斯塔德都市圈,发现在都市区边缘逐渐出现一些新的中心城市(边缘城市),随后出现了一些较大的多功能办事处、零售店、休闲和住宿产业的集聚。Jackson 等(2006)运用钻石理论模型,将集群理论应用于旅游产业,阐明在经济不发达地区缺少集群。Erkus-Oztürk(2009)定量分析了 Antalya 旅游区公司集聚类型和公司规模在网络关系设计水平中的作用。都市圈交通等基础设施条件优越、城市消费人口集中以及城市之间联系密切等,都有利于旅游产业集聚发展,延长旅游产业链,发挥集聚优势。都市圈旅游产业集聚发展是都市圈旅游发展的重要特点与优势,都市圈旅游产业创新发展是促进都市圈旅游发展的重要内容。金卫东(2004)提出旅游产业密集带概念,对美国东部都市圈旅游产业密集带发展进行研究,为我国长三角地区在城市规划过程中打造旅游产业密集带提出建议和思考。龚邵方实证研究了关中城市群旅游产业集聚发展状况。王兆峰(2009)利用生态位理论研究我国旅游产业集群的生态位策略。冯德显等(2006)分析现阶段我国旅游业发展特征和社会需求之间的若干关系和问题,探讨了实现旅游产业创新发展的新途径。

(三) 节事活动与都市圈旅游

节事活动,尤其是国际性的大型节事活动,对提高都市圈知名度,促进都市圈旅游发展具有重大推动作用。朱佩军认为旅游节庆是都市旅游的生力军。胡燕雯(2004)认为事件旅游是都市旅游竞争的制高点,分析事件旅游对城市旅游竞争力的提升,以北京、上海、广州申办国际性盛会为例阐述了大型事件活动对打造都市旅游竞争高地的影响。张伟强等(2005)提出特殊活动事件新分类方案,研究特殊活动事件对珠三角旅游开发的作用并提出对策。段霞等(2008)指出2008年北京奥运对北京城市最大的影响是国际化进程加快和适应国际化标准提高,同时认为奥运的品牌效应是构筑国家"软实力"——"国家形象"的重要元素。Rosentraub等研究发现旅游产业投资及相关的运动和娱乐对都市圈旅游发展具有重要的促进意义。中国经济不断发展,综合国力不断提高,世界各国人民更加关注中国,更加想了解中国。越来越多的国际性或区域性体育盛事、会议、活动等选择在中国举行或是永久落户中国。这些都为世界人民了解中国打开了大门,也为我国旅游业发展提供了绝佳机会。在都市圈城市举办这些节事活动,能极大提高它们的国际知名度,促进其旅游业快速发展。不同级别的节事活动其影响范围不同,所发挥的作用也有所不同。节事活动通常伴随着大规模的城市建设,也会对城市形象及生态环境等产生影响。研究节事活动及其对都市圈旅游的影响,趋利避害,对促进都市圈旅游发展具有重要的现实意义。

(四) 都市圈旅游信息化发展

由先进信息和通信技术形塑的网络空间正在影响中国城市和区域的发展,并持续推动着空间组织重构进程。姚士谋等(2001)认为信息产业对城市发展具有协作效应、替代效应、衍生效应等潜在作用,并对城市空间扩展产生影响;城市群区内数码城市的建立,促进了城市现代化。信息网络发展对都市圈旅游服务质量、空间结构、旅游合作、产业空间组织、结构体系变动等都会产生重大影响。对都市圈旅游信息化发展研究受都市圈旅游信息化发展水平限制。李彦丽等(2006)归纳出五种旅游信息化合作模式,即联合—联盟合作模式、产业链式合作模式、点式合作模式、梯级合作模式和两波叠加合作模式,并提供了模式适宜度检测方法,借用特征函数选取点式合作模式为京津冀旅游信息化合作模式,并细化为PPP项目点模式、4-C领域点模式和5+2基地点模式。林涛(2007)基于游客视角,对上海旅游咨询中心及其免费信息进行了调查研究。林涛(2008)以德国、奥地利和荷兰若干城市为例,详细分析了西欧都市旅游免费信息的类型、内容和特点,针对我国快速发展的都市旅游业中如何满足游客对信息的新需求,提出了其启示和借鉴意义。

信息化发展是都市圈旅游发展的背景,也是都市圈旅游一体化发展的重要手段与途径,对提高都市圈旅游发展运行效率具有重要意义,是都市圈旅游发展重要战略之一。

(五) 都市圈旅游品牌与形象

打造都市圈旅游品牌,整合各城市旅游品牌与形象,促进都市圈整体旅游目的地形成,是都市圈旅游研究的重要内容。陶卓民等(2005)探讨了区域旅游形象设计的驱动机制,对长江三角洲区域旅游形象进行了设计和研究。李飞等(2007)对大珠三角区域旅游合作中感知形象的差异性和可整合性进行了分析,认为旅游形象的整合能够提高区域整体影响力,差异和整合共存于旅游合作。Bramwell 等(1996)研究了英国五个工业城市 Birmingham,Bradford,Manchester,Sheffield 和 Stoke-on-Trent 的形象差别及其意义。Hsu 等(2009)对旅游者在中国 4 个城市(北京、上海、桂林江和西安)旅游经历的自我评价进行了叙事性研究,运用 Netnography 品牌探讨游客对地方、居民及他们在中国旅游所经历各种情况的解释。都市圈旅游品牌与形象是都市圈旅游竞争力的重要内容,是都市圈旅游需要极力打造和发展的。发展都市圈各城市旅游特色,不断迎接新的挑战,为都市圈旅游注入时代特色,是都市圈旅游发展研究的重要内容。

(六) 都市圈核心旅游产品

都市圈各城市旅游产品也应有所差别,应根据城市发展情况,发展相应旅游产品。都市圈核心城市应在都市圈旅游发展中发挥核心作用。围绕核心城市应发展与其在都市圈地位相符的核心旅游产品,发展顶级都市旅游产品,进而对其他城市产生带动作用,而非攫取都市圈整体旅游发展机会。以迪士尼为例,迪士尼是全球三大著名娱乐品牌(迪士尼、嘉年华和环球影城)之一,目前全球共有 6 个迪士尼乐园,分布在洛杉矶、奥兰多、东京、巴黎、香港和上海,基本位于世界六大都市圈。迪士尼等主题公园的成功因素,不同学者有不同的认识,但人口和人均收入、区域经济发展水平、交通条件、城市旅游形象和土地等无疑是重要方面。因此在都市圈核心城市布局迪士尼等主题公园,具有一定的合理性。在迪士尼经营管理中,体验价值、品牌效应和文化创意产业具有重要意义,这些亦是都市圈核心城市旅游所应竭力发展的。迪士尼等主题公园的布局,可以优化配置城市资源、丰富都市圈旅游资源、增加就业、延长旅游产业链、优化产业结构等,并能提升城市旅游形象、改变城市景观、引导居民消费观念、促进文化产业发展、推动郊区吸引城市中心人流等。当然,迪士尼等主题公园也可能会产生环境污染、治安问题、物价上涨等消极影响。另外,厉无畏等(2008)对创意旅游进行论述,并探讨了上海都市旅游的创新发展思路。

(七) 都市圈旅游生态环境与景观

良好的生态环境是都市圈旅游发展的基础，都市圈生态景观是都市圈旅游吸引物的重要组成部分，旅游者对都市圈生态环境有较高要求。都市圈经济发展可能会对都市圈生态环境造成破坏，如 Nur 等(2001)指出雅加达都市圈是世界第七大城市群，其人口和经济增长与环境破坏、贫困集中携手共进。我国都市圈发展也面临生态环境恶化的问题。Flores(1998)用生态学的五个原则(内容、环境、动态、异质性和层次性)检验了纽约都市圈的绿地生态系统。Leeuw 等(2001)研究认为欧盟 200 多个城市密集区空气质量变化与该地区产业规模化集聚有很高相关性。而 Pérez 等(2009)通过评估巴赛罗纳都市圈的健康和经济效益，发现较少空气污染可以产生可持续健康和经济利益。旅游业作为绿色新兴产业，过多游客量及旅游开发也会对区域水环境、生物环境和游客感知环境造成不良影响。都市圈生态景观也对社会生活产生影响，Cybriwsky(1999)比较了东京和纽约大都市区公共空间(公园、风景场所或公共场所)周围环境变化及其设计模式的改变，表明两个大都市拥有一些新的私人公共空间，增强了城市生活的质量和美学吸引力，但是也反映了特定的社会问题和分歧(如控制可进入性和增加监视表明了各种社会问题的存在和城市生活质量的下降)。Bolitzer 等(2000)研究了美国俄勒冈波特兰市都市区开放空间(公共公园、自然区域和高尔夫球场)对其附近房屋出售价格的影响，表明与开放空间的邻近性以及开放空间类型对周围房屋价格有显著影响。都市圈旅游发展中，要减少旅游活动本身所造成的生态环境破坏，减少旅游活动碳排放，提倡低碳旅游，同时要减少都市圈旅游对居民经济生活的不利影响。

(八) 都市圈旅游与相关规划

旅游及相关规划为都市圈旅游发展提供了制度、配套设施和生态环境等方面的保障，是都市圈旅游健康发展的保证。《贝尔法斯特都市圈规划计划(BMAP) 2015——旅游研究》草案，指出其目的在于通过不损坏自然环境、建成环境或损坏旅游资产来实现该区旅游可持续发展及经济增长最大化。Pearce(1998)以巴黎旅游业规划为例，强调了公众参与的重要性。Gilbert(1995)研究了里约热内卢的政府政策、经济基础、交通系统、大型活动的规划与旅游业的关系。都市圈景观规划上，Ruliffson 等(2003)研究了美国都市区政府和规划者，在保护自然区域开放空间和最大化公众可进入性和物种典型性两个目标上的权衡；Kühn(2003)研究两种城市景观(绿带和绿心)，认为保护都市区域景观的关键在于结合当地实际情况和社会使用状况。Schrijnen(2000)以荷兰兰德斯塔德都市圈为例，提出基础设施网络对城市和景观有很大影响，在经济方面呈现积极影响，而对城市和乡村自然和休闲活动产生消极影响,并从景观生态学角度提出基础设施和城市活动规划应与环境保护规划相适应。

交通尤其是快速交通是都市圈发展的重要"载体",是提高都市圈运行效率的重要途径。Gutihrez(1999)研究了马德里都市区轨道高速公路对可进入性的影响。快速交通会对城市资本、知识交流、城市规模分布和城际间相互作用等的空间结构产生影响。交通可达性是都市圈旅游发展的必要条件,交通基础设施也是都市圈旅游吸引物的重要组成部分。Albalate(2009)认为"可移动性"是旅游者访问大城市的关键因素。Hess(2006)应用交叉—嵌套罗吉特模型(三个可选择的维度:机场、航空、进入模式)对大伦敦都市区机场选择进行分析,表明进入时间、进入成本、航班频率、航班时间对乘客的行为有明显影响。Susilo(2008)对日本大阪都市圈大规模家庭旅行的调查结果表明:旅行模式受到运输网络和土地使用发展严重影响。都市圈旅游活动也会对交通运行产生影响,Aguilera通过"需求—供给"平衡模型,研究表明旅游业强度是城市公共交通需求加强因素,旅游业促使政府部门加强公共交通建设是旅游业的积极外部性,而导致当地居民在旅游旺季对交通的较少利用(交通堵塞)是消极外部性。Russon(1995)提出 short-haul 模型,反映了客源地与目的地间的旅客流与人口密度、运输距离有直接的指数关系。都市圈快速轨道交通对促进旅游者在都市圈内部流动具有重要作用,是将都市圈打造为一个整体旅游目的地的必要手段。交通基础设施建设更会对都市圈旅游空间结构产生影响,重大交通设施及巨型工程本身即是重要的旅游吸引物。在交通和土地利用规划上,Montes(1995)研究发现,尽管英国和法国在制度和经济方面存在差异,但是两者在大都市规划中交通与土地利用都很少相协调。Heywood 等(1997)强调可进入性(并非可移动性)和交通需求管理是大都市区交通和土地规划的准则。Arai(2004)以东京都市圈为例,运用细胞动力学模型验证了土地利用转变的潜在功能,为当地政府土地规划工作提供了指导。Gao 等(2007)提出客观评价城市景观价值以及景观设施经济价值应包括三个步骤,即标准化景观调查,提取主成分分析关键因素,最后采用享受性定价模型(hedonic pricing models)识别这些因素对土地价格的影响,研究表明日本东京市和北九州市城市建筑物和周围草木等因素对土地价格影响较大。Vermeulen(2009)以荷兰兰德斯塔德都市区为案例,运用联立方程分析荷兰住房供应、移民和当地雇佣增长的关系,表明荷兰现存经济活动的分布反映了土地利用规划决策。Ryan(2004)调查了美国康涅狄格州都市区河边大草地土地所有者对于土地保护、公共进入性和合作规划的态度,表明很多土地所有者同意在他们土地上的游憩活动,尤其是狩猎和钓鱼。Curtis 等(2004)探讨了城市结构对旅行模式和可持续旅行的影响,指出西澳大利亚珀斯都市圈"网络城"规划策略的目的是实现土地利用和交通网络一体化,并认为改变公共交通和城市结构可以促进旅行可持续进行。

第四节 本章小结

1) 都市圈已成为国家和区域发展的战略平台,旅游发展的都市圈集聚现象也已凸显,本章对都市圈、都市圈旅游地等概念进行了界定,并分析其内涵,为本研究打下基础。

2) 根据本研究关于都市圈旅游的空间研究内容,重点梳理了经济地理学、区域经济学、旅游地理学、空间经济学及旅游系统相关理论,为本研究提供支撑。

3) 本章系统地梳理了国内外关于都市圈旅游的相关研究,并进行了评述,分析了相关研究的主要内容、主要研究方法,并对国内外相关研究进行了比较。

参考文献

保继刚,楚义芳.1999.旅游地理学.北京:高等教育出版社.
保继刚,徐红罡,李丽梅,等.2001.香港迪士尼乐园对珠江三角洲的影响.旅游学刊,16(4):34-38.
保继刚,朱竑,陈虹.1999.基于双赢战略的澳门—珠海旅游互动发展.热带地理,19(4):348-352.
保继刚.1997.主题公园发展的影响因素系统分.地理学报,52(3):237-245.
卞显红,沙润.2007.长江三角洲城市旅游空间相互作用研究.地域研究与开发,26(4):62-67.
卞显红,沙润.2008.长江三角洲城市旅游空间结构形成的产业机理——基于旅游企业空间区位选择视角.人文地理,23(6):106-112.
蔡东,朱华友.2009.区域旅游景点的互动与整合——以浙中城市群为例.社会科学家,(3):105-108.
陈才.1999.环渤海旅游圈的形成与发展.人文地理,14(2):15-18.
陈浩,陆林,章锦河,等.2008.珠江三角洲城市群旅游空间结构与优化分析.地理科学,28(1):113-118.
楚义芳.1989.旅游的空间组织研究.天津:南开大学出版社.
崔峰.2008.上海市旅游经济与生态环境协调发展度研究.中国人口·资源与环境,18(5):64-69.
丁正山.2005.南京都市圈国内旅游流与旅游发展战略调整.东南大学学报(哲学社会科学版),7(增刊):224-227.
董观志.2004.粤港澳大旅游区发展模式创新研究.旅游学刊,19(4):49-56.
董锁成,李雪,张广海,等.2009.城市群旅游竞争力评价指标体系与测度方法探讨.旅游学刊,24(2):30-36.
董晓峰,史育龙,张志强,等.2005.都市圈理论发展研究.地球科学进展,20(10):1067-1074.
段吉盛,楼嘉军.2007.迪士尼乐园海外扩张路径研究.经济论坛,(21):107-108,104.
段霞.2008.首都国际化进程研究报告.北京:中国经济出版社.
方世敏,廖珍杰.2009.长株潭旅游景区群落空间关系及其结构优化.经济地理,29(2):342-347.
冯德显,翟海国.2006.区域旅游产业创新发展若干问题研究.地域研究与开发,25(4):65-70.

冯云廷.2006.区域经济学.大连:东北财经大学出版社.
龚绍方.2008.关于中原城市群旅游产业集群发展的实证研究.河南大学学报(社会科学版),48(3):66-71.
顾朝林,等.1999.经济全球化与中国城市发展——跨世纪中国城市发展战略研究.北京:商务印书馆.
胡燕雯.2004.事件旅游:都市旅游竞争的制高点——以京沪穗为例.地域研究与开发,23(4):78-81.
黄耀丽,李凡,郑坚强,等.2006.珠江三角洲城市旅游竞争力空间结构体系初探.地理研究,25(4):730-740.
蒋国田,马树群.1991.中心城市与旅游区域性发展.旅游学刊,6(2):1.
金卫东.2004.美国东部都市群旅游产业密集带的发展及启示.旅游学刊,19(6):38-42.
靳诚,陆玉麒,徐菁.2009.基于域内旅游流场的长三角旅游空间结构探讨.中国人口·资源与环境,19(1):114-119.
靳诚,陆玉麒.2008.区域旅游一体化进程中边界效应的定量化研究——以长江三角洲地区入境旅游为例.旅游学刊,23(10):34-39.
靳诚,徐菁,陆玉麒.2006.长三角区域旅游合作演化动力机制探讨[J].旅游学刊,21(12):43-47.
靳诚,徐菁,陆玉麒.2007.长三角城市旅游规模差异及其位序规模体系的构建.经济地理,27(4):676-680.
李琛,成升魁,陈远生,等.2007."首都都市度假旅游圈"对承德市旅游空间变动的影响.资源科学,29(1):126-132.
李凡,黄耀丽.2008.区域间城市旅游经济的溢出分析——以珠江三角洲城市群为例.旅游学刊,23(5):23-28.
李飞,黄耀丽,郑坚强,等.2007.区域旅游合作中感知形象的差异性与可整合性分析——以大珠三角城市群为例.旅游学刊,22(1):30-35.
李廉水,Stough R,等.2006.都市圈发展——理论演化·国际经验·中国特色.北京:科学出版社.
李山,王铮.2009.旅游业区域溢出的可计算模型及案例.旅游学刊,24(7):18-26.
李小建.2006.经济地理学.2版.北京:高等教育出版社.
李雪,董锁成,张广海,等.2008.山东半岛城市群旅游竞争力动态仿真与评价.地理研究,27(6):1466-1477.
李彦丽,路紫.2006.区域旅游信息化合作模式及其适宜度检测与应用.地球信息科学,8(1):91-96.
李永文.2005.论主题公园的区域经济影响、建设与发展.经济地理,(5):694-697.
李玉江,陈培安,吴玉麟.2009.城市群形成动力机制及综合竞争力提升研究——以山东半岛城市群为例.北京:科学出版社.
厉无畏,王慧敏,孙洁.2008.论创意旅游——兼谈上海都市旅游的创新发展思路.经济管理,30(1):70-74.
梁明珠,张欣欣.2006.泛珠三角旅游合作与资源整合模式探究.经济地理,26(2):335-339.
林涛.2007.上海旅游咨询中心及其免费信息调查研究:游客视角.旅游学刊,22(4):88-91.

林涛.2008.西欧都市旅游免费信息的观察与思考——以德国、奥地利和荷兰若干城市为例.旅游科学,22(3):73-77.

刘昌雪,汪德根.2008.长江三角洲国际旅游市场一体化发展研究——基于市场亲景度和竞争态分析.经济问题探索,(4):107-111,115.

刘德云,吕斌.2009.跨界城市旅游合作机制研究——基于案例的比较分析.城市问题,(3):34-41.

刘黎.2009.新时期长株潭旅游业发展.经济地理,29(6):1051-1054.

刘士林.2009.2008中国都市化进程报告.上海:上海人民出版社.

刘忠伟.2001.景观生态学与生态旅游规划管理.地理研究,20(2):206-212.

罗志辉,甘巧林.2006.泛珠三角14个重点旅游城市旅游发展现状比较和类型分析——兼论各类城市的旅游发展对策.云南地理环境研究,18(2):95-99.

马勇,王春雷.2004.现代主题公园的竞争焦点及创新对策分析.人文地理,19(1):71-75.

聂献忠,张捷,章锦河,等.2006.一体化旅游区(ITR)空间发展战略——以长江三角洲旅游区为例.地理科学,26(6):755-763.

潘丽丽,保继刚.2008.长江三角洲城市旅游地竞争关系.经济地理,28(1):152-157.

塞缪尔·亨廷顿.2002.文明的冲突与世界秩序的重建.周琪译.北京:新华出版社.

孙胤社.1992.大都市区的形成机制及其定界——以北京为例.地理学报,42(6):552-560.

陶卓民,卢亮.2005.长江三角洲地区旅游客源市场共同开拓研究.人文地理,20(6):73-77.

陶卓民,卢亮.2005.长江三角洲区域旅游形象设计和开拓研究.经济地理,25(5):728-731.

田广增,温长生.2004.我国三大都市圈旅游资源比较研究.世界地理研究,13(3):84-88.

万方秋,唐左,甘巧林,等.2008.珠海与港澳区域旅游合作的对策研究.经济问题探索,(6):109-116.

汪明峰.2007.城市网络空间的生产与消费.北京:科学出版社.

汪清蓉,余构雄.2008.区域旅游城市生态位测评及竞合模式研究——以珠江三角洲为例.旅游学刊,23(3):50-56.

汪升华,陈田.2006.美国大都市旅游带的生长机理及其启示.世界地理研究,15(1):55,87-93.

汪宇明,全伟,胡燕雯,等.2002.在区域一体化进程中受益——提升上海都市旅游竞争力的战略思考.人文地理,17(3):31-33.

王大悟.2007.主题乐园长盛不衰十大要素论析——以美国迪士尼世界为案例的实证研究.旅游学刊,22(2):33-37.

王德,刘锴,耿慧志.2001.沪宁杭地区城市一日交流圈的划分与研究.城市规划汇刊,(5):38-44.

王新民.1994.主题公园高效益的奇迹和价值导向.旅游学刊,(6):32-35.

王兆峰.2009.旅游产业集群的生态位策略研究.人文地理,24(1):12-15,118.

王忠诚,李金莲.2006.长江三角洲地区旅游产业空间布局.经济地理,26(S2):85-88.

韦伟,赵光瑞.2005.日本都市圈模式研究综述.现代日本经济,140(2):40-45.

魏达志,邓雪丽,曾祥炎,等.2005.城市群与城市国际化.深圳:海天出版社.

吴国清.2008.区域旅游城市化与城市旅游区域化研究——兼论长三角区域一体化的旅游互动.地域研究与开发,27(1):51-55.

吴国清.2009.都市旅游圈空间结构的生成与网络化发展.中国软科学,(3):100-108,125.

吴泓,顾朝林.2004.基于共生理论的区域旅游竞合研究——以淮海经济区为例.经济地理,24(1):104-109.

吴晋峰.2001.旅游系统理论与空间结构模式研究.南京:南京大学城市与资源学系博士论文.

吴晋峰,包浩生.2002.旅游系统的空间结构模式研究.地理科学,22(1):96-101.

吴启焰.1999.城市密集区空间结构特征及演变机制枫——从城市群到大都市带.人文地理,14(1):11-16.

肖枫等.1990.城市群体经济运行模式.城市问题,(4):8-12.

肖光明.2008.珠江三角洲九城市旅游空间相互作用分析.地理与地理信息科学,24(5):108-112.

肖光明.2009.珠江三角洲地区旅游空间结构分析与优化.经济地理,29(6):1036-1041.

徐菁,沙润,靳诚.2008.长江三角洲入境旅游发展趋同分析.经济地理,28(2):334-337.

薛东前,孙建平.2003.城市群体结构及其演进.人文地理,18(4):64-68.

杨荣斌,郑建瑜,程金龙.2005.区域旅游合作结构模式研究.地理与地理信息科学,21(5):95-98.

姚士谋,陈爽,朱振国,等.2001.从信息网络到城市群区内数码城市的建立.人文地理,16(5):20-23.

姚士谋,陈振光,朱英明,等.2006.中国城市群.合肥:中国科学技术大学出版社.

姚士谋.1992.中国城市群.合肥:中国科学技术大学出版社.

殷柏慧,吴必虎.2004.长三角与坏渤海区域旅游合作条件对比研究——兼论环渤海次区域旅游合作道路选择.旅游学刊,19(6):33-37.

禹有松,冯学钢,李杰.2008.安徽参与长三角区域旅游合作模式研究.地域研究与开发,27(3):65-69.

袁家冬,周筠,黄伟.2006.我国都市圈理论研究与规划实践中的若干误区.地理研究,25(1):112-120.

曾菊新.1996.空间经济:系统与结构.武汉:武汉出版社.

张晨.2007.长三角区域旅游合作现状分析与对策研究.经济问题探索,(11):112-114.

张殿发,杨晓平,童亿勤.2006.长江三角洲旅游经济一体化浅析.地理科学进展,25(2):70-76.

张广海,刘佳,王蕾,等.2008.山东半岛城市群旅游环境承载力综合评价研究.地球科学进展,27(2):74-79.

张广海,刘佳.2008.山东半岛城市群旅游环境承载力地域差异与功能分区.地域研究与开发,27(4):77-80,85.

张浩瀚.2007.长江三角洲一体化进程研究——发展现状、障碍与趋势.北京:社会科学文献出版社.

张河清.2009.基于博弈论的"泛珠三角"区域旅游协作问题研究.旅游学刊,24(6):36-41.

张伟强,翁毅.2005.特殊活动事件对珠三角旅游开发的作用及对策.热带地理,25(2):161-165,175.

张毓峰,张梦,胡雯.2009.都市旅游可持续发展:一个理论分析框架.财经科学,(2):116-124.

张振国,贾铁飞.2005.长江三角洲地区旅游圈的构建.人文地理,20(2):72-76.

郑昭彦.2009.杭州湾跨海大桥对长三角旅游空间格局的影响——兼论宁波旅游业的发展策略.

浙江师范大学学报(自然科学版),32(2):234-237.

周牧之.2004.鼎——托起中国的大城市群.世界知识出版社.

周向频,郑颖.2009.文化视角下的中国当代景观观察——"迪士尼化"的城市景观及其文化阐释.规划师,25(4):86-91.

周一星.2004.山东半岛城市群发展战略研究.北京:中国建筑工业出版社.

朱佩军.1998.旅游节庆是都市旅游的生力军.桂林旅专学报,9(3):42-43.

邹仁爱,陈俊鸿,陈绍愿.2005.旅游地群落:区域旅游空间关系的生态学视角.地理与地理信息科学,21(4):79-83.

Aguilera A, Wenglenski S. 2009. Employment suburbanization, reverse commuting and travel behavior by residents of the central city in the Paris metropolitan area. Tourism Management, 43(7):685-691.

Albalate D, Bel G. 2009. Tourism and urban public transport: Holding demand pressure under supply constraints. Tourism Management, 30(8):1-9.

Arai T, Akiyama T. 2004. Empirical analysis for estimating land use transition potential functions-case in the Tokyo metropolitan region. Computers, Environment and Urban Systems, 28(1-2):65-84.

Aramberri J. 2009. The future of tourism and globalization: Some critical remarks. Futures, 41(6):367-376.

Belfast Metropolitan area plan(BMAP)—tourism study. 2003. TTC International-Roger Tym & Partners.

Bhat S S, Milne S. 2008. Network effects on cooperation in destination website development. Tourism Management, 29(6):1131-1140.

Blumberg B F. 2001. Cooperation contracts between embedded firms. Organization Studies, 22(5):825-852.

Boiteux-Orain C, Guillain R. 2004. Changes in the intrametropolitan location of producer services lie-d-France(1978-1997): Do information technologies promote a more dispersed spatial pattern. Urban Geography, 25(6):550-578.

Bolitzer B, Netusil N R. 2000. The impact of open spaces on property values in Portland, Oregon. Journal of Environmental Management, 59(3):185-193.

Bontje M, Burdack J. 2005. Edge cities, European-style: Examples from Paris and the Randstad. Cities, 22(4):317-330.

Bramwell B, Rawding L. 1996. Tourism marketing images of industrial cities. Annals of Tourism Research, 23(1):201-221.

Brawell L B. 1999. Developing a typology of sustainable tourism partnership. Journal of Sustainable Tourism, 7(3):260-273.

Bunnell T, Barter P A. 2002. City Profile: Kuala Lumpur metropolitan area-A globalizing city-region. Cities, 19(5):357-370.

Chao C C, Hazari B R. 2004. Tourism, globalization, social externalities and domestic welfare.

Research in International Business and Finance, 18(2): 141-149.

Curtis C. 2006. Network city, retrofitting the Perth Metropolitan region to facilitate sustainable. Travel Urban policy and Research, 24(2): 159-180.

Cybriwsky R. 1999. Changing patterns of urban public space: Observations and assessments from the Tokyo and New York metropolitan areas. Cities, 16(4): 223-231.

Dredge D. 1999. Destination place planning and design. Annals of Tourism Research, 26(4): 772-791

Erkus-Oztürk H. 2009. The role of cluster types and firm size in designing the level of network relations: The experience of the Antalya tourism region. Tourism Management, 30 (4): 589-597.

Firman T. 2009. The continuity and change in mega-urbanization in Indonesia: Survey of Jakarta-Bandung Region (JBR) development, Habitat International, 33(4): 327-339.

Flores A, Pickett S T A. 1998. Adopting a modern ecological view of the metropolitan landscape: The case of a green space system for the New York City region. Landscape and Urban Planning, 39(4): 295-308.

Fragkias M, Seto K C. 2009. Evolving rank-size distributions of intra-metropolitan urban clusters in south China. Computer Environment and Urban Systems, 33(3): 189-199.

Gao X, Asami Y. 2007. Effect of urban landscape on land prices in two Japanese cities. Landscape and Urban Planning, 81(1-2): 155-166.

Garreau J. 1991. Edge city: Life on the new frontier. New York: Doubleday.

Gilbert R. 1995. Rio de Janeiro: The Make-up of a Modern Mega city. Habitat International, 19 (1): 91-122.

Glazer A, Gradstein M. 2003. Consumption variety and urban agglomeration. Region Science and Urban Economics, 33(6): 653-661.

Gottmann J. 1957. Megalopolis or the urbanization of the northeastern seaboard. Economic Geography, 33(2): 189-200.

Greer J. 2002. Developing trans-jurisdictional tourism partnerships — insights from the Island of Ireland. Tourism Management, 23(4): 355-366.

Gunn C A. 1994. Tourism planning. New York: Taylor Francis.

Gunn C A. 1988. Tourism Planning. New York: Crane Rusak.

Gutierrez J, Gomez G. 1999. The impact of orbital motorways on intra-metropolitan accessibility: The case of Madrid M-40. Journal of Transport Geography, 7(1): 1-15.

Hess S, Polak J W. 2006. Exploring the potential for cross-nesting structures in airport-choice analysis: A case-study of the Greater London area. Transportation Research Part E, 42(2): 68-81.

Heywood P. 1997. The emerging social metropolis successful planning initiatives in five new world metropolitan, 47(3): 159-241.

Hjalager A M. 2007. Stages in the economic globalization of tourism. Annals of Tourism

Research, 34(2): 437 - 457.

Hsu S Y, Ning D, W A G. 2009. Storytelling research of consumers' self-reports of urban tourism experiences in China. Journal of Business Research, 62(12): 1223 - 1254.

Hwang Y H, Gretzel U, Fesenmaier D R. 2006. Multicity Trip Patterns: Tourists to the United States. Annals of Tourism Research, 33(4): 1057 - 1078.

Jackson J, Murphy P. 2006. Clusters in regional tourism: An Australian case. Annals of Tourism Research, 33(4): 1018 - 1035.

Kobayashi K, Okumura M. 1997. The growth of city systems with high-speed railway systems. Annals of Regional Science, 31(1): 39 - 56.

Kühn M. 2003. Greenbelt and Green Heart: Separating and integrating landscapes in European city regions. Landscape and Urban Planning, 64(1 - 2): 19 - 27.

Leeuw F A A M D, Moussiopoulos N, Sahm P, et al. 2001. Urban air quality in larger conurbations in the European Union. Environmental Modeling & Software, 16(4): 399 - 414.

Limtanakool N, Schwanen T, Dijst M. 2006. Ranking functional urban regions: A comparison of interaction and node attribute data. Cities, 24(1): 26 - 42.

Matthews H G. 1977. Radicals and third world tourism: A caribbean focus. Annals of Tourism Research, 5(1): 20 - 29.

Mbaiwa J E. 2003. The socio-economic and environmental impacts of tourism development on the Okavango Delta, Northwestern Botswana. Journal of Arid Environments, 54(2): 447 - 467.

Mehlbye P. 2000. Global integration zones - neighboring metropolitan regions in metropolitan clusters. Informationen Zur Raumentwicklung, 11(12): 755 - 762.

Montes C. 1995. Transport and land-use planning: The case of British and French conurbations. Journal of Transport Geography, 3(2): 127 - 141.

Murphy P E. 1985. Tourism: A Community Approach. New York: Methuen, 78 - 102.

Novelli M, Schmitz B. 2006. Networks, clusters and innovation in tourism: A UK experience. Tourism Management, 27(6): 1141 - 1152.

Nur Y, Fazi S, Wirjoatmodjo N, et al. 2001. Towards wise coastal management practice in a tropical megacity—Jakarta. Ocean & Coastal Management, 44(5): 335 - 353.

Pearce D. 1998. Tourist district in Paris: Structure and functions. Tourism Mangement, 19(1): 49 - 65.

Pearce D G. 1998. Tourism development in Paris public intervention. Annals of Tourism Research, 25(2): 457 - 476.

Pérez L, Sunyer J, Künzli N. 2009. Estimating the health and economic benefits associated with reducing air pollution in the Barcelona metropolitan area (Spain). Gaceta Sanitaria, 23(4): 287 - 294.

Romein A, Trip J J. 2003. The multi-scalar complexity of infrastructure planning: Evidence from the Dutch-Flemish mega-corridor. Journal of Transport Geography, 11(3): 205 - 213.

Rosentraub M S, Joo M. 2009. Tourism and economic development: Which investments produce gains for regions. Tourism Management, 30(4): 759 – 770.

Ruliffson J A, Haight R G. 2003. Metropolitan natural area protection to maximize public access and species representation. Environmental Science&Policy, 6(3): 291 – 299.

Russon M G, Vaki F. 1995. Population, convenience and distance decay in a short-haul model of United States air transportation. Journal of Transport Geography, 3(3): 179 – 185.

Ryan R L, J T, Walker H. 2004. Protecting and managing private farmland and public greenways in the urban fringe. Landscape and Urban Planning, 30(2 – 3): 183 – 198.

Schrijnen P M. 2000. Infrastructure networks and red-green patterns in city regions. Landscape and Urban Planning, 48(3 – 4): 191 – 204.

Susilo Y O, Kitamura R. 2008. Structural change in commuters' daily travel: The case of auto and transit commuters in the Osaka metropolitan area of Japan, 1980 – 2000. Transportation Research Part A: Policy and Practice, 42(1): 95 – 115.

Vermeulen W, Ommeren V J. 2009. Does land use planning shape regional economies? A simultaneous analysis of housing supply, internal migration and local employment growth in the Netherlands. Journal of Housing Economics, 18(4): 294 – 310.

Veronneau S, Roy J. 2009. Global service supply chains: An empirical study of current practices and challenges of a cruise line corporation. Tourism Management, 30(1): 128 – 139.

Wall G. 1973. The status of recreation studies in Britain. Professional Geographer, 25 (1): 48.

Wallis A D. 1996. Regions in action: Crafting regional governance under the challenge of global competitiveness. National Civic Review, 85(2): 15 – 24.

第三章 都市圈国内旅游者空间行为

第一节 三大都市圈国内旅游者空间行为及其比较

一、旅游者空间行为相关研究

国外有关旅游空间行为的研究始于20世纪60年代,我国旅游业起步较晚,直到20世纪80年代后期,游客行为研究才逐渐受到关注。国内外学者对旅游空间行为的研究主要包括旅游空间行为模式及旅游者流动规律的理论与实证研究、特定目的地及细分市场的旅游空间行为、旅游空间行为影响因素以及旅游目的地类型划分。

(一) 旅游空间行为模式及旅游者流动规律的理论探讨与实证研究

史春云等(2010)总结国外旅游线路空间模式研究进展,认为旅游线路模式的研究可分为宏观与微观两个尺度,吸引力叠加效应理论、距离衰减理论、效用最大理论是多目的地旅行模式的理论基础。杨新军等(2000)将国外旅游模式规律总结为距离衰减规律、相互作用规律和空间层次等级性规律。宏观尺度旅游空间行为模式指目的地之间的旅游者活动模式,包括国际和国内游客在不同目的地之间的行为模式。Campbell(1967)解释了从城市中心向外移动的不同模式,根据游客旅行目的的不同,划分出游憩旅行、度假旅行和游憩度假旅行三种模式。Gunn(1972)是最早讨论不同旅游线路模式意义的学者之一,他提出了两种基本的旅游线路模式类型:单目的地模式和环游模式。以 Thurot、Lundgren、Pearce 为代表的学者研究和解释了大尺度空间范围内的 O - D(origin-destination)双向相互作用模式。Mings 和 McHugh 基于实证研究,分析了黄石国家公园度假旅游者的旅游线路,总结出直游式、直游—周游式、周游式和飞行/驾驶式等四种旅游线路模式。直到1993年,Lue 等对旅游线路模式进行了系统分析,提出了五种休闲度假旅行模式(LCF 模型):单目的地模式、往返模式、营区基地模式、区域环游模式和旅行链模式,奠定了旅游者空间行为的研究基础。Oppermann(1995)总结了这些前人研究成果,通过对到访马来西亚的国际游客的实证研究,提出了七种旅行模式,包括两种单目的地模式(S)和五种多目的地模式(M)。以后模型被成功运用于到访美国、香港游客空间行为模式的研究。微观尺度空间行为研究包括目的地内部不同景点之间的游客空间行为。Lew 和 McKercher 运用归纳法提出游客行为的四种区域模式和三种线性旅行模式。Connell(2008)通过游客地图问卷，应用 GIS 技术探索了苏格兰国家公园自驾车旅游者的旅行空间模式，主要分为单目的地式、直游—环游式、环游式和中心—辐射式。

国内陈昌健、保继刚(1998)论述了大、中、小三种尺度不同的旅游空间行为特征，受行游时间比和最大信息收集量原则的影响，大尺度旅游空间行为表现为力图到高级别旅游点旅游，尽可能游玩更多旅游点，力图采用闭环状路线旅游；中、小尺度旅游空间行为表现为采用节点状路线旅游。楚义芳(1992)讨论了宏观尺度的旅游线路设计问题，根据旅游者行为和意愿特性将旅游线路大致分为周游型和逗留型两类。管宁生(1999)认为一个旅游区域内的若干旅游景点因处在不同的位置，对其游览的先后顺序有多种不同的串联方式，由此便会组成不同的游览路线。杨新军等(2000)对国内外旅游行为空间模式进行了总结与评价，提出以城市为中心的区域旅游行为空间模式，可以划分为水平流动和垂直流动两种模式。马晓龙(2005)以西安旅游区为例，优化和构建了旅游线路组织的宏观发展框架。朱明等(2010)以旅游线路报价单为基础数据，识别出 6 种国内主要的旅游线路模式：单目的地模式、往返模式、中心集散模式、完全环游模式、区内环游模式和复合模式。吴必虎运用游憩活动空间使用曲线技术分析了上海城市游憩者的流动规律，总结了中国城市居民旅游目的地选择行为的 4 条基本规律。

(二) 特定旅游目的地的旅游者空间行为

O'Connor(2005)跟踪澳大利亚十二门徒国家公园旅游者的时空流动数据，刻画出五种旅游者流动模式。Smallwood 等(2012)描述和定量分析了澳大利亚尼格罗海洋公园旅游者的空间行为模式，表明这种目的地内部游客的活动行为高度依赖于道路网络，使用多种旅行模式。Orellana 等(2012)基于 GPS 数据的难处理性，提出了一种包括两种活动行为模式联合分析的新方法：短暂活动行为模式(MSPs)、一般连续活动行为模式（GSPs），并实例证明了该方法在荷兰 Dwingelderveld 国家公园的适用性。Jansen-Verbeke 等(1995)分析了欧洲范围内的旅游流，发现旅游者出游呈距离衰减，活动半径集中在 500 km 范围内。Ahas 等(2008)研究了爱沙尼亚旅游者空间流动行为。

国内学者对于具体的旅游目的地旅游者空间行为的研究取得了较为丰硕的成果。陆林(1989,1994,1996)以黄山、九华山等山岳型风景区为例，系统研究看山岳型旅游目的地客源市场的区域结构、客流空间分布模型、客流流动与区域旅游布局的关系、旅游者空间行为特点，并对比分析了中国黄山与美国黄石国家公园旅游者空间行为特征的异同之处。聂献忠等(1998)通过实地问卷调查揭示了九寨沟国内旅游者的行为特征,发现九寨沟游客对当地自然景观旅游资源的重要性远胜于人文景观,且多选择环形线路和光顾尽可能多的景点。张安等(1999)分析了南京本地居民和外来游客在南京城市内部的时空分布模式和流动频率。冯淑华(2002)基于古村落旅游地统计资料,对国际和国内游客旅游行为模式进行了总结。宣国富等(2004)以 Mings 和 McHugh 的 4 种空间行为模式为基础研究三亚市旅游者空间行为特征,结果表明飞行/驾驶式是三亚市旅游者主要的空间行为模式,旅游者在三亚市地域范围内一般以市区为基地,采取基地式旅游模式,游览市内的旅游景区。黄潇婷(2009)以时间地理学为研究方法刻画出颐和园旅游者的时空行为模式。要轶丽等(2005)定量研究了西安及其毗邻地区国内客源市场行为空间结构,发现国内省外游客运动遵循辐聚—基营模式。吕丽等(2012)运用空间使用曲线、客源吸引半径、游憩活动空间等方法阐述了上海世博会旅游者的空间行为规律,世博旅游者的主要空间行为模式为直游式和直游—周游式。刘法建、卢天玲、万先进等分别对皖南旅游区、塔尔寺、武汉的旅游者活动行为进行了专门探讨。

(三) 特定细分市场的旅游空间行为

Liu 等(2012)对南宁市自驾车旅游者的空间行为模式进行探讨,发现其出游行为遵循距离衰减的一般规律。魏立华(2001)论述了老龄人口旅游空间行为特征。蔡洁和赵毅(2005)总结了重庆旅游目的地国内女性游客的出游行为。钟士恩等(2009)结合定性与定量方法研究了我国农村居民国内旅游空间行为,结果显示农村居民以省内短程游憩活动居多,较少出现跨省旅游行为。陈超等则对中国农民的跨省旅游行为及其旅游网络空间结构进行了深入探讨。金平斌等以杭州市部分高校的在校大学生为例,从三个侧面分析得出大学生旅游行为特征。刘嘉纬和蒙睿则对比研究了中日大学生旅游行为的差异。苟小东等在大量问卷调查的基础上,分析了我国西部地区大学生在旅游目的地空间分布和旅游空间距离两个方面的行为特征。吉慧以黄山市为例,探讨了自驾车旅游者的空间行为,总结出三种空间行为模式:直游式、直游—周游式、基地—辐射式,并与黄山风景区、罗蒙湖国家公园进行了比较分析。张红、刘宏盈、王永明、张佑印、刘军胜等分别对我国入境旅游者的扩散流动行为进行了研究。

(四) 旅游空间行为影响因素

史春云等通过对国外旅游线路空间模式研究进展的综述,总结出游客因素和目的地因素是影响游客旅行空间模式选择的两类主要因素,其中游客因素包括旅游动机、旅行目的、旅行时间、游客个体因素,目的地因素包括地理区位、客源地与目的地的空间布局、距离衰减率、目的地的可达性等。Tideswell 应用回归分析研究发现信息来源是影响游客旅行空间模式的主要因素。Dredge 认为直接路径的连通性、潜在路线的风景质量、所用交通方式以及旅游标识的定位等都会影响游客对目的地内部旅游线路的选择。薛建宇得出人们的出游行为受最大效益原则、最经济原则和最佳印象原则影响的结论。陆林认为旅游者背景条件、社会经济地位、空间距离是影响旅游者旅行空间行为的重要因素。吕丽等通过研究发现旅游空间行为因旅游者年龄、文化程度、职业、月收入水平、旅行方式、客源地与目的地空间距离而异。朱明等揭示旅游者的空间行为规律和目的地区域内交通条件是影响游客多目的地旅游线路模式选择的两个主要因素。李瑛和郝心华认为景点的等级与开发深度影响游客流量,而交通条件和景点的聚集程度则是游客流向的主要影响因素。

(五) 旅游目的地类型划分

旅行模式决定了目的地在旅游线路中扮演的角色,而目的地的功能类型在一定程度上反映了旅游者所采用的旅行线路模式。旅游者在旅游线路安排中对目的地的选择次序不同,直接导致目的地在线路中地位和角色的差异,进而在旅游收益分配中的获益也有差距。McKercher 提出旅游空间模式中存在主要目的地和次要目的地,两种目的地的游客统计特征、心理特征与行为特征存在显著差异。国外关于旅游目的地类型较为系统的分类要数 Lew 和 McKercher 的分类方法,认为旅游目的地与余下线路的关系定义了目的地的类型,即目的地在整体旅游线路中的线性位置并将其划分为单一型、门户型、出口型、中途型和枢纽型 5 类,以香港为例,研究了不同国家或地区游客对香港在多目的地旅游线路中地位与角色的看法。Hwang 等运用社会网络方法证明了不同客源地之间以及各客源地内部存在旅行方向上的差异,因而各客源地游客对同一城市所扮演的角色有不同的认知,它作为中途目的地或终点目的地的可能性是不同的。刘法建等根据 Lew 和 McKercher (2002) 对旅游目的地的分类方法,探讨了皖南各城市的在旅游线路中的地位与角色,并对现有目的地分类方法进行相应修正,以黄山市屯溪区为例,研究了屯溪区在皖南旅游区的地位和作用,发现上海线路中屯溪多为皖南地区的旅游枢纽,北京和广州线路中多为中途旅游地等。袁俊等将大小华东区域世博观光旅游线路中的目的地角色分为枢纽目的地、门户目的地、离境目的地、途径目的地和逗留目的地 5 种,整体以上海、杭州、苏州作为门户型和离境型目的地。

(六) 研究述评与启示

都市圈旅游研究方面,国内外有关都市圈旅游的研究成果较多,集中于都市圈旅游的发展背景与发展战略、旅游业的竞争与合作、旅游空间、旅游资源和旅游地角色与类型各方面,研究问题不断深入。旅游者空间行为研究方面,国内外关于旅游空间行为的研究内容和方向较为一致,集中于空间行为模式和旅游者流动规律的理论探讨和实证研究、特定目的地与细分市场的空间行为、空间行为影响因素、目的地类型划分等。相比于国外研究,国内研究在理论探讨方面稍显不足,以引用国外现有理论结合国内发展背景与实际情况研究实际案例区域为主。

1. 研究内容分析

1) 基于目的地视角的研究较多,有待进一步加强从旅游者角度出发的研究。综览都市圈旅游已有研究,可以发现基于市场开拓、形象共建、竞合发展、空间结构等目的地视角的研究居多,从旅游者角度出发的研究鲜见,很少有研究涉及旅游活动的主体——旅游者的空间行为。作为旅游者开展旅游活动的特殊目的地,都市圈需要进一步加强从旅游者角度出发的研究。

2) 单体城市旅游空间行为研究较多,有待进一步强化都市圈有机体的研究。国内外有关旅游者空间行为的研究虽然取得了丰硕成果,但研究区域集中在单体旅游城市或景区(点),大尺度的都市圈有机体范畴的旅游空间行为研究亟待补充和完善。都市圈内部各城市相互关联、功能互补,形成统一的都市圈有机体,然而旅游者尚未将都市圈视为一个整体目的地,这需要旅游政府和规划者对营销、形象、产品等各方面进行一定的引导。

2. 研究方法分析

国内外综合运用了多学科交叉研究方法,实现定性描述与定量分析的有机结合。目前有关旅游空间行为的数据较难获得,国内外学者对数据获取的方法和手段各有不同,国外的方法更加多样化,如 GPS 跟踪定位、GIS 技术、航班数据等,国内学者主要以统计数据和问卷调查为获取数据的方法,近年来有较多学者以旅行社官网上的线路报价单为基础数据对旅游者空间行为、空间流动规律做了相关探讨。旅游线路报价单虽然难以全面反映自由行旅游者的活动行为,但它囊括了旅行社所在地游客出行的大部分典型的国内长途与短途旅游线路,具有很强的代表性,且这种数据获取手段比其他方法更为便捷、经济,线路报价单信息完全,能够很好地反映旅游者在目的地区域的旅游活动情况和空间行为规律。

因此,本文以旅行社的旅游线路报价单为基础数据,基于都市圈旅游者视角,以我国旅游业发展较为成熟的珠三角和京津冀都市圈为例,研究国内旅游者在都市圈内部的空间行为,把握旅游者的流动规律,并与已有长三角都市圈研究进行比较,以期为我国都市圈旅游业的发展提供借鉴。

二、相关理论基础

(一) 吸引力叠加效应理论

吸引力叠加效应理论最初来自零售业文献,后被引用入旅行行为类型的研究。

旅游者在一次长途旅行中，偏向于游览多个目的地，如果目的地位置邻近且交通相连，或者彼此排列有序而不是相互分散，那么可以很好地合作发展。多个目的地有效组合、良性竞争而形成的叠加吸引力远大于单个目的地的吸引力，可以有效地满足旅游者的多样化旅游需求，并谋求各目的地持续性发展。

（二）距离衰减理论

距离衰减规律最先见于物理学研究中，其实质是地理要素的相互作用与距离有关，在其他条件相同时，地理要素间的作用与距离平方成反比。距离衰减规律应用于旅游研究中，可以解释旅游者远程旅游选择多个目的地的原因，因为一次旅行持续时间越长，考虑到旅行时间预算、旅游者收入与花费情况，随着距客源地的距离增加，可以游览的潜在目的地数量呈指数增加，而那些居住地与目的地相近、感知距离近、有机会经常到某地旅行的旅游者选择的目的地数量就相对较少。

（三）旅游效用最大理论

从经济学角度而言，在现代市场经济中，市场运作的主体所追求的目标是效用最大化，即在个人可支配资源的约束条件下，使个人需要和愿望得到最大限度的满足。旅游效用最大化即是旅游者支出一定的时间和费用，通过合理的比例搭配进行旅游活动，实现旅游消费，从而获得精神上与物质上的最佳感受，达到效用最大化。实现旅游者效用最大化，可以从以下两方面考虑：一方面，成本最小化，时间可以看作机会成本，游客会在旅行时间与目的地消耗时间之间进行权衡，缩短旅游者在旅途中的时间，增加在目的地的游览时间，获得最小的行—游时间比，提高旅游效用；另一方面，满足最大化，当成本固定，通过特色线路安排、游览多个知名度高且独具吸引力的旅游景点、避免走回头路等方式提高旅游者的旅行体验，使其满足最大化。

（四）旅游地阴影理论

国外早期旅游研究较重视旅游资源潜力分析和分区规划、制定发展措施上，提出了"旅游资源非优区"，这是从旅游资源丰富程度来区分旅游景区的。关于旅游地之间的空间竞争关系研究，国内学者王衍最先提出"旅游地阴影理论"，用以解释旅游地发展不平衡现象。旅游阴影区是指处在优势景区阴影之下的相对劣势景区，从资源禀赋来看，阴影区与主体景区有一定的相似度，但受到开发条件、地理位置等因素的影响，在旅游业发展中处于劣势地位，呈现出一定的功能缺陷，与优势景区相比，旅游流及旅游收入均有较大差距，被优势景区的规模、知名度等光芒所"遮蔽"，阴影区的旅游开发受到很大的制约。

旅游阴影区的形成除了与目的地自身资源禀赋状况有关，还受到目的地地理位置、交通便捷程度、知名度大小、旅游地形象定位及营销等各种因素的影响。对于资源同质性景区,与客源地或旅游集散地位置相对较远的旅游地则越可能成为旅游阴影区。旅游者出行必须考虑相应的时间、金钱成本,力图获得旅游效用最大化,那些知名度较小、交通通达性较差的旅游地难免会陷入旅游阴影区。旅游地的发展须根据市场需求偏好进行准确定位,并利用各种媒介扩大宣传,提高影响力,如果定位不准、资源开发失误、旅游宣传不到位,就很难成为旅游优势区。

对于旅游阴影区,如何有效开发,学者进行了深入的理论探讨和实证研究。许春晓提出"依附式开发"模式,旅游资源非优区可以与临近的资源优势区合理组合,联合开发。但现实实践中,并非所有旅游阴影区都可与优势区进行组合,还需考虑到交通、资源互补性、阴影区旅游开发状况等,如果一味地强制组合到同一线路中,不仅不会有助于阴影区的旅游发展,还会降低优势景区的旅游价值和品味。

三、案例地概况

(一) 三大都市圈区域界定

由于本章研究的时间节点为 2013 年,因此研究的三大都市圈的区域范围为此时间节点前所界定的范围。京津冀都市圈是指北京、天津两大直辖市以及河北省的石家庄、承德、秦皇岛、保定、唐山、廊坊、沧州、张家口,共 10 个城市;长三角都市圈包括上海、南京、苏州、无锡、常州、镇江、扬州、南通、泰州、盐城、杭州、宁波、湖州、嘉兴、绍兴、舟山、台州、金华、合肥、芜湖、马鞍山、铜陵、安庆、滁州、池州、宣城等 26 个城市;珠三角都市圈则指广州市、深圳市、珠海市、东莞市、中山市、佛山市、江门市、惠州市、云浮市、汕尾市、河源市、阳江市、肇庆市、清远市等 14 个城市,加上香港、澳门后的大珠三角区域。京津冀、长三角、珠三角都市圈是我国社会经济发展最快的三大都市圈,在全国乃至全球经济发展中都发挥着重要作用。

(二) 三大都市圈旅游发展概况

三大都市圈各类自然与文化旅游资源丰富,互补性强。京津冀都市圈以历史文化观光与滨海休闲度假旅游资源为主,长三角都市圈以"小桥、流水、人家"类江南园林、古镇观光度假旅游资源见长,珠三角都市圈岭南文化积淀深厚,可利用自身城市观光、购物资源开展都市旅游、购物旅游。截至 2016 年 8 月,京津冀、长三角、珠三角都市圈分别拥有 5A 级景区 14 家、33 家、8 家,三大都市圈 5A 级景区数约占全国 5A 级景区总数的 24.12%,考虑到香港、澳门特别行政区的特殊性,表中暂不列入港澳旅游资源。

香港和澳门旅游资源众多,且品位高,具有全国性乃至世界性的旅游吸引力。香港享有"东方之珠""动感之都""美食天堂"和"购物天堂"等美誉,同为香港十大景点的星光大道、维多利亚峰(太平山顶)、海洋公园、迪士尼乐园、会议展览中心——金紫荆广场等吸引了大量海内外旅游者。澳门以世界四大赌城之一闻名于世,形成了独具特色的博彩文化与博彩旅游业,除此之外,大三巴牌坊、妈祖阁、葡式异域建筑等名胜也具有很强的旅游吸引力。

京津冀、长三角、珠三角三大都市圈旅游业发展迅速,分别形成了以北京、上海、香港为核心的旅游发展格局。2008年以来,各都市圈旅游总人数与总收入逐年增加(图3-1),2015年三大都市圈共接待入境和国内旅游者28.03亿人次,旅游总收入达33 694.92亿元,分别占全国的70.08%和98.53%。长三角都市圈旅游者和旅游收入空间分布趋向分散,空间均衡性增强,空间结构呈多中心、网络化和一体化,城市旅游合作取得较多成果,2015年接待旅游总人数约14.43亿人次,旅游收入为17 051.17亿元,为三大都市圈之首。其次,京津冀都市圈各城市在交通、信息、金融等领域不断加强合作,为旅游业的无障碍发展创造了十分有利的条件,旅游发展取得显著成就,2015年旅游总人数和旅游总收入分别为7.31亿人次和9 338.53亿元。旅游业在珠三角都市圈具有举足轻重的地位,是我国旅游业最为发达的地区之一。2015年小珠三角都市圈(不含港澳)共接待国内外旅游者5.61亿人次,旅游创收7 905.22亿元,分别占广东全省的75.50%、76.26%。

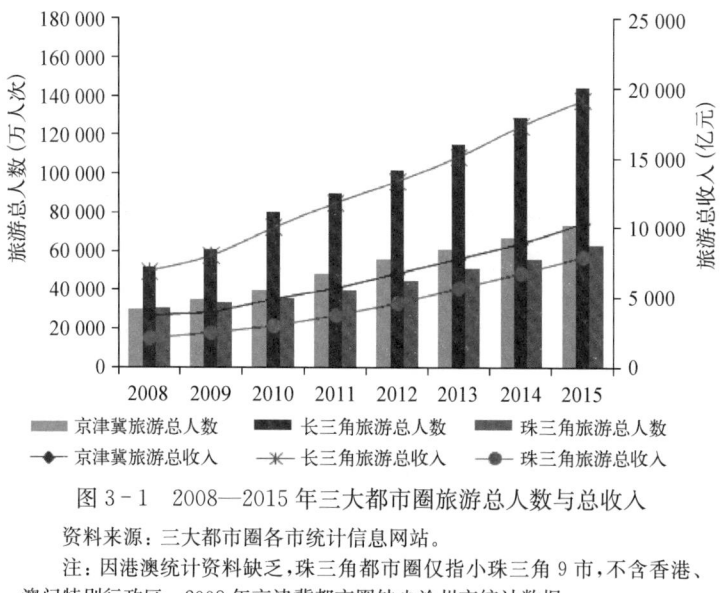

图3-1 2008—2015年三大都市圈旅游总人数与总收入

资料来源:三大都市圈各市统计信息网站。

注:因港澳统计资料缺乏,珠三角都市圈仅指小珠三角9市,不含香港、澳门特别行政区。2008年京津冀都市圈缺少沧州市统计数据。

四、珠三角都市圈国内旅游者空间行为

《广东旅游年鉴抽样调查部分资料》显示,北京、上海、江苏、浙江、湖南、湖北、

四川、广西、福建、江西、广东是珠三角都市圈主要的国内客源地[①]。广东省,尤其是小珠三角内部旅游者约占珠三角都市圈国内旅游者总数的一半,由于地理位置相近,外省旅游者主要来自于邻近省区,东部出游能力较强的北京、上海和江浙两省在珠三角都市圈旅游客源中占据相当份额。笔者以上述客源地 2009~2011 年度全国前 100 强旅行社作为统计对象,于 2013 年 1~2 月从各客源地旅行社官方网站上下载涉及珠三角都市圈旅游地旅游线路报价单共计 1 430 份,其中小珠三角都市圈 568 份,大珠三角都市圈 862 份。

(一) 珠三角都市圈国内旅游者旅游线路模式

通过对珠三角都市圈各客源地旅游线路空间模式的统计发现(表 3-1):营区基地式是珠三角都市圈最重要的线路模式,完全环游式、单目的地式、往返式和区域环游式所占比重依次降低。① 营区基地式占样本总数的 30.63%,以广东以及中远程的四川、长三角地区和北京客源为主。珠三角都市圈综合交通运输体系发达,大大缩短了远程客源地与目的地的时空距离,提高了短期旅游的可能性,旅游者到达目的地城市后,力图在短时间内获得最大的旅游体验,因而会将其旅游活动范围延伸至其附近的景区(点)。如北京旅游者通常会以广州市区作为基地,向其周围旅游景点长隆欢乐世界、广州塔等作一日游。② 完全环游模式在各客源地分布较为普遍(28.95%),尤以近程广东、中远程的湖南、湖北以及上海、北京在大珠三角都市圈的旅游活动最为显著,因港澳两地的旅游吸引力以及交通的便捷性,旅游者多以深圳或香港为门户,在区域内进行港澳联游,再以广州或澳门为出口返回客源地,采用环状旅游线路,避免走回头路,提高了旅游体验。③ 单目的地模式比例较大(19.72%),以小珠三角都市圈 9 个城市客源为主。广东省经济发达,居民可支配收入较多,且省内各城市之间交通可达性好,基本可以实现一日游或周末休闲二日游。受旅游效用最大化原则影响,远程客源地北京、上海、江浙两省不存在此模式。④ 往返模式在各客源地均有分布,约占 13.43%。北京、上海、江浙两省的旅游者在大珠三角都市圈范围内进行旅游活动时,往往以香港为交通枢纽在港澳两地进行联游,返程前多回到香港,采用此模式返回客源地。⑤ 区域环游模式比例最小(7.27%),除了广东省,其余客源地均有分布。由于客源地与目的地以及目的地之间交通设施的日益完善,较大空间尺度的旅游活动对某一枢纽地的依赖性逐渐减弱,但受各地自身旅游发展的束缚和时空距离的制约,四川、北京、江浙的旅游者到珠三角都市圈旅游,通常会选择广州、深圳作为往返交通和旅游活动的枢纽。

---

① 根据《2010 广东旅游年鉴抽样调查部分资料》《2011 广东旅游年鉴抽样调查部分资料》整理得来。

表 3-1　珠三角都市圈各客源地旅游线路模式

客源地＼模式	单目的地式 ①	单目的地式 ②	往返式 ①	往返式 ②	营区基地式 ①	营区基地式 ②	区域环游式 ①	区域环游式 ②	完全环游式 ①	完全环游式 ②	合计(份) ①	合计(份) ②
北　京	—	—	3	46	14	34	20	5	9	48	46	133
上　海	—	—	—	29	18	46	2	—	—	28	20	103
江　苏	—	—	—	15	12	9	3	4	—	3	15	32
浙　江	—	—	4	22	12	14	1	4	—	—	17	39
湖　南	27	—	13	10	4	5	8	3	1	35	53	53
湖　北	5	—	—	3	13	3	6	7	1	26	25	39
四　川	—	—	6	6	12	20	14	11	1	8	33	45
广　西	—	—	—	5	4	—	3	2	—	1	7	8
福　建	—	—	—	11	17	10	1	5	2	7	20	33
江　西	—	—	—	1	—	—	—	5	—	6	—	12
广　东	177	73	16	2	121	70	—	—	18	220	332	365
合计(份)	209	73	42	150	227	211	58	46	32	382	568	862

注：① 代表小珠三角都市圈；② 代表大珠三角都市圈，"—"表示无此模式的线路。

(二) 珠三角都市圈旅游目的地类型

1. 珠三角都市圈旅游目的地出现频次

旅游目的地出现频次是指被调查的线路中出现某目的地的线路数量，可以反映该目的地在调查地客源市场中的感应情况和受欢迎程度。珠三角都市圈各城市在旅游线路中的出现频次存在较大差异(表3-2)。香港和澳门最受旅游者欢迎，出现频次分别高达792和634，这与其发达的经济和现代化的城市景观有关。其次出现频次较高的是广州、深圳、珠海，均达到了300以上。广深珠旅游合作较为密切，多出现在同一条线路中，广州作为小珠三角都市圈的中心城市，发挥着重要的旅游集散地作用，深圳、珠海毗邻港澳，是通往香港和澳门的过境口岸，它们更多的是作为广东及其他客源地旅游者赴港澳旅游的交通过境地，旅游者停留时间较短。虽然二者本身旅游资源吸引力不敌广州，但因其优越的地理和交通区位而在大珠三角都市圈旅游线路中的出现频次多于广州。其他6个城市的出现频次均小于100，并且仅出现在小珠三角都市圈的旅游线路，较之于港澳广深珠的全国性乃至国际性旅游影响力，它们的客源多限于广东省内，目前仅具备区域性影响力。据此，可将珠三角都市圈11个旅游地分为三个层次：第一层次，主要旅游地(频次＞500)包括香港、澳门；第二层次，次要旅游地(100＜频次＜500)包括广州、深圳、珠海；第三层次，三级旅游地(频次＜100)包括佛山、江门、中山、东莞、惠州和肇庆(图3-2)。

表 3-2 珠三角都市圈旅游目的地在线路中的出现频次

旅游地\客源地	北京①	上海①	江苏①	浙江①	湖南①	湖北①	四川①	广西①	福建①	江西①	广东①	合计(份)①
广州	42	12	12	14	44	22	29	7	16	—	40	238
深圳	23	6	3	1	6	4	13	3	5	—	40	104
珠海	24	2	3	2	5	5	14	3	3	—	53	113
佛山	5	—	1							—	20	26
江门	10	1	—	5	8	3	3			—	26	56
中山	—					1	1			—	34	36
东莞	1									—	9	10
惠州	1		1		3	1	5			—	50	61
肇庆	8		1				2			—	78	89

旅游地\客源地	北京②	上海②	江苏②	浙江②	湖南②	湖北②	四川②	广西②	福建②	江西②	广东②	合计(份)②
广州	5	2	3	—	29	18	13	1	1	5	6	83
深圳	14	10	5	4	33	31	18	3	7	11	146	282
珠海	8	4	4	4	30	19	12	3	2	11	249	346
佛山												
江门												
中山												
东莞												
惠州												
肇庆												
香港	117	93	28	35	51	39	43	8	31	12	335	792
澳门	109	65	22	29	44	34	39	7	23	12	250	634

注：① 代表小珠三角都市圈；② 代表大珠三角都市圈，"—"表示线路中无此目的地。

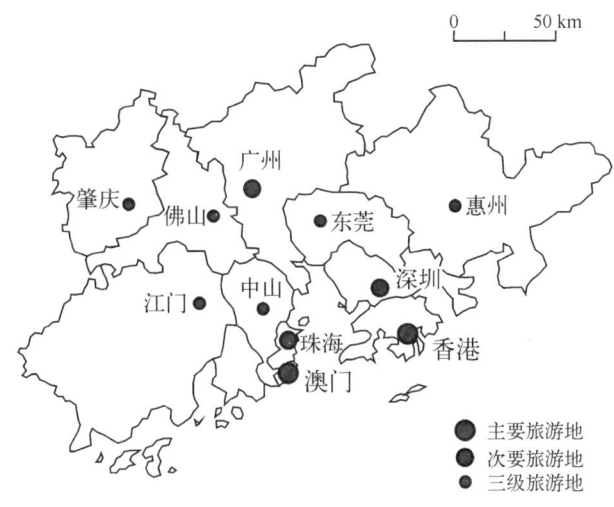

图 3-2 珠三角都市圈目的地层次

2. 珠三角都市圈旅游目的地类型

根据目的地在旅游线路模式中所处的位置和发挥的作用,统计出各城市作为某一种类型旅游地的频次,如图3-3所示。

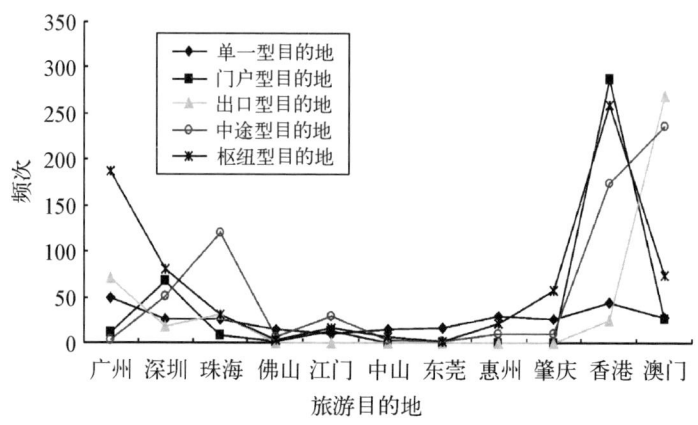

图3-3 珠三角都市圈旅游目的地类型

① 单一型目的地。珠三角都市圈各城市作为单一型目的地所占频次相差不大,分布较为均匀,主要包括广州、深圳、珠海、惠州、肇庆、香港和澳门等。这些旅游地发展较为成熟,旅游资源特色明显,与客源地之间有便捷的交通,多作为周边客源市场短期旅游目的地。② 门户型和出口型目的地。门户型与出口型旅游地是一对相对的概念,只出现在完全环游模式中。深圳和香港因发达的交通而成为珠三角都市圈客源市场门户旅游地的主要选择,二者所占比例分别为17.36%和36.36%。广东省内旅游者,特别是小珠三角客源,多以香港为门户进行港澳联游,省外旅游者多将港澳作为直接目的地和唯一目的地,通常直接往返于港澳,很少经珠三角其他城市中转。近年来,港澳与内地航空交通日益便捷,通航城市数和往来航班数(表3-3)不断增加,吸引了很多内地旅游者赴港澳进行观光、购物旅游。统计发现,广州和澳门多作为大珠三角都市圈旅游线路,特别是港澳联游线的出口(分别为21.81%和42.43%),广州拥有便捷的现代化交通体系,澳门航空现有12条内地航线,覆盖了珠三角主要客源地,旅游者不必前往广州或香港便可直接返回。此外,广州、澳门还可满足旅游者返程前的购物需求,减少途中携带造成的不便。③ 中途型目的地,普遍存在于多目的地线路模式中。珠海、香港和澳门作为中途旅游地的比例较大,分别为26.14%、21.97%和37.22%。中远程客源市场多以广州、深圳为门户和出口,将更多的游览时间与精力分配在中途旅游地,但珠海、香港和澳门三地的旅游收益却有较大差距。香港作为"东方之珠"的吸引力远大于其他城市,所分配的旅游时间与消费最多。珠海因位于核心城市的重要交通线上,

扮演着出入境关口的角色,成为旅途的附加目的地(表3-4)。④ 枢纽型目的地。完善的交通和接待设施使广州、深圳成为珠三角客源重要的交通和旅游枢纽(分别为58.26%、20.98%)。香港和澳门既是旅游者的主要目的地,也是客源地与其他旅游地以及不同层次旅游地的中转站,其所发挥的枢纽与核心作用不容置疑(分别为32.83%和11.67%)。枢纽型目的地与其他类型旅游地相比,在旅游者一次旅行中的时间与消费分配通常也是最多的。

表3-3 港澳与内地主要客源地的直飞航班数

航　　线	航班数	航　　线	航班数
北京—香港	20	北京—澳门	3
上海—香港	67	上海—澳门	13
南京—香港	6	南京—澳门	1
杭州—香港	9	杭州—澳门	3
长沙—香港	2	长沙—澳门	1
武汉—香港	3	武汉—澳门	1

资料来源:由各客源地机场官网查询整理而来。

表3-4 香港、澳门、珠海在各客源地旅游线路中的时间分配

客源地	线路名称	游览天数/天			过夜天数/晚		
		香港	澳门	珠海	香港	澳门	珠海
北京	广深珠港澳八日夕阳红	3	2	1	2	1	1
上海	港澳迪士尼经典五日游	3	1	—	3	1	—
江苏	港澳两地四晚五天品质游	3	1	0.5	3	1	—
浙江	香港观光+澳门4日舒适游	1	1	0.5	1	1	—
湖南	港澳纯玩双高铁五日游	2	1	0.5	2	1	—
湖北	高铁新体验港澳五天游	2	1	0.5	2	1	—
四川	港澳广深珠双飞七日游	3	1	1	2	1	1
广西	港澳纯玩六日游	3	1	1	3	1	1
福建	璀璨港澳双卧七日之旅	3	1	0.5	2	1	—
江西	经典纯玩港澳双飞五日游	2	1	0.5	2	1	—
广东	港澳纯玩五日游	3	1	0.5	3	1	—

注:"—"表示在此目的地无时间分配。

3. 珠三角都市圈国内旅游者空间行为模式

根据11个客源地与珠三角都市圈的空间距离和旅游线路的相似性,将其划分为六个地理单元:北京、长三角、湘鄂、川桂、闽赣、小珠三角,按照线路总数$n>20$、$10<n<20$、$n<10$的标准将两地间的线路等级分别划分为一级、二级和三级旅游线路,利用CorelDraw软件绘制出各地理单元的空间行为模式图(图3-4)。

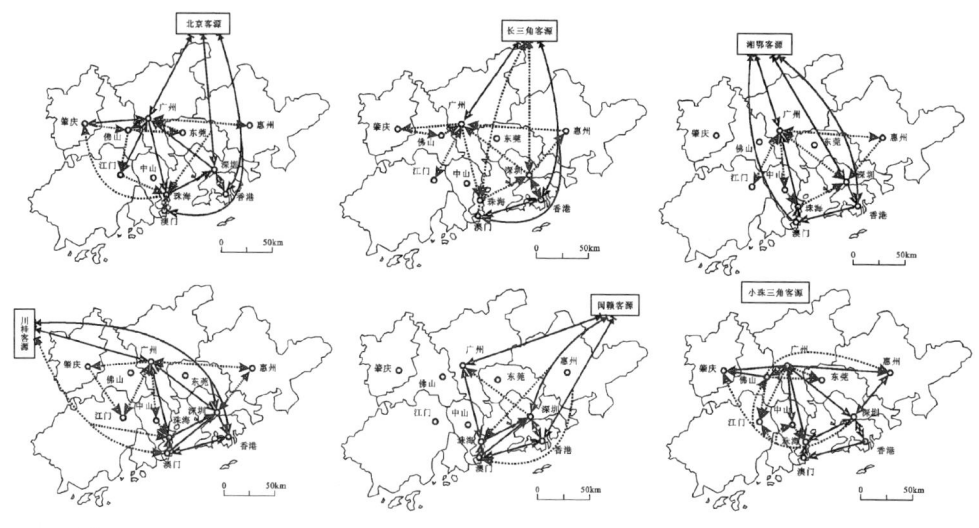

图例： ——一级旅游线路 ——二级旅游线路 ……三级旅游线路 → 进入路径 ━▶ 返回路径

图 3-4 珠三角都市圈国内旅游者空间行为模式

1) 广东省客源以小珠三角为主，城市间互流是小珠三角内部旅游者流动的最大特点，小珠三角与港澳旅游联系紧密，出现了较多的港澳环游模式。其他客源地除单目的地式外，其余模式均有不同程度的分布，涉及的目的地主要包括广州、深圳、珠海、香港和澳门等高级别旅游地或交通枢纽。由于港澳的特殊性，距离衰减规律在珠三角都市圈国内旅游者空间行为模式中体现不够明显，近程小珠三角客源采取了相当比重的完全环游模式和营区基地模式，中远程客源市场如北京、长三角地区则更倾向于选择营区基地式和往返式。

2) 港澳与珠三角地区在旅游发展上正在成为一个联系紧密的整体，但珠三角都市圈旅游一体化尚未真正实现。首先，大小珠三角都市圈旅游线路数量差异较大。网上搜索涉及小珠三角都市圈的旅游线路 568 条，大珠三角都市圈共有 862 条线路，除广东本省客源外，外省客源地旅行社官网上较少有以小珠三角为目的地的线路，但却均有相当数量的港澳旅游线路。在涉及大珠三角都市圈的旅游线路中，约有 80% 为港澳两地直飞线路，显示了香港和澳门旅游地的吸引力和重要性，也说明香港和澳门对都市圈其他城市旅游发展的集聚与拉动作用还未真正发挥出来，港澳与小珠三角的旅游合作还需进一步加强。其次，旅游者以单目的地空间行为居多，多城市旅游空间行为分布较集中。旅游者在珠三角都市圈多采用单目的地行为模式，直接往返于某城市，或以该城市市区为基地，游览周边景区(点)。小珠三角多城市旅游线路部分以广州为区域枢纽包括深圳、珠海等城市；深圳—香港—澳门—珠海—深圳/广州、香港—澳门、香港—澳门—香港是旅游者大珠三角旅游最主要的多城市线路，旅游者空间行为集中于少数知名度大的城市。珠三角都市圈整体旅游目的地尚未形成,各城市须进一步深化旅游合作。再者,各城市在大小珠三角都市圈旅游线路中的出现频次分布不均衡。小珠三角都市圈旅游线路中广东9市均有出现,且主要集中于内部客源,省外客源线路零星约有分布,这与部分旅游地,如江门、中山、东莞的旅游资源赋存以及知名度有关。大珠三角都市圈线路中以香港、澳门、广州、深圳和珠海等中心城市或出入境关口城市为主,其余6市均未有分布,这种"阴影效应"会阻碍珠三角都市圈旅游一体化的实现,不利于旅游地的均衡发展。各城市类型也有不同,门户、出口和枢纽型目的地体现出以港澳广深珠为核心的层次关系,但相比之下,港澳具有独立的中转与承接作用。广州在小珠三角都市圈线路中以枢纽型和单一型旅游地为主,在大珠三角范围内则充当着出口目的地。深圳在小珠三角内主要发挥着中途目的地和单一目的地的功能,但在大珠三角更多地作为港澳环游的门户和交通枢纽。珠海与前两者稍有不同,旅游者在大小珠三角都市圈都更倾向于将其作为中途旅游地。香港和澳门在大珠三角都市圈分别扮演着门户、枢纽旅游地和出口、中途旅游地的角色。

3) 珠三角都市圈各城市与客源市场具有层级对应关系(图3-5)。目的地旅游吸引与辐射范围与其自身知名度、旅游资源禀赋与品位、交通可进入性,以及与客源市场的距离密切相关。处在第一层次的香港和澳门,具有国际性旅游影响力,因独特的社会制度与中西交汇的特定背景而在国内拥有广泛的旅游吸引和辐射范围,遍及近、中、远程各市场,主要集中在小珠三角内部,以及东部经济发达的北京、长三角等远程市场,游客多直接往返港澳;位于第二层次的广州、深圳和珠海,具有全国性旅游影响力,以小珠三角地区以及邻近省区的湘鄂、川桂客源居多;位于第三层次的佛山、江门、中山、东莞、惠州和肇庆6市具有区域性影响力,客源市场范围较狭窄,集中在小珠三角9个城市。

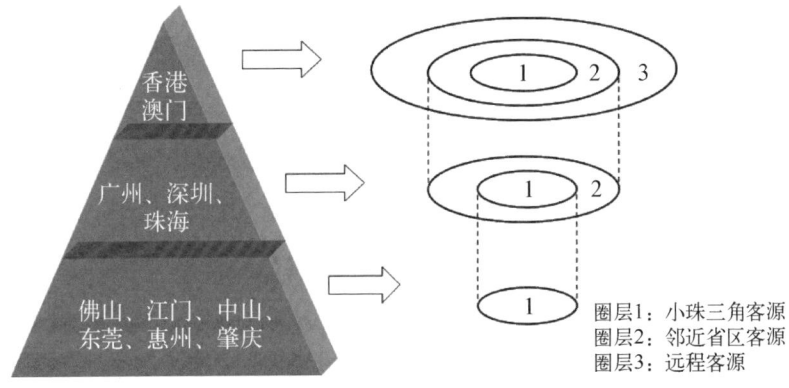

图3-5 珠三角都市圈目的地与客源市场对应层级

五、京津冀都市圈国内旅游者空间行为

北京、天津、河北、黑龙江、辽宁、河南、山东、上海、江苏、浙江、湖北、广东等12省市为京津冀都市圈的主要客源地①,其中,京津冀都市圈所在的两市一省(北京、天津和河北)是京津冀都市圈最为重要的客源市场。外省旅游者主要来自周边省区,我国沿海经济发达、出游能力较强的长三角、珠三角城市在京津冀都市圈旅游客源中也占据相当份额。笔者以上述客源地2009～2011年度全国百强旅行社为统计对象,于2013年5～6月从各客源地旅行社官网上下载涉及京津冀都市圈各城市的旅游线路报价单共计1031份(其中北京154份、天津67份、河北64份、黑龙江23份、辽宁42份、河南31份、山东93份、上海177份、江苏67份、浙江49份、湖北37份、广东227份)。

(一) 京津冀都市圈国内旅游者旅游线路模式

通过对京津冀都市圈各客源地旅游线路模式的统计发现(表3-5):营区基地式是京津冀都市圈国内旅游者最主要的线路模式,单目的地式、完全环游式、往返式、区域环游式所占比重依次降低。① 营区基地式约占样本总数的70.1%,以中远程的上海和广东客源居多。我国三大都市圈旅游资源各具特色,互补性强,京津冀都市圈以历史遗产类的皇家园林观光旅游资源见长,对长三角和珠三角都市圈的旅游者产生了强烈的吸引力。京广高铁、京沪高铁、航空运输等综合交通体系的贯通和完善,大大缩短了三大都市圈之间的时空距离,旅游者可直达目的地城市而无须进行中转换乘,提高了旅游体验,增强了旅游的目的性。采用此模式的旅游者到达目的地城市后,多以该城市市区为基地,游览附近的景区(点),如广东旅游者通常会乘飞机或高铁直达北京,并将八达岭长城、颐和园、故宫等景点纳入旅游的行程安排之中。② 单目的地式所占比例较大(15.5%),且以北京、天津、河北等京津冀内部客源市场为主,辽宁、河南等邻近省区客源亦有少量分布。京津冀都市圈两市一省互为市场、互送客源,城际高铁、高速公路、火车、汽车等交通网络密集,满足了城市居民的出行需求。采用单目的地式的旅游者多选择在周末或短期节假日进行一日游或二日游,直接往返于特定景区(点)。受旅游效益最大化原则影响,中远程市场不存在此种行为模式。③ 完全环游式与往返式比例相当,均为7.0%,且都以远程广东客源为最多。受距离衰减规律作用,远距离客源地旅游者为获得最大旅游体验,在进行远程旅游活动时通常采用多目的地旅行模式,且以知名度高、

---

① 根据《北京国内客源市场分析》《天津国内旅游市场分析及市场预测》以及《河北省国内旅游客源市场系统研究》整理得出。

景观独特、与众不同的旅游点为目的地。最为典型的线路模式是北京—天津和北京—天津—北京,北京、天津旅游资源众多,文化内涵丰富,旅游者多以北京或天津为门户进行京津联游,采取环状路线,避免重复,或以北京为交通枢纽进行两地同游,游程结束从北京返回客源地。④ 区域环游式所占比例最低,仅有 0.4%。仅有的 4 条线路中,2 条以北京为枢纽,1 条以天津为枢纽,1 条以秦皇岛为枢纽。客源地与目的地以及目的地之间交通条件的日益完善,较大空间尺度的旅游活动对某一枢纽地的依赖性逐渐减弱。

表 3-5 京津冀都市圈各客源地旅游线路模式

客源地\模式	单目的地式	营区基地式	往返式	区域环游式	完全环游式	合计(份)
北 京	105	41	2	—	6	154
天 津	30	34	—	—	3	67
河 北	20	36	—	—	8	64
黑龙江	—	17	5	—	1	23
辽 宁	1	35	—	—	6	42
河 南	4	13	6	—	8	31
山 东	—	77	9	1	6	93
上 海	—	164	9	1	3	177
江 苏	—	62	2	—	3	67
浙 江	—	42	4	1	2	49
湖 北	—	28	8	—	1	37
广 东	—	174	27	1	25	227
合计(份)	160	723	72	4	72	1 031

注:"—"表示无此模式的线路。

(二) 京津冀都市圈旅游目的地类型

1. 京津冀都市圈旅游目的地出现频次

由表 3-6 可知,京津冀都市圈各城市旅游地在客源市场旅游线路中的出现频次存在较大差异。北京出现频次最多,高达 761,因其古都文化和现代政治文化中心而最受旅游者欢迎。其次出现频次较高的是天津、承德和秦皇岛,均达到 80 以上,虽与北京有着很大差距,但三市旅游资源特色鲜明,亦成为很多旅游者外出旅游的重要选择。天津毗邻北京,京津城际高铁的开通使其成为京津观光联游线上的重要组成部分。承德自古就是皇家避暑狩猎胜地,秦皇岛优质的海洋旅游资源吸引了众多旅游者度假休闲。其他 6 个城市的出现频次均小于 70,且在部分客源地线路中出现,集中于京津冀都市圈内部客源,旅游知名度和影响力较低。据此,将京津冀都市圈 10 个城市分为四个层次:第一层次,核心旅游地(频次>200)为北京;第二层次,次级旅游地(80<频次<200)包括天津、承德、秦皇岛;第三层次,三级旅游地(10<频次<80)包括石家庄、保定、唐山;第四层次,四级旅游地(频次<10)包括廊坊、沧州和张家口(图3-6)。

表3-6 京津冀都市圈各城市在线路中的出现频次

客源地 旅游地	北京	天津	河北	黑龙江	辽宁	河南	山东	上海	江苏	浙江	湖北	广东	合计 (份)
北 京	—	34	36	14	26	20	83	174	67	48	37	222	761
天 津	15	—	5	4	1	5	6	4	3	5	5	30	83
承 德	54	14	5	2	9	4	9	9	2	3	2	12	125
秦皇岛	33	9	5	9	5	12	10	4	2	1	2	4	96
石家庄	2	2	—	—	3	2	—	1	—	—	—	11	21
保 定	26	8	25	—	—	—	2	—	—	—	—	6	67
唐 山	20	3	—	—	—	3	2	—	1	—	—	1	30
廊 坊	—	—	—	—	—	—	—	—	—	—	—	—	—
沧 州	1	—	—	—	—	—	—	—	—	—	—	—	1
张家口	6	—	—	—	—	—	—	—	—	—	—	—	6

注:"—"表示无此模式的线路。

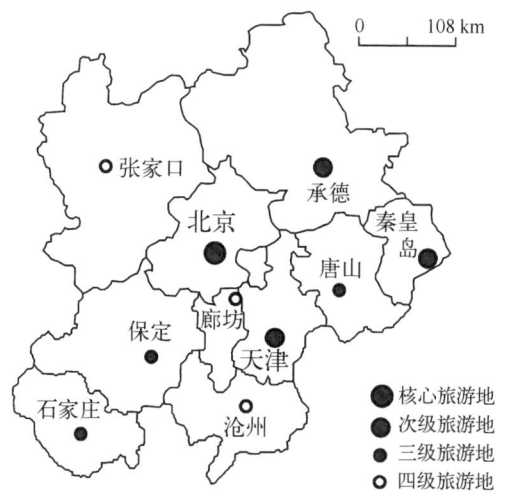

图3-6 京津冀都市圈目的地层次

2. 京津冀都市圈旅游目的地类型

根据各城市在旅游者空间行为路径中所处的位置和所发挥的作用,统计出各城市作为某一种类型旅游地的频次,如图3-7所示。

① 单一型目的地。京津冀都市圈各城市作为单一型目的地所占频次差异较大,除廊坊外,其余城市均不同程度地充当着单一型的目的地,主要包括北京、天

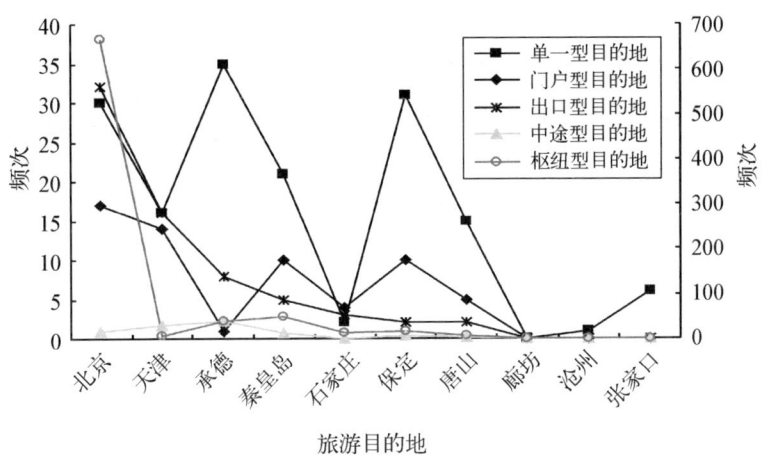

图 3-7 京津冀都市圈旅游目的地类型

津、承德、秦皇岛、保定和唐山等。这些城市多作为京津冀都市圈内部客源一日游或周末游的目的地,旅游者直接往返并游览某个特定景区(点),目的性强。② 门户型和出口型目的地。门户型旅游地与出口型旅游地是一对相对的概念,它们只出现在完全环游模式中。门户型目的地主要包括北京、天津、秦皇岛、保定,其中北京和天津还是主要的出口型目的地。北京、天津作为门户型和出口型目的地的比例分别为 2.2% 和 4.2%、16.9% 和 19.3%。京津两地旅游特色鲜明,资源品位高,旅游服务设施完善,高铁、航空、公路立体交通网络遍及各大客源地,都市圈内外流通性强,旅游者多以北京和天津互为门户、出口进行两地联游。秦皇岛和保定作为门户型目的地的比例分别为 10.2%、14.9%,外省市旅游者进行河北深度游通常以秦皇岛为门户,这与其相对完善的旅游功能密切相关,因与东北三省有贯通的铁路线,通过网络搜索可以发现,存在有较多的以秦皇岛为门户和第一站的东北长线联游线路。天津、河北客源多以保定为入口、以北京为出口在都市圈内部开展旅游活动。③ 中途型目的地。在多目的地空间行为模式中,普遍存在着这种类型的目的地。由图 3-7 可知,天津、承德作为中途型目的地的比例较大,分别为 36.1% 和 32%,中远程客源市场多以北京为门户和枢纽,天津和承德通常作为主要旅游地北京的延伸目的地,因而旅游者分配在两地的时间和消费较少,如在广东客源的京津 6 日旅游线路中,天津仅作为往返于北京的一日游目的地,不存在过夜消费。④ 枢纽型目的地。发达的交通运输体系、完善的旅游服务设施使北京成为京津冀都市圈旅游和交通枢纽的不二之选(约占 87.5%)。它既是国内旅游者的主要目的地,也是客源地与其他旅游地以及都市圈内部各级城市之间的承接与中转核心。枢纽型目的地与其他类型旅游地相比,在旅游者一次旅行中的时间与消费分配通常也是最多的。

(三) 京津冀都市圈国内旅游者空间行为模式

根据 12 个客源地与京津冀都市圈的空间距离和旅游线路的相似性,将其划分为五个地理单元:京津冀、黑辽、鲁豫、长三角、鄂粤,按照线路总数 $n>20$、$10<n<20$、$n<10$ 的标准将两地间的旅游线路等级分别划分为一级、二级和三级旅游线路,利用 CorelDraw 软件绘制出各地理单元旅游者的空间行为模式图(图 3-8)。

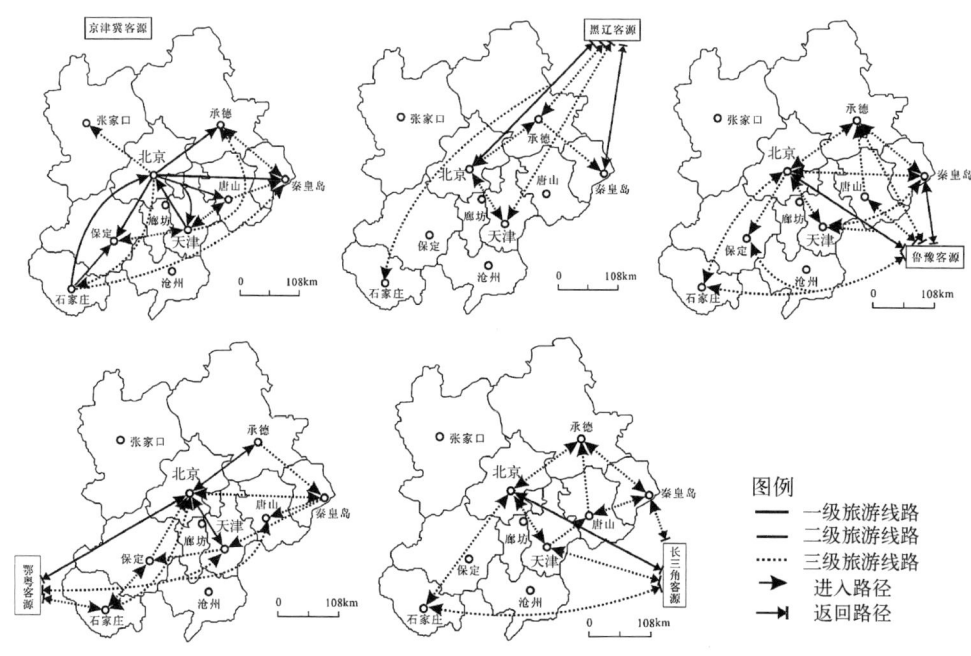

图 3-8 京津冀都市圈国内旅游者空间行为模式

1) 都市圈内外客源地旅游线路具有互补性。京津冀客源属内部市场,旅游者以单目的地式为主,其他四个地理单元属中远程客源市场,营区基地式是其最主要的线路选择模式。北京是京津冀都市圈内部最主要的客源输出城市,客流流向以周边较低一级别的承德、秦皇岛、保定、天津、唐山为主,旅游者以直达交通往返于各单一型目的地进行休闲度假旅游活动。天津作为京津联游线上的重要一极,既是北京的主要客源地也是部分邻近城市目的地的选择。河北省内客源以都市圈内部河北 8 市为主,旅游线路呈现低级别城市向高级别城市流动为主,城市之间相互流动为辅的组合特征。其他外部客源与京津冀都市圈空间距离与时间距离较远,受费用和时间条件的制约,倾向于在旅游线路中选择旅游资源丰富、知名度大、城市化水平较高的旅游地,主要包括北京、秦皇岛、承德等城市。旅游者以这些城市市区为基地,游览周边景区(点),除此之外,线路中还存在少量的多目的地线路模式。

2) 都市圈外省市客源旅游线路节点城市的选择与城市资源禀赋、交通设施及空间距离密切相关。中远程旅游者往返需要便捷的航空、铁路等交通,作为全国的交通中心可大大缩短各客源地与北京的时空距离,且北京旅游景点众多,外省市游客多选择将北京作为京津冀都市圈旅游的唯一目的地和直接目的地,以其为枢纽直接往返,不经过都市圈其他城市。此外,北京还作为京津环游线的门户或出口。由于客观存在的空间距离,旅游者偏向于游览距离客源地较近的城市,或以该城市作为京津冀都市圈之旅的起始点,如黑辽客源之秦皇岛、鲁豫客源之石家庄、天津等,这可能是因为地域相近,文化相似度较高,利于缓冲客源地与都市圈其他城市之间给旅游者造成的文化心理冲击;另外,出于时间与金钱的考虑,距离较近的城市也是旅游者短期旅游的主要选择。

3) 京津冀都市圈各城市旅游地呈现核心—边缘空间结构格局。京津冀都市圈的核心城市是北京,次一级的旅游中心城市有天津、承德和秦皇岛,其中北京是都市圈的重要旅游极核,是京津冀旅游发展十分重要的推动力量,仅从旅游发展视角而言,京津冀都市旅游圈实际上是北京大首都旅游圈,各城市旅游发展不均衡。京津冀都市圈存在旅游边缘性城市,包括张家口、廊坊和沧州,3市在旅游线路中的出现频次很低,且仅出现于京津冀内部客源的线路中,这些城市偏离旅游中心城市和主要交通网络,旅游吸引力低,无便利交通,多作为北京等发达城市客源周边旅游的目的地。

4) 京津冀都市圈各城市与客源市场具有层级对应关系(图3-9)。目的地的旅游吸引辐射范围不仅与自身知名度、资源禀赋、交通可达性有关,与客源市场的时空距离也密切相关。作为京津冀旅游核心的北京,具有全国性旅游影响力,客源遍及近、中、远程各市场,旅游辐射范围基本覆盖全国;位于第二层次的天津、承德和秦皇岛,具有区域性旅游影响力,以邻近省区的黑辽、鲁豫客源居多;第三与第四层次的石家庄、保定、唐山、廊坊、沧州和张家口6市具有省域性旅游影响力,市场范围较狭窄,集中在都市圈两市一省内部。

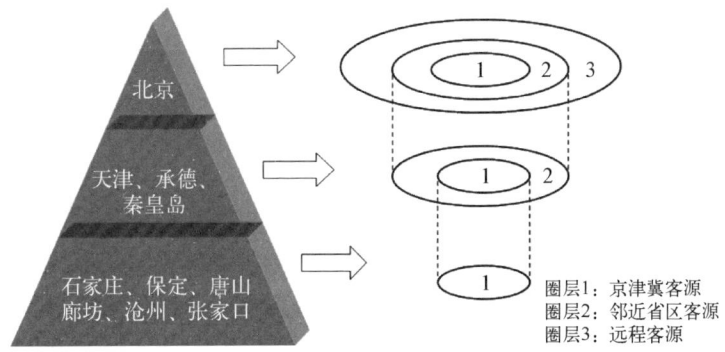

图3-9 京津冀都市圈目的地与客源市场对应层级

受旅游者自身与目的地两方面因素影响,旅游者在都市圈内部的空间行为呈现出不同的模式。通过对京津冀都市圈12大国内客源地旅游者旅游线路的分析可知,京津冀内部客源以单目的地式为主,其他外省市客源地旅游者偏向于采取营区基地模式,以旅游知名度大、资源丰富、交通便捷的全国性和区域性城市为主要节点。北京作为我国首都,社会经济发达,城市化水平高,又为辽、金以下历代王朝首都,拥有众多的历史文化景观,现代与古代的融合、文明与历史的碰撞,形成了独特的古都新貌,航空、铁路、公路综合交通运输使北京的客源遍及近中远程各地。作为京津冀都市圈的旅游核心,超过70%的线路以北京为目的地,从客源地直接往返于北京,游览北京市内的旅游景区(点),不经过都市圈其他城市,都市圈整体旅游地尚未形成。在某种意义上,京津冀都市旅游圈实际上是北京大首都旅游圈,其余城市与之存在很大差距,实现京津冀都市圈旅游一体化发展仍需三地政府的不懈努力。

通过对珠三角都市圈国内旅游者空间行为研究,发现珠三角都市圈旅游者空间行为模式总体上以营区基地式和完全环游式为主。不同客源地旅游者行为模式差异较大,广东省内旅游者以单目的地式和港澳小环游为主,其余客源地旅游者多采用营区基地式、往返式、区域环游式和完全环游式等旅行模式;珠三角都市圈各城市在旅游线路中出现的频次存在较大差异,总体呈现出三个等级层次关系,不同城市在大小珠三角都市圈以及不同客源地旅游线路中的角色与地位不同,据此得出珠三角都市圈各客源地的空间行为模式图;比较大小珠三角都市圈在空间行为模式上的差异,发现港澳与珠三角地区在旅游发展上逐渐成为一个联系紧密的整体,但实现三地旅游一体化尚待时日。

六、三大都市圈国内旅游者空间行为比较

(一) 旅游者空间行为模式比较

通过研究发现,京津冀都市圈国内旅游者以营区基地式为主要线路空间模式,这类旅游者约占样本总量的70.1%,单目的地式所占比例次之,为15.5%,其余模式占比较小。珠三角都市圈旅游者的主要旅行模式为营区基地式,占样本总数的30.6%,完全环游模式在各客源地的分布较为普遍,约占29%,单目的地式占19.7%,区域环游模式比重最小。与已有长三角都市圈研究相较,旅游者空间线路选择行为具有一定差异(表3-7)。京津冀与珠三角都市圈远程客源市场倾向于选择营区基地式,以某个城市市区为中心开展周边景区(点)一日游,都市圈内部近程客源较多地选择单目的地式旅行模式;长三角都市圈外部中远距离客源采用大尺度的完全环游式,一次旅行中游览多个城市,内部及周边近程旅游者旅游空间尺度较小,单目的地式是主导的线路模式。

表 3-7 我国三大都市圈国内旅游者空间行为模式差异比较(%)

旅游地	单目的地式	营区基地式	往返式	区域环游式	完全环游式
京津冀都市圈	15.5	70.1	7.0	0.4	7.0
长三角都市圈	46.1	0.3	2.9	7.0	43.7
珠三角都市圈	19.7	30.6	13.4	7.3	29.0

注：长三角都市圈资料来源于参考文献。

三大都市圈内外部客源市场旅游空间行为模式具有一定的异同之处。内部客源市场方面，北京、上海、广州分别是三大都市圈主要的客源输出城市，客流流向以周边较低级别的城市为主，低级别城市旅游者多以向高级别城市流动为主，城市之间相互流动为辅的模式。受费用与时间条件的制约，都市圈外部旅游者倾向于在线路中尽可能游览更多的城市或景区(点)，选择知名度大、旅游资源丰富的旅游地，因而会采用营区基地模式和完全环游模式。长三角都市圈各城市旅游合作不断深化，发展空间差异日渐减小，均衡性不断提高，旅游发展空间结构呈网络化和一体化，旅游者空间行为趋向分散，集中性较低。京津冀都市圈旅游网络化发展体系尚未形成，各城市旅游空间结构较为松散，发展水平存在较大差异，北京呈现出"一枝独秀"的局面，旅游者多直接往返于北京与客源地，很少前往都市圈其他城市，随着北京与天津交通的发展，京津联游线成为众多旅游者的选择。较之于长三角、京津冀都市圈，珠三角都市圈旅游发展最大的不同在于，香港、澳门与大陆内地的行政界线阻碍了三地旅游一体化的快速实现，港澳环游与港澳直飞是最主要的旅行模式。

(二) 旅游目的地类型比较

1. 目的地等级层次

根据三大都市圈各目的地在都市圈主要客源地旅游线路中的出现频次，可以发现三大都市圈分别以北京、上海、香港为核心城市，旅游目的地呈现出一定的等级层次关系。京津冀都市圈各城市旅游发展不平衡显著，都市圈城市结构较为松散，联系不够紧密，都市圈旅游网络体系尚未形成。北京在京津冀都市圈旅游线路的出现频次最多，最受旅游者欢迎，而次级目的地的出现频次与北京核心目的地存在很大差距，京津冀都市旅游圈实际上是北京大首都旅游圈。长三角都市圈各城市旅游合作密切，旅游发展均衡度高。长三角都市圈是我国旅游业最发达的地区，多中心、网络化、一体化是其旅游发展的主要特征，目前形成了以上海、南京、杭州为中心城市及其周边城市组成的各级都市旅游圈，每个旅游圈内部还有若干次级旅游核心。由于行政界线的阻碍，实现珠三角都市圈旅游一体化发展尚待时日。香港与澳门在珠三角都市圈客源地旅游线路中出现频次最高，是都市圈旅游发展的核心,但港澳对都市圈其他城市旅游发展的拉动作用仍不显著,广州、深圳、珠海是珠三角旅游发展的中坚力量,但三者在大小珠三角都市圈线路的出现频次存在较大差异,深圳和珠海因地理区位优势而在大珠三角的出现频次高于广州,其余6市级别较低。

2. 目的地类型

三大都市圈位于第一与第二层次的核心,与次级旅游地在各类型目的地所占比例存在较大差异(表3-8)。京津冀都市圈4城市不同程度地扮演着单一型、中途型目的地以及旅游枢纽的角色。北京作为整个都市圈旅游核心与枢纽的作用不容置疑,所占比例高达87.52%,天津、承德、秦皇岛是都市圈内部客源短时游单一型目的地的主要选择,其中天津与承德多作为中远程客源地旅游者北京旅游的附加中途旅游地,承德和秦皇岛也是河北省内深度游的中转中心。长三角都市圈除南京和上海互为旅游门户与出口外,其余城市多作为旅游者行程中的中途型目的地。南京和上海经济发达,旅游产品体系完善,都具有健全的综合交通运输体系,可直接往返各个客源地,因而是长三角旅游最主要的门户与出口。杭州、苏州、嘉兴、无锡拥有文化、资源等多样性旅游产品,位于核心城市之间重要交通线上,是游览的重要目的地或附加目的地。杭州是远程旅游者长三角旅游的必游之地,苏州是上海—南京、上海—杭州、南京—宁波这三个空间辐射轴的重要节点城市,无锡多出现在南京、苏州线路当中,嘉兴位于上海—杭州旅游交通线上,与杭州、宁波捆绑销

表3-8 三大都市圈第一与第二层次旅游地占各类型目的地的比例差异(%)

名 称	层 次	城 市	目 的 地 类 型				
			单一型	门户型	出口型	中途型	枢纽型
京津冀都市圈	第一层次	北 京	3.94	2.23	4.21	2.10	87.52
		天 津	19.28	16.87	19.28	36.14	8.43
	第二层次	承 德	28.00	0.80	6.40	32.00	32.80
		秦皇岛	21.88	10.42	5.21	12.50	50.00
长三角都市圈	第一层次	杭 州	23.03	18.68	22.22	42.27	6.20
		苏 州	13.13	18.73	7.05	61.00	0.29
		上 海	9.90	19.45	62.05	20.41	11.58
	第二层次	南 京	6.02	64.76	21.35	15.62	7.88
		嘉 兴	10.29	6.67	7.25	75.80	1.01
		无 锡	7.98	6.63	10.24	75.60	0.45
珠三角都市圈	第一层次	香 港	5.68	36.36	3.16	21.97	32.83
		澳 门	4.42	4.26	42.43	37.22	11.67
	第二层次	广 州	15.26	3.74	21.81	0.93	58.26
		深 圳	6.99	17.36	4.66	13.21	20.98
		珠 海	5.88	1.74	6.75	26.14	6.97

售。由于交通设施的日益完善,较大空间尺度的旅游活动对某一枢纽地的依赖性逐渐减弱,各城市作为枢纽型旅游地的比重普遍较低。位于第一和第二层次的各城市在大小珠三角都市圈线路中的类型稍有不同。香港是大珠三角都市圈的门户(36.36%)和枢纽(32.83%),澳门主要作为出口(42.43%)和中途旅游地(37.22%)。广州在小珠三角都市圈线路中以枢纽型和单一型旅游地为主,在大珠三角范围内则是港澳联游的出口,深圳在小珠三角内主要发挥着中途目的地的功能,但在大珠三角更多地作为港澳环游的门户和交通枢纽,珠海与前两者相异,旅游者在大小珠三角都市圈都更倾向于将其作为中途旅游地。

三大都市圈各城市旅游地呈现核心—边缘空间结构。都市圈其他层次较低级别的城市旅游地在线路中出现频次少,主要充当单一型目的地和中途型目的地,这些城市大多偏离都市圈旅游中心城市和主要交通干线,作为中心旅游地的延伸或附加目的地出现在近程客源单目的地模式线路和中远程旅游者的多目的地线路中,客源市场范围集中于都市圈内部,仅具备区域性影响力。

(三) 空间行为影响因素分析

旅游者空间行为是在各种主客观条件综合影响下产生的,是具备出游能力的旅游者在有限的闲暇时间内,根据自己的旅游偏好对目的地进行选择和游览的过程,在实际旅行过程中,其线路安排和选择很大程度上受限于目的地旅游资源、交通、政策规划等。本文从三大都市圈国内旅游者空间行为异同的角度上,对旅游者空间行为的影响因素进行分析,主要包括:需求因素、供给因素和支持因素。

1. 需求因素

旅游者是旅游活动的主体,其旅游需求是旅游发展的重要推动力量,影响旅游决策,左右旅游者空间行为,主要包括旅游动机、旅游偏好、经济状况、闲暇时间等。根据都市圈旅游线路特点,可以将旅游者的动机分为两大类:观光旅游和度假旅游。持有不同旅游动机的旅游者,其空间行为具有较大差异。对观光型旅游者而言,力图在一次旅行中尽可能地游览多个目的地或多个景区(点),在每个节点的停留时间都较短,属于过程导向型,而度假型旅游者没有完全确定的旅游景区(点)和旅游线路,整体线路中包含的目的地数量很少,在目的地停留时间较长,以获得优质的旅游体验为目标。京津冀都市圈以观光为目的的旅游者主要指向北京、天津、承德等历史文化名城及其内部高知名度景区(点),度假型旅游者则主要指向秦皇岛北戴河滨海度假区。由此可见,旅游动机对旅游者停留、流动规律和空间行为模式产生影响。旅游偏好上,在实际线路搜索中发现,各大旅行社都推出了三大都市圈亲子旅游线路和项目,这就在目的地选择上对旅游者在具有游乐与教育意义目的地的停留行为产生影响。旅游者经济水平越高、闲暇时间越多,在旅行过程中安排的目的地数量就会越多,游程就会越长,空间行为模式更多地表现为多目的地模式,因为此类旅行模式的时间与金钱成本是比较高的。如东部沿海经济发达的长三角客源偏向于采取大珠三角都市圈区域环游模式,涉及深圳、香港、澳门、珠海等多个城市。

2. 供给因素

旅游者进入都市圈后,对内部各城市旅游地和旅游线路的选择主要取决于各城市的旅游供给情况,从三大都市圈国内旅游者空间行为模式的选择来看,旅游资源、城市经济发展水平、目的地地理位置以及交通可达性4个要素对旅游者空间行为产生重要影响。

(1) 旅游资源

旅游资源对空间行为的影响主要表现为赋存状况、等级级别及其空间分布。旅游者外出旅游,希望尽可能地获得更多更独特的旅游体验,旅游地资源越丰富,产品体系越完善,就越能吸引旅游者前往,而都市圈中旅游资源赋存相对较少的城市,往往很少出现在中远程客源的旅游线路中。三大都市圈旅游资源种类多样、各具特色,其中北京、上海、香港是众多客源地旅游者都市圈旅游的必游之地,长三角都市圈各城市旅游资源分布相对均衡,因而旅游者空间行为较为分散,相较之下,京津冀与珠三角都市圈旅游资源集中于少数经济发达的城市,旅游者行为分布集中。受旅游效用最大原则影响,都市圈大尺度旅游空间行为都尽量选择较小的行游比,在旅游资源等级上,表现为级别越高、特色越鲜明的城市旅游地或景区(点)有越高的到访率,同时,高级别的目的地和景区(点)具有较高比例的旅游者采用单目的地行为模式。吕丽等(2012)对2010年上海世博会国内旅游者空间行为的研究表明世博会旅游者的旅游行为具有明确的世博会目的地指向性,以直游式为主要的空间行为模式,直游—周游式次之,与上海具有便捷交通联系的苏州、杭州、南京等长三角其他城市,旅游资源丰富且级别高,相对于世博会资源禀赋的差异性特征,使之成为远程世博会旅游者线路中的重要节点。旅游目的地的空间分布会直接影响到旅游者的线路组织,旅游地的组合与布局对引导旅游流区域内合理流动具有重要作用。沿重大交通线或连线成片布局的目的地,旅游资源互为补充,便于旅游者采取往返式、环状式旅游,提高旅游体验,发挥旅游地吸引力叠加效应,而单体布局的旅游地对旅游者的吸引力一般相对较弱。

(2) 经济发展水平

旅游地供给中的一个重要组成部分即是旅游接待服务设施,接待设施的完善程度与服务水平则取决于该地的经济发展水平及旅游投入力度。接待服务涉及旅游的吃、住、购、娱等各方面,越能提供完备服务设施的旅游地,越能吸引旅游者在此停留和消费,进而能够获得更高的收益,有利于目的地的发展。三大都市圈是我国社会经济最发达的地区,各城市经济发展迅速,旅游接待能力提升,旅游者无须依赖于某一核心城市的接待设施,扩大了旅游活动的空间范围。此外,经济发达的大城市还出现了众多的城市观光、购物旅游,体现在空间行为上就是旅游者直接往返,旅游消费高,如珠三角都市圈有相当比例的线路为直飞港澳。

(3) 地理位置

目的地的地理位置,简而言之,即是目的地与客源地的距离,包括空间距离、时间距离以及感知距离,其中空间距离和感知距离影响较大。受距离衰减规律作用,旅游者出游距离越远,越倾向于选择多目的地旅行模式,长三角都市圈邻近省区客源和都市圈内部旅游者以单目的地模式为主,中远程客源市场多选择完全环游式和区域环游式等。由于京津冀与珠三角都市圈各市旅游发展不均衡,距离衰减规律在旅游者空间行为模式中体现不明显,中远程客源采取较多的营区基地模式,其中,小珠三角旅游者线路中具有相当数量的港澳环游模式。此外,远距离客源通常将与客源地相对较近的城市作为都市圈旅行的起始点,如长三角都市圈中京鲁客源之南京、京津冀都市圈中黑辽客源之秦皇岛等。与目的地相近的客源地,旅游者感知距离近,出游时间一般较短,出游机会多,一次旅行中不会游览多个目的地,因而都市圈内部与邻近省区旅游者多进行单目的地式旅行。

(4) 交通状况

客源地与目的地以及目的地之间的交通可达性直接影响旅游者对目的地的选择及空间行为模式。客源地与目的地的空间距离决定了旅游者出行所采用的交通方式,影响旅游者的出游决策,近距离客源多以汽车、火车为主,而中远程旅游者往返则需要航空、高铁等高级别交通工具,因此,旅游者通常会选择具有高等级交通体系的城市为门户和出口。旅游者达到都市圈后,需要依靠便捷的交通实现在各城市之间的流动,交通通达性好,旅游活动对某枢纽城市的依赖就会减弱,旅游者的活动空间就会随之扩大,长三角都市圈中远程旅游者则偏向于采用首尾目的地不重复、游憩路径不重合的完全环游路径。交通发展还提高了远距离客源市场短期旅游的频率,并使距离衰减效应减弱,京津冀与珠三角都市圈存在大量营区基地式线路。交通设施的不断完善也会改变城市的旅游格局和旅游者的行为规律,随着杭州湾跨海大桥的建成,宁波与嘉兴可直通往来,必将打破嘉兴—杭州—宁波旅游线中杭州的枢纽地位,进而改变旅游者空间行为对杭州的依赖性。

3. 支持因素

政府、旅游企业等社会力量对旅游者空间行为起着外部推动作用。政府各项规划政策从根本上左右着都市圈旅游发展的整体方向和格局,审批中的《京津冀都市圈区域规划》作为国家"十一五"规划中的一个重要的区域规划,指导着京津冀按照"8+2"的模式发展旅游业,促进了旅游流在都市圈区域尺度上的聚集。"长三角无障碍旅游区"的政府行动进一步深化了长三角区域一体化的进程,加强了长三角其他城市与上海的旅游联系。上海、杭州、南京三市联合推出长三角世博之旅、邮轮旅游,影响着旅游者目的地的选择和空间行为。国家高度重视香港、澳门特别行政区与珠江三角洲地区的合作发展,2011 年,《中华人民共和国国民经济和社会发展第十二个五年规划纲要》的公布从战略高度推动着港澳珠三角旅游一体化的形成。通过网上线路搜索发现,各大旅行社均设计推出了以都市圈整体为目的地的线路,有的标有明确的都市圈线路板块,作为旅游线路的主要制定者和规划者,旅行社销售的都市圈旅游产品和项目,引导着旅游者在区域内的合理流动。

第二节 都市圈商务旅游者空间行为及其视角下城市形象

一、理论基础

(一) 城市旅游空间结构

城市旅游空间结构是依托城市空间结构形成的,城市产业布局、建筑格局、交通组织等很大程度上影响着城市旅游空间结构模式。城市旅游空间结构是城市游憩功能的空间表达。宏观层面,Leiper 强调旅游空间系统是由旅游通道连接客源地和目的地而构建的纽合系统。Pearce 分析带状旅游核心—边缘空间结构,并将旅游核心区域划分为一、二等级,并在此基础上由核心向边缘由内及外划分 1~4 个旅游带。

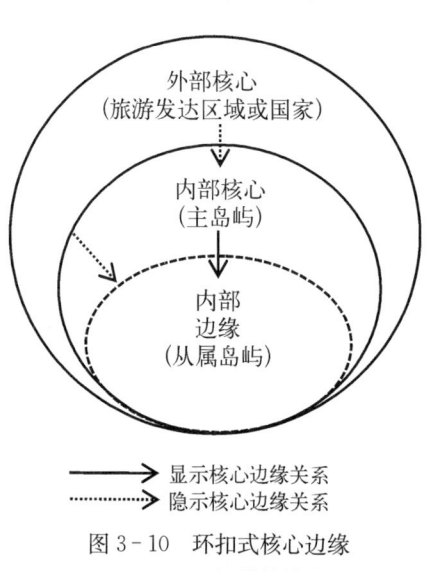

图 3-10 环扣式核心边缘空间结构模式

Weaver 对主岛屿与从属岛屿这一核心—边缘旅游空间结构的分析认为,旅游发展作为离心力扩大了主岛屿和从属岛屿之间的空间关系,构建了环扣型旅游空间结构模式(图 3-10)。Papatheodorou 基于旅游流角度分析形成区域旅游核心—边缘空间结构的主要作用机制,认为这种空间结构的形成离不开对客源地和目的地之间的相互作用,两地之间的社会、经济、文化交流是旅游地核心—边缘空间结构形成的重要影响因素,并构建了以旅游流为基础的区域旅游核心—边缘空间结构模式(图 3-11)。微观层面,旅游中心地理论认为旅游地是旅游地内部的吸引物与旅游服务设施和基础设施的空间组织安排。

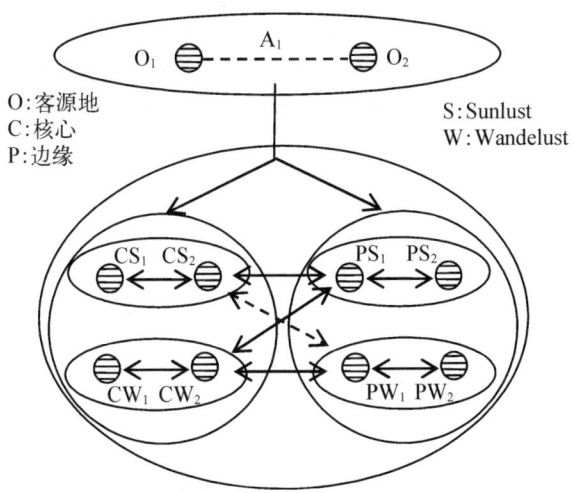

图 3-11 基于旅游流的旅游核心—边缘空间结构

(二) 旅游行为理论

旅游行为理论,尤其是旅游空间行为理论以及旅游流理论,作为以"人"为视角的旅游地理学的核心理论,既是旅游学研究的传统领域,也是国内外旅游地理学研究的重点。行为是人类在生活中表现出来的带有目的性行动,是不同于本能的内在心理和生理变化的外在反映,并在外界刺激后经过思维、判断、评价、决策后采取的行动。旅游空间行为指旅游者到达旅游地及其停留时间过程中发生的一系列行为总和,即旅游行为的主要表现。根据涉及的空间大小将旅游空间行为划分为大、中、小三个尺度。大尺度旅游空间行为可以推进整体旅游目的地建设,各城市之间旅游合作加强,同城化水平上升,实现服务设施的一体化对接。

(三) 旅游流距离衰减理论

旅游地客流随旅游出行空间距离增大到访率而减小称为旅游流距离衰减,一般用旅游地空间使用曲线表示,分为基本型、U 型曲线和 Maxwell-Boltzman 曲线,主要用来描述旅游客流随距离的增加而衰减。从旅游客源地的角度来说,目的地距离越近,旅游发生的可能性就越高,相反则旅游的可能性越小,并由于交通方式、目的地类型不同等多种原因,旅游客流所呈现的距离衰减模式也有所不同。本文试图运用距离衰减理论分析广交会商务与会者到访率是否符合随距离的增加呈现衰减的规律。

(四) 空间扩散理论

1953 年瑞典地理学家哈格斯特朗(T. Hagerstand)在熊彼特"创新理论"的基

础上首次提出空间扩散理论,此后逐渐被应用到旅游地理学研究中,主要包括传染扩散、等级扩散和重新区位扩散三种基本类型。其中传染扩散受距离衰减规律显著,如城市地域圆层结构;等级扩散多用于解释人文现象扩散,较多遵循社会或城市等级次序;重新区位扩散指接受者仅发生空间转移。距离是影响扩散过程的主要因素,而区域内外部交通的改善促使扩散强度随距离减弱的特征逐渐弱化。其次是势差,即旅游目的地之间存在等级上的差别,再次是扩散通道,主要表现在经济结构、社会环境、制度政策等。旅游空间集聚与扩散作用是区域旅游空间的两种基本作用力,推动区域旅游空间不断演变更替,会展旅游产业集聚形成区域对外旅游辐射与扩散的能量,即扩散与辐射的条件,并在此过程中不断提高区域旅游影响力,进而产生新的流入效应,集聚与扩散效应加大。

二、广交会国内商务旅游者空间分布特性

旅游客源市场研究一直是国内外学者关注的热点。2015 年 4 月 15 日～5 月 5 日,第 117 届广交会在广州琶洲展馆举办,境内外参展企业达 24 713 家,境内外采购商 184 801 位,其中"一带一路"沿线国家采购商与会者 80 954 人。2015 年 4 月 15～4 月 26 日调查团队严格执行"一个展位一份问卷"原则,共获得国内与会者 1 803 份有效问卷。

(一) 与会者个体属性特征分析

运用 SPSS 软件对广交会国内与会者个体属性特征进行描述性统计分析(表 3-9)。结果显示,与会者男女性别差异不大,年龄层次上以 25～44 岁中青年为主,占被调查人数的 79.5%,与会者文化程度以大专及以上为主,中专及以下仅占 11.1%,本科及以上占 61.1%,文化程度较高;月平均收入水平主要在 3 000～9 000 元,占样本总数的 58.5%,月平均收入 12 000 元以上的与会者占比 18.3%,高于一般旅游者收入水平;在被调查者的职业构成中,不同层次的管理者占比 46.2%,员工占比 38.3%。在出行方式上,87.9%的与会者属于公司组织,符合商务出行的主要特征。其中,首次来广交会和广州的被调查者占比分别为 10.6%和 6.9%,表明仍有 6.9%的与会者首次来到广州是因为广交会,可见广交会的影响力之大,而大多数被调查者来广交会次数超过三次,尤其是改革开放以来,广交会的影响迅速壮大,广州快速成长为聚散全国商业人士的中心,且影响范围不断扩大。

总体来看广交会国内与会者"年轻化、高学历、高收入"的特征显著,主要是因为商务旅游者主要以年轻白领为主,广交会属于国际性展会,对国内进出口公司具有一定要求,参展企业多为国内规模较大的外贸公司,从职工到管理层,专业化水平高,收入高。

表 3-9　样本基本特征属性

个体属性	细分类别	有效百分比(%)	个体属性	细分类别	有效百分比(%)
性　别	男	52.6	出行方式	公司组织	87.9
	女	47.4		个　人	13.1
年　龄	15～24 岁	15.6	教育程度	初中及以下	2.2
	25～34 岁	59.1		中专及高中	8.9
	35～44 岁	20.4		大　专	27.8
	45～54 岁	4.0		本　科	56.9
	55 岁及以上	0.9		硕士及以上	4.2
月平均收入	3 000 元及以下	15.4	职　位	高层管理者	15.2
	3 001～6 000 元	40.5		中层管理者	23.7
	6 001～9 000 元	18.0		基层管理者	17.3
	9 001～12 000 元	7.9		员　工	38.3
	12 001～15 000 元	5.8		实习生	4.0
	15 000 元以上	12.5		其　他	1.5
来广交会次数	1 次	10.6	来广州次数	1 次	6.9
	2 次	11.2		2 次	4.9
	3 次	14.7		3 次	6.7
	3 次以上	63.5		3 次以上	72.3
				住在广州	9.2

(二) 国内客源市场空间结构

以省(自治区、直辖市)和城市为客源地的基本统计单元绘制广交会与会者客源市场分布,由图 3-12 可知,广交会国内客源市场分布广泛。从全国来看,与会者客源市场主要集中在经济发达、商贸活跃的东南沿海地区,主要分布于珠三角、长三角、环渤海、京津冀和成渝地区,其中受举办地地理位置影响,珠三角都市圈与会者占比最高,达 28.75%。

表 3-10　广交会国内与会者客源市场空间结构

客源地	与会者人数	客流百分比(%)	累计客流百分比(%)	客源地	与会者人数	客流百分比(%)	累计客流百分比(%)
广　东	621	34.44	34.44	北　京	27	1.50	84.58
浙　江	322	17.86	52.30	广　西	27	1.50	86.08
山　东	136	7.54	59.84	辽　宁	27	1.50	87.58
福　建	126	6.99	66.83	河　南	24	1.33	88.91
江　苏	114	6.32	73.16	湖　北	21	1.16	90.07
上　海	75	4.16	77.32	重　庆	19	1.05	91.13
安　徽	59	3.27	80.59	香　港	17	0.94	92.07
河　北	45	2.50	83.08	天　津	16	0.89	92.96

续表

客源地	与会者人数	客流百分比(%)	累计客流百分比(%)	客源地	与会者人数	客流百分比(%)	累计客流百分比(%)
四　川	15	0.83	93.79	陕　西	6	0.33	98.61
湖　南	14	0.78	94.56	新　疆	6	0.33	98.95
江　西	14	0.78	95.34	贵　州	4	0.22	99.17
台　湾	12	0.67	96.01	甘　肃	3	0.17	99.33
山　西	10	0.55	96.56	内蒙古	3	0.17	99.50
海　南	9	0.50	97.06	西　藏	3	0.17	99.67
黑龙江	9	0.50	97.56	宁　夏	2	0.11	99.78
澳　门	7	0.39	97.95	青　海	2	0.11	99.89
吉　林	6	0.33	98.28	云　南	2	0.11	100.00

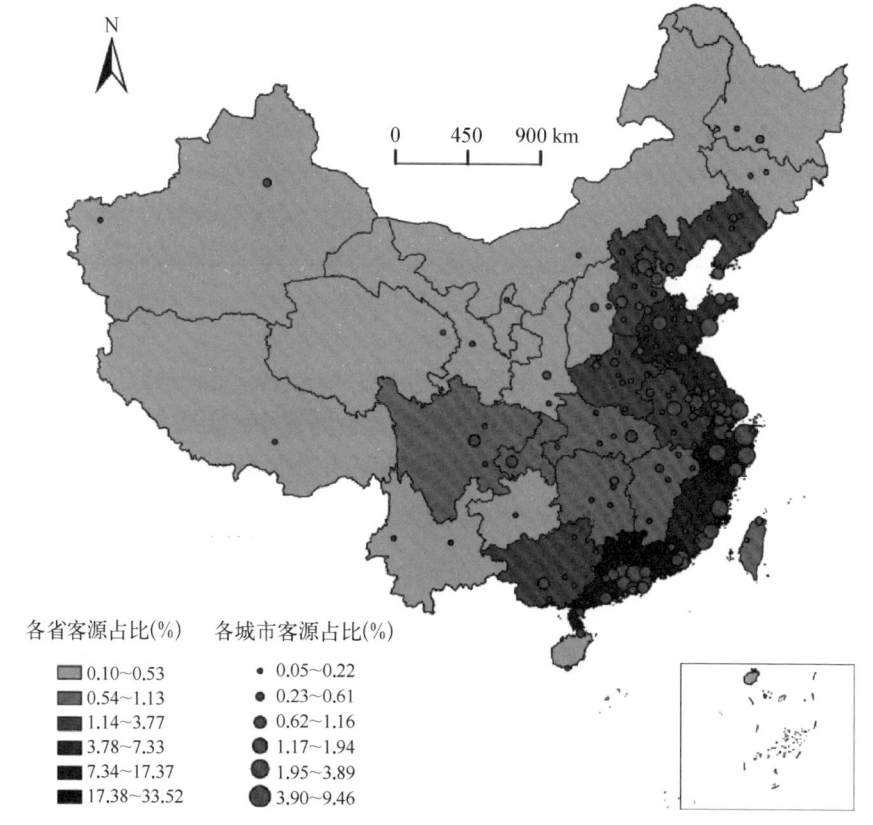

图 3-12　广交会国内与会者客源市场空间分布

从省域尺度分布特征看，客源分布最高的省份依次为广东、浙江、山东、福建和江苏，累计客流百分比为 73.16%，其中广东省占比 34.44%。距离广州市较近的中西部省份广西、湖南、湖北、江西等地的客源市场份额所占比例也较大。

从市域尺度分布特征看,主要集中于珠三角和长三角区域的广州、深圳、佛山、宁波、上海和杭州6个城市,占比达32.52%,广州市本地的与会者数最多,主要由于广州为广交会举办地,且外贸企业数量多,广东省政策优势等原因,其次是深圳、佛山、宁波等城市,排名前20位城市的与会者合计占样本总数一半以上,占比达57.47%。

随着距离广交会空间距离的增加,客源市场所占份额逐渐降低。首先,在地域分布上,无论是区域、省份(直辖市、自治区),还是地级与会城市层面,广交会与会者均有分布,表明其对国内商务旅游者的吸引力在空间上已形成广泛的覆盖;其次,与会者各地的分布密度具有较明显的差异性,东南部沿海一带分布较为聚集,同等级分布地域表现出一定的空间连续性,而不同等级分布区(带)在空间上形成较显著的从东(南)向西(北)递减的梯度分布形态。

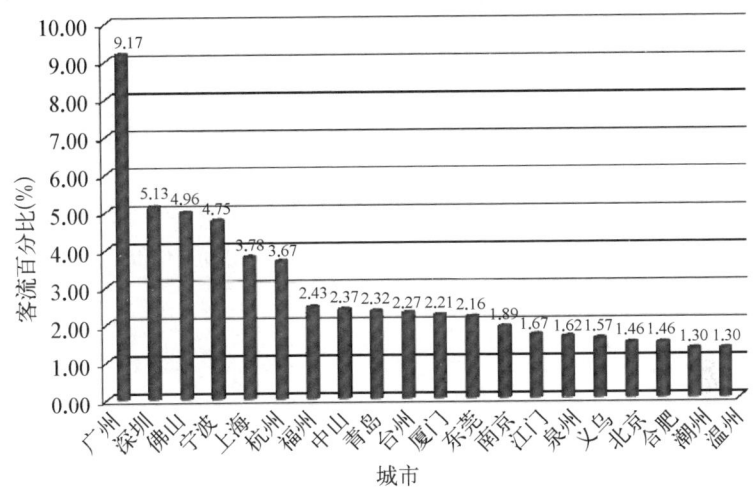

图3-13 广交会国内与会者主要客源城市空间分布

(三) 空间使用曲线①

旅游客流空间使用曲线是旅游地游客人数随着距离的变化而发生改变的一种统计学描述,常用的空间使用曲线包括:① 基本型曲线,表现为随着距离的增加,旅游者旅游阻尼作用不断凸显,旅游地使用人数不断减少。② U型曲线,前一部分与基本型曲线相吻合,旅游使用人数随距离的增加而不断减少,当达到某一地

---

① 某城市到广州的交通距离按该城市到广州的最短铁路、公路和航线里程的平均值计算,其中没有火车班次或航班的按照其他两项平均值或一项数值计算。各里程数查询网站:全国公路里程查询网站:http://lcb.sxwl.com.cn/;全国铁路里程查询网站:http://www.huochepiao.com/licheng;信天游航程查询网站:http://www.travelsky.com。

带,由于受某些因素影响,旅游地使用人数又呈现逐渐增加的现象。③ Max-well-Boltzman 曲线,描述了旅游地使用人数随着距离增加而不断增多,但当距离达到一定范围时,旅行阻尼作用使得旅游地使用人数出现下降趋势。

依据广交会与会者的空间分布数据,绘制商务与会者客流空间使用曲线(图 3-14)。广交会作为具有国际影响力的重要展会,具有较大的吸引范围,客源市场扩展到空间距离达 4 700 km 的区域,其中 97.83% 的客源分布在距离广州 3 000 km 的区域,距离衰减现象明显,属于主要由 Boltzman 曲线和基本曲线的复合。空间距离在 500 km 范围内具有 Boltzman 曲线的特点,0～300 km 范围内随着空间距离的增加,商务客流上升趋势明显,客源分布峰值出现在此区间,这主要是佛山、东莞、中山等近距离客商来源地的结果。距广州市 300 km 外,空间使用曲线呈基本型,随着距离的增加,与会者人数急剧减少,在 700～900 km、1 100～1 700 km 和 2 000～2 500 km 范围内分别出现 3 个小高峰,分别是与会者分布较多的福建、浙江、江苏和山东。距广州市 500 km 范围内,客源空间扩散呈显著距离衰减性,可见 500 km 是广交会与会者空间距离限制性门槛,距广州 500 km 范围内的客源比例高达 36.26%,距广州 1 000 km 范围内集中了 46.06% 的客源,以旅游者累计百分比 85%～95% 的距离作为旅游地引力场半径,则广交会引力场主要集中在 2 000 km 范围内,该范围内旅游者数累计百分比达到 92.16%,与戴光全 2012 年对 109 届广交会参展商空间分布结果对比,引力场范围有所缩小,客源占比基本一致。

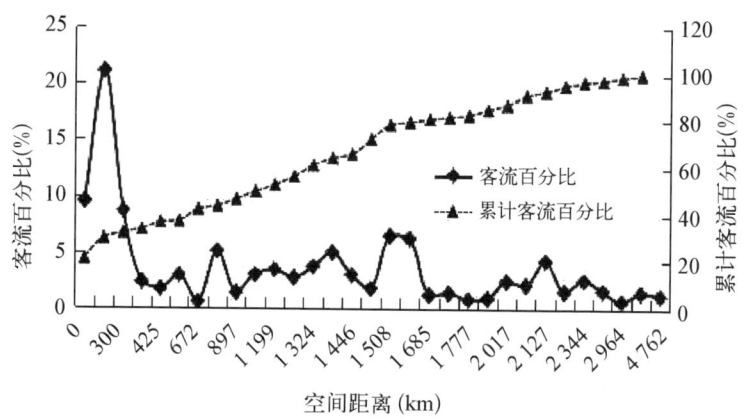

图 3-14　广交会与会客流空间使用曲线

与旅游客源地研究结论相比,如吕丽等发现,上海世博会国内旅游者在 0～300 km 范围,随着空间距离的增加,客流人数迅速上升,300～800 km 范围内距离的阻尼作用凸显,旅游者人数随着距离的增加而逐渐降低,当空间距离增加到 1 400 km 及以上时,旅游者数累计百分比达到 89.04%,之后则逐渐减少直至接近为零。对广交会客源地城市 2014 年国内生产总值、进出口总值与与会者人数做相关分析,结果显示,两者分别在 0.01 和 0.05 水平上呈显著正相关,相关系数分别是 0.83 和 0.74。

广交会国内客源市场分布广泛,在本次调查中,34 个省级行政区均有分布,主要集中在经济发达、商贸活跃的东南沿海地区,在区域上以珠三角、长三角、环渤海、京津冀和成渝地区分布为主,客源分布最高的省份依次为广东、浙江、山东、福建和江苏,尤其是珠三角和长三角区域的广州、深圳、佛山、宁波、上海和杭州 6 个城市,客源分布最广。随着客源地距广州市空间距离的增加,商务旅游者数量逐渐降低,距离衰减现象比较明显,客流空间使用曲线为 Boltzman 型和基本型的复合,引力场主要集中在 2 000 km 范围,500 km 是广交会与会者空间距离限制性门槛,与会者人数受所在城市国内生产总值和进出口总值影响较大。

三、广交会国内旅游者空间行为

117 届广交会举办共分为三期,第一期为 2015 年 4 月 15～19 日,第二期为 4 月 23～27 日,第三期为 5 月 1～5 日。根据课题小组在广交会举办期间调查发现,与会者在广州平均停留 6～8 d,除去广交会开展期间的工作任务外,一般会剩下 1～2 d 的时间用于出差的缓冲休憩。同时,广交会每日开馆时间为 9:00～17:00,在每期 5 天的开展时间内每日有 1～4 h(18:00～22:00)的闲暇时间,除了展会期间和晚上的闲暇时间,有些外商会选择在展会结束后在广州或者其他城市逗留 1～3 d,进行城市观光、探亲访友等活动。在广交会闲暇时间里,巨大的人流停留在广州及其附近城市,形成一支庞大的具有休闲游憩需求的消费群体,广交会期间,该群体的游憩活动空间及其空间活动模式如何将是本章节研究的重点。

(一) 商务旅游者游憩活动空间结构

广交会与会者从不同空间距离的客源地向广州会聚,呈"辐聚型",其中 40.04% 的广交会商旅人士主要以广交会举办地琶洲展馆为目的地,较少选择去广州市其他地方,其空间活动范围为"客源地—展馆—客源地"或"酒店—展馆—酒店",具有明确的广交会目的地指向性,空间行为模式单一,不作为本文研究的主要对象。其余 59.96% 的与会者以琶洲展馆为基营,向广州市其他商圈、景点或周边城市即二级目的地扩散,呈"放射型"结构,包括以广州市为主要目的地的城内流动和以珠三角为主要目的地的跨城流动,城内流动和跨城流动分别占样本总量的 49.65% 和 20.18%,其中 9.87% 的与会者空间行为既有城内流动又有跨城流动。

1. 广州市作为目的地区域

城市中最高端的商业资源往往高度集聚于某些特定的空间载体——商圈,商圈是城市最具成长性、最高土地租金、最能代表商业潮流的地方,同时还附带了大量历史、文化、娱乐、美食、休闲等游玩功能。广州素有千年商都之称,每一届广交会吸引诸多来自全国各地、各行业的企业前往参展,国内外不同国家和地区、不同民族、种族和国别文化的参展商与采购商相聚在广州,活跃了广州的商业气息。本章节研究根据广交会与会者城内流动的920份数据,研究其市内活动轨迹及其消费行为,并结合广州各大商圈中心地大型网点布局情况,可以将与会者空间轨迹落到广州市十大商圈内。

(1) 广州市主要商圈

作为商业空间中重要的网络节点,商业中心集中了不同类型、规模、业态的商业设施,形成等级层次分明网络体系,满足居民和旅游者多层次和差异化的消费需求。商圈核心主体主要由大型商业网点如购物中心、百货店等构成,从表3-11广州市十大商圈基本概况来看,十大商圈平均拥有大型商业网点数量为7个,其中天河路、北京路和珠江新城商圈的数量最多,分别为18个、9个和7个。

表3-11 广州市十大商圈基本概况

商圈名称	商圈范围	中心地	面积(万平方米)	大型网点	日均客流量(万)
天河	以天河路为中轴线,西起购书中心,东到岗顶,北至广州东站,南至黄埔大道	天河城、正佳广场、太古汇	150	18	50
北京路	北连省财政厅,南达沿江路天字码头,西接起义路,东至文德路	北京路步行街、五月花广场	260	9	50
上下九	北至长寿西路,南到六二三路,东达大同路,西到康王南路	上下九步行街、新光城市广场	35	6	35
东山	北至东风东路,南至东华西路,西至陵园西路、校场西路,东至农林下路	中华广场、王府井百货	40	6	20
环市东	西起建设大马路、东达先烈南路,南到华乐路,北到淘金路	友谊商店、丽柏广场、淘金路	40	5	20
珠江新城	北至黄埔大道、南至临江大道、西至华夏路,东至冼村路	高德置地、花城汇、友谊金店	20	7	15
白云新城	北至黄石路,东至白云大道,西至机场高速,南至北环高速	5号停机坪、万达广场	10	4	5
江南西	江南西路沿线,西至宝岗大道,东到江南大道中	江南新地、广百新一城	25	5	15
番禺	市桥板块:北至富华西路,南至清河西路,西至光明北路,东至大北路;万博板块:番禺大道自兴南至兴业大道路段	易发商业街、万博商业中心、番禺友谊商店	30	4	30
广州大道北	广州大道北沿线,南至梅花园地铁站,北至同沙路	嘉裕太阳城、广百佳润广场	20	5	12

资料来源:根据参考文献整理。

天河商圈是广州国际商贸中心的核心品牌区,享有"中华第一商圈"的美誉,以其商业网点繁多,金融、商务、人文环境配套成熟等优势,吸引大量消费人群,商务客流中心地位仍较稳固。北京路商圈地处广州千年商都的发源地,以其悠久的历史文化吸引大量旅游者前往,日均客流量达到50万人次。上下九商圈最具地方文化特色,消费对象以中低档群体为主,成为广州市三大传统繁荣商业中心之一。天河、北京路、上下九三大商圈作为广州三大都会级商圈,展示了广州商贸的繁荣与岭南文化的魅力。区域级商圈包括东山商圈、环市东商圈、珠江新城商圈、白云新城商圈、江南西商圈、番禺商圈、广州大道北商圈,其中,珠江新城商圈是政府重点打造的CBD中央商务区,也是距离中国进出口商品交易会举办地琶洲展馆最近的商圈,是广交会与会者活动集中营地。

(2)广州市游憩活动空间

广交会场馆的自核心城区海珠广场到以火车站为配套的流花商圈,再到现在的琶洲会展商圈,三次变迁不仅改变与会者空间活动轨迹,并从场地规划、产业配套、运营模式等方面影响广州城市空间结构发展,尤其广州城市商圈的变迁。由表3-12可知,广交会与会者城内商圈单个网点主要集中在北京路、天河城和上下九,客流占比分别为19.66%、16.35%和12.98%,此外正佳广场、太古汇、王府井百货、花城汇、白云万达、高德置地广场六处大型购物商场商务客流量也较大,占总客流量的28.15%。位于番禺商圈的易发商业街以及位于广州大道北商圈的嘉裕太阳城广场商务客流量较低,分别占总客流量的0.73%和0.56%。

表3-12 广交会与会者城内商圈流动概况

商　圈	商　场	客流量	占　比(%)	
天河城商圈	天河城	291	16.35	30.22
	正佳广场	136	7.64	
	太古汇	111	6.24	
北京路商圈	北京路	350	19.66	22.08
	五月花广场	43	2.42	
上下九商圈	上下九	231	12.98	13.76
	新光城市广场	14	0.79	
东山商圈	王府井百货	85	4.78	7.47
	中华广场	48	2.7	
珠江新城商圈	高德置地广场	52	2.92	6.52
	花城汇	64	3.6	
环市东商圈	淘金路	27	1.52	5.45
	友谊商店	51	2.87	
	丽柏广场	19	1.07	
白云新城商圈	白云万达	53	2.98	4.27
	五号停机坪	23	1.29	

续表

商圈	商场	客流量	占	比(%)
江南西商圈	广百新一城	48	2.7	3.82
	江南新地	20	1.12	
番禺商圈	万博商业中心	23	1.29	2.02
	易发商业街	13	0.73	
广州大道北商圈	广百佳润广场	23	1.29	1.85
	嘉裕太阳城广场	10	0.56	
其他	其他商场	45	2.53	2.53

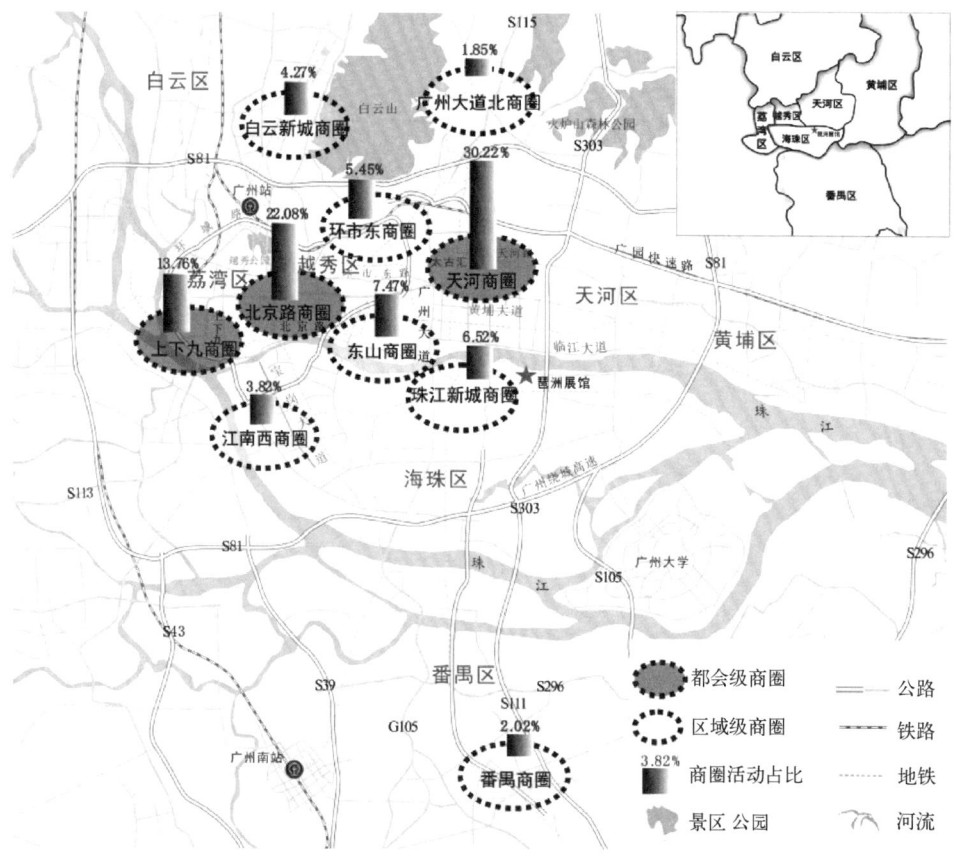

图 3-15 广交会与会者商圈空间行为分布图

借助 CorelDraw 软件,构建商务旅游者市内活动圈层图。如图 3-15 所示,广交会商务旅游者城内游憩活动空间主要分布在天河商圈、北京路商圈、上下九商圈、东山商圈、环市东商圈、珠江新城商圈、白云新城商圈、江南西商圈、番禺商圈和广州大道北商圈,从活动频次占比发现,其活动轨迹主要集中在天河、北京路、上下九三大都会级商圈,占比依次为30.22%、22.08%和13.76%,也是商家聚集数量最多、消费人流量最大的商圈,主要分布在天河区、越秀区和荔湾区,与商圈的日均客流量大小排序基本一致,天河、北京路、上下九商圈由高、中、低品牌档次的数个专业市场集群组成,商业配套设施完善,种类齐全,提供不同层次消费者和买家全品类一站式采购,更能满足商务旅游者多样化需求。

东山商圈和珠江新城商圈是广交会举办地琶洲展馆直接辐射地,也是与会者空间活动较为集聚的场所。东山商圈主要以地铁站东山口为圆心,地铁1号线、5号线通达,是广交会客商酒店选址的核心区域之一,珠江新城商圈是广交会场馆直接辐射地,环市东商圈是广州高端消费的代表,也是商务高端人士购物的天堂,广州地铁五号线的开通为环市东传统CBD与珠江新城未来CBD搭建了桥梁。其中番禺区市桥商业次中心作为广州第四大商圈,日均客流量达30万,但商务旅游者空间活动频次只占2.02%,主要由于该商圈距离举办地琶洲展馆较远。

广交会商务旅游者商圈内主要活动目的是购物和品尝美食,分别占比43.4%和30.3%,其次为洽谈应酬(13.3%)和保健疗养(7.8%)。广州贸易业高度发达,素有"购物天堂"的美誉,交易规模大、种类齐全的批发市场体系辐射国内外市场,而悠久的饮食文化更是广州重要的旅游吸引物,有"食在广州"之称,各类特色小吃美食深受商务旅客青睐。

与会者对旅游景点关注度较低,仅有12.8%的与会者选择在广州市内游玩景点,选择景点依次为广州塔(29.6%)、夜游珠江(17.99%)、越秀公园(10.38%)、长隆景区(8.53%)、白云山(8.32%)、海心沙(7.3%)、中山纪念堂(7.19%)、陈家祠(3.91%)、碧水湾温泉度假村(2.77%)、莲花山(1.75%)、九龙湖度假区景点(1.23%)及其他景区(1.03%)。与禹贡等研究发现广州重要标志景区依次排名为越秀公园、广州塔、陈家祠、中山纪念堂、白云山等基本一致,表明不同类型旅游者都关注广州的标志建筑和历史文化。不同之处在于夜游珠江和长隆景区更受商务旅游者喜爱,体现了商旅人士丰富的夜生活并寻求刺激的特点。与会者较少关注景区(点)的主要原因在于商务旅游者出行目标明确,时间紧,加上广州现有的商务游憩线路欠缺,难以满足广交会外来客商游憩需求。对比发现,外地商客来广州的次数越多,则越不倾向于去广州其他景点旅游。

2. 珠三角作为目的地区域

参会期间,广交会商务人士跨城流动比例占总样本数的20.18%,且主要集中在珠三角区域,其中以广州市为核心点,71.9%的与会者出行目的是商务洽谈,具体包括拜访客户、异地参展以及参观工厂,除商务目的外,休闲观光旅游仅占比6.15%,深圳的华侨城和香港的迪士尼是商务旅游者首选的旅游景点。

广交会与会者对广州市周围商务城市的选择,表现为不同的概率空间分布,可以通过等值线刻画出来。根据商务旅游者对二级目的地城市选择的百分比数值,绘出其游憩活动空间结构(图3-16)。二级商务旅游目的地集中在距广州 200 km 范围内,主要向珠三角区域扩散,基本上以佛山、深圳、东莞、香港为中心,向外呈同心圆衰减,一方面,因为佛山、深圳、东莞、香港为我国主要外贸进出口城市,尤其以深圳、东莞等城市为代表的制造业十分发达,分布有全国各地外贸公司的加工厂,展会期间云集全世界各大商业巨头,广大参展商广泛猎寻商贸合作伙伴,带领客户参观各大分公司工厂,极力推销产品,加上在此期间广州周围城市各大公司借助广交会客商云集平台,办展招商,"展中展""会中会"交叉进行;另一方面,由于广交会期间广州市一房难求,随着珠三角城市一体化进程加快,"广佛肇""深莞惠""珠中江"以及"粤港澳"经济圈联系日益紧密,城际通勤更加灵活便捷,以广州、深圳、珠海为主要枢纽的城际快速轨道推动珠三角1小时交通圈的实现,其中以广佛同城化最为明显,加上广交会期间多数客商入住酒店提供场馆与酒店往返接送大巴,免去客商交通顾虑,便于参展客商选择广州周边城市入住。佛山、深圳、东莞目的地指向性较为明显,香港虽然距离广州较远,但仍为主要的二级出行目的地,其出行主要目的为异地参展、拜访客户、参观工厂以及旅游。江门、肇庆和惠州由于商务到访率低而形成等值线洼地,几乎成为广交会商务旅游者向二级目的地扩散的真空地带。

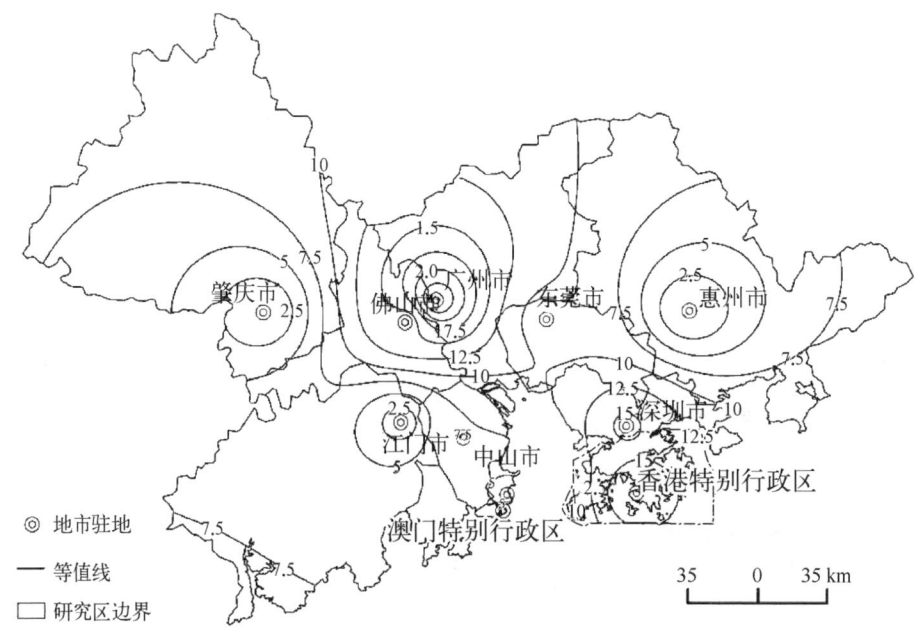

图 3-16 珠三角区域作为目的地的游憩活动空间

(二) 商务旅游者空间行为模式

1. 旅游者空间行为模式

根据陆林等对都市圈国内旅游者旅游线路的实际选择与安排情况的相关研究,将旅游者空间行为模式分为单目的地模式和多目的地模式(图3-17),其中单目的地模式包括单目的地式(S1)和营区基地式(S2),多目的地模式包括往返式(M1)、区域环游式(M2)和完全环游式(M3)。单目的地式(S1):一次旅程只有一个城市目的地,旅游者直接到达该城市,停留一段时间原路返回,往返路径与游憩路径重合。营区基地式(S2):以某城市为基地,向不同方向进行一日游,某一方向结束后,返回基地过夜,旅行结束回到基地,原路返回客源地。往返路径一致,同一方向的游憩路径重复使用的有往返式(M1)和区域环游式(M2)。往

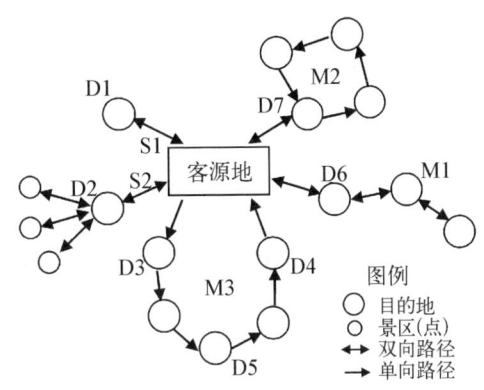

图3-17 传统旅游者空间行为模式

返式(M1):从客源地到达第一个城市,顺次游览其他几个城市,原路返回客源地,往返路径与游憩路径重合。区域环游式(M2):以第一个城市为起点,在区域内依次游览多个城市(至少两个)后,回到该城市,原路返回客源地。往返路径一致,不重复使用同一条游憩路径的有完全环游式(M3):客源地出发,大范围内顺次游览多个城市,首个城市与最终城市不同,往返路径不同,所有城市节点由一条不重复使用的环形线路连接。

2. 商务旅游者空间行为模式

基于传统旅游者空间行为模式以及Lew和McKercher对线路中目的地类型的划分方式基础上,将商务与会者城市内部空间行为模式划分为(图3-18)三种。① 直达式(A、B)。根据商务与会者行为特征,分为两种情况:一是从客源地直接到达商务出行目的地,然后原路返回,无酒店住宿(A);二是从客源地到达入住酒店,参会期间每日往返于酒店与展馆(B)。② 往返式(C/D)。同样分为两种情况:一是以入住酒店为起点,在区域内游览某一个目的地,再原路返回(C);二是在区域内游览多个目的地(至少两个),以入住酒店为基地,每次出行到区域内不同地方,出行结束后返回基地,最后按照来时路径返回(D)。③ 区域环游式(E)。部分路径类似于往返式,以入住酒店为起点,单个城市商务活动结束后或期间,从一个方向依次出行到不同区域,再由另一个方向返回客源地。

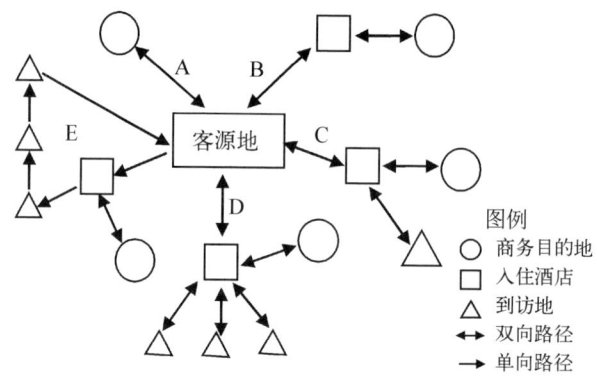

图 3-18　商务旅游者空间行为模式

广交会商务旅游者的空间行为模式主要以直游式为主导,即"客源地—商务目的地—客源地"或者"客源地—入住酒店—商务目的地—客源地",占样本总数的40.21%。调查该群体不涉及除琶洲展馆之外的到访地的主要原因为"太累,时间紧(43.9%)、之前参加广交会时都去过(20.3%)、公司未安排(13.1%)"。往返式占样本总数的31.57%,区域环游式占28.22%。

3. 比较研究

该模式与世博会、黄山等不同类型旅游者空间行为模式相比较,差异较大。商务旅游者到访地除参会展馆和会议中心以外,主要为大型商业中心和公共娱乐场所,景点较少,而世博会和黄山旅游者到访地主要为景区景点。其中,广交会和自然观光旅游目的地黄山的旅游者行为模式占比结构较为相似,占比大小依次为直游式、往返式和区域环游式,两种目的地客源市场主要来源于周边省份,到访者活动空间尺度较小,尽管广交会客源分布世界各地,但由于每年举办两届,商务人士到访广州和参加广交会三次以上占比分别为63.5%和72.3%,对广州及其周边已经熟悉,加上商务出行时间紧,因此其空间行为模式以直游式占主导。同样为大型节事活动,广交会和广交会不仅旅游者属性不同,其空间行为模式也存在一定差异。广交会往返式旅游者比例高于广交会,这主要由于商务人士和休闲观光旅游者的出行目的不同,商务人士出行有参展、参会任务在身,且出行活动受到时间限制,休闲观光旅游者出行则以单次出行效用最大化为原则,短的时间内尽可能多地游览更多旅游景点。

表 3-13　不同类型旅游者空间行为差异比较　　　　　　(单位:%)

旅游地	直游式	往返式	区域环游式	飞行/驾驶式
广交会	40.21	31.57	28.22	—
世博会	45.1	18.1	28.8	8.0
黄　山	53.2	27.8	19.0	—

注:世博会和黄山市资料分别来源于参考文献。

4. 空间行为差异分析

通过交叉分析表明,性别、年龄和职位对空间行为模式的影响不大,不同性别、年龄大小以及职位高低的商务与会者中持3种模式的人数分别占同类样本数的比例相差不大,空间行为差异不明显。出行方式不同,空间行为差异明显。广交会与会者87.9%为公司组织,个人出行占比较小,公司组织行为模式以直游式和往返式为主,个人出行模式以区域环游式为主,主要由于公司组织的与会者以参展商为主,出行目的主要为参展,时间紧凑,空间活动主要为同城流动,个人出行的与会者以采购商为主,出行目的包括各地采购、拜访客户以及参观工厂等,跨城流动性大。

表3-14 商务旅游者空间行为差异分析

个体属性	具体内容	直游式(%)	往返式(%)	区域环游式(%)
性 别	男	45.78	42.17	58.29
	女	54.22	57.83	41.71
出行方式	公司组织	67.48	65.22	40.29
	个人	32.52	34.78	59.71
年 龄	15~24岁	14.03	12.09	12.79
	25~34岁	25.2	23.29	24.08
	35~44岁	26.78	24.1	19.08
	45~54岁	20.08	24.69	21.28
	55岁及以上	13.91	15.83	22.77
月平均收入	3 000元及以下	23.78	10.29	8.9
	3 001~6 000元	42.78	13.32	15.29
	6 001~9 000元	15.95	20.38	18.29
	9 001~12 000元	18.23	19.72	20.12
	12 001~15 000元	9.8	17.02	16.24
	15 000元以上	10.29	19.27	21.16
教育程度	初中及以下	25.23	12.23	14.23
	中专及高中	21.29	11.29	11.23
	大 专	23.67	23.17	21.34
	本 科	15.06	28.06	26.09
	硕士及以上	14.75	25.25	27.11
职 位	高层管理者	10.1	12.02	16.89
	中层管理者	17.21	14.79	14.39
	基层管理者	18.3	18.3	20.09
	员 工	23.1	23.1	19.17
	实习生	19.08	19.08	14.59
	其 他	12.21	12.71	14.87
来广交会次数	1次	13.1	28.19	21.39
	2次	17.21	20.28	20.7

续表

个体属性	具体内容	直游式(%)	往返式(%)	区域环游式(%)
来广交会次数	3次	18.3	21.9	27.19
	3次以上	51.39	29.63	30.72
来广州次数	1次	17.98	29.18	28.89
	2次	21.34	24.61	24.01
	3次	19.27	21.28	26.17
	3次以上	30.92	20.29	17.29
	住在广州	10.49	4.64	3.64

广交会商务与会者受教育程度较高,大专及以上学历占比88.9%,分析其文化程度的差异,可以发现随着与会者文化程度的提高,持往返式和区域环游式的人数占同类样本数的比例随之依次增多。随着月平均收入水平的提高,持往返式、区域环游式的商务旅游者数明显增加。月平均收入低于3 000元商务旅游者持直游式的人数占同类样本数的42.78%,月平均收入在6 000元以上的商务旅游者中持往返式和环游式的人数分别占样本总数的76.37%和75.81%。

空间距离以及来广州和广交会的次数是影响广交会与会者空间行为的重要因素。距广州800 km范围内的与会者持直游式分别占同类样本数的56.27%,明显多于持往返式和区域环游式与会者;距广州800 km以上范围,与会者者持往返式和区域环游式分别占同类样本数的45.27%和35.14%。

城内流动数据显示,仅有12.8%的与会者游玩景区(点),由此可以看出,根据广交会外来客商的休闲游憩出行偏好,结合发掘与深化本土观光景点文化内涵,设计出适合广交会外来客商口味的游憩线路,以更好地满足广交会外来客商的休闲游憩需求,从而吸引更多的外来客商来穗参展,促进广州商务旅游发展,提升广州作为国际化商务旅游城市的知名度显得十分必要。

中国外贸的快速发展离不开会展平台的助力,外贸展会也在中国外贸的增长中逐步发展壮大。广州外来客商游憩人数不断增多,虽然广州会展业的虹吸效应依然存在,但在国际经济增长乏力和国内经济转型的背景下,加上实体展会面临跨境电子商务的威胁,并随着珠三角城市一体化进程加快,以广、深、珠为主要枢纽的城际快速轨道推动珠三角1小时交通圈的实现,城际通勤更加灵活便捷,广州会展业的虹吸效应在逐渐减弱,新兴展会平台不断涌现,广交会如何保持"中国第一展"成为重要研究议题,也是研究会展人员进一步探索的重要课题。

四、广交会与会者空间扩散网络分析

在移动信息技术背景下,商务旅游者作为旅游者的重要组成部分,成为探索流空间的重要媒介,研究其大尺度空间网络扩散活动具有重要意义。广交会强大的社会经济效应已渗透至广州乃至珠三角其他城市,并出现明显的空间集聚与扩散效应,如何衡量其集聚扩散效应成为本章节研究的重点。

(一) 商务旅游流网络构建思路及评价指标

运用社会网络分析的方法,构建广交会举办期间珠三角城市旅游流网络,分析旅游流在珠三角城市间的产生、分配、集聚以及扩散的特征。客流数据的获取是在问卷调查数据的基础上,叠加互联网上搜集广交会旅游线路样本。两种方式获得的客流数据均要求旅游者的旅游线路中含有两个及以上的珠三角城市作为目的地。剔除无效的问卷和网络游记,最终获得有效调查问卷374份,有效网络游记30份。

1. 商务旅游流网络构建思路

社会网络分析方法为商务旅游者空间网络扩散行为研究提供了崭新的视角,通过大型展会中商务人士的集聚与扩散、流入与流出,使区域内城市之间的内在联系更加直观可视,量化了商务客流的空间形态和商务旅游城市的空间属性。在本章研究中,以广州为核心,珠三角各城市为旅游节点,商务旅游者在各城市间的空间行为构成一系列的联系,其商务旅游流网络构建程序如下:

1) 确定商务旅游流网络范围和网络节点,研究范围一般选择行政单元,单个城市或景区景点作为旅游网络节点,本研究中以珠三角区域为网络范围,将区域内11个城市作为旅游节点。

2) 确立网络关系。选择广交会期间的参会客商作为行为主体,构建其在珠三角各城市之间的商务旅游流网络。例如,一位与会者首先到访节点城市佛山,其次是深圳,最后再返回广州。将这一网络过程构建成单个商务旅游者的有向行为路径图(图3-19),并以此建立不对称矩阵,其中矩阵的横轴和竖轴分别为到访的网络节点城市,若有直接的游客流动关系用1表示,没有客流流动则用0。以上案例中,节点广州与佛山、佛山与深圳、深圳与广州之间有单向的游客流动关系,故两城市之间用1表示,广州到东莞之间没有流动,则用0表示。

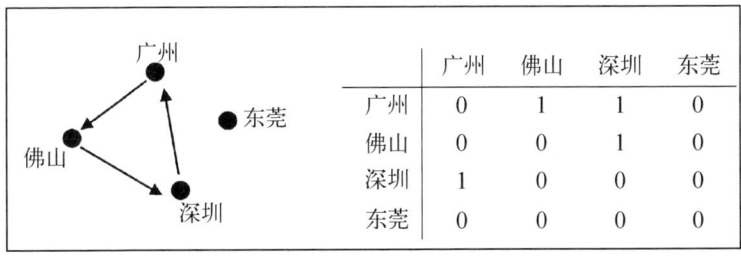

图3-19 单个商务旅游者网络图和网络矩阵

3) 通过处理实地调研和网络游记数据,构建广交会商务旅游流数据库。根据数据库,构建商务旅游者流向、流量矩阵,建立赋值矩阵,并选择断点值,将赋值矩阵转化成二分矩阵,两节点间旅游流频次高于断点值,赋值为 1,否则为 0。

4) 借助社会学分析软件 UCINET 在二分矩阵的基础上构建珠三角区域商务旅游流网络结构图。通过网络整体指标和节点指标评价体系,分析与会者网络空间扩散效应。

2. 旅游流网络结构评价指标体系

通过构建指标体系,定量评价珠三角区域广交会商务旅游流网络结构。根据本文研究目的,将旅游流网络结构评价指标体系分成网络整体结构和网络节点评价指标,其中,网络整体结构评价指标选取网络密度和直径指标,用来测度整体或局域网络结构特性。网络节点评价指标主要选取中心性和结构洞指标,分别反映节点在旅游网络中的中心地位和区位优势。

(1) 网络的整体结构评价指标

密度(network density):主要用来判别旅游流网络的发展阶段,反映网络中各旅游节点之间联络的紧密程度,其表达式为

$$D = \left(2\sum_{i=1}^{k} d_i(n_i)/(k*(k-1))\right); 其中, d_i(n_i) = \sum_{j=1}^{k} d_i(n_i, n_j) \quad (3-1)$$

式中,D 为网络密度;k 为旅游节点数量;d_i、d_j 为某旅游地;k 为旅游地总数。旅游网络密度取值为$[0, 1]$,若两个节点 i 和 j 有直接联系,$d(n_i, n_j)=1$,否则 $d(n_i, n_j)=0$。D 值越大,说明网络中节点联结越多,各节点之间联系越紧密。

直径(diameter):是指区域内两节点之间的最短路径长度,是衡量客商流动是否通畅的重要指标,直径越小,旅游流传输效率越高。

(2) 网络节点结构评价指标

商务旅游流网络节点结构评价指标主要为中心性指标(node centrality)和结构洞指标(structural hole),中心性主要用于识别网络中最重要的指标,包括程度中心性、接近中心性和中介中心性,结构洞指标表示旅游流网络中旅游节点之间联系出现断裂,常用衡量指标为效能大小、效率性和约束性。

1) 程度中心性(degree centrality):能够直观反映哪些网络节点在整个网络中处于最重要的中心地位,分为外向程度中心性和内向程度中心性,即网络的扩散性和集聚性,分别表示两个旅游地之间的外在联系和内在联系。其中,旅游者从一旅游节点流向另一旅游节点,为外向程度中心性,相反则为内向中心性,主要表征一个旅游地是区域旅游网络的核心(外高内高)、集聚门户(外低内高)还是扩散门户(外高内低),其表达式为

$$C_{D,\text{in}}(n_i) = \sum^1 r_{ij,\text{in}}; \ C_{D,\text{out}}(n_i) = \sum^1 r_{ij,\text{out}} \qquad (3-2)$$

式中,$C_{D,\text{in}}(n_i)$和$C_{D,\text{out}}(n_i)$分别表示分别表示内向程度中心性和外向程度中心性;$r_{ij,\text{in}}$表示旅游节点j到i方向存在联系;$r_{ij,\text{out}}$则表示旅游节点i到j方向存在联系。

2) 亲近中心性(closeness centrality):主要以距离为概念计算节点中心程度,与其他节点越接近则中心性越高,越远表示中心性越低,也称接近中心度,亲近中心性与程度中心性紧密相关,即节点的程度中心性越高,往往亲近中心性也高。

$$C_C(n_i) = 1/\sum_{}^{g} d(n_i, n_j) \qquad (3-3)$$

式中,$C_C(n_i)$表示亲近中心性;$d(n_i, n_j)$表示节点n_i到达节点n_j的捷径数;g表示网络中节点的数量。

3) 中介中心性(betweenness centrality):衡量某网络节点在整个网络中作为媒介能力的指标,若某节点处于其他诸多节点对的捷径上,则该网络节点具有较高的中介性,其表达式为

$$C_B(n_i) = \sum_{j<k} g_{jk}(n_i)/g_{jk} \qquad (3-4)$$

式中,$C_B(n_i)$表示中介中心性;g_{jk}是网络节点j到达k的捷径数;$g_{jk}(n_i)$是网络节点j到k之间经过网络节点i的捷径数。

(二) 珠三角区域商务旅游流网络构建

本节数据来源包括两个部分:一是广交会展馆内外实地调研数据;二是根据新浪博客(http://weibo.com/)、携程网(http://www.ctrip.com/)、蚂蜂窝网(http://www.mafengwo.cn/)上搜索117届广交会期间与会者游记,并将游记内容整理出旅游行程线路。筛选出含有两个及以上的珠三角城市作为本节商务旅游流网络数据,最终提取出有效调查问卷374份,有效网络游记30份。然后以珠三角11个城市为向量建立矩阵流向和流量图,将有效数据录入到UCINET软件中,分别构建问卷和游记数据珠三角区域商务旅游流网络数据库(表3-15、表3-16)。

表3-15 抽样调查与会者流动矩阵

	广州	深圳	佛山	东莞	中山	珠海	江门	肇庆	惠州	香港	澳门
广州	0	69	71	42	37	12	2	2	2	58	11
深圳	15	0	4	1	0	6	0	0	0	22	3
佛山	2	3	0	2	2	0	1	0	0	2	0
东莞	1	6	0	0	0	0	1	0	0	1	2

续表

	广州	深圳	佛山	东莞	中山	珠海	江门	肇庆	惠州	香港	澳门
中山	0	3	1	1	0	1	0	0	0	0	1
珠海	1	0	0	0	0	0	1	0	0	6	0
江门	1	0	0	0	0	0	0	0	0	1	1
肇庆	0	0	0	0	0	0	0	0	0	0	0
惠州	0	0	0	0	0	1	0	0	0	1	0
香港	6	3	0	0	1	0	0	0	0	0	13
澳门	2	0	0	0	0	0	0	0	0	2	0

表 3-16　与会者网络游记流动矩阵

	广州	深圳	佛山	东莞	中山	珠海	江门	肇庆	惠州	香港	澳门
广州	0	3	2	1	1	1	0	0	0	1	0
深圳	1	0	2	1	0	0	0	0	0	2	1
佛山	1	1	0	0	0	0	0	0	0	2	0
东莞	1	0	0	0	0	0	0	0	0	1	1
中山	0	0	0	0	0	0	0	0	0	0	1
珠海	0	0	0	0	0	0	0	0	0	0	0
江门	0	0	0	0	0	0	0	0	0	0	0
肇庆	0	0	0	0	0	0	0	0	0	0	0
惠州	0	0	0	0	0	0	0	0	0	0	0
香港	1	1	0	0	1	0	0	0	0	0	1
澳门	1	0	0	0	0	0	0	0	0	1	0

通过问卷调查数据和整理网络游记数据得到两个珠三角商务旅游流矩阵,两个矩阵之间是否存在明显的相关性决定了二者能否合并。经学者验证,传统的相关分析不适于对两个矩阵进行相关分析,这里使用社会化网络分析软件——UCINET 的 QAP 相关分析功能来检验问卷调查数据与网络游记数据之间的相关性,它是一种对两个(或多个方阵)对应的各个元素值进行比较的方法,结果显示,在显著性为 0.000 水平上相关系数达 0.824,这表明调查问卷线路数据与网络游记数据在统计意义上具有较强的相关性,因此将两个矩阵合并(表 3-17)。

表 3-17　珠三角城市商务旅游流动矩阵

	广州	深圳	佛山	东莞	中山	珠海	江门	肇庆	惠州	香港	澳门
广州	0	72	73	43	38	13	2	2	2	59	11
深圳	16	0	6	1	0	6	0	0	0	24	4
佛山	3	3	0	2	2	0	1	0	0	2	0
东莞	2	6	0	0	0	0	1	0	0	2	3

续表

	广州	深圳	佛山	东莞	中山	珠海	江门	肇庆	惠州	香港	澳门
中山	0	3	1	1	0	1	0	0	0	0	2
珠海	1	0	0	0	0	0	1	0	0	6	0
江门	1	0	0	0	0	0	0	0	0	1	1
肇庆	0	0	0	0	0	0	0	0	0	0	0
惠州	0	0	0	0	0	1	0	0	0	1	0
香港	7	4	0	0	2	0	0	0	0	0	14
澳门	3	0	0	0	0	0	0	0	0	3	0

本章节经 UCINET 软件中的 dichotomize 功能反复测试甄选,考虑到商务旅游者样本量有限,最终选定 1 作为断点值,大于等于 1 取值为 1,否则为 0,对珠三角城市商务旅游流矩阵进行二值化,得到二分矩阵(表 3-18),即本文进行商务旅游流社会网络分析的基础。

表 3-18 珠三角城市商务旅游流动二分矩阵

	广州	深圳	佛山	东莞	中山	珠海	江门	肇庆	惠州	香港	澳门
广州	0	1	1	1	1	1	1	1	1	1	1
深圳	1	0	1	1	0	1	0	0	0	1	1
佛山	1	1	0	1	1	0	1	0	0	1	0
东莞	1	1	0	0	0	0	1	0	0	1	0
中山	0	1	1	1	0	1	0	0	0	0	1
珠海	1	0	0	0	0	0	1	0	0	1	0
江门	1	0	0	0	0	0	0	0	0	1	1
肇庆	0	0	0	0	0	0	0	0	0	0	0
惠州	0	0	0	0	0	1	0	0	0	1	0
香港	1	1	0	0	1	0	0	0	0	0	1
澳门	1	0	0	0	0	0	0	0	0	1	0

(三)商务旅游流空间效应分析

1. 珠三角区域网络总体特征

分析网络整体结构,可以有效揭示区域旅游联动效果。密度分析显示,广交会期间珠三角区域旅游流网络的整体密度是 0.4,高于中国入境商务旅游流网络密度。这表明一个由 11 个旅游节点组成的网络最大可能的联结数是 110 个,实际只出现 44 个,整体旅游流互动不显著。

广交会商务旅游流集中出现在广州、佛山、深圳、香港、东莞等城市之间,其他城市联系较少。结合问卷和访谈进行分析,其主要原因在于,一方面,上述客商联系紧密的城市为我国主要外贸进出口城市,尤其以深圳、东莞等城市为代表的制造业十分发达,分布有全国各地外贸公司的加工厂,展会期间云集全世界各大商业巨头,广大参展商广泛猎寻商贸合作伙伴,带领客户参观各大分公司工厂,极力推销产品,加上在此期间广州周围城市各大公司借助广交会客商云集平台,办展招商,"展中展""会中会"交叉进行,反映在404份珠三角客流数据中,71.9%的与会者出行目的为商务洽谈,具体包括拜访客户、异处参展以及参观工厂;另一方面,广交会期间广州市一房难求,但由于珠三角交通、酒店等配套设施完备,以城轨、高速公路为主体的交通一体化格局已经形成,为旅游一体化发展提供了良好基础,尤其是"广佛肇""深莞惠""珠中江"以及"粤港澳"经济圈的一体化,城际通勤更加灵活便捷,以广、深、珠为主要枢纽的城际快速轨道推动珠三角1小时交通圈的实现,其中以广佛同城化最为明显,加上广交会期间多数客商入住酒店提供场馆—酒店往返接送大巴,免去客商交通顾虑,便于参展客商选择除广州以外的珠三角城市入住。结合问卷信息发现,在404名到访珠三角客商中,53位与会者住在广州周边城市的酒店,占比达14.17%,其中入住佛山酒店占比最高,达60%,其余主要分布在深圳和中山。

通过网络直径分析,珠三角商务旅游流网络直径为3,说明商务旅游者行程安排中城市节点数量至多3个,从图3-20中可以看出,珠三角11个城市中,肇庆、惠州、江门与广交会旅游者流网络联系较弱,成为商务旅游流网络中的真空地带,而其他城市商务客流集聚与扩散较为明显。网络整体处于不均衡的状态,广州、深圳、香港等城市之间联系比较密切,其他城市之间联系较弱。主要由于肇庆、惠州、江门距离广交会举办地较远,加上旅游资源分布较少,从2014年城市对外进出口值可以看出,外贸水平较珠三角其他城市相对落后。根据中国会展经济研究会发

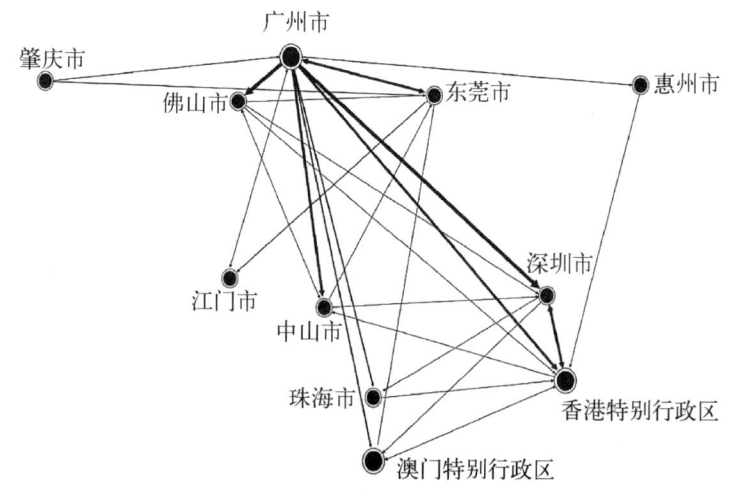

图3-20 广交会商务旅游流空间扩散网络示意图

布的《2014年中国展览数据统计报告》数据显示,珠三角11个城市展览业发展水平排名依次为广州、深圳、东莞、佛山、中山、珠海、肇庆、惠州、江门,可见肇庆、惠州、江门展览业水平较为落后,展会活动少,商务人士因公事到访概率小,商务旅游者空间活动主要流向深圳、东莞、佛山、中山等展览业较发达城市。

2. 珠三角各城市功能分析

通过中心度分析得出三类中心性指标的得分,可以看出每个珠三角城市的各项功能的强弱,从而进一步判断每个城市在整个网络中的地位和角色。使用UCINET软件计算得到珠三角区域广交会商务旅游流网络节点结构指标(表3-19)。程度中心性指标得分显示,11个城市中每个城市平均与4个城市有旅游流的集聚与扩散联系。中间中心性指标得分显示平均每个城市在网络中充当"中间者"角色的次数为6,其中广州、深圳、佛山和东莞中间中心性指标得分均大于3,表明其在珠三角商务流网络中扮演及其重要的"桥梁"作用。内向与外向接近中心性指标均值分别为64.63与64.44,节点间联系较紧密,而广州、香港、深圳、东莞四个城市内外向接近中心性得分均高于60,表明其在珠三角商务流网络中与其他节点城市联系较为紧密,成为珠三角商务旅游流中的核心城市。同样,结构洞指标得分也显示,该些城市在珠三角区域网络中处于竞争优势,较其他城市拥有更多竞争机会。综上,程度中心性、中间中心性、接近中心性以及结构洞排位前列的节点一般是交通便捷、展贸经济实力强的城市。

表3-19 广交会商务旅游客流节点结构指标

节点城市	程度中心性		中间中心性	接近中心性		效能大小	结构洞	
	外向	内向		内向	外向		效率性	约束性
广 州	10.00	10.00	38.03	100.00	100.00	7.60	0.76	0.29
深 圳	6.00	5.00	2.58	66.67	71.43	3.36	0.48	0.51
佛 山	5.00	3.00	0.95	58.82	66.67	1.75	0.35	0.66
东 莞	5.00	5.00	2.78	66.67	66.67	4.20	0.53	0.50
中 山	5.00	3.00	1.42	58.82	66.67	2.13	0.35	0.59
珠 海	2.00	2.00	0.95	55.56	55.56	1.00	0.33	1.02
江 门	1.00	2.00	0.50	55.56	52.63	1.00	0.50	1.24
肇 庆	2.00	1.00	0.25	52.63	55.56	1.00	0.50	1.24
惠 州	2.00	1.00	0.50	52.63	52.63	1.00	0.50	1.24
香 港	4.00	7.00	10.37	76.92	62.50	4.27	0.53	0.49
澳 门	2.00	5.00	0.17	66.67	55.56	1.71	0.34	0.69
均 值	4.00	4.00	5.27	64.63	64.44			
标准差	2.49	2.63	10.73	13.26	12.75			
最大值	10.00	10.00	38.03	100.00	100.00			
最小值	1.00	1.00	0.00	52.63	52.63			

为了解每个珠三角城市在广交会商务客流网络中扩散、集聚和中转旅游流的能力及位序的具体情况,参照吕丽等研究世博会客流空间扩散中采用的方法,根据表3-19中每个城市3个中心性指标的得分值,算出每个城市某个指标所占的比例(表3-20),其中,将每个指标得分的总和视为1,并用每个城市内向程度中心性与内向接近中心性指标各自百分比的平均值表示集聚商务旅游流的能力,而外向程度中心性与外向接近性指标各自百分比的平均值表示每个城市扩散商务旅游者的能力,其中介能力则由中介中心性表示。

表3-20 珠三角区域节点城市功能位序表

节点城市	出现率(%)	扩散能力 比例(%)	位序	集聚能力 比例(%)	位序	中介能力 比例(%)	位序
广 州	100	18.42	1	8.17	1	65.57	1
深 圳	25.27	11.86	2	6.05	3	4.45	4
佛 山	28.02	10.38	3	6.03	4	1.64	6
东 莞	14.47	10.38	3	5.83	8	4.80	3
中 山	12.64	10.38	3	6.03	5	2.44	5
珠 海	5.31	6.19	7	5.04	10	1.64	6
江 门	2.01	4.85	11	4.48	11	0.86	8
肇 庆	1.47	6.19	7	5.97	6	0.43	9
惠 州	1.28	6.19	7	5.97	7	0.00	11
香 港	22.16	8.95	6	6.06	2	17.87	2
澳 门	6.59	6.19	7	5.14	9	0.29	10

依据表3-20中每个城市扩散、集聚中转广交会商务旅游流的能力,定位珠三角各个城市在广交会商务旅游网络中的功能和地位。广州、佛山、深圳和香港的扩散、集聚与中转旅游者的能力都远远高于其他城市,表明其商务旅游合作程度较深,商务活动互动效应最为明显。广交会商务旅游者一般将这四个城市作为此次商务出行过程中的门户型城市(图3-21),进而向其他城市扩散。广州是广交会所在地,也是整个珠三角区域旅游重要客源地、目的地,以及外地旅游者进入珠三角的集散中心,其集聚、扩散和中转商务客流的能力居于首位,与佛山、深圳和香港构成了广交会商务旅游者在珠三角区域旅游的首要和核心城市。佛山的到访率较高主要由于外地商客预定的酒店在佛山,酒店提供的专线接送大巴车以及广佛地铁为客商提供交通便利。客商到访深圳和香港的目的主要是异地参展、拜访客户、参观工厂以及旅游,其中,深圳的华侨城和香港迪士尼是商务旅游者首选的旅游景点。东莞、中山、澳门等是广交会商务旅游者在出行线路中选择的次要城市,属于次级核心节点城市,扩散、集聚和中转商务旅游流的能力一般。在被调查的线路中出现率分别是14.47%、12.64%、5.31%,主要出行目的为商务洽谈和保健疗养,较少去旅游景点。珠海、江门是次级边缘节点城市,

广交会客商到访较少,扩散、集聚和中转旅游流的能力较弱,但随着港珠澳跨海大桥的即将建成通车,成为连接粤港澳三地的桥梁,以及横琴自贸试验区的加快建设,珠海的商务门户地位将日益凸显。肇庆和惠州属于珠三角商务旅游网络的边缘节点城市,较少有商务旅游者流入或流出,其中惠州只有个别商客前往拜访客户,属于孤岛型商务旅游目的地。与陈浩2011年珠三角旅游流网络结构对比发现,商务旅游流网络连接性较传统旅游流网络差,且目的性强,时间紧凑,但城市的总体旅游网络功能和地位变化不明显,陈在调查珠三角城市群旅游流(港澳除外)过程中得出,广州处于旅游网络核心,而佛山和东莞主要以商务旅游为主,与本研究结论较为一致。

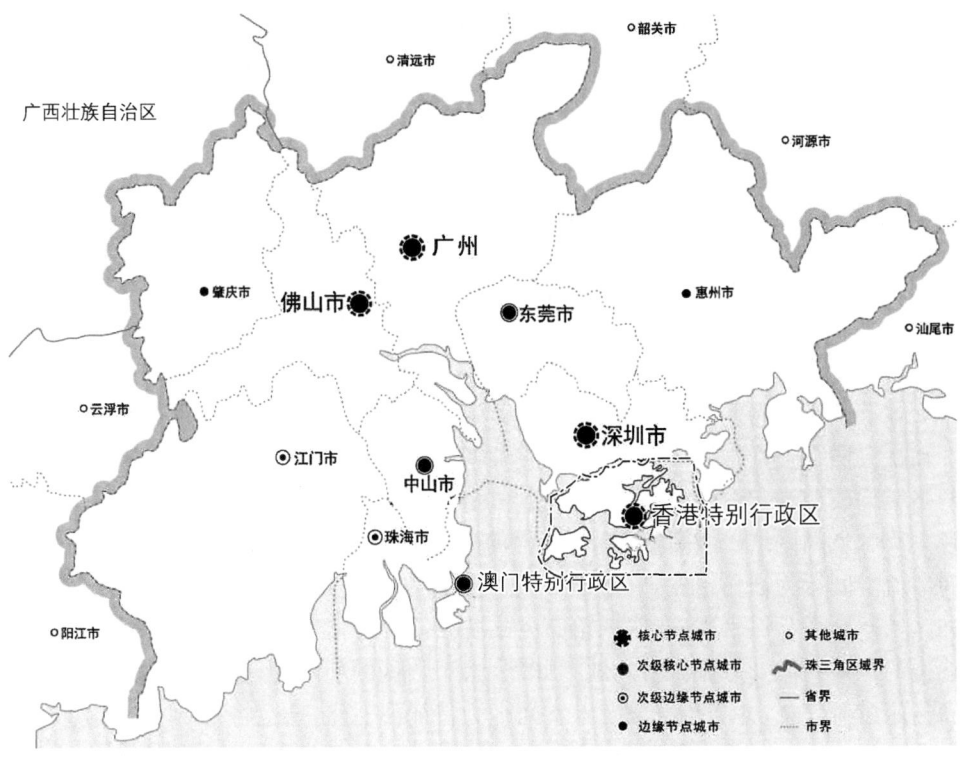

图3-21 珠三角城市商务功能定位图

但就单个城市在区域网络中的功能与地位来看,本研究与陈浩等研究结果相差较大,具体表现在:在传统旅游网络功能定位中,广州、深圳、珠海是整个珠三角综合性旅游中心区域,广州主要为区域内外集散中心,深圳和珠海分别为香港和澳门游客集散中心,佛山、东莞和中山为次级旅游集散节点,而在本研究的商务旅游流网络功能定位中,广、深、佛、香为珠三角区域核心集散城市,珠海为次级边缘节点城市,但随着港珠澳大桥即将建成通车、横琴自贸试验区建设等重大机遇,珠港澳地区经济互补性为珠海转型升级提供机遇,也进一步加大港珠澳地区商务贸易往来,商务流将日益频繁。惠州和肇庆商务流出入较少,为边缘节点城市,核心—边缘层次分明显著,表明区域商务集散中心网络化体系建设亟待加强,区域旅游的交通衔接仍需提升完善。

表 3-21 珠三角城市商务功能定位表

功能定位	城 市	出现率(%)	商务旅游目的地角色
核心城市	广 州	100	首要商务流集聚城市,首要商务流扩散城市、首要商务流中转城市
	深 圳	25.27	重要商务流集聚城市,重要商务流扩散城市、重要商务流中转城市
	佛 山	28.02	重要商务流集聚城市,重要商务流扩散城市、重要商务流中转城市
	香 港	22.16	重要商务流集聚城市,重要商务流扩散城市、重要商务流中转城市
次级核心节点城市	东 莞	14.47	重要商务流节点城市
	中 山	12.64	重要商务流节点城市
	澳 门	6.59	重要商务流节点城市
次级边缘节点城市	珠 海	5.31	一般商务流节点城市
	江 门	2.01	一般商务流节点城市
边缘节点城市	惠 州	1.28	普通商务流节点城市
	肇 庆	1.47	普通商务流节点城市

(四) 小结

本节基于问卷调查,获取广交会商务旅游者空间行为数据,借助 CorelDraw 软件和社会网络理论与方法,构建商务旅游者向珠三角区域空间扩散网络,旅游空间网络结构模型为定量研究商务旅游者空间行为提供一种新的视角,探讨商务旅游者大尺度空间网络扩散活动,是对国内商务旅游者空间行为研究的大胆尝试。从商务流空间行为视角出发,以建设 21 世纪海上丝绸之路为契机,以旅游资源整合和区域间合作为抓手,打造珠三角商务旅游发展品牌,将珠三角打造成具有全球影响力的世界一流商务旅游目的地。此外,由于数据的局限性,未能全面捕捉珠三角商务旅游流信息,并与传统旅游者空间行为特征作对比,这也将是对不同类型旅游者空间行为进一步研究的重点。

五、与会者视角下广州城市形象分析评价

广州市素有中国"南大门"之称,但是,改革开放 30 年的发展,使得广州一直以来处在香港巨大的阴影下,而且正在被周边迅速成长的"明星"城市所淹没,广州忽然成为一个"最说不清的城市"。作为中国对外贸易的窗口和国家门户城市,广州城市形象越来越受到重视。目前运用非结构测量方法从商务旅游者视角探求城市

形象形成机理尚属首次。随着全球经济一体化进程加快,世界各国经贸合作与国际旅游逐渐融为一体,商务旅游得到快速发展。广州素有"千年商都"之称,是我国对外贸易的窗口和门户,以及"一带一路"沿线重要的核心枢纽城市,作为我国入境商务旅游流最重要的集散中心,了解访穗商务人士对广州城市形象感知,有助于更好地塑造商务旅游城市形象。

(一) 研究方法与数据获取

1. 内容分析法

内容分析法是对不定性的内容如符号、图像等进行系统定量分析的研究方法,最早被应用于军事情报工作,后逐渐被引入旅游学研究中,并取得了显著成效。随着网络媒体的发展,网络文本成为旅游交流的重要平台和研究手段,学者将传统内容分析方法与网络数据相结合,汲取网络文本中丰富的旅游相关信息,但网络博客和游记等通常为旅游者事后感知,易受研究对象所处事件不同阶段情绪变化等限制,因此本文利用非结构化问卷访谈,以广交会为例,用开放式问题记录会展事中被访者对广州城市形象描述而使形象表征不受约束,并与会展事后网络文本数据形成相互补充,分析城市形象更具科学性。

2. 数据获取

数据的获取来源于两个部分:首先,非结构式问卷访谈法。有效问卷1 853份,主要针对因广交会而来到广州参会的商务旅游者,题项设置为填写三条广州形象代表性词汇,透过开放式提问让受访者更为自由地提出广州形象要素和属性,由调查人员代为填写,最终获得商务旅游者对广州城市形象词汇4 915条;其次,网络文本数据获取。以"广州+会议"或"广州+参展"为关键词,以2005年1月1日至2015年7月31日为时间段,通过新浪微博搜索广州商务旅游者博客,利用网站的"过滤转载文章"功能剔除转载文章,搜索到相关博文3 745篇,人工剔除转载、新闻和广告博客,共得到980篇博文,并在携程网、同程网和蚂蜂窝网上关键词搜索游记,为提高文本内容的分析效率和准确度,通过删减部分信息量不足的文本及合并一些相似信息等预处理步骤,最终获得有效微博数175篇,游记30篇,共计205篇,样本总字数约为52 548字,最终将所有文字复制到一个Word文档,并保存为TXT格式,用于进一步的内容分析。

采用ROST Word Parser软件对保存后的文档进行内容分析,由软件自动分词,对分词结果进行修正并做重新分词处理,再过滤掉与研究无关的词汇,生成词汇频率表。同时结合原始文本,将意义基本相同的词汇进行合并,如"挤"与"拥挤"合并成"拥挤","热"与"炎热"合并成"炎热","小蛮腰"与"广州塔"合并成"广州塔"等。

(二) 研究过程

1. 高频特征词分析

使用 Rost Content Mining 6.0 内容挖掘系统提取描述广州城市形象要素的高频特征词表(表3-22),首先,分析高频特征词的词性。高频特征词以名词、形容词为主,名词主要为建筑、景区、景点等事物,形容词主要反映广州城市环境、社会现象等旅游形象特征,高频词汇中动词只有"购物"和"旅游",为商务旅游者除商务活动外的主要出行目的。从旅游形象属性的高频特征词来看,作为千年商都,广州早在十三行时期已成为我国对外贸易重要枢纽,"广交会"作为我国外贸形势的晴雨表和风向标,成为广州市乃至珠三角都市圈商务旅游形象名片,是客商提及最多的词汇;广州素有"食在广州"的名声,是南方经济、文化中心城市之一,会聚了来自全国各地乃至世界各地的旅游者,其闻名遐迩的各类特色小吃美食深受旅游者青睐,结合博客调查发现,在广州品尝各类特色小吃,是商务旅游者在广州除工作以外最重要的活动。在传统旅游要素中,除饮食以外,交通也起到重要作用。

表3-22 广州城市形象属性的高频特征词

高频词	词性	高频词	词性	高频词	词性	高频词	词性
广交会(464)	名词	花城(64)	名词	黑人(25)	名词	琶洲(18)	名词
美食(400)	名词	珠江(64)	名词	外贸(25)	名词	干净(18)	形容词
交通(376)	名词	发达(61)	形容词	国际化(25)	形容词	大学城(17)	名词
拥挤(370)	形容词	旅游(59)	动词	现代化(23)	形容词	雾霾(17)	名词
人多(322)	形容词	节奏快(52)	形容词	美女(23)	名词	房价高(17)	形容词
广州塔(279)	名词	粤语(49)	名词	杂乱(22)	形容词	服装(17)	名词
炎热(195)	形容词	商业(48)	名词	白云山(22)	名词	活力(16)	形容词
羊城(138)	名词	上下九(46)	名词	便利(22)	形容词	肠粉(16)	名词
繁华(112)	形容词	早茶(46)	名词	省会(21)	名词	潮湿(16)	形容词
大都市(100)	名词	老外(34)	名词	治安(21)	名词	时尚(15)	形容词
贸易(95)	名词	美丽(33)	形容词	长隆(20)	名词	环境(14)	名词
空气(83)	名词	北京路(33)	名词	开放(20)	形容词	天河城(14)	名词
消费高(70)	形容词	地铁(27)	名词	展会(19)	名词	东莞(14)	名词
车多(70)	形容词	粤菜(27)	名词	绿化好(19)	形容词	五羊(13)	名词
购物(68)	动词	商机(27)	名词	海鲜(19)	名词	打车难(13)	形容词

以广交会为主的广州各大展会开闭馆时间与早晚通勤时段一致,上班、上学、参展等交通需求的重叠,使原来已经接近饱和的道路交通压力剧增,局部路段速度下降在所难免,商务人士的流动偏好于交通便利的区域交通。早在20世纪末,傅云新提出广州交通拥挤不堪,严重破坏了城市形象,自1993年广州与世界银行合作制定绿色交通和公交都市的发展战略,20多年以来广州城市交通体系不断完

善,尽管如此,2015 年在以广交会为首的展会高峰客流期间,日客流量最高达 854.3 万人次,交通系统趋于瘫痪,而商务旅游者对广州形象的概括中,"交通""拥挤""车多"占比达 18.6%,可见交通的好坏直接影响到商务人士对广州形象的评价。区别于传统旅游者,禹贡等在广州旅游目的地标志景区研究中,越秀公园、广州塔、长隆旅游景区分布位列第一名、第二名和第六名,而商务旅游者对越秀公园只提及一次,广州塔成为广州形象的重要符号。从商务旅游者对广州形象概括中,景区排名依次为广州塔、珠江、白云山和长隆,可见商务旅游者追求时尚、刺激的特征。

2. 社会语义网络分析

高频词的作用是找到词组属性所反映的主要领域,但是不能充分反映文本内容的深层次结构关系。本文通过 ROST 社会语义网络分析(图 3-22),发现商务旅游者视角下广州城市形象之间并非独立存在,形成"一核多中心"形象网络,核心为"广交会",广交会作为"中国第一展",成为商务旅游者眼中对广州印象最深的形象符号,并由广交会一级发散出若干次核心词汇——"美食""炎热""交通""拥挤""人多""广州塔""贸易",并派生出多个边缘词汇——"房价高""打车难""琶洲""外贸""商机"等。

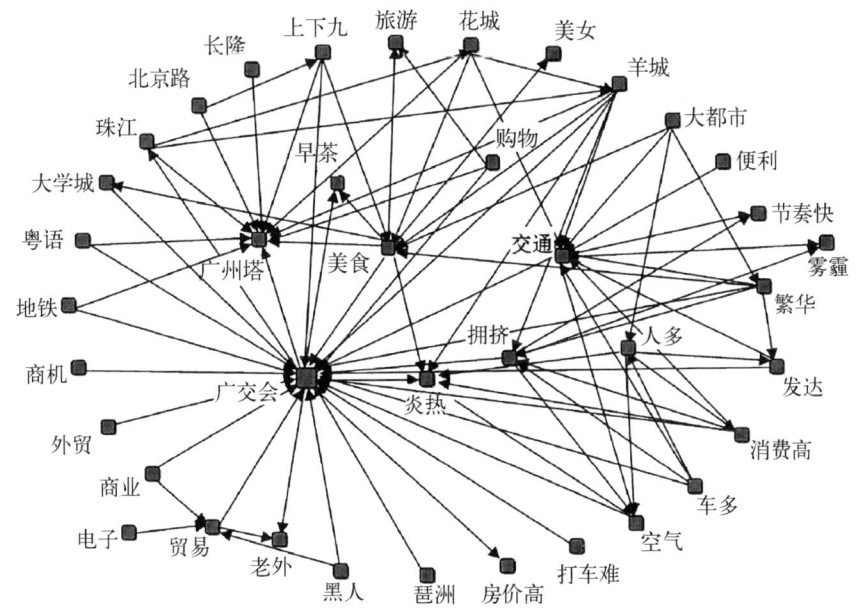

图 3-22 文本中高频词汇的社会语义网络

商务旅游者视角下,受广交会召开及问卷发放地点影响,"广交会"成为广州城市形象最为突出符号,美食最受商客关注,成为体现地方特性的标签。在形象网络中,美食与"早茶""购物""上下九""广州塔""大学城"等密切相关,表明早茶最能代表广州美食,而上下九、广州塔、大学城是广州美食比较集中的区域,美食与购物、旅游等活动串联一起,是广州形象的重要延伸。从微博文本整理中发现,广州城市交通成为商务旅游者关注且抱怨的重点,结合语义网络图,发现广州市交通以拥挤、人多、车多为主要特征,此外,节奏快是商务旅游者区别与传统旅游者的重要特征。旅游目的地要素中"广州塔"成为一级高频特征词,成为商务旅游者对广州地标性建筑的首要形象要素,并与诸多文化属性特征词如"羊城""花城""粤语"以及代表性商圈如"上下九""北京路""珠江"等紧密相关,共同组成广州形象元素。在描述商务旅游者感知词汇中,以环境类为主"炎热"是广州气候环境的主要特征,此外美丽、绿化好体现了广州美好的自然环境,与"花城"相呼应。但是商务旅游者对广州社会环境的评价较差,结合问卷和微博游记,"治安不好""杂乱""动乱"等出现44次,这主要由于广州市流动人口超过800万,城中村管理、无牌摩托车盛行等造成广州市治安问题一度成为广大市民包括商务旅游者头疼的问题,加上广交会期间人流汇集,尽管当前社会治安形势有所好转,但想扭转广州治安形象,仍需各部门共同努力。此外,与广交会相关的形象元素中,贸易成为次一级中转词汇,并与商业、黑人、老外、电子等形成网络,是从商务旅游者本身属性出发,对广州形成的特殊城市形象。

以 ROST 高频词汇的社会语义网络分析结果为基础,结合广州实际情况,建立广州城市形象属性的不同维度,参考相关学者研究成果,建构事件(广交会、亚运会、辛亥革命、广州起义)、饮食(美食、早茶、海鲜、肠粉、小吃、水果、糖水、点心、吃不惯)、交通(堵车、拥挤、挤地铁、车多、复杂、迷路、标志不清)、国际化(一线城市、大城市、城市化、繁荣、老外、节奏快、时尚、忙碌、夜生活)、贸易(商业化、展会、产品、工厂、外商、黑人、商机、挣钱、十三行)、环境(炎热、人多、高温、潮湿、治安不好、空气不好、雾霾、登革热、杂乱、危险、打车难、房价高、空气温暖、绿化好、整齐、景色美)、建筑(广州塔、琶洲、五羊、万达广场)、文化(羊城、花城、省会、粤语、文明、包容、历史悠久、孙中山、中山大学)、旅游(珠江、上下九、北京路、长隆、白云山、海心沙、越秀公园、黄埔军校、中山纪念塔)、购物(衣服、服装、商场、逛街、天河城、箱包)九个维度,根据形象属性分类,得到广州市不同维度城市形象占比(图 3-23),排名依次为环境 14.55%、饮食 11.82%、事件 9.6%、交通 9.4%、国际化 8.52%、

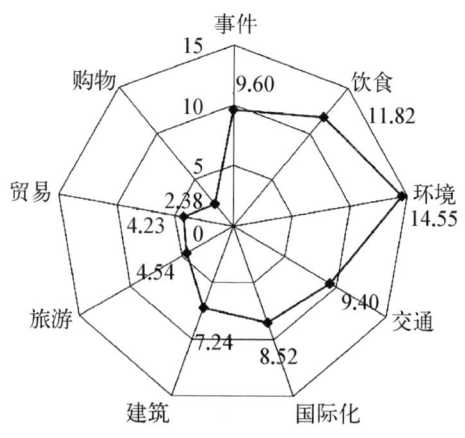

图 3-23 广州市不同维度城市形象占比

建筑 7.24%、旅游 4.54%、贸易 4.23%、购物 2.38%。分析结果与王山河等(2010)对广交会参与者进行的结构式调查结果对比,相差较大,王山河认为现代建筑、水、多元文化、工作环境、国际化、活力、文化艺术、事件、购物、夜生活、舒适性和安全性等 12 个形象属性都对广州形象起正向作用,而本文通过开放式调查显示,商务人士更多关注城市环境、饮食、交通等。同样与观光休闲旅游者对广州形象感知结果对比,张春娥(2015)通过旅游者游记得出广州形象属性包括特色小吃、城市景观、古迹建筑以及街巷景观,不难发现,无论是商务旅游者还是观光休闲旅游者都关注广州美食,可见"食在广州"的形象深入人心。

3. 情感分析

文本情感分析又称意见挖掘,旨在抽取情感文本中有价值的情感信息,是对带有情感色彩的主观性文本进行分析、处理、归纳和推理的过程。为了解旅游者对广州城市形象的满意度,用 ROST 软件对 4 915 条访谈词汇以及 205 篇微博、游记进行情感分析,得到商务旅游者对广州城市旅游的积极情绪、中性情绪和消极情绪比例关系。

从表 3-23 可知,商务旅游者在广州参会、办展、旅游期间经历的描述中,三种情绪占比大致相当,积极情绪所占比例最大,为 38.78%,消极情绪占比最小,为 28.51%。从分段统计情况看,中高度消极情绪所占比例最高,为 84.97%。在此基础上,通过整理微博、游记内容及软件分析得出的正面、负面、中性情感结果:① 商务旅游者比较满意的广州城市形象元素主要集中在饕餮美食、绿化好、花城、优美的景色、气候温暖、适宜居住。② 负面情感特征主要集中在交通拥挤、打车难、房价高、消费高、空气差、治安不好,此外炎热的天气,也大大降低了旅游者满意度。

表 3-23 商务旅游者对广州城市形象的情感分析

情绪类别	统计结果	分段统计(一般 1~10)	分段统计(中度 10~20)	分段统计(高度 20 以上)
积极情绪	2 597 38.78%	822(31.65%)	728(28.03%)	1 047(40.32%)
消极情绪	1 909 28.51%	287(15.03%)	718(37.61%)	304(47.36%)
中性情绪	2 190 32.71%	/	/	/

值得注意的是,对比问卷访谈和博客游记情感分析结果发现,两者区别较大。问卷访谈负面情感所占比例较大,仅"脏、乱、差、素质低、没人情味"等高度消极词频次达 256,"拥挤、堵车、挤地铁、打车难、物价高"等中度消极词频次达 582,而博

客、游记内容主要以美食、美景为主,对广州形象总体满意度较高,消极情绪占比较少,只有一篇2007年的游记记录了参会期间东西被偷的经历。这印证了旅游者在事件的不同阶段感知不同,而旅游者情绪在"环境→情绪→行为"这一路径中起重要的媒介作用。对来穗商务旅游者的问卷访谈主要发生在广交会期间,高强度的工作压力和炎热的天气等各种内外部因素,影响商务旅游者情绪和判断,对广州形象评价较低在所难免,而博客、游记等事后旅游记录则是处于相对舒适的环境,且经过理性的思考和衡量之后得到的数据,单一利用问卷访谈或网络文本难以全面反映城市形象属性要素,因此本文利用问卷访谈的事中数据与网络文本的事后数据相结合,分析广州城市形象更具科学性。

广州作为海上丝绸之路的起点、南国明珠、近现代革命史迹的投射形象未受到旅游者的感知,除广州塔、夜游珠江、长隆、白云山外,凸显广州发展形象的新型旅游资源如岭南绿道、温泉等也未在商务人士中形成影响。随着全球经济一体化发展,广州发展迎来"一带一路"、自贸试验区建设等机遇,城市形象也会受到重大影响,广州深厚的历史文化底蕴、良好的生态环境和营商环境、经济社会蓬勃发展的局面以及千年商都、食在广州、南国明珠、海丝起点等城市符号将不断涌现在国际舞台上。值得注意的是,旅游者处于事件不同时段往往对同一对象做出不同评价,主要受旅游者情绪波动影响,事后网络文本积极评价数据远高于事中问卷访谈积极评价数据,本章节从旅游重要目标市场群体商务旅游者角度出发,利用事中问卷访谈数据与事后网络文本数据相结合的城市形象分析法,运用同一事件不同阶段数据分析广州城市形象属性,为城市商务旅游和城市形象研究提供新的视角和研究方法,虽然在一定程度上弥补了单一利用事件某一阶段数据的不全面性,但问卷访谈结合网络文本数据的研究方法仍为初步尝试,还有待进一步研究和完善。

第三节 本 章 小 结

1) 一直以来,旅游者行为都是地理学研究的一个重要范畴。研究旅游者行为,对目的地产品的有效针对性开发、旅游市场的维护具有重要意义。本研究综合分析了珠三角、京津冀都市圈旅游者空间行为,并对我国三大都市圈旅游者空间行为进行了比较研究。

2) 运用SPSS统计分析、CorelDraw制图软件、GIS空间分析、社会网络分析等方法,对广交会旅游者的空间行为、珠三角区域旅游空间效应及其视角下广州城市形象等方面进行了探讨。

参考文献

白凯,张春晖.2012.旅游信息来源类型对消费者行为意图的影响.人文地理,27(6):95-102.

白凯,周尚意,吕洋洋.2014.社会文化地理学在中国近10年的进展.地理学报,(8):1190-1206.
保继刚,楚义芳.1999.旅游地理学(修订版).北京:高等教育出版社.
蔡洁,赵毅.2005.国内女性游客消费行为实证研究——以重庆旅游目的地为例.旅游科学,19(2):24-27.
柴彦威,沈洁.2008.基于活动分析法的人类空间行为研究.地理科学,28(5):594-600.
陈才.1999.环渤海旅游圈的形成与发展.人文地理,14(2):15-18.
陈超,刘家明,马海涛,等.2013.中国农民跨省旅游网络空间结构研究.地理学报,68(4):547-558.
陈传康,王新军.1996.神仙世界与泰山文化旅游城的形象策划.旅游学刊,11(1):48-52.
陈浩,陆林,郑嬗婷.2011.基于旅游流的城市群旅游地旅游空间网络结构分析——以珠江三角洲城市群为例.地理学报,66(2):257-266.
陈健昌,保继刚.1988.旅游者的行为研究及其实践意义.地理研究,(3):44-51.
陈岩英.2015.游后旅游者对旅游地期望形象的认知结构研究.干旱区资源与环境,29(8):203-208.
楚义芳.1992.关于旅游线路设计的初步研究.旅游学刊,7(2):9-13,57.
戴光全,梁春鼎.2012.基于网络文本内容分析的重大事件意义研究——2011西安世界园艺博览会为例.旅游学刊,27(10):36-45.
戴光全,左平,雷嫚嫚,等.2012.广交会参展商的空间分异研究——基于第109届参展商的分析.热带地理,32(1):72-78.
段圣奎,张述林,姜辽.2013.收获信任与温暖的新潮旅游群体——对沙发客的初步研究.旅游学刊,28(7):101-108.
冯淑华.2002.古村落旅游客源市场分析与行为模式研究.旅游学刊,17(6):45-48.
冯淑华.2008.自驾车旅游者的行为特征及空间效应分析.旅游学刊,23(9):34-38.
付业勤,王新建,郑向敏.2012.基于网络文本分析的旅游形象研究——以鼓浪屿为例.旅游论坛,5(4):59-66.
傅云新.1998.城市形象的综合评价——以广州市为例.城市问题,85(5):7-10.
苟小东,马耀峰,李富升.2008.我国西部地区大学生旅游行为研究——以陕西省为例.人文地理,(3):123-128.
顾朝林,等.1999.经济全球化与中国城市发展——跨世纪中国城市发展战略研究.北京:商务印书馆.
管宁生.1999.关于游线设计若干问题的研究.旅游学刊,14(3):32-35.
郭风华,王琨,张建立,等.2015.成都"五朵金花"乡村旅游地形象认知——基于博客游记文本的分析.旅游学刊,30(4):84-94.
何建民.2012.国际金融危机对世界国际旅游业发展的影响研究.旅游科学,26(1):36-50.
胡平.2008.商务旅游目的地游客满意度的实证研究——以上海徐家汇为例.旅游科学,22(1):29-33.
胡青云,张铁成.2009.旅游阴影区发展的博弈分析.甘肃联合大学学报,23(1):89-93.
黄潇婷.2009.基于时间地理学的景区旅游者时空行为模式研究——以北京颐和园为例.旅游学

刊,24(6):82-87.

黄潇婷.2014.基于GPS与日志调查的旅游者时空行为数据质量对比.旅游学刊,29(3):100-106.

黄震方,黄睿.2015.基于人地关系的旅游地理学理论透视与学术创新.地理研究,34(1):15-26.

黄震方,袁林旺,俞肇元,等.2008.生态旅游区旅游流时空演变过程与特征分析:以盐城麋鹿生态旅游区为例.地理研究,27(1):55-64.

吉慧.2011.黄山市自驾车旅游者空间行为研究.芜湖:安徽师范大学硕士学位论文.

贾铁飞,刘蓉.2015.访沪国内游客旅游行为空间特征研究.人文地理,30(5):140-146.

江金波,赫瑞娜.2015.基于结构方程模型的城市旅游形象影响路径研究——以西安市为例.人文地理,30(3):130-136.

蒋玉华.2016.基于游客感知的呼伦贝尔旅游形象营销.干旱区资源与环境,30(1):203-208.

焦彦,齐善鸿,王鉴忠.2009.城市旅游定位的战略方法——以天津城市旅游为例.旅游学刊,24(4):19-23.

金平斌,郎富平.2004.大学生旅游行为特征分析——以杭州市高校为例.旅游学刊,19(4):19-22.

阚如良.2004.论大三峡旅游圈的构建与发展.地理与地理信息科学,20(6):87-90,103.

李琛,成升魁,陈远生,等.2007."首都都市度假旅游圈"对承德市旅游空间变动的影响.资源科学,29(1):126-132.

李春明,王亚军,刘尹,等.2013.基于地理参考照片的景区游客时空行为研究.旅游学刊,28(10):30-35.

李君轶,唐佳,冯娜.2015.基于社会感知计算的游客时空行为研究.地理科学,35(7):815-821.

李山,王慧,王铮.2005.中国国内观光旅游线路设计中的游时研究.人文地理,(2):51-56.

李山.2006.旅游圈形成的基本理论及其地理计算研究.上海:华东师范大学博士学位论文.

李伟,胡静,陆汝瑞,等.2013.基于旅游目的特殊时段旅游流时空分布特征研究——以武汉市为例.经济地理,33(1):181-186.

李玺,叶升,王东.2011.旅游目的地感知形象非结构化测量应用研究——以访澳商务游客形象感知特征为例.旅游学刊,26(12):57-63.

李玺.2010.城市商务旅游竞争力:评价体系及方法的创新研究.旅游学刊,25(4):27-31.

李瑛,郝心华.2009.旅游者在西安地区的空间活动特征研究.旅游学刊,24(4):29-33.

李永文.2005.论主题公园的区域经济影响、建设与发展.经济地理,25(5):694-697.

林岚,许志晖,丁登山.2007.旅游者空间行为及其国内外研究综述.地理科学,27(3):434-439.

刘法建,章锦河,陈冬冬.2007.皖南旅游区观光旅游线路的空间分析.旅游学刊,22(12):66-70.

刘法建,章锦河,陈冬冬.2009.旅游线路中旅游地角色分析——以黄山市屯溪区为例.人文地理,(2):111,116-119.

刘宏盈,马耀峰.2009.广东入境旅游流西向扩散时空动态演变研究.人文地理,(4):124-128.

刘宏盈,韦丽柳,张娟.2012.基于旅游线路的区域旅游流网络结构特征研究.人文地理,(4):131-136.

刘嘉纬,蒙睿.2006.中日大学生旅游行为的差异研究.旅游学刊,21(7):79-82.

刘军.2007.QAP:测量"关系"之间关系的一种方法.社会,27(4):164-175.
刘军胜,马耀峰,刘振亭.2013.1997~2010年中部六省入境旅游流集散时空动态分析.地理科学,33(4):450-456.
刘巍,朱俊林,程林.2007.城市圈建设对旅游圈构建影响分析.湖北大学学报(自然科学版),29(4):425-428.
卢松,吉慧,蔡云峰.2013.黄山市自驾车入游流旅行空间行为研究.地理研究,32(1):179-190.
卢天玲.2008.塔尔寺旅游者旅行模式及其对地方旅游经济的影响.旅游学刊,23(12):29-33.
陆林.1989.论黄山国内旅游客源市场区域结构.人文地理,4(2):70-72.
陆林.1994.山岳风景区客流研究——以安徽黄山为例.地理学报,49(3):236-246.
陆林.1995.皖南旅游区布局研究.地理科学,15(1):88-95.
陆林.1996.山岳风景区旅游者空间行为研究——兼论黄山与美国黄石公园之比较.地理学报,51(4):315-321.
陆林.2013.都市圈旅游发展研究进展.地理学报,68(4):532-546.
陆林,汤云云.2014.珠江三角洲都市圈国内旅游者空间行为模式研究.地理科学,(1):10-18.
吕丽,陆林,凌善金.2013.上海世博会旅游者空间扩散网络分析.旅游学刊,28(6):111-119.
吕丽,曾琪洁,陆林.2012.上海世博会中国国内旅游者空间行为研究.地理科学,32(2):186-192.
吕丽.2012.上海世博会国内旅游者空间行为研究.芜湖:安徽师范大学.
罗家德.2010.社会网络分析讲义(第二版).北京:社会科学文献出版社.
罗秋菊,孔蕾.2015.基于博文分析的上海世博会旅游体验研究.旅游论坛,8(1):13-23.
罗秋菊,李晓莉.2005.会展与酒店效益及配置关系研究———以中国出口商品交易会(广交会)为例.旅游科学,19(2):66-72.
罗秋菊,庞嘉文,靳文敏.2011.基于投入产出模型的大型活动对举办地的经济影响:以广交会为例.地理学报,66(4):487-503.
罗秋菊,张安安.2010.国外商务游客的餐饮行为研究——以广交会国外采购商为例.旅游学刊,25(7):47-53.
马晓龙.2005.基于游客行为的旅游线路组织研究.地理与地理信息科学,21(2):98-101.
马耀峰,林志慧,刘宪锋,等.2014.中国主要城市入境旅游网络结构演变分析.地理科学,34(1):25-31.
南宇.2010.西北丝绸之路区旅游中心城市合作开发网络模式研究.经济地理,30(06):1038-1042.
聂献忠,张捷,吕菽菲,等.1998.九寨沟国内旅游者行为特征初步研究及其意义.自然资源学报,13(3):249-255.
彭红松,陆林,路幸福,等.2014.基于旅游客流的跨界旅游区空间网络结构优化——以泸沽湖为例.地理科学进展,33(3):422-431.
彭顺生.2009.新世纪中国商务旅游面临的挑战及其应对策略.经济地理,29(9):1574-1579.
史春云,张宏磊,朱明.2011.国内旅游线路模式的空间格局与特征分析.经济地理,31(11):1918-1922,1936.
史春云,张捷,尤海梅.2008.游客感知视角下的旅游地竞争力结构方程模型.地理研究,27(3):

703-712.

史春云,朱传耿,赵玉宗,等.2010.国外旅游线路空间模式研究进展.人文地理,25(4):31-35.

孙胤社.1992.大都市区的形成机制及其定界——以北京为例.地理学报,42(6):552-560.

唐澜,吴晋峰,王金莹,等.2012.中国入境商务旅游流空间分布特征及流动规律研究.经济地理,32(9):149-155.

唐晓平.2008.聚焦都市圈:来自珠江三角洲的启示.北京:科学出版社.

唐仲霞,马耀峰,马占杰.2011.基于核心——边缘理论的入境旅游区域空间结构研究——以陕西省为例.旅游论坛,04(4):73-77.

田谆君,张捷,史春云,等.2009.城市广场休闲者空间行为特征研究——以无锡市太湖广场为例.人文地理,24(3):49-53.

万先进.2001.武汉旅游景点国内游客行为特征分析.经济地理,21(5):637-640.

汪德根,宋玉芹,刘昌雪.2013.商务旅游城市发展动力系统仿真研究.地理科学进展,32(3):486-496.

王超,骆克任.2014.基于网络舆情的旅游包容性发展研究.经济地理,34(1):161-167.

王朝辉,何欢,夏巧云,等.2013.重大事件对举办地旅游形象的影响——2010上海世博会为例.地理研究,32(6):1155-1164.

王朝辉,陆林,方婷,等.2012.世博建设期上海市旅游住宿产业空间格局演化.地理学报,67(10):1423-1437.

王朝辉,陆林,夏巧云.2011.基于SEM的重大事件国内游客感知价值及行为意向关系研究——2010上海世博会为例.地理研究,30(4):735-746.

王纯阳,屈海林.2014.村落遗产地社区居民旅游发展态度的影响因素.地理学报,69(2):278-288.

王德,王灿,谢栋灿,等.2015.基于手机信令数据的上海市不同等级商业中心商圈的比较——以南京东路、五角场、鞍山路为例.城市规划学刊,(3):50-60.

王利鑫,张元标,王祥超.2011.上海世博会对周边城市旅游辐射效应研究.地理与地理信息科学,27(3):105-108.

王润,刘家明,陈田等.2010.北京市郊区游憩空间分布规律.地理学报,65(6):745-754.

王山河,陈烈.2010.基于结构方程式模型的广州城市形象元素分析评价.经济地理,30(1):69-74.

王衍用.孟子故里旅游开发战略研究.地理学与国土研究,1993,9(2):50-52.

王衍用.区域旅游开发战略研究的理论与实践.经济地理,1999,19(1):116-119.

王永明,马耀峰,王美霞.2012.中国入境游客多城市旅游空间网络结构.地理科学进展,31(4):518-526.

王兆峰,谢娟.2013.旅游网站信息搜寻对旅游者行为决策影响的评价分析.人文地理,28(6):142-146.

魏立华,丛艳国.2001.老龄人口旅游空间行为特征及其对旅游业发展的启示.人文地理,16(1):20-23.

魏颖,邱志军.2014.广州商圈与世界级商圈的差距比较.商业时代,(14):8-10.

吴必虎,唐俊雅,黄安民,等.1997.中国城市居民旅游目的地选择行为研究.地理学报,52(2):97-103.

吴必虎,唐俊雅.1997.中国城市居民旅游目的地选择行为研究.地理学报,52(2):97-103.

吴必虎.1994.上海城市游憩者流动行为研究.地理学报,49(2):117-127.

吴晋峰,潘旭莉.2010.京沪入境旅游流网络结构特征分析.地理科学,30(3):370-376.

吴静,杨兴柱,孙井东.2015.基于新地理信息技术的南京市游客流动性空间特征研究.人文地理,30(2):148-154.

熊伟,吴必虎.2008.大型展会对高星级酒店房价影响的空间分析——以第100届广交会为例.旅游学刊,23(2):80-86.

熊鹰.2013.生态旅游承载力研究进展及其展望.经济地理,33(05):174-180.

徐小波,赵磊,刘滨谊,等.2015.中国旅游城市形象感知特征与分异.地理研究,34(7):1367-1379.

许春晓,旅游资源非优区"依附式开发"论.旅游学刊,2005:76-79.

宣国富,陆林,汪德根,等.2004.三亚市旅游客流空间特性研究.地理研究,23(1):115-124.

薛建宇.1993.旅游行为地理初探.人文地理,8(3):71-73.

阎友兵,贺文娟.2013.国内旅游流流量与流质的时空演化分析.经济地理,3(4):179-185.

阎友兵,李辉恒.1999.关于旅游圈的理论探讨.湘潭大学社会科学学报,23(6):135-137.

杨妮,高军,路春燕,等.2015.基于SEM的城市旅游形象与游客行为意愿关系研究——以西安市为例.干旱区资源与环境,29(2):190-195.

杨新军,马晓龙.2004.大西安旅游圈:国内旅游客源空间分析与构建.地理研究,23(5):695-704.

杨新军,牛栋,吴必虎.2000.旅游行为空间模式及其评价.经济地理,20(4):105-108,117.

杨兴柱,顾朝林,王群.2011.旅游流驱动力系统分析.地理研究,30(1):23-36.

杨洋,蔡溢,殷红梅.2015.扎根理论下90后旅游者行为TGM模型构建与分析.旅游学刊,30(2):52-60.

杨永德,白丽明,苏振.2007.旅游目的地形象的结构化与非结构化比较研究——以阳朔旅游形象测量分析为例.旅游学刊,22(4):53-57.

姚士谋,陈振光,朱英明,等.2006.中国城市群.3版.合肥:中国科学技术大学出版社.

姚士谋,程绍铂,吴建楠.2011.高铁时代我国三大都市圈发展路径探索.苏州大学学报(哲学社会科学版),32(4):93-98.

要轶丽,郑国.2005.西安及其毗邻地区国内客源市场空间结构分析.地理与地理信息科学,21(1):96-99.

虞虎,陆林,朱冬芳.2012.长江三角洲城市旅游与城市发展协调性及影响因素.自然资源学报,27(10):595-597.

禹贡,朱良斌,刘远征.2012.旅游目的地标志景区测度模型及广州实证解析.热带地理,32(2):190-194.

袁俊,史春云,林杰.2012.世博观光旅游线路组织模式研究.云南地理环境研究,24(4):38-43.

袁欣,史春云,朱明,等.2010.长三角区域旅游线路模式及目的地类型研究.旅游科学,24(6):

55-64.

曾刚,林兰.2008.技术扩散与高技术企业区位研究.北京:北京市科学出版社.

曾国军,李凌,刘博,等.2014.跨地方饮食文化生产中的原真性重塑——西贝西北菜在广州的案例研究.地理学报,69(12):1871-1886.

翟青,甄峰,汪侠等.2014.城市商务人士的行为活动特征.地理研究,33(8):1480-1486.

张安,丁登山,沈思保,等.1999.南京城市游憩者时空分布规律与活动频率分析.经济地理,19(1):106-110.

张春娥.2015.广州旅游目的地形象感知研究——基于网络文本分析.华南理工大学学报(社会科学版),17(4):25-32.

张河清.对构建"大湘西"旅游圈的初步设想.经济地理,2004,24(4):556-559.

张红,李九全.2000.桂林境外游客结构特征及时空动态模式研究.地理科学,20(4):350-354.

张宏梅,陆林.2009.入境旅游者旅游动机及其跨文化比较——以桂林、阳朔入境旅游者为例.地理学报,64(8):989-998.

张宏梅,陆林.2010.游客涉入对旅游目的地形象感知的影响——盎格鲁入境旅游者与国内旅游者的比较.地理学报,65(12):1613-1623.

张环宙,沈旭炜,吴茂英.2015.滨水区工业遗产保护与城市记忆延续研究——以杭州运河拱宸桥西工业遗产为例.地理科学,35(2):183-189.

张静儒,陈映臻,曾祺,等.2015.国家视角下的目的地形象模型——基于来华国际游客的实证研究.旅游学刊,30(3):13-22.

张玲,邬永强.2010.标志性事件与城市饭店的空间布局——以广交会为例.经济地理,38(8):1304-1309.

张凌云,杨善林.2014.重大事件旅游影响及其可持续发展理论体系建构.旅游学刊,(7):126-128.

张燚,刘进平,张锐.2009.基于扎根理论的城市形象定位与塑造研究:以重庆市为例.旅游学刊,24(9):53-60.

张佑印,顾静,马耀峰,等.2012.北京入境旅游流分级扩散模式及动力机制分析.人文地理,(5):120-127.

张佑印,顾静,马耀峰.2013.旅游流研究的进展、评价与展望.旅游学刊,28(6):38-46.

章锦河,张捷,李娜,等.2005.中国国内旅游流空间场效应分析.地理研究,24(2):293-302.

钟栎娜,吴必虎.2007.中外国际旅游城市网络旅游信息国际友好度比较研究.旅游学刊,22(9):12-17.

钟士恩,张捷,任黎秀,等.2009.旅游流空间模式的基本理论及问题辨析.地理科学进展,28(5):705-712.

钟士恩,张捷,任黎秀,等.2009.农村居民国内旅游空间行为分析.地理与地理信息科学,25(3):103-107.

周一星.2007.城市地理学.北京:商务印书馆.

朱翠兰,侯志强.2013.基于网络口碑的旅游目的地形象感知——以厦门市为例.热带地理,33(4):489-495.

朱冬芳.2013.长江三角洲都市圈旅游地角色研究.芜湖:安徽师范大学硕士学位论文.

朱付彪.2011.都市圈旅游空间演变态势与机理.芜湖:安徽师范大学.

朱明,史春云,袁欣,等.2010.基于旅行社线路的国内旅行空间模式研究.旅游学刊,25(9):32-37.

朱其静,陆林.2016.商务会展旅游者视角下广州城市形象分析评价.旅游论坛,9(1):8-13.

Ahas R, Aasa A, Roose A, et al. 2008. Evaluating passive mobile positioning data for tourism surveys: An Estonian case study. Tourism Management, 29(3): 469-486.

Arnegger J, Herz M. 2016. Economic and destination image impacts of mega-events in emerging tourist destinations. Journal of Destination Marketing & Management, 5(2): 76-85.

Baloglu S, McCleary K W. 1999. A model of destination image formation. Annals of Tourism Research, 26(4): 868-897.

Campbell C K. 1967. An Approach to Research in Recreational Geography. Vancouver: Department of Geography, University of British Columbia, 89-93.

Chen X, Chen J, Qiao X, et al. 2008. Performance of nano-Co_3O_4/peroxymonosulfate system: Kinetics and mechanism study using Acid Orange 7 as a model compound. Applied Catalysis B Environmental, 80(s1-2): 116-121.

Connell J, Page S J. 2008. Exploring the spatial patterns of car-based tourist travel in Loch Lomond and Trossachs National Park, Scotland. Tourism Management, 29(3): 561-580.

Cornelissen S. 2004. Sport mega-events in Africa: Processes, impacts and prospects. Tourism and Hospitality Planning & Development, 1(1): 39-55.

Deng Y, Poon S W, Chan E H W. 2016. Planning mega-event built legacies — A case of Expo 2010. Habitat International, 53: 163-177.

Dredge D. 1999. Destination place planning and design. Annals of tourism research, 26(4): 772-791.

Elliot S, Papadopoulos N. 2015. Of products and tourism destinations: An integrative, cross national study of place image. Journal of Business Research, 9(1): 1-9.

Emanuela M, Raffaele P. 2011. They arrive with new information. Tourism flows and production efficiency in the European regions. Tourism Management, 32(4): 750-758.

Getz D. 2008. Event tourism: Definition, evolution and research. Tourism Management, 29(3): 403-428.

Gripsrud G, Nes E B, Olsson U H. 2010. Effects of hosting a mega-sport event on country image. Event Management, 14(3): 193-204.

Gunn C A. 1972. Vacation Scape: Designing Tourist Regions. Texas: University of Texas at Austin, 120.

Hao J S C, Har C O S. 2014. A study of preferences of business female travelers on the selection of accommodation. Procedia-Social and Behavioral Sciences, (144): 176-186.

Hunt J D. 1975. Image as a factor in tourism development. Journal of Travel Research, 13(3): 1-7.

Hunter W C. 2016. The social construction of tourism online destination image: A comparative semiotic analysis of the visual representation of Seoul. Tourism Management, 54: 221–229.

Jansen-Verbeke M, Spee R. 1995. A regional analysis of tourist flows within Europe. Tourism Management, 16(1): 73–80.

Kamruzzaman M, Hine J, Gunay B, et al. 2011. Using GIS to visualise and evaluate student travel behaviour. Journal of Transport Geography, 19(1): 13–32.

Lau G, Mckercher B. 2006. Understanding tourist movement patterns in a destination: A GIS approach. Tourism & Hospitality Research, 7(1): 39–49.

Lee M J, Backk J. 2005. A review of economic value drivers in convention and meeting management research. International Journal of Contemporary Hospitality Management, 17(5): 409–420.

Leiper N. 1995. Tourism Management. Collingwood. VIC: TAFE Publication.

Lew A A, McKercher B. 2002. Trip destination, gateways and itineraries: the example of Hong Kong. Tourism Management, 23(6): 609–621.

Lew A, McKercher B. 2006. Modeling tourist movement: A local destination analysis. Annals of Tourism Research, 32(2): 403–423.

Liu Y, Zhang Y, Nie L. 2012. Patterns of self-drive tourists: The case of Nanning City, China. Tourism Management, 33(1): 225–227.

Lue C, Crompton J L, Fesenmaier D R. 1993. Conceptualization of multi-destination pleasure trips. Annals of Tourism Research, (20): 289–301.

Lue C, Crompton J L, Stewart W P. 1996. Evidence of cumulative attraction in multidestination recreational trip decisions. Journal of Travel Research, 35(summer): 41–49.

Martin H S, Rodriguez I A. 2008. Exploring the cognitive-affective nature of destination image and the role of psychological factors in its formation. Tourism Management, 29(2): 263–277.

Masson S, Petiot R. 2009. Can the high speed rail reinforce tourism at attractiveness? The case of the high speed rail between Perpignan(France) and Barcelona(Spain). Technovation, 29(9): 611–617.

Maureen G R. 1997. Power relations and community-based tourism planning. Annals of Tourism Research, 24(3): 566–591.

McKercher B. 2001. A comparison of main-destination visitors and through travelers at a dual-purpose destination. Journal of Travel Research, 39(4): 433–441.

Millward H, Spinney J. 2011. Time use, travel behavior, and the rural-urban continuum: Results from the Halifax STAR project. Journal of Transport Geography, 19(1): 51–58.

Mings R C, Mchugh K E. 1992. The spatial configuration of travel to Yellowstone National Park. Journal of Travel Research, 30(4): 38–46.

Morency C, Paez A, Roorda M, et al. 2011. Distance traveled in three Canadian cities: Spatial analysis from the perspective of vulnerable population segments. Journal of Transport Geography, 19(1): 39–50.

Nicoletta R, Servidio R. 2012. Tourists' opinions and their selection of tourism destination images: An affective and motivational evaluation. Tourism Management Perspectives, 4(1): 19-27.

Oppermann M. 1995. A Model of Travel Itineraries. Journal of Travel Research, 33: 57-61.

Orellana D, Bregt A K, Ligtenberg A, et al. 2012. Exploring visitor movement patterns in natural recreational areas. Tourism Management, 33(3): 672-682.

O'Connor A, Zerger A, Itami B. 2005. Geo-temporal tracking and analysis of tourist movement. Mathematics and Computers in Simulation, 69(1): 135-150.

Papatheodorou A. 2004. Exploring the evolution of tourism resorts. Annals of Tourism Research, 31(1): 219-237.

Pearce D G. 1989. Tourism Development. Harlow: Longman.

Pearce D G. 1995. Tourism today: A geographical analysis. Longman Scientific & Technical, Wiley.

Siu Y M, Wan P Y K, Dong P. 2012. The impact of the servicescape on the desire to stay in convention and exhibition centers: The case of Macao. International Journal of Hospitality Management, 31(1): 236-246.

Smallwood C B, Beckley L E, Moore S A. 2012. An analysis of visitor movement patterns using travel networks in a large marine park, north-western Australia. Tourism Management, 33(3): 517-528.

Stabler M J. 1988. The image of destination regions: Theoretical and empirical aspects //Goodall B, Ashworth G (Eds). Marketing in the Tourism Industry: The Promotion of Destination Regions. London: Routledge, 133-159.

Stylidis D, Biran A, Sit J, et al. 2014. Residents' support for tourism development: The role of residents' place image and perceived tourism impacts. Tourism Management, 45(6): 260-274.

Tideswell C, Faulkner B. 1999. Multidestination travel patterns of international visitors to Queensland. Journal of Travel Research, 37(4): 364-374.

Vlachos I, Lin Z. 2014. Drivers of airline loyalty: Evidence from the business travelers in China. Transportation Research Part E Logistics & Transportation Review, 71(C): 1-17.

Weaver D B. 1998. Peripheries of the periphery: Tourism in Tobago and Barbuda. Annals of Tourism Research, 25(2): 292-313.

Xia J, Zeephongsekul P, Packer D. 2011. Spatial and temporal modelling of tourist movements using Semi-Markov processes. Tourism Management, 32(4): 844-851.

Xiang Z, Wang D, O'Leary J T, et al. 2014. Adapting to the Internet: Trends in travelers' use of the web for trip planning. Journal of Travel Research, 54(4): 411-423.

第四章 都市圈旅游流空间网络

旅游流是旅游者在空间区域内的迁移现象，有广义和狭义之分。狭义上是指客流，广义上包括游憩流以及与此相关或伴生的相关流，如信息流、资本流、技术流、货物流等。本研究所指的主要是狭义旅游流。旅游流是旅游系统的神经中枢和纽带，也是旅游地理学研究的核心问题之一。本研究所指的旅游流主要是旅游客流，也即狭义旅游流。

第一节 研究模型构建

国内关于旅游流的相关研究成果较为丰富，研究数量呈现上升趋势，研究内容主要集中在理论框架、时空模式、流量特征、流动效应以及机理机制五个方面，研究方法逐步从定性和描述统计向模型构建、网络分析以及系统仿真的纵深方向发展，研究对象主要针对境内旅游流，研究趋势主要是从空间地理学角度对旅游学研究框架进行重构。近年来，利用社会网络理论方法对旅游流空间规律的研究逐步成为旅游流研究的重要方法，在国外较早涉及，主要是对城市旅游空间结构模式的研究。国内研究中，杨兴柱等(2007)通过分析南京市旅游流集散特征而首次将该方法运用到旅游流网络研究中。多数学者借助该方法对国内典型区域的旅游流空间网络做出分析，如杨国良(2007)对四川省的旅游流空间网络结构以及经济联系做出分析，郭喜梅等(2014)则对云南省的旅游流社会网络进行研究。而以吴晋峰(2010)、刘法建(2010)为代表的部分学者深入分析了入境旅游流空间扩散规律。陈浩等(2008)对珠江三角洲城市群的旅游空间网络结构进行了深入分析，虞虎等(2014)则利用该方法提出江淮城市群的旅游经济空间网络和发展模式。国内学者研究的区域范围多集中于某一典型城市内部，而以都市圈为研究范围分析旅游流在该范围的集散规律只有少数学者涉及。对于特殊时段旅游流扩散规律，也有学者涉及，吕丽等(2012,2013)对上海世博会期间旅游者在长三角区域内的空间行为进行研究，李志飞等(2013)研究了"十一"黄金周期间旅游流时空分布特征，李伟等对武汉市特殊时段的旅游流进行，深入探讨。此外，杨效忠等(2010)对跨界旅游区旅游流的空间网络结构进行了研究。从已有的相关研究成果看，国内外学者利用社会网络方法对旅游流的研究主要集中在单个城市、区域以及特殊时段的旅游流空间行为、空间扩散规律等方面,而以某一城市为客源地研究其旅游者在某一区域旅游流空间特征的成果较少,代表性成果是吴必虎(1994)对上海城市游憩者空间流动行为的研究,研究主要揭示了距离衰减和同心圆衰减规律,以及影响这些规律的因素,而对于旅游者区域内流动的空间网络模式的研究还有待进一步深入。

点、线、面是区域空间的基本要素,也是网络研究的空间载体。将长三角区域内的城市作为空间网络节点,将城市之间旅游流的流动路径作为线(或边),长三角区域空间整体作为域面展开研究。区域旅游流空间网络结构评价的具体指标主要包括单个节点结构、流结构及整体网络结构三个部分,节点结构可以通过节点中心性和结构洞两个二级指标进行评价,流结构主要通过城市之间实际连接的线路绝对数据作为评价重要性的指标。整体网络结构则通过网络规模、密度、网络中心势、核心—边缘模型加以测度。根据本研究对象节点的选取及其数量情况,仅对与研究有密切关系的指标进行分析,主要选取节点度数中心性、节点接近性、节点中间度、网络规模、密度、网络中心势、核心—边缘模型等分析。

一、旅游节点结构评价模型

1. 度数中心性

度数中心性是衡量网络中节点重要性的指标,对于有向网络结构图来说,又可以分为节点内向到达中心度和节点外向到达中心度,意指旅游网络中到达某一旅游节点和离开某一节点的线的多少和程度。

$$k_i = \sum_i a_{ij} \quad k_i^{in} = \sum_j a_{ij} \quad k_i^{out} = \sum_j a_{ij}$$

式中,k_i 是指整体度数中心性;k_i^{in} 指内向度数中心性;k_i^{out} 指外向度数中心性。

2. 接近中心性

节点接近性是测算网络中某一节点与其他节点联系紧密程度的指标。对有向网络结构图来说,节点接近性同样也有内向节点接近性和外向节点接近性之分。接近性数值越大,表明某一节点与其他节点联系程度越高,反之,则表明联系程度较低。可以用公式表示如下:

$$CL_i = \frac{1}{\sum_{j \neq i} d_{ij}}$$

式中,CL_i 为节点接近性,表示从 i 到 j 所有测地距之和的倒数;d_{ij} 是指从节点 i 到 j 的测地距。

3. 中间中心性

节点中间度是对某一节点在网络中中间性的测度,是指位于旅游网络中其他节点对最短路径连线上的节点重要程度,如果这一节点位于其他多个节点对的最短路径连线上,则表明该节点在网络中有着非常重要的地位。在社会学中,节点中间度是指对某一角色在群体中影响力重要程度的测量。用公式可以表达为:

$$B_i = \sum_{i \neq j \neq l} \frac{D_{jl}(i)}{D_{jl}}$$

式中,D_{jl}指与i相邻的j和l两个节点间的最短路径;$D_{jl}(i)$为通过节点i的路径。

二、节点连线(边)结构研究思路

节点连线是旅游流在流动过程中反映的节点间(城市间)的关系,指旅游流在区域内各城市之间的流动路径,包括具有连接关系的节点对(城市对)的数量(称为连线广度),对于城市间的旅游流关系还存在连接的实际量(称为连线深度)。整体网络规模越大,其结构越复杂,对于整体网中所有节点的关系研究并没有太大的理论意义和实践意义,因此,往往通过构建节点间的数值矩阵,选择合适的断点值,将其转化为二分矩阵,忽略网络中的弱连接和偶然关系,而重点分析整体网络中的主要连接关系。

三、整体网络结构评价模型

1. 网络规模:指网络中的节点数量,若网络中有k个旅游节点,则对于有向网络中所对应的关系数量为$k \times (k-1)$,无向网络则为$[k \times (k-1)]/2$。

2. 网络密度:指网络中实际存在的关系数量与所有理论上可能存在的关系数量之比,其数值介于0和1之间,式中,k为旅游节点的数量。

$$D = 2\sum_{i=1}^{k} d_i(n_i)/(k \times (k-1)); 其中, d_i(n_i) = \sum_{i=1}^{k} d_i(n_i)$$

3. 网络中心势:中心度是用来描述图中任何一点在网络中占据的核心性,而用中心势刻画网络图的整体中心性。旅游网络中心势按照计算方式可以分为度数中心势、亲近中心势和中介中心势,反映网络总体整合度或一致性。度数中心势、接近中心势、中间中心势分别是按照度数中心性、接近中心性、中间中心性的方法计算的网络中心化程度。其公式分别见表4-1,式中n表示网络中的旅游节点数。

4. 核心—边缘分析:利用核心—边缘模型,可以判断旅游节点所处整个网络的位置,或估算出旅游节点的"核心度",从而对旅游节点处于什么位置(核心还是边缘)有一个量化的认识。为更加清晰直观地反映某一旅游节点在整个旅游网络中的位置或者重要程度,利用UCINET6.125汉化版软件中核心/外围模块,构建旅游网络的核心—外围模型。

表 4-1　网络中心势的计算公式

度数中心势	接近中心势	中间中心势
$C_{RD}=\dfrac{\sum_{i=1}^{n}(C_{RD\max}-C_{RDi})}{(n-2)}$	$C_{B}=\dfrac{\sum_{i=1}^{n}(C'_{RC\max}-C'_{RCi})}{(n-2)(n-1)(2n-3)}$	$C_{C}=\dfrac{\sum_{i=1}^{n}(C_{RB\max}-C_{RBi})}{(n-1)}$

第二节　上海市居民长三角区域游的空间网络研究

上海是长三角的核心城市,同时也是我国经济、金融、交通、科技等方面核心城市之一,已形成了庞大的旅游需求群体,成为我国第一大客源地城市。截至2015年12月,全市常住人口超过2 500万人,GDP总量为24 964.99亿元,人均GDP为103 100元,居民消费水平居全国前列。作为我国主要客源区域和重要目的地的长三角地区是我国旅游业最为发达的区域之一,"一市两省"的旅游综合竞争力多年来一直分别排名全国前五位,拥有我国密度最高的A级旅游景区体系,城市和景区的数量多且联系紧密。频繁、双向、多向的区域人流、物流、信息流、资金流、技术流等使长三角逐步形成网络化区域。区域旅游流强度大、类型多、尺度广,区内外旅游流叠加交错。随着新发展要素(如国家区域发展战略、新的消费方式、重大工程、重大节事、国家休假制度的调整、区域旅游产品结构与布局的变化等)的出现及对旅游流的持续影响,长三角旅游流空间网络结构必将呈现新的特征。将长三角建成世界一流水平的旅游目的地是区域旅游发展的战略目标,优化该区域旅游产业空间结构与布局是实现这一战略目标的关键所在,而分析长三角旅游流空间网络结构特征是评价和优化该区域旅游产业空间结构与布局的前提和基础。因此本研究以上海为客源地,研究其在长三角区域旅游流的空间规律。受地缘、交通、经贸等因素的影响,长三角区域是上海市居民国内游最重要的目的地。由于本研究主要工作发生在2016年以前,因此,研究的长三角区域范围仍沿用2013年确定的30个城市,2003年首届长三角"15+1"高峰论坛明确提出黄山作为大力发展长三角旅游经济圈的重要作用(黄山是上海的重要旅游目的地,特别在2~3日游中的比例很高,所以将其纳入本研究的范围)。

一、数据获取

旅行社是沟通旅游客源地与旅游目的地之间的桥梁,是联系旅游者与旅游服务供应部门的纽带,并为旅游者提供相应的旅游产品。旅游产品能够间接反映出旅游者的旅游偏好,因此通过搜集旅行社提供的旅游线路能在一定程度上代表旅游者对旅游目的地的选择偏好,这对于研究旅游者的出游规律以及目的地的选择都存在一定的研究意义。研究选取的数据来自"途牛旅行网"中以上海为客源地的长三角区域内的旅游线路,并将旅游线路分为一日游、二日游、三日游,由于三日以上旅游线路较少,因此将三日游与三日以上旅游线路归为一类,以下简称"三日游(及以上)"。其中一日游线路182条,两日游线路898条,三日游(及以上)线路659条,一共搜集到旅游线路1739条。为了保证数据分析的准确性,为精确反映以上海作为客源地在长三角区内旅游流的空间网络结构,选取的旅游线路不包括在客源地城市(上海)的本地游,也不包括从目的地城市返回客源地的旅游线路。

二、结果分析

(一) 整体分析

以搜集到的1739条旅游线路为基础,按照一日游、两日游、三日(及以上)及全部数据建立数据库并构建数值矩阵,利用UCINET软件的可视化功能,将线条的最大值和最小值分别取4和1,自动生成以上海为核心的旅游流网络空间结构图(图4-1),图中线条的粗细表明表示旅游流流量的大小,箭头表示旅游流流向。

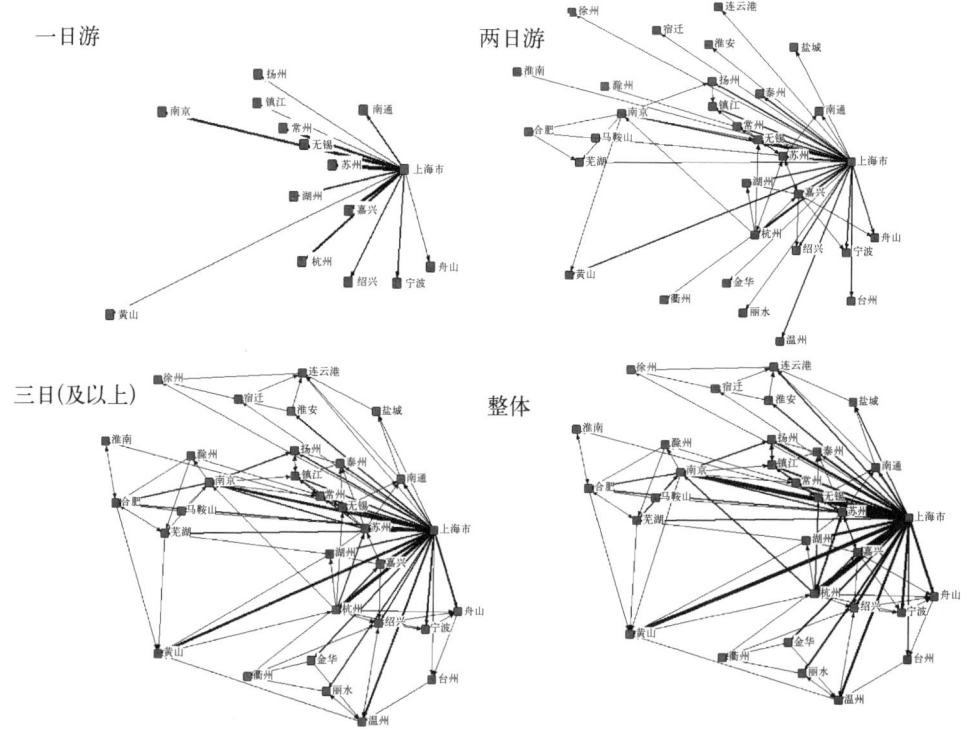

图4-1 上海居民长三角区域内的旅游空间网络结构图

图 4-1 显示，一日游主要集中在距离上海 174.4 km 范围内，流往苏州、嘉兴的流量较大，距离成为主要影响因素。两日游中，旅游目的地城市之间的联系不够紧密，点与点之间相互独立，而三日游（及以上）网络结构图复杂，各个目的地城市之间存在紧密联系，旅游中转地城市明显，远距离城市（黄山）作为主要目的地的地位增强。整体来看，随着出游时间的增加，上海居民在长三角区域范围内的出游半径呈现向外扩张的趋势，距离和资源成为主要影响因素。部分城市被孤立，旅游客流的空间扩散基本符合距离衰减规律，并受资源和交通条件等因素的影响。

(二) 网络节点分析

旅游网络节点分析主要是用来衡量某一旅游节点城市作为旅游目的地的可能性大小。根据搜集到的数据，利用 UCINET 软件得出各旅游城市的中心性指标（由于一日游多为上海到目的地城市之间的简单往返，大部分结果不具有意义，因此没有列入）。文章研究的是以上海为核心，上海居民在长三角区域内的辐射和聚集情况，不包含从旅游目的地城市返回上海的旅游线路，因此数据的外向网络中心性值存在一定偏差，但内向中心性值较小，说明旅游流在长三角区域内的流动符合一般规律。随着出游时间的增加，旅游城市节点之间的联系越紧密。就整体而言：

1) 苏州、杭州是上海市居民的一级旅游目的地城市。苏州的内向节点中心度值为 4.273，接近中心度值为 11.67，杭州的内向节点中心度值为 4.309，接近中心度值为 12.25，苏州和杭州的内向中心性指标都较高，表明从上海流向苏州、杭州的客流量较大。

2) 南京、无锡、嘉兴、黄山是上海市居民的二级旅游目的地。南京的内向节点中心度的值为 3.536，内向接近中心度的值为 12.05，上海游客前往南京的数量较大。无锡、嘉兴、黄山的各项中心性指标较低，但仍处于整体网络的中等偏上位置。无锡和嘉兴距离上海较近，交通便利，黄山作为自然和文化双重遗产吸引大量游客前往。

3) 其他城市是上海居民的三级旅游目的地城市。上海居民在长三角范围内的旅游目的地城市主要集中在长三角中部地区（图 4-2），距离和资源成为旅游者选择目的地的主要影响因素。除此之外，目的地城市的社会经济发展也逐渐对旅游者的偏好产生影响（温州）。

由表 4-2 可知，苏州、杭州成为二日游的主要目的地城市，南京、杭州成为三日游（及以上）的主要旅游目的地城市，一日游搜集的数据中，苏州以 18.13% 的比例成为主要目的地城市。

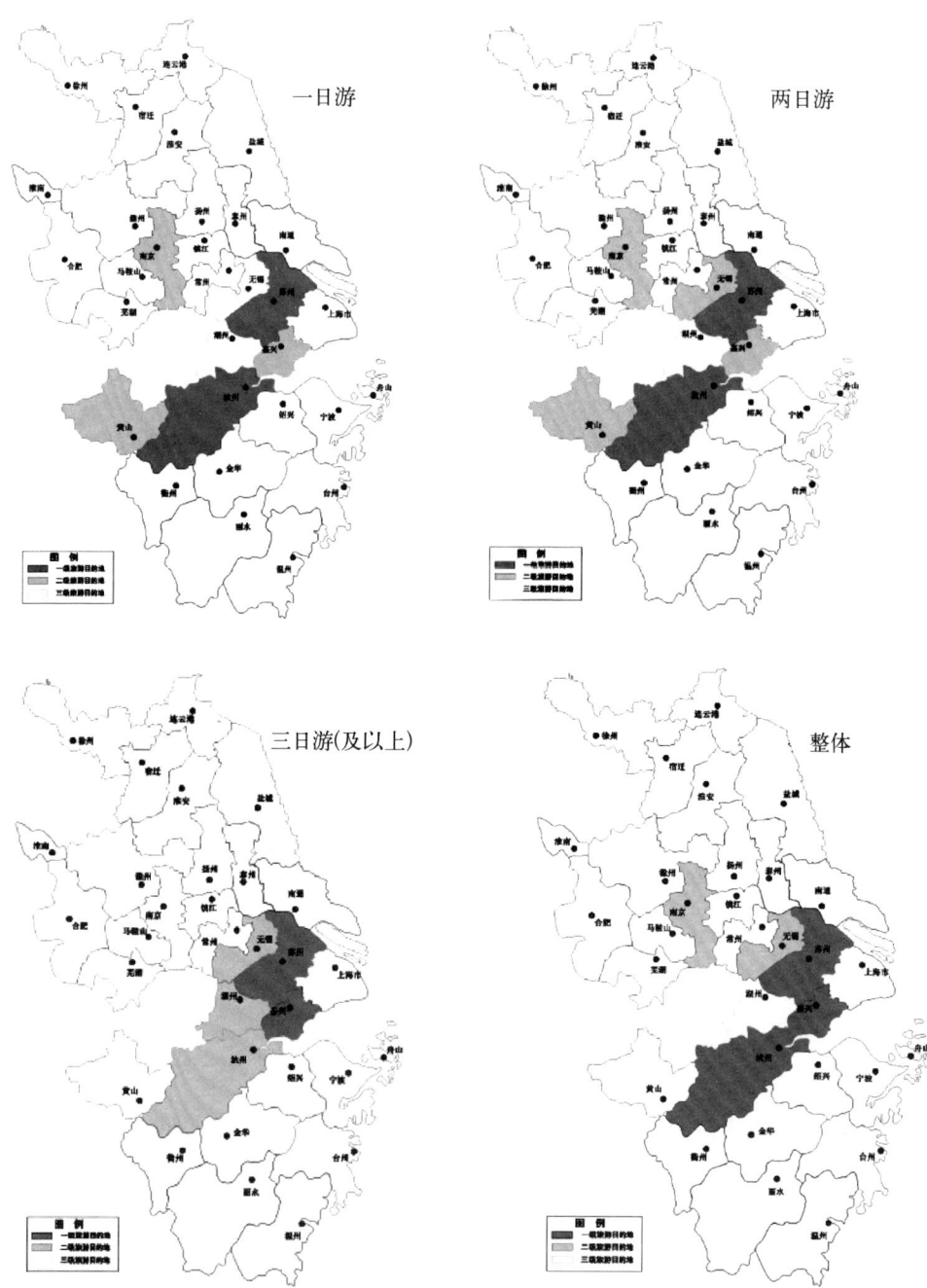

图 4-2 上海居民长三角范围内旅游目的地示意图

表4-2 上海居民在长三角区域的网络节点指标

目的地	两日游				三日游(及以上)				整体			
	节点中心度		接近中心度		节点中心度		接近中心度		节点中心度		接近中心度	
	内向	外向	内向	外向	内向	外向	内向	外向	内向	外向	内向	外向
南京	3.26	1.355	3.836	5.988	4.41	2.359	12	12.71	3.536	1.529	12.05	13.85
苏州	4.249	1.758	3.841	6.085	4.256	2.205	10.91	14.35	4.273	1.676	11.67	14.63
无锡	3.773	0.696	3.841	6.048	2.564	0.308	11.77	11.58	2.818	0.46	11.91	13.95
常州	1.648	0	3.984	3.226	1.744	0.103	11.32	11.36	1.731	0.037	11.32	12.66
南通	0.879	0	3.974	3.226	1.385	0.154	12.19	3.567	1.16	0.055	12.35	3.567
镇江	1.575	0.403	4.144	3.333	1.846	0.462	11.41	11.9	1.492	0.166	11.41	12.55
扬州	1.941	0	3.968	3.226	1.282	0.256	11.24	11.58	1.473	0.295	11.24	12.5
泰州	0.989	0	3.333	3.226	1.077	0.103	10.99	10.99	0.884	0.037	11.11	11.56
盐城	0.403	0	3.333	3.226	0.513	0.205	12.5	3.444	0.387	0.074	12.66	3.444
淮安	0.696	0	3.333	3.226	0.615	0.205	3.33	3.57	0.571	0.074	3.33	3.567
连云港	0.33	0	3.333	3.226	0.923	0.103	20	3.333	0.497	0.037	20.41	3.333
徐州	0.037	0	3.333	3.226	0.41	0	20.41	3.226	0.166	0	20.83	3.226
宿迁	0.037	0	3.333	3.226	0.41	0.154	3.45	3.45	0.166	0.055	3.45	3.45
杭州	4.579	2.527	3.831	6.122	4.564	2.41	11.77	14.63	4.309	2.136	12.25	14.63
宁波	1.392	0	3.963	3.226	1.59	0.051	11.27	9.93	1.437	0.018	11.77	9.934
湖州	1.575	0	3.968	3.226	1.231	0.462	10.99	12.3	1.436	0.166	11.45	12.3
嘉兴	3.443	1.722	3.831	6.085	2.667	2.282	10.91	14.02	2.983	1.326	11.36	14.22
台州	0.879	0	3.333	3.226	0.513	0.205	10.6	11.58	0.626	0.074	11.03	11.58
舟山	1.465	0	3.963	3.226	2.051	0.051	11.41	10.67	1.529	0.018	11.91	10.68
金华	0.842	0	3.333	3.226	0.718	0.205	3.33	13.04	0.681	0.074	3.33	13.04
温州	1.172	0	3.333	3.226	2.308	0.256	10.99	12.66	1.418	0.092	11.36	12.66

续表

目的地	两日游				三日游（及以上）				整体	
	节点中心度		接近中心度		节点中心度		接近中心度			
	内向	外向	内向	外向	内向	外向	内向	外向	接近中心度	
									内向	外向
衢州	0.073	0	3.333	3.226	0.308	0.051	9.59	12.45	0.147	0.018	9.87	12.45
丽水	0.769	0	3.333	3.226	0.974	0.154	10.16	11.58	0.737	0.055	10.49	11.58
绍兴	1.795	0	3.963	3.226	1.436	0.615	11.49	13.67	1.584	0.221	11.91	13.7
合肥	0.476	0	3.968	3.333	1.692	0.667	11.72	12.35	0.847	0.258	11.77	12.35
马鞍山	0.037	0	3.333	3.226	0.256	0.103	3.33	13.83	0.11	0.037	3.33	14.29
滁州	0.11	0	3.333	3.226	0.308	0.154	11.15	11.41	0.166	0.055	11.19	11.41
芜湖	0.623	0	4.132	3.226	1.692	0.41	11.72	12.29	0.921	0.147	11.77	12.3
黄山	2.271	0	3.968	3.226	3.744	0.205	12.44	13.16	2.468	0.074	12.82	13.158
淮南	0.073	0	3.333	3.226	0.308	0.103	10.79	11.24	0.147	0.037	10.83	11.24
均值	1.335	1.335	3.647	3.813	1.542	1.542	10.59	13.42	1.313	1.313	10.82	13.67
标准差	1.282	5.797	0.319	1.704	1.255	5.925	3.898	16.22	1.18	5.52	4	16.21
方差	1.644	33.6	0.102	1.322	1.576	35.11	15.2	263.2	1.392	30.47	16	216.7

(三) 个体网密度分析

个体网络密度主要用来描述旅游城市节点作为中转地的特征。中转地是指旅游者前往某一旅游目的地进行游览时,由于旅游时间或旅游动机等因素,使得旅游者并不直接前往该目的地,而是先到达另一个城市,停留一段时间后再前往该目的地城市,暂时停留的城市被称为旅游中转地。旅游时间越短,旅游者只能在客源地和目的地之间进行简单的往返活动,基本不存在中转地。根据 UCINET 软件的数据分析功能,对个体网络密度分析数据汇总如表 4-3 所示。整体而言,可以看出:

表 4-3　上海居民长三角个体网络密度指标

目的地	个体网密度					
	二日游		三日游(及以上)		整体	
	个体网规模	个体网测度	个体网规模	个体网测度	个体网规模	个体网测度
南 京	6	0.190 5	9	0.233 3	9	0.25
苏 州	7	0.238 1	9	0.288 9	10	0.311 1
无 锡	5	0.4	7	0.333 3	8	0.375
常 州	3	0.666 7	5	0.5	6	0.65
南 通	2	0.5	5	0.3	5	0.35
镇 江	3	0.333 3	4	0.404 8	7	0.476 2
扬 州	3	0.333 3	4	0.5	4	0.5
泰 州	1	—	5	0.45	5	0.5
盐 城	1	—	3	0.5	3	0.5
淮 安	1	—	3	0.5	3	0.5
连云港	1	—	4	0.266 7	2	0.266 7
徐 州	1	—	3	0.5	3	0.5
宿 迁	1	—	4	0.417 6	4	0.416 7
杭 州	6	0.4	9	0.222 2	9	0.288 9
宁 波	2	0.5	4	0.583 3	6	0.6
湖 州	3	0.666 7	5	0.4	6	0.433 3
嘉 兴	7	0.214 3	7	0.45	9	0.404 8
台 州	1	—	3	0.333 3	3	0.333 3
舟 山	2	0.5	5	0.4	5	0.433 3
金 华	1	—	3	0.333 3	4	0.333 3
温 州	1	—	4	0.166 7	3	0.166 7
衢 州	1	—	4	0.25	4	0.25
丽 水	1	—	3	0.333 3	3	0.333 3
绍 兴	2	0.5	4	0.261 9	6	0.309 5
合 肥	3	0.5	3	0.261 9	3	0.285 7

续表

目的地	个体网密度					
	二日游		三日游（及以上）		整体	
	个体网规模	个体网测度	个体网规模	个体网测度	个体网规模	个体网测度
马鞍山	1	—	3	0.5	3	0.5
滁州	1	—	4	0.5833	4	0.5833
芜湖	3	0.5	4	0.3333	3	0.3667
黄山	2	0.5	2	0.3	4	0.3095
淮南	1	—	2	0.5	2	0.5

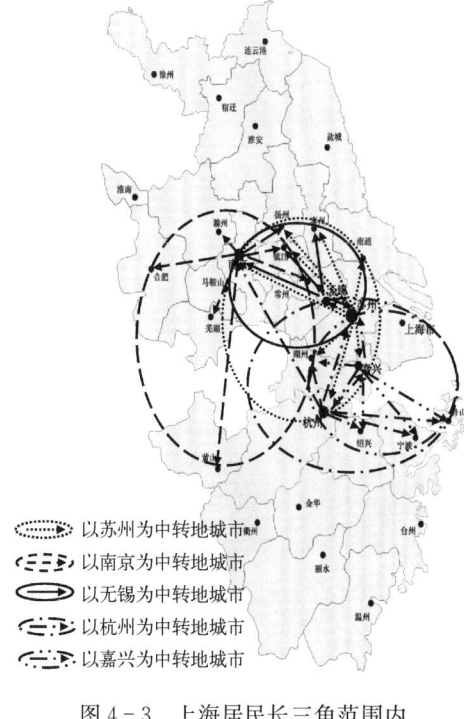

图4-3 上海居民长三角范围内
旅游中转地示意图

1) 苏州是主要旅游中转地。苏州的个体网络规模为10，表明与苏州有密切联系的城市一共有10个（除苏州以外），个体网测度为0.311，说明这些城市之间的联系不太紧密。苏州距离上海较近，旅游资源丰富，地理区位优越，客源地市场已十分成熟，无论出游时间长短，苏州都成为游客的主要选择，随着游客外出游览时间的增加，苏州作为中转地的地位逐渐增强。

2) 杭州、南京、嘉兴、无锡是次要旅游中转地。杭州连接的是长三角以南的区域，也即浙江省。南京连接的是安徽省中部地区和江苏省北部区域。嘉兴和无锡由于距离客源地城市较近而成为旅游中转地的可能性较大。南京的个体网测度为0.25，杭州的个体网测度为0.2889，个体网测度较低，表明以南京和杭州为中转地所连接的各个节点城市之间联系还有待加强。

3) 其他城市是上海居民出游的三级旅游中转地。随着旅游天数的增加，各个中转地辐射范围中交叉部分越来越多（图4-3），这部分的旅游客流最大，在旅游旺季对景区和交通造成巨大压力。

对一日游而言，上海市居民出游呈现单节点式旅游线路，因此不存在中转地；苏州、嘉兴成为二日游的主要中转地城市，时间和距离成为主要影响因素；南京、苏州、杭州成为三日游（及以上）的主要旅游中转地，随着旅游时间的增加，旅游资源逐渐成为主要影响因素。长三角区域内城市作为中转地的性质随着出游时间的增加而更加明显,城市之间的联系也越频繁,许多城市同时扮演着旅游中转地和旅游目的地的角色,以某一城市为核心的个体网络之间的联系也变得密切。

第三节 长江三角洲团队旅游者区内游空间网络结构研究

一、数据选取

本研究将长江三角洲30个城市既作为旅游客源地,也作为旅游目的地,分析长三角内部旅游流空间网络结构。通过百度搜索输入长三角30城市"城市名+旅行社",根据搜索出的旅行社名,选取排序较为靠前的旅行社(公众点击率较高的旅行社),查询旅行社网站,主要包括中国国际旅行社、中国旅行社、中国青年旅行社、康辉旅行社及各城市实力较强的旅行社,主要为全国百强社及其在各城市的分(支)社,根据各旅行社推出的旅游线路,从"周边旅游"栏中分别选取一日游、二日游、三日游及以上旅游线路各50条,总共4 500条旅游线路作为研究样本。以其中某一城市作为客源地,分别记录三种旅游线路的行程(不计回程)。因在实际的线路统计中发现,长三角城市二日游,特别是三日游,将黄山作为目的地的比例很高,且长三角区域合作初期就提出旅游合作的"15+1"模式,即15个长三角城市加黄山,因此,本研究将黄山也纳入到统计范围之列,但只将其作为目的地进行分析。由于图中无法表达,所选取的所有线路中均不含本地游。

二、结果分析

(一) 长三角区域旅游空间网络节点分析

1. 网络节点总体分析

将收集到的长三角区域一日游、二日游、三日游及以上所有线路合并后进行综合分析(表4-4):城市旅游节点的度数中心性方面,杭州、苏州、黄山的数值最高,其中杭州的内向度数中心性指数为22.653,远远高于处于第二位的苏州,可见杭州在整个长三角区域旅游空间网络中的重要地位,是区域内团队旅游者最重要的旅游目的地,其次为苏州和黄山。苏州的外向度数中心性指数最高,其次为嘉兴与杭州,可见,苏州是区域空间网络中重要的旅游集散地,具有很强的集聚和辐射功能。接近中心性方面,杭州、上海、苏州等城市的内向和外向接近中心性指数均较高,是区内旅游线路组合的重要节点。中间中心性方面,杭州、上海市、南京、合肥的指数较高,上海市直辖市,其他三个城市是省会城市,充分体现几个城市的中介功能,其他城市对其也较为依赖。内向度数中心性及内向接近中心性指数的方差较大,反映了区域内城市作为目的地的地位差别较大。

表4-4 长三角区域旅游流空间网络节点中心性指标一览表

序号	评价指标及输出数据									
	度数中心性				接近中心性				中间中心性	
	内向	排序	外向	排序	内向	排序	外向	排序	度数	排序
1	22.653	杭州	8.474	苏州	30	杭州	28.5	杭州	6.067	杭州
2	13.92	苏州	7.3	嘉兴	30	黄山	27.5	上海市	4.705	上海市
3	12.042	黄山	7.183	杭州	29.5	上海市	27.5	南京	4.539	南京
4	8.967	无锡	6.667	无锡	29.5	苏州	27	镇江	3.53	合肥
5	8.897	嘉兴	6.385	南京	29.5	无锡	26.333	苏州	2.697	无锡
6	8.075	常州	5.775	宁波	29.5	常州	25.833	常州	2.517	常州
7	6.761	南京	5.493	上海	29.5	湖州	25.833	宿迁	2.287	宁波
8	6.737	上海	4.977	扬州	29.5	嘉兴	25.5	无锡	2.097	苏州
9	6.174	舟山	4.577	常州	28.5	南京	25.5	徐州	1.636	扬州
10	6.127	宁波	4.437	镇江	28	扬州	25.333	泰州	1.493	芜湖
11	4.93	金华	4.39	舟山	28	宁波	24.833	嘉兴	1.166	泰州
12	4.272	扬州	4.014	丽水	28	舟山	24.833	宁波	1.134	嘉兴
13	4.038	湖州	4.014	宿迁	28	金华	24.5	芜湖	1.062	镇江
14	3.615	绍兴	3.92	湖州	27	温州	24.5	合肥	0.946	湖州
15	3.192	温州	3.92	温州	26.5	绍兴	24.333	湖州	0.712	黄山
16	2.746	芜湖	3.873	合肥	26	泰州	24.333	扬州	0.583	宿迁
17	2.089	泰州	3.826	金华	24.5	台州	24.333	南通	0.565	金华
18	1.854	台州	3.803	绍兴	24.5	芜湖	24	滁州	0.531	舟山
19	1.362	镇江	3.709	连云港	22.5	连云港	24	淮南	0.427	马鞍山
20	0.915	丽水	3.709	泰州	22	丽水	23.833	淮安	0.413	连云港
21	0.869	连云港	3.685	芜湖	20.5	镇江	23.833	马鞍山	0.379	温州
22	0.845	滁州	3.685	台州	20.333	宿迁	23.833	舟山	0.337	淮安
23	0.822	宿迁	3.685	盐城	20	盐城	23.333	金华	0.283	盐城
24	0.634	淮安	3.592	徐州	20	淮安	23.333	连云港	0.276	丽水
25	0.61	合肥	3.521	淮安	20	衢州	23.333	丽水	0.273	滁州
26	0.54	盐城	3.498	淮南	19.5	合肥	23.333	盐城	0.208	徐州
27	0.493	衢州	3.474	滁州	19.5	马鞍山	23.333	衢州	0.192	台州
28	0.493	马鞍山	3.263	衢州	19.5	滁州	22.833	温州	0.156	绍兴
29	0.282	徐州	3.192	南通	18	南通	22.833	台州	0.14	南通
30	0.211	淮南	2.934	马鞍山	17.5	徐州	22.333	绍兴	0.026	衢州
31	0.188	南通	0.376	黄山	12	淮南	17.167	黄山	0	淮南
均值	4.366		4.366		24.430		24.430		1.335	
标准差	4.940		1.541		4.802		1.997		1.524	
方差	24.402		2.376		23.055		3.987		2.323	
总和	135.7		135.7		757.333		757.333		41.379	

2. 三类线路节点比较分析

综合三类线路的三项指标(表4-5):① 一日游线路方面。因为受到时间及距离的限制,目的地主要集中在周边城市,且目的地多为单目的地,三类线路的标准

第四章 都市圈旅游流空间网络

表 4-5 三类线路旅游流空间网络中心性指标一览表

城市	度数中心性						接近中心性						中间中心性		
	一日		二日		三日及以上		一日游		二日		三日及以上		一日	二日	三日及以上
	外向	内向	外向	内向	外向	内向	外向	内向	外向	内向	外向	内向			
上海市	5.051	7.071	4.591	5.975	4.64	5.586	16	22.5	22.583	28.5	20.833	26	0.731	3.509	1.887
南京	5.051	7.576	4.528	4.78	6.486	6.532	18.5	23.5	22.083	27	21	27	2.458	2.818	7.615
苏州	5.051	15.859	5.912	11.069	9.82	11.757	19.417	24	23.083	29	24.5	27	8.066	2.688	8.616
无锡	5.152	10.101	5.157	7.17	6.667	7.613	20.417	23	21.917	28.5	17.833	25.5	8.396	2.447	0.97
常州	5.051	16.566	4.277	7.358	3.468	2.568	19.5	25.5	23.667	28.5	19.5	21.833	12.97	11.951	1.722
南通	5.051	0.303	2.264	0.252	2.252	0.09	15.667	13.667	21.583	16.167	19.333	16	0	0.231	0.023
镇江	5.051	0.808	3.522	0.629	3.739	1.847	20.667	15.333	23.583	15.833	21.5	17.5	8.384	0.677	4.065
扬州	4.848	5.96	4.78	3.145	3.964	3.514	17.167	20.833	23.583	26	22	21.5	1.057	6.215	2.805
泰州	5.051	5.556	3.333	1.384	2.477	0.541	18.333	14.333	23.083	22.5	18.333	19	3.996	3.99	0.252
盐城	5.051	1.111	3.459	0.126	2.342	0.27	16.833	13.667	22	15.5	18.5	17	1.519	6.608	0.212
淮安	5.051	1.919	3.145	0.252	2.252	0.045	20.167	10.467	20.083	14.833	18.167	14	1.714	0.216	0
连云港	5.051	1.919	3.711	0.629	2.207	0.495	17.417	9.467	20.083	19.5	18.5	17.167	0.247	1.272	0.172
徐州	5.051	0.808	3.333	0.063	2.252	0.27	20.367	14.167	22.5	10.75	20.333	14	0.136	3.478	0.025
宿迁	5.051	2.525	3.333	0.566	3.063	0.045	18.833	18.833	20.833	18.833	19.667	11.5	5.495	1.299	0.047
杭州	5.051	19.192	5.472	23.459	7.117	19.279	17.333	24	21.417	29	24	30	8.946	1.143	12.128
宁波	5.051	9.192	3.899	3.774	5.901	5.495	17.417	20.333	21.417	23	20.333	27	3.234	1.471	2.486
湖州	5.051	4.646	3.711	4.528	2.613	2.613	18.667	21.5	21.783	27.5	20.333	22	4.392	1.749	1.123
嘉兴	5.051	10.202	6.918	8.176	6.847	6.802	18.333	25.5	23.583	28	20.833	26	7.941	2.897	2.452
台州	5.051	3.737	3.208	1.447	2.523	0.811	15.133	17.333	20.25	22	18.5	20.5	3.049	0.25	0.278

评价指标及输出数据

续表

城市	度数中心性						接近中心性						中间中心性		
	一日		二日		三日及以上		一日游		二日		三日及以上		一日	二日	三日及以上
	外向	内向	外向	内向	外向	内向	外向	内向	外向	内向	外向	内向			
舟山	5.556	1.111	3.27	5.157	6.036	7.658	13.467	15.667	19.283	25.5	22.833	25.5	0.031	0.318	9.44
金华	5.051	4.747	2.516	5.597	3.288	3.333	17.167	16.167	21.25	26	20	25	1.533	1.306	2.008
温州	5.051	2.323	3.396	2.516	2.838	3.288	14.633	14	19.417	25.5	20.833	25.5	0.385	0.931	1.987
衢州	5.051	0.606	2.201	0.629	2.432	0.27	15.133	15.167	21.417	18	17	17.5	0.95	0.202	0.029
丽水	6.061	1.212	2.516	0.692	3.198	0.721	18.333	12.583	22.25	19	20.333	19.5	0.849	0.454	0.399
绍兴	5.051	4.949	3.962	2.516	2.207	2.928	17	20.333	20.917	24	18.833	21.5	4.067	0.584	0.328
合肥	6.061	1.919	3.27	0.126	2.387	0.09	15.917	13	20.833	8.517	17.5	15	3.376	0.066	0.045
马鞍山	5.051	1.515	1.572	0.126	2.297	0	18.667	14.5	19.583	15.667	20.833	15.5	3.871	0.475	0
滁州	4.949	2.525	3.459	0.503	2.252	0.09	22.333	16.5	20.583	17.333	15.167	17.5	7.826	0.435	0.013
芜湖	5.253	7.071	4.088	2.327	2.568	0.495	18.833	19.833	21.083	21.5	20.833	17.5	7.387	0.951	1.12
黄山	0	0.101	0.377	7.358	0.45	17.793	0	10.217	15.283	29	13.833	29.5	0	3.622	1.086
淮南	5.051	0.909	3.145	0	2.252	0	17.667	9.133	19.917	0	20.5	0	0.096	0	0
均值	4.969	4.969	3.623	3.623	3.640	3.640	17.324	17.324	21.320	21.320	19.758	19.758	3.648	2.073	2.043
标准差	0.945	4.964	1.246	4.677	2.019	4.901	3.715	4.860	1.678	6.895	2.202	7.134	3.434	2.476	3.086
方差	0.894	24.64	1.552	21.87	4.016	24.018	13.804	23.615	2.816	47.545	4.847	50.898	11.794	6.128	9.525
总和	154.0	154.0	112.3	112.3	112.84	112.8	537.0	537.0	660.9	660.9	612.5	612.5	113.1	64.253	63.333

差及方差均较小,节点间差距相对较小,各个城市均有一定数量的线路到达。但杭州、常州、苏州、嘉兴、无锡、宁波、南京、上海、芜湖等城市的三项指标均处于前列,是一日游出游的热点城市。② 二日游线路方面。二日游线路是参与度最高的线路类型,受到区内交通条件逐步优化的影响,二日游线路的目的地既有单目的地城市的不同景点,更多则表现为不同目的地城市的组合,热点城市的到达率较一日游增高,非热点城市到达率则相对较低。三项指标的标准差及方差数值均增大,节点间差距相对变大,杭州、苏州、嘉兴、常州、黄山、无锡、上海等城市的优势突出。③ 三日游及以上线路。线路主要表现为多目的地城市,且主要围绕重点旅游城市进行组织,热点城市的地位进一步得到强化,到达率较一日游更高,非热点城市则相反。网络结构图的线路布局出现区域的进一步分化状态,优势区域更加突出。三项指标的标准差及方差数值均较二日游增大,节点间差距相对更大,优势旅游目的地城市更加明显地体现为杭州、黄山、苏州、舟山、无锡、嘉兴、南京、上海等重点旅游城市。

(二) 长三角旅游空间网络节点连线(边)分析

三类线路共计涉及5766条城市之间的连线,区域旅游节点连线总量大,结构复杂,但大多数的城市连接线总量较小,因此,重点分析区域内城市主要连接线。通过观察城市节点间连接线的绝对数值,首先将断点值取50,将数值矩阵转化为二分矩阵,并将二分矩阵涉及的城市连接线作为长三角区内城市旅游节点间核心连接线,主要包括:杭州与嘉兴、上海、金华等城市,苏州与无锡、上海、南京等城市,宁波与舟山间的连接关系。再将断点值取为30,并将二分矩阵涉及的城市连接线作为长三角区内城市旅游节点间重要连接线,主要包括杭州与泰州等11个城市、苏州与上海等4个城市、南京与无锡等4个城市及宁波与舟山等2个城市之间的连线(表4-6)。将区域内其他城市的连接线作为次要连接线。

表4-6 长三角区域主要城市连接线

断点值	城市主要连接线							
断点值50	苏州—无锡	苏州—上海	苏州—南京	宁波—舟山	杭州—嘉兴	杭州—上海	杭州—金华	
断点值30	泰州—杭州	金华—杭州	台州—杭州	湖州—杭州	上海—杭州	苏州—杭州	无锡—杭州	
	常州—杭州	南京—杭州	扬州—杭州	嘉兴—杭州	舟山—杭州	宁波—杭州	衢州—杭州	
	滁州—杭州	苏州—上海	苏州—无锡	苏州—南京	苏州—杭州	南京—苏州	南京—无锡	
	南京—扬州	南京—杭州	宁波—舟山	宁波—绍兴				

(三) 长三角旅游空间整体网络分析

1. 网络密度分析

合并全部线路数据形成的整体网络密度为67.96%,可见,长三角区域城市间旅游联系紧密。其中,一日游网络密度为 46.1%,二日游为 56.31%,三日游为 48.57,三类线路中,二日游网络密度最大,可见区域内二日游线路游客出游涉及的城市最多,城市间的联系面最宽。

2. 网络中心势分析

程度中心势、接近中心势、中间中心势三项指标的数值(表4-7)随着出游时间的增加(三类线路)基本呈现逐步增大的态势,说明出游时间越长,其整体空间网络的不均衡性增加,即核心城市的重要性越强,其核心地位越突出,尤其是区域内的杭州、苏州等城市,反映其既是重要的旅游目的地城市,又是重要的旅游中转地和集散地。

表 4-7　不同类型线路的网络中心势

	全部数据		一日游		二日游		三日及以上	
	外向	内向	外向	内向	外向	内向	外向	内向
度数中心势	4.245%	18.896%	1.128%	14.697%	3.405%	20.497%	6.386%	16.161%
接近中心势	28.52%	39.03%	35.11%	57.30%	16.44%	53.82%	33.23%	71.77%
中间中心势	12.130%		9.63%		10.21%		10.42%	

3. 核心—边缘分析

核心—边缘分析主要是分析网络各节点在网络中的重要性程度,根据以上分析中构建的相关数值矩阵,利用 UCINET 软件中核心—边缘模块,对长三角旅游地空间网络结构中各城市的分析结果如表 4-8。可见,上海、苏州、无锡、杭州、南京、常州等城市是长三角旅游区内旅游目的地的核心。

表 4-8　各类线路的核心—边缘分析

	核心城市	外围城市
一日游	上海 苏州 无锡 常州 南通 泰州 杭州 宁波 湖州 嘉兴	南京 镇江 扬州 盐城 淮安 连云港 徐州 宿迁 台州 舟山 金华 温州 衢州 丽水 绍兴 合肥 马鞍山 滁州 芜湖 黄山 淮南
二日游	上海 南京 苏州 杭州	无锡 常州 南通 镇江 扬州 泰州 盐城 淮安 连云港 徐州 宿迁 宁波 湖州 嘉兴 台州 舟山 金华 温州 衢州 丽水 绍兴 合肥 马鞍山 滁州 芜湖 黄山 淮南
三日游	上海 苏州 杭州	无锡 南京 常州 南通 镇江 扬州 泰州 盐城 淮安 连云港 徐州 宿迁 宁波 湖州 嘉兴 台州 舟山 金华 温州 衢州 丽水 绍兴 合肥 马鞍山 滁州 芜湖 黄山 淮南
所有线路	上海 苏州 杭州	无锡 南京 常州 南通 镇江 扬州 泰州 盐城 淮安 连云港 徐州 宿迁 宁波 湖州 嘉兴 台州 舟山 金华 温州 衢州 丽水 绍兴 合肥 马鞍山 滁州 芜湖 黄山 淮南

(四)整体分析

通过构建旅行社推荐的一日游、二日游、三日游(含三日以上)、整体线路的数值矩阵,使用 NetDraw 软件中网络功能,因线路总数较多,故将线条最大值取 6,最小值取 1,软件自动生成长三角区域 31 城市旅行社区内线路空间网络结构图(图 4-4)。

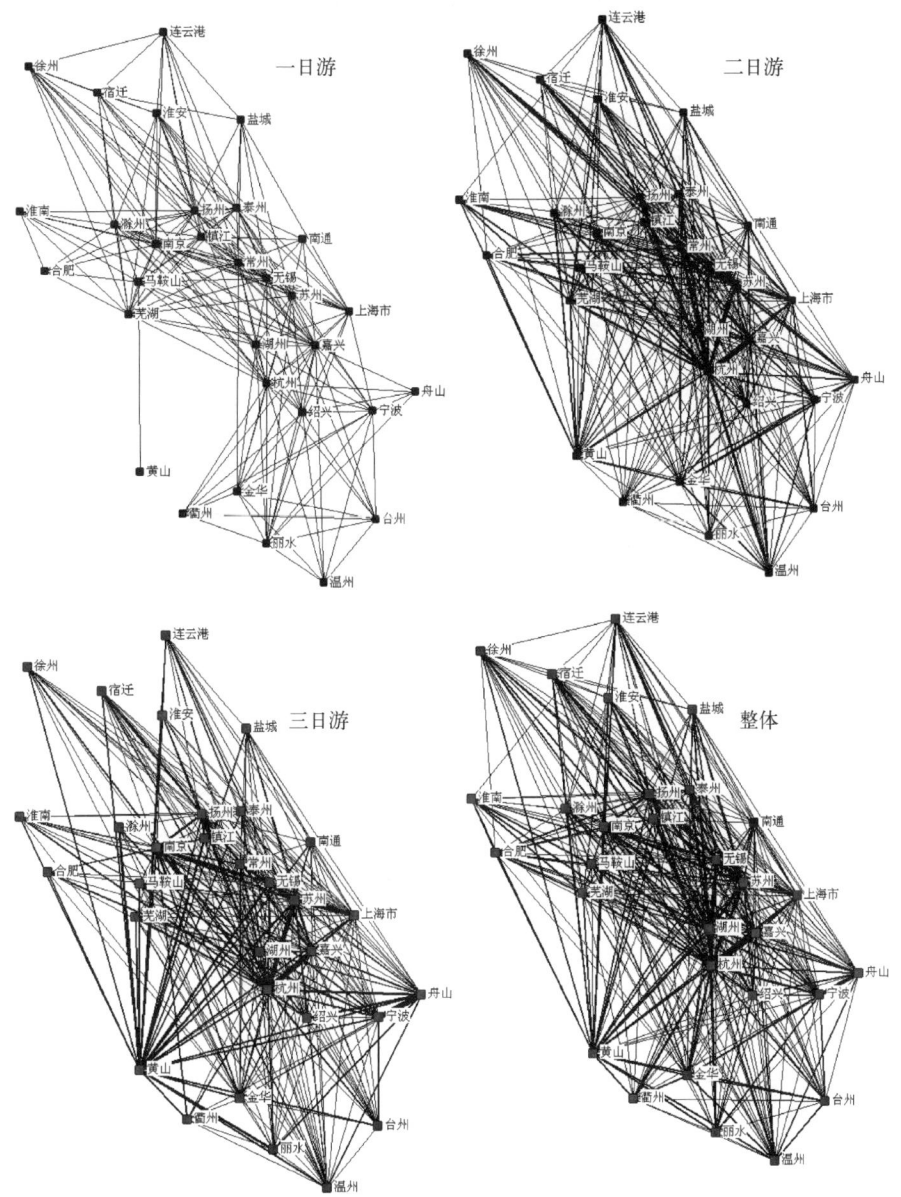

图 4-4 长三角区域旅游流空间网络结构图

根据以上对长三角区域旅游流空间网络的节点、连线及整体网络的分析,将长三角旅游城市分为一级、二级、三级旅游节点城市,其中一级节点城市是杭州、苏州和上海,是区内重要的旅游集散中心。无锡、常州、南京、舟山、嘉兴等为二级旅游节点城市,其他城市为三级旅游城市。将南京—常州—无锡—苏州—上海—嘉兴—杭州—绍兴—宁波—嘉兴所形成的轴线作为长三角旅游流空间网络中的核心线路,以杭州、苏州等城市为核心与周边城市(特别是长三角核心区域的各城市)之间形成的连线作为重要的二级线路。从总体网络域面上形成以上海、杭州、苏州为核心区域,上海、无锡、常州、南京、扬州、镇江、湖州、嘉兴、绍兴、舟山、金华、宁波为重要区域,其他城市为一般区域的旅游流空间网络区域模式(图4-5)。可见,核心区域及重要区域全部为长三角区域的核心城市。

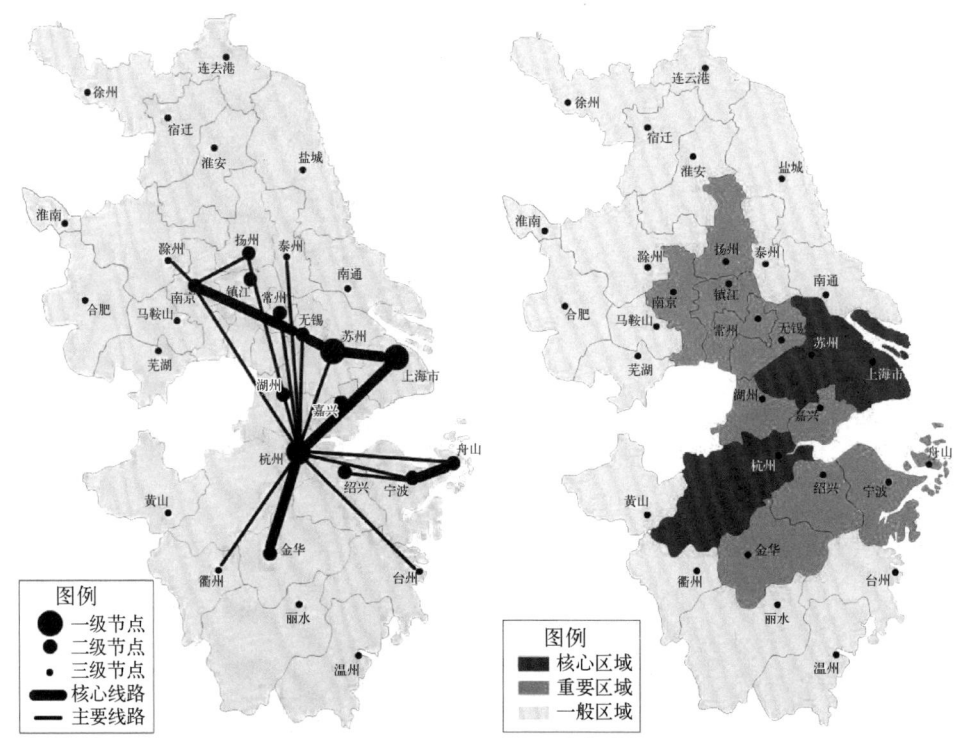

图4-5 长三角区域旅游流空间网络结构分析图

第四节 国内旅游者上海区内游空间网络

作为我国第二大旅游城市,上海城市公共旅游休闲空间仍然呈现出集聚式发展趋势,中心城区的资源集聚度始终很高,属于典型的单核发展、区域辐射模式。

2016年6月16日，上海迪士尼乐园正式运营，上海迪士尼乐园是迪士尼公司世界第六个主题公园，作为巨型旅游项目，迪士尼乐园的强大品牌效应，在一定程度上弱化了空间阻尼的影响，进而导致内地游客对迪士尼乐园的旅游需求整体上缺乏弹性。迪士尼乐园的运营将对上海市城市旅游空间结构及游客在沪旅游空间行为产生深远影响。本书从旅游流角度，比较迪士尼乐园开业前后，国内游客在上海市内游的空间网络变化。

一、数据获取

游记是描写旅行见闻的一种散文形式。携程游记有着相对固定的格式，多数包含出游时间、交通方式、同行人、旅行天数，尤其是大部分游记包含详细的行程信息。本书通过对迪士尼开业前后一定数量的携程游记进行整理，重点分析每个游记中关于行程的空间信息，其中迪士尼开业前共浏览7 830篇游记，整理出517条有效线路数据，共涉及上海市域249个旅游节点，由于大部分节点到达率较低，同时考虑文章篇幅及文章附图的效果，对到达次数3次及以下的节点予以删除，剩余34个重要节点作为分析对象（图4-6）。迪士尼开业后的游记至2016年8月15日，共浏览1 448篇游记，整理出105条有效数据。考虑迪士尼乐园开业前后各项指标比较的对等性，除增加迪士尼乐园外，其他只保留与迪士尼乐园开业前相同的旅游节点。由于数据量不大，且被删除节点的到达率均较低，大部分为到达一次，因此对分析结果影响不大。相关数据中，单节点行程由于无法形成网络，故不做统计。

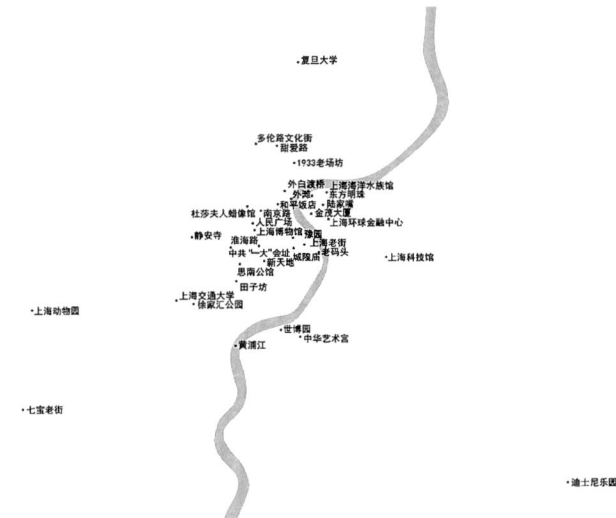

图4-6 上海市主要旅游节点分布图

二、样本分析

全部622个空间数据中,在出游天数方面,一日游、二日游、三日游占31.19%、32.15%、22.19%,总占比86.53%。在同行人,8.21%为夫妻二人同行,8.54%为与父母同行,27.75%为与朋友同行,占比最高,亲子游占19.21%,情侣同行为16.09%,其余为一个人出行,占20.20%。到达上海的交通方式中,32.31%的游客选择动车和高铁,44.22%的游客乘坐飞机,占比最高,乘坐普通列车和汽车的游客较少,分别占14.80%和2.38%,自驾游客占6.29%。89.72%的游客在市内交通方式方面选择地铁或者地铁与公交综合通行的方式。游客的来源地方面,涵盖了全国30个省、直辖市和自治区(未统计台湾),其中来自江苏、浙江的游客最多,充分体现了游客距离衰减的空间规律,其次是北京、广东等经济较为发达的地区(图4-7)。

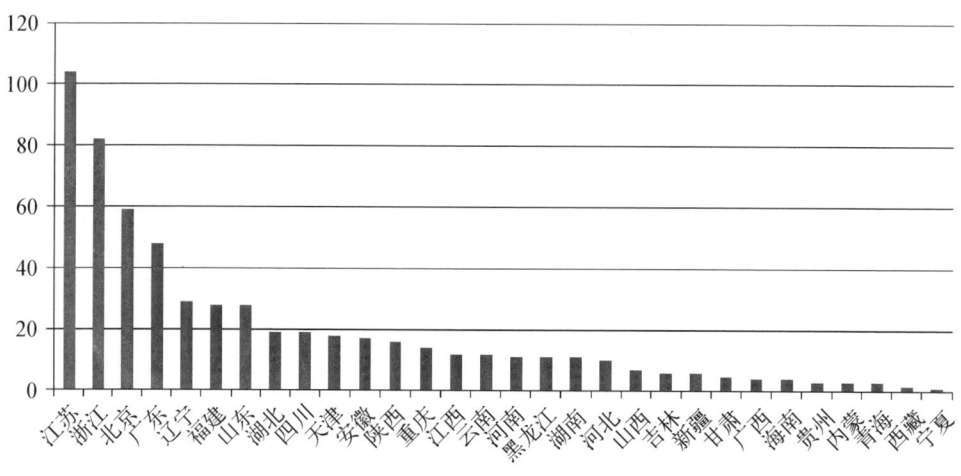

图4-7 上海市国内游客来源地分布

三、结果分析

(一) 迪士尼开业前上海市国内游客旅游流空间网络分析

将收集到的所有线路通过CUINET6软件进行空间网络特征分析(表4-9),可以看出:外滩的所有指标均最高,可见其在上海市旅游流空间网络中的中心地位,既是国内游客上海游的最重要旅游节点,也是上海市其他旅游节点重要的集散地。东方明珠电视塔、南京路、城隍庙、豫园、田子坊等旅游节点的各项指标也较高,但在不同指标上表现有所不同,中间中心性方面,较高的数值反映几个节点均具有较为重要的中介功能和集散功能。东方明珠电视塔、田子坊在节点内外向接近性方面的数值较高,说明其在整个网络线路组织中的地位重要,田子坊、城隍庙在度数中心性指数方面的数值较高,反映其作为重要的目的地节点的地位。在整个空间网络中处于重要地位的节点如外滩、城隍庙、豫园、田子坊、东方明珠电视塔、上海环球金融中心等均分布在黄浦江两侧,且距离较近,由于上海市传统意义的山水资源缺乏,以上节点展现的是上海市城市历史及现代建设成就,在全国乃至全球的影响力较大。这导致上海市旅游空间的高度集中性,重点是外滩区域。

表4-9 迪士尼乐园开业前旅游流空间网络中心性指标一览表

	中间中心性	排序	内向接近中心性	排序	外向接近中心性	排序	内向度数中心性	排序	外向度数中心性	排序
外 滩	14.085	1	82.500	1	78.571	1	30.500	1	29.500	1
东方明珠	8.586	2	80.488	2	73.333	3	27.500	4	26.000	5
南京路	8.418	3	78.571	5	75.000	6	29.500	3	26.000	4
城隍庙	7.800	4	71.739	6	63.462	2	30.000	2	28.000	3
豫 园	6.566	5	70.213	4	67.347	5	27.500	5	24.833	6
田子坊	5.724	6	68.750	3	67.347	4	26.000	6	28.500	2
人民广场	2.974	7	64.706	7	62.264	8	23.500	9	24.000	8
上海博物馆	2.413	8	64.706	9	61.111	7	25.000	7	23.833	9
新天地	2.132	9	61.111	8	55.000	9	25.000	8	24.167	7
杜莎夫人蜡像馆	1.796	10	61.111	12	61.111	15	21.833	13	21.500	13
外白渡桥	1.571	11	58.929	13	48.529	16	21.500	15	20.333	21
中华艺术宫	1.515	12	57.895	20	57.895	17	19.167	23	20.000	23
世博园	1.235	13	56.897	10	54.098	10	22.000	12	20.833	19
陆家嘴	1.122	14	56.897	18	55.932	14	20.500	19	18.500	31
徐家汇公园	1.066	15	56.897	14	49.254	18	21.500	16	21.500	14
上海环球金融中心	1.066	16	56.897	15	56.897	19	22.500	11	22.000	11
上海老街	1.066	17	56.897	23	57.895	23	19.167	25	21.833	12
七宝老街	1.010	18	55.000	22	49.254	12	20.667	18	21.333	15
1933老场坊	0.954	19	55.000	11	54.098	11	21.500	14	21.000	17
黄浦江	0.842	20	54.098	24	55.000	20	19.167	22	21.000	18
上海科技馆	0.786	21	52.381	19	50.000	32	14.667	34	18.333	32
思南公馆	0.730	22	52.381	17	54.098	28	18.500	29	18.000	33
甜爱路	0.673	23	51.563	29	49.254	33	18.167	31	20.333	22
复旦大学	0.617	24	51.563	21	55.000	29	18.833	26	17.333	34
静安寺	0.617	25	50.000	30	52.381	24	19.667	21	19.333	26
和平饭店	0.561	26	50.000	28	53.226	22	21.500	17	19.000	28
上海交通大学	0.505	27	50.000	22	47.826	30	18.167	30	19.333	27
金茂大厦	0.449	28	49.254	25	46.479	13	23.500	10	22.667	10

续表

	中间中心性	排序	内向接近中心性	排序	外向接近中心性	排序	内向度数中心性	排序	外向度数中心性	排序
中共"一大"会址	0.393	29	48.529	26	52.381	34	16.667	33	19.667	25
上海野生动物园	0.393	30	48.529	31	52.381	21	20.500	20	21.167	16
多伦路文化街	0.393	31	48.529	32	56.897	26	18.667	27	18.833	30
淮海路	0.393	32	46.479	34	54.098	31	17.333	32	19.833	24
老码头	0.337	33	45.205	27	49.254	27	19.333	22	19.000	29
上海海洋水族馆	0.337	34	37.931	33	51.563	25	18.500	28	20.500	20

(二) 迪士尼开业后上海市国内游客旅游流空间网络分析

迪士尼乐园开业后，外滩的所有空间网络指标均排在第一位，其作为上海市最重要旅游节点和集散地的地位并未改变。按照数据收集时限，迪士尼乐园开业虽然仅两个月时间，但其在整体网络中的重要地位已经体现，中间中心性位居所有节点的第四位，而内向接近中心性及内向到达中心性均排在第二位，说明其是重要的目的地，但外向接近中心性和到达中心性排位均略低，说明其作为外地游客上海游最后一站的比例较高。东方明珠电视塔、城隍庙、南京路的各项数值仍然较高，说明这些节点在整体网络中的地位也未有较大改变。而其他节点的各项指标数值排位有较大变化（表4-10），说明迪士尼乐园开业后，外地游客在上海游线路设计方面有较大调整，但外滩及陆家嘴区域的重要节点仍是重要选择。

表4-10 迪士尼乐园开业后旅游流空间网络中心性指标一览表

	中间中心性	排序	内向接近中心性	排序	外向接近中心性	排序	内向度数中心性	排序	外向度数中心性	排序
迪士尼乐园	16.524	4	57.627	2	31.481	8	23.500	2	18.500	6
外滩	44.996	1	65.385	1	37.363	1	26.333	1	23.833	1
东方明珠	18.408	3	54.839	4	35.052	2	22.333	4	21.917	2
南京路	22.858	2	55.738	3	33.663	3	22.833	3	20.583	3
城隍庙	3.474	12	50.746	5	31.776	5	20.167	5	18.250	7
豫园	4.467	8	50.000	6	31.193	10	20.000	6	18.667	5
田子坊	15.689	5	45.946	8	32.381	4	18.333	8	19.250	4
人民广场	0.238	21	36.957	21	31.481	7	14.583	21	17.750	8
上海博物馆	0.825	17	40.476	14	24.286	33	15.750	15	13.100	30
新天地	4.509	7	44.156	9	30.631	11	17.833	9	17.333	10
杜莎夫人蜡像馆	3.417	13	42.500	11	31.481	9	17.833	10	17.750	9
外白渡桥	0.000	28	32.075	26	27.869	18	12.833	26	14.667	18
中华艺术宫	0.371	19	30.909	29	25.954	27	12.450	29	13.533	26
世博园	0.208	24	29.565	31	29.825	12	12.067	31	16.500	13

续表

	中间中心性	排序	内向接近中心性	排序	外向接近中心性	排序	内向度数中心性	排序	外向度数中心性	排序
陆家嘴	3.820	10	40.476	15	29.310	14	16.500	14	16.167	14
徐家汇公园	3.053	14	32.075	27	27.200	23	12.833	27	14.700	17
上海环球金融中心	4.316	9	47.222	7	29.565	13	19.000	7	16.667	11
上海老街	0.000	29	36.559	23	25.185	30	14.417	24	13.033	31
七宝老街	3.509	11	38.636	19	25.185	31	15.500	19	13.367	29
1933 老场坊	2.941	15	36.957	22	22.517	35	14.583	22	11.267	35
黄浦江	0.000	30	40.000	16	27.642	21	15.583	17	14.500	21
上海科技馆	7.870	6	43.038	10	29.310	15	17.250	11	16.667	12
思南公馆	0.735	18	39.080	18	26.154	25	15.667	16	14.117	24
甜爱路	0.247	20	28.333	32	24.460	32	11.567	32	12.650	33
复旦大学	0.149	26	36.559	24	23.944	34	14.500	23	12.233	34
静安寺	0.000	31	2.857	35	31.776	6	1.000	35	12.783	32
和平饭店	0.000	32	42.500	12	25.758	29	16.750	12	13.450	28
上海交通大学	0.231	22	25.000	34	26.154	26	10.383	34	13.583	25
金茂大厦	0.119	27	33.010	25	25.954	28	13.167	25	13.533	27
中共"一大"会址	0.000	33	40.000	17	27.642	22	15.583	18	14.500	22
上海野生动物园	0.000	34	37.363	18	27.869	19	14.750	20	14.667	19
多伦路文化街	2.852	16	27.642	33	28.099	17	11.267	33	14.750	16
淮海路	0.171	25	42.500	13	26.563	24	16.667	13	14.167	23
老码头	0.224	23	30.631	30	29.310	16	12.367	30	15.917	15
上海海洋水族馆	0.000	35	32.075	28	27.869	20	12.833	28	14.667	20

(三) 迪士尼开业前后上海市国内游客旅游空间网络比较分析

利用 UCINET6 软件的 NETDRAW 功能,通过输入空间数据输出迪士尼乐园开业前后旅游流空间网络结构图(图 4-8、4-9)。迪士尼开业后,使得上海市增加了一个重要的旅游节点,整体网络规模扩大。网络密度方面,迪士尼乐园开业前为 3.450 5,而开业后为 2.721 3,可见整体网络密度有所下降,主要原因是迪士尼乐园开业后,乐园成为外地游客赴上海的重要节点,在行程的组合方面做出调整,减少其他节点的行程,从而减少这些节点间的线路组合。

通过核心—外围分析,迪士尼乐园开业前,外滩、东方明珠电视塔、豫园、南京路、城隍庙等节点既是上海市重要的目的地节点,也互为其他节点的集散地,处于整体网络中的中心地位。迪士尼乐园开业后,同样按预期成为重要的目的地,但作为集散地的地位略偏弱,外滩、东方明珠电视塔、豫园、南京路、城隍庙等节点的地位未发生变化,但增加了杜莎夫人蜡像馆,主要由于迪士尼开业后,对其他节点的选择降低,进一步突出了杜莎夫人蜡像馆的地位(表 4-11)。

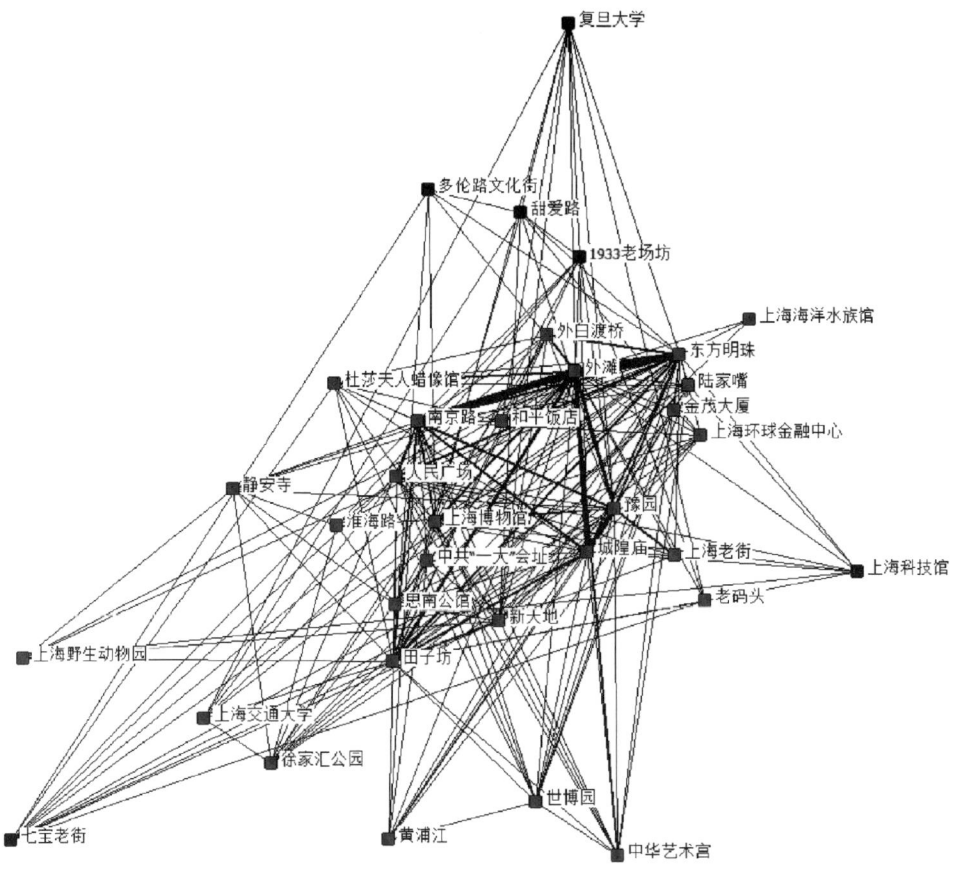

图 4-8 迪士尼乐园开业前上海市旅游流空间网络结构图

表 4-11 核心—外围分析比较

	核 心 节 点	外 围 节 点
迪士尼乐园开业前	外滩 东方明珠 豫园 南京路 城隍庙	上海老街 人民广场 世博园 田子坊 上海交通大学 杜莎夫人蜡像馆 七宝老街 上海博物馆 复旦大学 1933老场坊 上海环球金融中心 外白渡桥 黄浦江 老码头 甜爱路 新天地 静安寺 上海海洋水族馆 上海科技馆 中华艺术宫 徐家汇公园 和平饭店 多伦多文化街 陆家嘴 思南公馆 淮海路 上海野生动物园 中共一大会址 金茂大厦
迪士尼乐园开业后	迪士尼 外滩 东方明珠 豫园 杜莎夫人蜡像馆 南京路 城隍庙	上海老街 人民广场 世博园 田子坊 上海交通大学 七宝老街 上海博物馆 复旦大学 1933老场坊 上海环球金融中心 外白渡桥 黄浦江 老码头 甜爱路 新天地 静安寺 上海海洋水族馆 上海科技馆 中华艺术宫 徐家汇公园 和平饭店 多伦多文化街 陆家嘴 思南公馆 淮海路 上海野生动物园 中共一大会址 金茂大厦

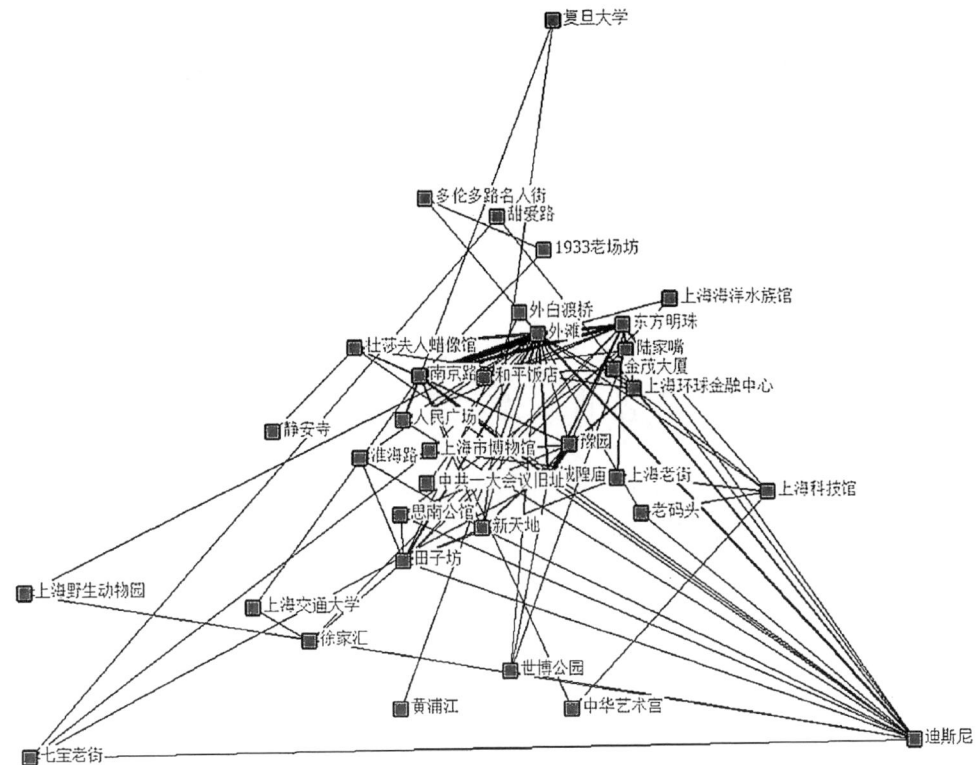

图4-9 迪士尼乐园开业后上海市旅游流空间网络结构图

迪士尼是全球最具影响力的主题乐园之一,其在上海建成开业,对上海市旅游业发展已经产生巨大影响,开业前两个月平均月接待量超过100万人次。可以预见,将迪士尼乐园作为重点项目之一的上海国际旅游度假区必将成为上海市旅游发展除外滩及陆家嘴区域之外的又一重要板块。但从上海市整体旅游流空间网络看,迪士尼乐园的影响并没有产生预期的效果,虽然在整体网络及结构中,迪士尼乐园已经成重要的网络节点之一,但根据本研究收集的国内游客数据可以看出,迪士尼开业后,45.71%的外地游客采取的是迪士尼乐园单节点旅游,且均为1~2日游,结合上海市本地市民的一日游,与网络中其他节点并未发生关系,因此对整体空间网络的影响力大大降低。但随着国家推行2.5假日,未来外地游客赴上海游的行程时间拉长,以迪士尼为核心结合外滩等其他节点的行程组合将会增加,迪士尼乐园对上海市旅游流空间网络的整体影响也会逐步增强。

迪士尼开业前后,外滩在旅游流整体网络结构中的中心地位并未改变,是外地游客赴上海旅游的首选之地,这使得节假日高峰期外滩游客量过大,2014年年底的外滩踩踏事故后,上海市政府采取进出单向通行及增加警力、疏导人员的措施,起到了一定的效果,但游客过于集中的现状并未改变,空间压力仍然巨大。如何拓展外滩的观赏区域,增加观赏点,平衡各出入口游客进出量,分散客流,尤其是南京路入口区域的客流,以降低安全风险,提升游客的满意度,是未来需要重点考虑的内容。

本书是选取上海市以外的国内游客作为研究对象,只是上海市游客的组成部分之一,不能涵盖全部市场,同时数据来源主要是通过网络游记提取,研究对象局限在具有撰写网络游记行为的游客群体,多为年轻人,因此在市场样本的代表性方面仍有欠缺。对于迪士尼开业后的数据,也仅为开业后两个月的时间段,数据量不大,这些都可能会影响到研究的结果。未来的研究应加强现场的实地调研,广泛抽样,以得出更为客观的结论。

第五节 本章小结

1)通过选取"途牛旅行网"的1 739条上海居民在长三角区域内的旅游线路,构建区域旅游空间网络评价指标体系,利用社会网络理论和方法对上海居民在长三角区域内的空间网络结构进行研究。整体上,上海市居民长三角区内游在符合距离衰减规律的同时,受资源、交通等因素的影响而呈现复杂网络的特征。

2)通过选取长三角30城市重点旅行社推荐的一日游、二日游、三日游(及三日以上)旅游线路共4 500条,运用社会网络理论与方法,从单个城市旅游节点、节点城市间连线、整体空间网络三个方面分析长三角区域旅游流空间网络特征。可以看出,长三角区域旅游流空间网络存在较大的不平衡性,区内城市在旅游流空间网络中地位差异较大,核心城市的核心地位较为突出,杭州和苏州既是区域内核心的旅游目的地城市,也是重要的旅游中转地,在旅游线路组织方面占有重要地位,而且这种特点随着出游时间的增加,体现得更加明显,三日游(及三日以上)线路更加集中于优势旅游目的地城市的优势景区。未来,长三角区域旅游流空间网络特征会随着旅游交通条件、大型旅游项目等各种因素的变化而发生较大的变化。

3)通过选取携程网迪士尼乐园开业前后国内游客上海游游记,梳理空间信息,利用社会网络方法,分析国内游客上海游空间网络特征,并对迪士尼开业前后进行了比较研究,可以看出迪士尼开业前,上海市旅游流空间网络呈现以外滩区域为重点的单核心集聚模式,迪士尼乐园开业后,乐园成为整体网络结构中的重要节点,但由于迪士尼单节点游的比例较大,对整体网络结构的影响有限,外滩及浦东陆家嘴区域仍是上海城市旅游的核心区域,未来应加强该区域的游客疏导,增加观赏点,拓展游览面,以缓解游客高度集中的局面,降低安全风险,提升游客的满意度。

参考文献

保继刚.1992.论旅游地理学的研究核心.人文地理,7(2):11-18.
陈浩,陆林,章锦河,等.2008.珠江三角洲城市群旅游空间结构与优化分析.地理科学,28(1):

113-118.

陈浩,陆林,郑嬗婷.2011.基于旅游流的城市群旅游地旅游空间网络结构分析——以珠江三角洲城市群为例.地理学报,66(2):257-266.

陈浩,陆林,郑嬗婷.2011.珠江三角洲城市群旅游空间格局演化.地理学报,66(10):1427-1437.

付琼鸽,刘大均,胡静,等.2015.湖北省旅游流网络结构的特征与优化.经济地理,35(3):191-196.

郭喜梅,李伟.2014.基于旅游流角度的云南省旅游经济联系的社会网络结构分析.旅游研究,6(1):88-94.

琚胜利,陶卓民,赖正清,等.2015.浙江省国内旅游流系统网络结构演变研究.地理与地理信息科学,31(2):91-97.

李伟,胡静.2013.基于旅游目的的特殊时段旅游流时空分布特征研究——以武汉市为例.经济地理,33(1):180-186.

李志飞,夏磊.2013.中国特殊时段旅游流时空分布特征研究——以"十一"黄金周为例.旅游学刊,28(10):37-46.

林章林.2016.上海城市旅游休闲公共空间的时空演化模式.资源科学,32(2):79-94.

刘法建,章锦河,陈冬冬.2009.社会网络分析在旅游研究中的应用.旅游论坛,2(2):172-177.

刘法建,张捷,章锦河,陈冬冬.2010.中国入境旅游流网络省级旅游地角色研究.地理研究,29(6):1141-1152.

刘宏盈,韦丽柳,张娟.2012.基于旅游线路的区域旅游流网络结构特征研究.人文地理,126(4):131-136.

刘少湃,田纪鹏,陆林.2016.上海迪士尼在建景区客源市场空间结构预测——旅游引力模型的修正及应用.地理学报,71(2):304-321.

吕丽,陆林.2012.上海世博会国内旅游者空间行为研究.地理科学,32(2):186-192.

吕丽,陆林,凌善金.2013.上海世博会旅游者空间扩散网络分析.旅游学刊,28(6):111-119.

任瑞萍,吴晋峰,王奕祺,等.2013.旅华美国旅游流地理分布和网络结构特征研究.地域研究与开发.32(5).144-150.

唐兵,袁桂花.2012.重庆国内旅游流网络结构特征分析.资源与产业.14(1):150-156.

唐顺铁,郭来喜.1998.旅游流体系研究.旅游学刊,(3):38-41.

王金莹,吴晋峰,唐澜,等.2013.亚洲入境旅游流地理分布及网络结构特征分析.资源科学,35(8):1701-1709.

王金莹,吴晋峰,唐澜,等.2013.基于 SNA 的中国入境欧洲旅游流网络性质和结构特征研究.人文地理,134(6):147-153.

王奕祺,吴晋峰,韩立宁,等.2014.北京入境旅游流地理分布与网络特征研究.干旱区资源与环境,28(6):202-208.

王奕祺,吴晋峰,任瑞萍,等.2013.广州入境旅游流地理分布与网络特征.陕西师范大学学报(自然科学版),41(5):91-97.

王兆峰.2012.入境旅游流与航空运输网络协同演化及差异分析——以西南地区为例.地理研究,31(7):1328-1338.

吴必虎.1994.上海城市游憩者流动行为研究.地理学报,49(2):117-126.

吴晋峰,潘旭莉.2010.京沪入境旅游流网络结构特征分析.地理科学,30(3):370-376.

吴晋峰,潘旭莉.2010.入境旅游流网络与航空网络的关系研究.旅游学刊,25(1):39-43.

吴晋峰.2014.入境外国旅游流网络分布、性质和结构特征研究.干旱区资源和环境,28(7):177-182.

杨国良,张婕.2007.旅游系统空间结构及旅游经济联系——以四川省为例.兰州大学学报,43(4):24-30.

杨丽,李帮义.2008.以旅行社为核心的旅游供应链构建研究.经济问题探索.(7):101-104.

杨曦,王兆峰.2014.基于交通网络的湖南旅游流空间集聚与扩散测度研究.地域研究与开发,33(4):96-100.

杨效忠,张捷,叶舒娟.2010.基于社会网络的跨界旅游区边界效应测度及转化.地理科学,30(6):826-832.

杨新菊,吴晋峰,王金莹,等.2013.旅华外国团队旅游流地理分布和网络结构特征研究.资源科学.35(4):839-848.

杨兴柱,顾朝林,王群.2007.南京市旅游流网络结构构建.地理学报,62(6):609-620.

杨兴柱,吴静.2015.南京市旅游流网络结构特征历时性比较.旅游科学,29(2):35-46.

虞虎,陈田,陆林,等.2014.江淮城市群旅游经济网络空间结构与空间发展模式.地理科学进展,33(2):169-180.

张妍妍,李君轶,杨敏.2014.基于旅游数字足迹的西安旅游流网络结构研究.人文地理,138(4):111-118.

张佑印,顾静,马耀峰.2013.旅游流研究的进展、评价与展望.旅游学刊,28(6):38-46.

章锦河,张捷,李娜.2005.中国国内旅游流空间场效应分析.地理研究,24(2):293-303.

Dredge D. 1999. Destination place planning and design. Annals of Tourism Research, 26(4): 772-791.

Noel S, Rodolfo B, Chris C. 2008. Network analysis and tourism — from theory to practice. Clevedon: Channel View Publication.

Pearce D. 1998. Tourist districts in Paris: Structure and functions. Tourism Management, 19(1): 49-65.

Pearce D. 1989. Tourism Development. Harlow: Longman.

Shih H. 2006. Network characteristic of drive tourism destination: An application of network analysis in tourism. Tourism Management, 27(5): 1029-1039.

Smiths. 1989. Tourism Analysis. New York: Longman Scientific & Technical.

第五章 都市圈旅游空间结构

第一节 珠三角都市圈旅游空间结构特征

一、区域界定及概况

珠三角地区(图5-1)是我国改革开放的先行地区,是我国重要的经济中心区域,在全国经济社会发展和改革开放大局中具有突出的带动作用和举足轻重的战略地位。改革开放30年来,珠三角地区充分发挥改革"试验田"的作用,率先在全国推行以市场为取向的改革,较早地建立起社会主义市场经济体制框架,成为全国市场化程度最高、市场体系最完备的地区;依托毗邻港澳的区位优势,抓住国际产业转移和要素重组的历史机遇,率先建立开放型经济体系,成为我国外向度最高的经济区域和对外开放的重要窗口;带动广东省由落后的农业大省转变为我国位列第一的经济大省;经济总量先后超过亚洲"四小龙"的新加坡、中国香港和中国台湾地区,奠定了建立世界制造业基地的雄厚基础,成为推动我国经济社会发展的强大

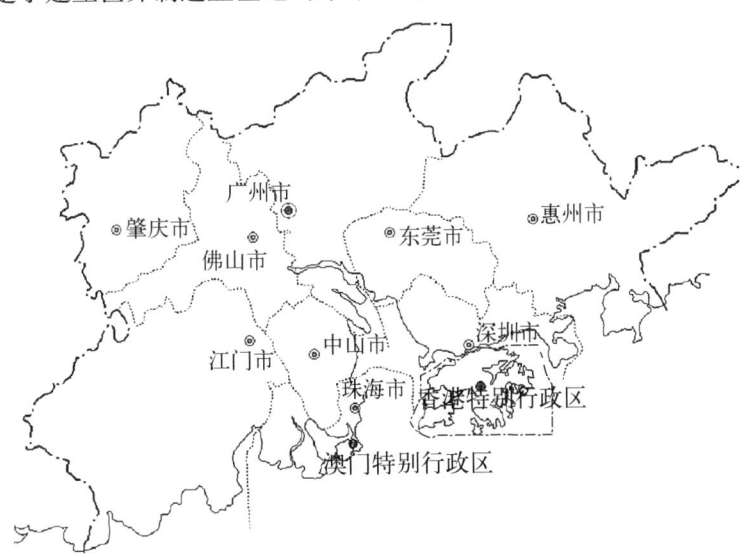

图5-1 珠三角九城市空间布局

引擎；人口和经济要素高度聚集，城镇化水平快速提高，基础设施比较完备，形成了一批富有时代气息又具岭南特色的现代化城市，成为我国三大城镇密集地区之一；城乡居民收入水平大幅提高，覆盖城乡的社会保障体系初步形成，教育、科技、文化、卫生、体育等各项社会事业迅速发展，公共服务体系基本建立。2015年，珠三角各城市GDP总和已经达到62 264亿元人民币，珠三角地区已经站在了一个新的更高的历史起点上（表5-1）。

表5-1　2015年珠三角各城市GDP数值

城　市	广州	深圳	珠海	佛山	东莞	中山	江门	惠州	肇庆
GDP（亿元）	18 100	17 502	2 024	8 003	6 275	3 010	2 240	3 140	1 970

数据来源：2015年珠三角各城市经济社会统计公报。

二、珠三角旅游业发展概述

（一）珠三角旅游业在广东省的地位

广东省是我国的旅游大省，2015年广东省接待入境旅游者总数占全国的78.5%，其中接待香港旅游者占全国的91.4%。珠三角地区是广东省对外交往的频繁地区，也是广东省旅游业最发达的地区。珠三角地区旅游业发展在广东省处于举足轻重的地位，到2015年，该区的旅游收入已占全省的近90%，旅游外汇收入则占95%以上。在2015年广东省接待的过夜旅游者中，67%以上是在珠三角。因此从某种程度上说，珠三角地区旅游业的发展状况决定了整个广东省的旅游业发展的水平。

在珠三角各城市中，广州是广东省会，自古便是华南的经济、政治、文化中心，深圳、珠海是我国发展最早的经济特区。穗、深、珠三市不仅是珠三角的旅游重点城市，在广东全省也处于绝对优势的地位。在2015年广东省接待的过夜旅游者人数中，珠三角9城市接待的总人数占全省的80%以上，而广州、深圳、珠海三城市则占全省的近60%，占珠三角的近70%。可见穗、深、珠三市在广东旅游业发展中的重要地位。除穗、深、珠三市以外，珠三角其他各城市也都具有特色的旅游资源，旅游业发展水平相当，近年均处于快速增长阶段。

（二）珠三角旅游资源特色及分布

与传统旅游相比，城市旅游有其自身的特性，城市的旅游吸引力与传统的旅游景区不同。首先，城市是以整个城市的综合吸引力为特征，其旅游吸引力主要体现在城市风貌，在区域政治、经济、文化、信息、科技方面的中心引向性，现代化的城市环境,丰富多彩的城市娱乐活动与设施以及其独具特色的城市整体形象等多种景观综合作用的结果。其次,城市还可满足游客多种旅游需求,提供包括商务、会议会展、旅游购物、娱乐、教育、美食等在内的多种旅游功能,内涵丰富的城市,在旅游功能上表现出多元化的特点。都市圈旅游则是区内多个城市旅游的结合,通过高度发达的基础设施支撑,成熟的都市圈旅游地实质上相当于一个超大型城市,从本质上说,都市圈旅游仍属于城市旅游。珠三角是岭南文化的重要发源地,近代民主革命的策源地,我国改革开放前沿区域,区内自然景观多样,人文旅游资源和自然旅游资源都十分丰富(图5-2),但珠三角地区城市旅游是非资源型城市旅游模式,其城市旅游的最大吸引力并非自然和文化遗产旅游资源,受经济高速发展、相对高度发达的作用,其资源主要体现在其活跃的经济活动、现代的建筑风貌、优越的购物环境、先进的娱乐设施及现代开放气息等,旅游城市体系结构紧致,有序性大,区内经济联系紧密,一体化功能强,作为整体对区外的吸引力大。

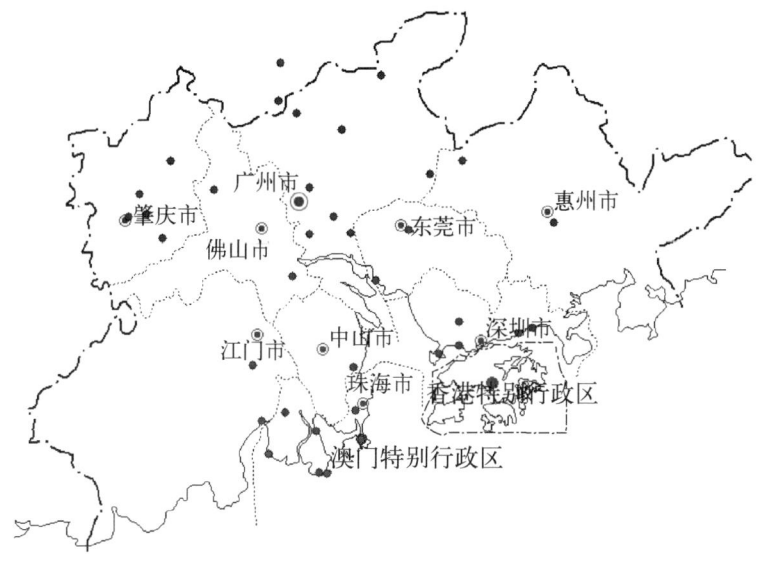

图5-2 珠三角主要旅游景点分布图

根据以上对珠三角都市圈旅游资源的分析,可以对珠三角旅游资源做以下判断:珠三角旅游资源比较丰富,主要以城市(镇)风貌、文化景观和亚热带自然风光为特色。珠三角旅游资源空间分布规律如下:首先,空间分布不均衡,珠江口西部城市资源点相对比较集中,传统意义上的旅游资源相对较多,以山水资源、温泉度假、历史人文资源为主,而东部地区传统资源点相对较少,但现代岭南城市景观特色突出,主要体现在城市景观及主题公园;其次,资源禀赋和类型分布不均,如珠三角相当一部分4A以上景区在广州市;再者,旅游资源开发程度差距较大。广州无论是在数量上还是在类型上都占绝对强势;深圳仅次于广州,深圳和珠海旅游景区数量少,但规模大、开发程度高,华侨城虽是一个投资主体,并作为一个景区进行旅游统计,但华侨城包括世界之窗、锦绣中华、欢乐谷、东部华侨城等景区。东莞、佛山主要体现为商务旅游,其余城市则自然、人文兼备,其中惠州、肇庆山水资源,江门的温泉度假等均有特色(表5-2)。

表5-2 珠三角主要旅游资源情况表

	4A景区	风景名胜		森林公园		度假区		历史文化名城及花园城市	世界生物保护圈	国家级自然保护区	国家级历史文化名村镇	国家级文物保护单位	国家级非物质文化遗产
		国家级	省级	国家级	省级	国家级	省级						
广州	22	1	2	2	3	1	1	1	0	0	1	18	5
深圳	6	0	2	0	1	0	1	0	0	1	1	1	0
珠海	3	0	0	0	1	0	1	1	0	1	0	0	0
佛山	16	1	0	0	2	0	2	0	0	0	2	4	6
东莞	5	0	0	0	4	0	2	0	0	0	0	1	1
中山	2	0	0	0	0	0	0	0	0	0	0	1	2
江门	8	0	1	1	2	0	0	0	0	0	1	2	1
肇庆	5	1	2	1	3	0	0	1	1	0	0	2	1
惠州	9	2	0	1	4	0	0	0	0	2	0	0	0

按照旅游资源的具体类型,各城市的特点主要体现为:城市旅游风貌最突出的城市依次是深圳、珠海和广州;历史文化艺术资源突出的依次是佛山、广州、肇庆;温泉及海滩海岛资源突出的是珠海、江门、中山和惠州;风景区及乡村景观资源突出的是肇庆、珠海和惠州;工业产品及工业旅游资源突出的是东莞、佛山、中山和广州。

因此,珠三角旅游资源总体上表现出类型多样、各具特色又相对集中的特点,九城市代表性旅游资源在资源的丰富程度、空间组合和总体优势度上不尽相同,在各地旅游发展中所起的作用差异明显,由此形成不同的旅游发展模式,基本可分为三类:广州、佛山、东莞属于经济驱动型,其旅游发展主要依赖于城市的经济因素;惠州、江门、肇庆属于资源驱动型,其旅游发展主要依赖于传统旅游资源;深圳、中山、珠海属于资源与经济混合驱动型,其旅游发展兼有经济因素与传统旅游资源。

三、珠三角都市圈旅游空间结构特征

空间结构的研究长期以来就受到地理学家的关注,旅游空间结构也是目前关于旅游研究中涉及最多的内容,主要包括作为旅游主体的旅游者行为的空间特征,作为旅游客体的旅游目的地空间结构特征,特别是旅游目的地的空间结构要素、空间结构特征、空间结构优化等,关于都市圈旅游空间结构的研究目前仍不多见,作为一种特殊空间尺度的旅游目的地,都市圈旅游目的地空间结构与单体城市和景区既有着共同性,也存在诸多差异,以下主要以珠三角为研究对象,分析都市圈旅游地空间拓扑结构及以网络结构方法和原理分析都市圈内部城市的旅游空间连接状况。

(一) 空间拓扑结构分析

都市圈旅游目的地最大的特点是其区内城市的高度发达连接体系,因此对都市圈旅游目的地内部的空间联系的研究尤为重要。空间形态、连接度、通达度及其驱动机制是分析空间联系的重要内容。

1. 连接度分析

区域空间连接度的大小可以通过 α 指数、β 指数、γ 指数进行定量表达,本书对珠三角都市圈旅游目的地空间连接度大小的度量采用了 β 指数。β 指数为网络中结点的平均连线数目,是对网络连接性的度量。对多结点的旅游区而言,连接不同旅游资源结点之间的交通线越多,等级越高,则连接性越高,旅游者往来各旅游景点之间越方便,较高的 β 指数是旅游区内旅游资源空间网络结构优化的要求与保障。其公式为 $\beta = L/P$,式中,β 表示交通网的连接度,L 表示交通网中边的数量,即每两两结点的直接连接数目,P 表示交通网中顶点的数量,即结点数,一般来说,β 的范围处于 $0\sim3$,在这个范围内,β 值越大,表明网络的连接度越好。珠三角区域 β 指数为 2.2,有着较好的连接度。

2. 通达度分析

通达度指数是衡量网络中结点间移动的难易程度的指标,即由每个结点出发,到其他结点的通畅程度,表征旅游资源点之间联系的快捷性。通达度指数是指网络中从一个顶点到其他所有顶点的最短路径的平均距离。公式为

$$A_i = \sum_{i=1}^{j} D_{ij}/n$$

式中,A_i 表示顶点 i 在网络中的通达度指数;D_{ij} 表示顶点 i 到顶点 j 的最短距离;累计和表示顶点 i 到所有其他顶点的距离。明显地,A_i 所得值越小,则说明该点的通达度越高。表 5-3 是珠三角各城市通达度指数,可见珠三角各城市均具有较好的通达性。

表 5-3 珠三角各城市区内通达性分析表

结点城市	广州	佛山	肇庆	江门	中山	珠海	东莞	深圳	惠州
通达度指数(km)	174.2	178.5	181.2	192.6	184.5	194.3	178.4	196.0	214.1

3. 区域空间形态分析

区域空间形态紧凑与否关系到区域开展旅游线路的组织。可以通过紧密指数来表示,公式为:$C=D/D'$。式中,C 为紧密性指数,表示区域形态紧凑程度;D 为与研究区域同面积圆的直径,D' 为研究区域形态为标准圆时,区域通达性最佳,C 取上限 1;当研究区域形态为直线时,$C=0$。按照以上公式,珠三角都市圈旅游区紧密性指数约为 0.68,说明区域形态比较紧凑,适合区域旅游的开展。

4. 珠三角都市圈空间连接体系

交通运输对都市圈的形成具有制约和引导的作用,都市圈具有沿交通走廊布局的地域结构特点。珠三角交通运输网络正在形成铁路、公路、河运、海运、航空等多种运输方式组成的立体交通运输网。包括由铁路、海运及国道、航空所构成的对外交通运输子系统;以高速公路及快速轨道为骨架的内部三大都市区间大运量快速交通运输子系统;三大都市区内部交通运输子系统。区内运输以公路占绝对地位。至 2020 年,广东省将建设成以广州为中心,广州至深圳、珠海为两条主轴线,以及放射与环状结合的珠三角城际快速轨道交通网络,形成以广州为中心的珠三角一小时交通圈。电话网、数据通信网、移动通信网,智能网、支撑网的建设,使得区内所有城镇都纳入到现代化的通信网络,城市间的通信能力进一步加强,为城镇体系内各城市之间及与国内和世界其他城市进行大量的信息交换提供保证(表5-4、图 5-3)。这些都为珠三角区域旅游一体化打下坚实的基础。

表 5-4 珠三角都市圈空间连接体系

连接形式	构　成	连接能力
航　空	广州白云机场、深圳机场、珠海机场	主要对外联系方式
铁　路	京九线、京广线、广深线等	主要对外联系方式
公　路	106、105、324、321、107、205、325 国道,以广州为中心的高速公路网及省道	高速公路及省道是区内运输的主要方式,国道为对外连接通道
水　运	港口及内河航运	区内外连接通道
轻　轨交通网	以广州为中心,广州至深圳、珠海为两条主轴线,连接珠三角各城市(包括香港、澳门),放射与环状结合的珠三角城际快速轨道交通网络	区内快速连接通道,形成珠三角一小时交通网
信　息	电话网、数据通信网、移动通信网,智能网、支撑网	信息高速公路

5. 都市圈旅游目的地空间模型构建

将 Gunn(1988)提出的目的地地带模式中的区域旅游目的地模型、Dredge(1999)提出的区域空间模式中链状节点目的地模型、杨新军(1999)提出的区域旅

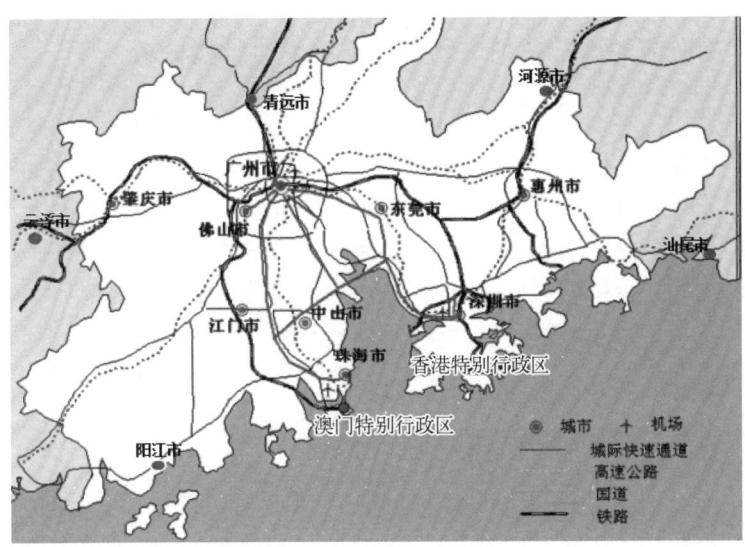

图 5-3 珠三角空间连接体系

游空间格局概念模式与都市圈旅游目的地旅游空间要素结合,得出都市圈旅游目的地空间模型(图 5-4)。具体到珠三角都市圈,还具有以下特征:① 由于城市的高度连接,其中相对独立节点的对外通道相对整个系统而言就成了区内通道;② 区内各城市既是旅游目的地同时也是旅游客源主要产生地;③ 珠三角目的地系统是由 9 个这样的圆形(即单个城市目的地)组合而成的,构成更加复杂;④ 根据游客出游的距离衰减规律,各城市的距离衰减曲线重合,导致珠三角居民外出旅游的最频繁区是珠三角内部。

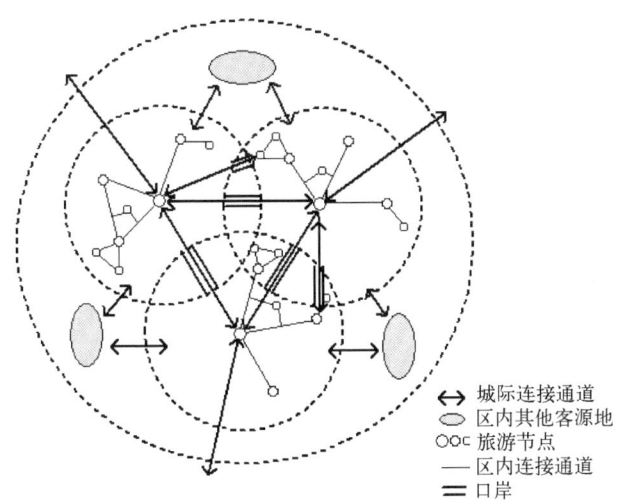

图 5-4 都市圈旅游目的地空间模型

(二) 基于旅游流的珠三角都市圈旅游空间网络结构分析

随着工业生产逐渐成为引导城市化的主导力量，城市之间的联系日趋紧密，城市逐步跳出个体框架的束缚，向区域化方向发展，从而衍生出新的城市空间组织形态：都市圈空间。同时，20世纪80年代以后，工业化不断向发展中国家延伸，城市群体化逐渐成为全球性的主体趋势，都市圈正成为全球经济竞争的基本地域单元。我国目前发展相对成熟的都市圈有珠三角、长三角和京津冀都市圈，正加速形成的都市圈包括辽宁中部、长(沙)株(洲)(湘)潭、中原都市圈等一批具有都市圈雏形的地域。旅游产业作为经济产业的后起之秀，在激烈的市场竞争中，越来越需要依托都市圈旅游经济圈。

旅游空间结构是旅游地理学的重要研究领域，长期以来一直被地理学者关注。对于旅游空间结构的研究，有理论层面的研究，多是将经济地理学及其他学科中相关的传统理论与具体的旅游区域结合，如核心—边缘理论、空间一体化理论、点—轴结构理论等，而直接通过旅游要素分析归纳的旅游空间理论以 Gunn(1998)的目的地地带理论、Dredge(1999)的三种目的地空间结构模式、Haggett 等(1977)的空间演化模式为代表。实证研究方面，主要涉及旅游者的空间行为研究，包括旅游流、旅游者空间行为特征、旅游者空间感知等；旅游目的地空间结构方面的主要研究有旅游资源及产品空间分布与布局、目的地空间结构及演变、合作、优化等。目的地研究范围既包括单节点旅游目的地，也包括区域旅游目的地，既有城市旅游目的地，也有乡村旅游目的地，但对于多节点都市圈旅游目的地的概念，则鲜有明确提出，研究较少。以下从旅游流的角度，试图对都市圈区域旅游目的地的空间结构进行探研，以构建都市圈旅游目的地空间结构模式。

1. 旅游地空间网络结构特性及评价

网络结构评价指标主要包括单个节点结构和整体网络结构两个部分，节点结构可以通过节点中心性和结构洞两个二级指标进行评价，整体网络结构则通过网络规模、密度、网络中心势、直径、核心—边缘模型加以测度。根据本文研究对象节点的选取及其数量情况，仅对与本研究有密切关系的指标进行分析，主要选取节点到达中心性、节点接近性、节点中间度、核心—边缘模型及分层聚类分析。

(1) 节点到达中心性

节点到达中心度是指连接某一节点与其他节点间边的数量，对有向网络结构图来说，又可以分为节点内向到达中心度和节点外向到达中心度，意指旅游网络中到达某一旅游节点和离开某一节点的线的多少和程度。

$$k_i = \sum_i a_{ij} \quad k_i^{in} = \sum_j a_{ij} \quad k_i^{out} = \sum_i a_{ij}$$

式中，k_i 是指整体到达中心性；k_i^{in} 指内向到达中心性；k_i^{out} 指外向到达中心性。

（2）节点接近性

节点接近性是指某一旅游节点到其他所有节点测地距之和的倒数，它同样也可表述为对信息从某一节点传输到其他节点所耗费时间的测度，是测算某一节点与网络内其他节点联系紧密程度的指标。对有向网络结构图来说，节点接近性同样也有内向节点接近性和外向节点接近性之分。接近性数值越大，表明某一节点与其他节点联系程度越高，反之，则表明联系程度较低。可以用公式表示为

$$CL_i = \frac{1}{\sum_{j \neq i} d_{ij}}$$

式中，CL_i 为节点接近性，表示从 i 到 j 所有测地距之和的倒数；d_{ij} 是指从节点 i 到 j 的测地距。

（3）节点中间度

节点中间度是对某一节点在网络中中间性的测度，是指位于旅游网络中其他节点对最短路径连线上的节点重要程度，如果这一节点位于其他多个节点对的最短路径连线上，则表明该节点在网络中有着非常重要的地位。在社会学中，节点中间度是指对某一角色在群体中影响力重要程度的测量。用公式可以表达为

$$B_i = \sum_{i \neq j \neq l} \frac{D_{jl}(i)}{D_{jl}}$$

式中，D_{jl} 指与 i 相邻的 j 和 l 两个节点间的最短路径；$D_{jl}(i)$ 指通过节点 i 的路径。

（4）核心—外围分析

为更加清晰直观地反映某一旅游节点在整个旅游网络中的位置或者重要程度，利用 UCINET6.125 汉化版软件中核心/外围模块，构建旅游网络的核心—外围模型。

（5）分层聚类分析

进一步验证旅游网络中节点间相互关系，利用 UCINET6.125 汉化版软件中"簇"工具模块的分层功能，对网络中所有旅游节点进行聚类分析，以找到节点间的相似性。

2. 珠三角都市圈旅游空间网络特征分析

（1）数据获取

将珠三角九个城市作为旅游节点，为获取研究所需资料，笔者先后两次赴珠三角进行实地调研，2004 年 8 月，随《广东省中山市旅游发展总体规划》课题组重点考察了中山市及珠三角区域其他城市的旅游业发展状况。2009 年 8 月 9~24 日，笔者又专程赴珠三角都市圈的 9 个城市进行了为期 16 d 的实地调研，深入到各城

市的重点景区、旅游企业、长途客运站等相关单位进行了走访和资料收集。其中,数据资料主要来源于 4 个部分:① 走访珠三角 9 个城市的代表性旅行社,主要包括中国国际旅行社、中国旅行社、中国青年旅行社、康辉旅行社等在各城市的分(支)社及当地其他部分旅行社,索取最新旅游线路,遴选珠三角区域内线路,由于旅行社推出的线路具有季节性,不能代表线路的总体情况,因此又通过相关旅行社网站进行查询,选择以往推出的线路,为保证样本代表性,每个城市随机抽取 120 条,9 个城市共 1 080 条线路;② 实地走访 9 个城市汽车客运总站,统计最新实际运行的区内长途客运班车线路,并根据车型和上座率进行计算,大巴车按 51 座,中巴按 33 座计算,通过咨询站内工作人员,总体上座率按 75% 计算,得出 9 个城市之间实际长途汽车客运量;③ 国内(省外)游客赴珠三角旅游情况通过国内各省(区、市)旅行社相关网站查询各地的推荐线路,共收集到目的地为珠三角的线路共 153 条;④ 港澳游客赴珠三角旅游则以珠三角各市 2007 年实际公布的接待过夜港澳游客人次为准。

(2) 结果分析

1) 旅行社区内线路网络结构分析:旅行社推出的线路从某种程度上反映了旅游者的流向,区内旅游线路反映旅行社对本地游客赴珠三角区域各城市旅游的一种引导,实地调查的结果表明,旅游者大多按照旅行社推荐的旅游线路进行旅游。因此,通过旅行社推荐的线路分析旅游者的实际流向是可行的。而且,通过旅行社组织外出旅游的游客也基本以观光、休闲为主,此研究的对象也代表了旅游者整体中的重要组成部分。

首先,根据珠三角 9 个城市近 60 家旅行社收集的推荐线路,每个城市随机选择 120 条区内线路,共计 1 080 条线路信息,构建旅行社推荐线路的数值矩阵,使用 NetDraw 软件中网络功能,并将线条最大值取 15,最小值取 1,软件自动生成珠三角都市圈旅行社推荐区内线路网络结构图(图 5-5)。由于对网络中节点接近性、节点到达中心性及中间度等网络结构的分析需要使用 UCINET 软件,软件分析时

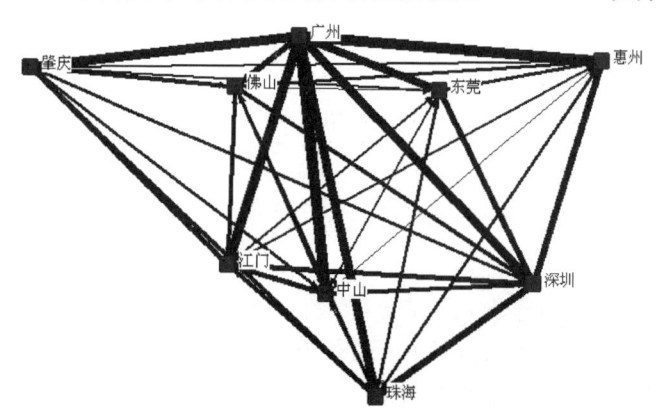

图 5-5　旅行社区内线路网络结构图

识别的是二分矩阵,因此,通过将断点值取为10,将数值矩阵转化为二分矩阵(表5-5),利用UCINET软件中网络模块的相关功能对旅行社区内线路网络结构特性进行进一步分析,并与区内城际长途客运线进行比较(分析结果见表5-7)。

表5-5　旅行社区内线路网络二分矩阵

	广州	深圳	珠海	佛山	东莞	中山	江门	惠州	肇庆
广州	0	1	1	1	1	1	1	1	1
深圳	1	0	1	1	1	1	0	1	0
珠海	1	1	0	0	0	1	1	0	0
佛山	1	1	1	0	1	1	1	0	0
东莞	1	1	0	1	0	0	0	1	0
中山	1	1	1	1	0	0	1	0	0
江门	1	0	1	1	0	1	0	0	0
惠州	1	1	0	0	1	0	0	0	0
肇庆	1	0	0	0	0	0	0	0	0

2) 区内城际长途汽车客运网络结构分析:珠三角区域国道、高速公路密集,城际长途汽车客运交通发达,虽然部分城市之间如广州—佛山、东莞—惠州开通了城际公交线路,且珠三角区域城市轨道建设也在进行之中,珠三角区域居民私家车辆拥有率也较高,但长途汽车仍是珠三角居民城际流动的重要方式,由于堵车及停车问题,许多拥有私家车的居民也经常选择长途汽车外出。因此,区内长途客流也能从某种程度上反映珠三角居民在区内的流动情况。

由于珠三角镇域经济发达,每个区镇线路覆盖面较宽的汽车班线,掌握全部数据有较大难度。因此,选取每个城市中心城区的汽车总站的区内长途客运班线作为研究对象,通过各城市汽车总站2009年8月实际运行的班线,结合车型和上座率,构建了珠三角区内城际长途客运网络数值矩阵,同样使用UCINET软件,将线条宽度最大值设为15,最小值为1,生成网络结构图(图5-6)。同时,通过将断点值取为20,将数值矩阵转化为二分矩阵(表5-6),利用UCINET软件中网络分析模块和工具模块中的相关功能以对网络结构特性进行进一步分析并与旅行社区内线路进行比较,分析结果见表5-7。

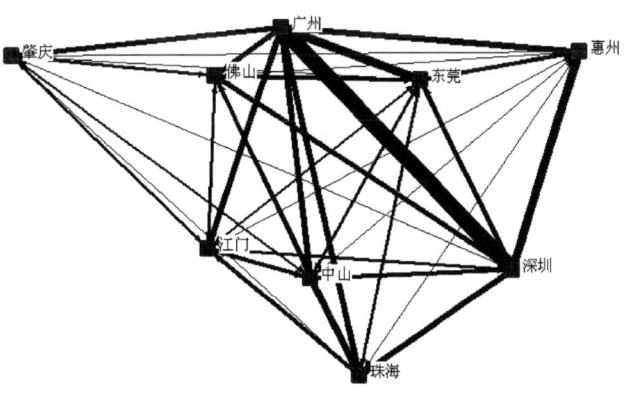

图5-6　区内长途客运线网络结构图

表 5-6 区内长途客运线网络二分矩阵

	广州	深圳	珠海	佛山	东莞	中山	江门	惠州	肇庆
广州	0	1	1	0	0	1	1	1	1
深圳	1	0	1	0	0	0	1	1	1
珠海	1	1	0	0	0	0	1	1	1
佛山	1	1	1	0	0	0	1	1	1
东莞	1	1	1	0	0	0	0	1	0
中山	1	1	1	0	0	0	1	0	1
江门	1	1	1	0	0	0	0	0	0
惠州	1	1	1	0	0	0	0	0	0
肇庆	1	1	1	1	0	0	1	0	0

3) 比较分析：通过二分矩阵的构建，利用 UCINET 软件中的相关功能对两个网络进行节点接近性、节点到达中心性和节点中间度的分析，输出的相关数据如表 5-7 所示。

表 5-7 网络结构各项指标比较分析表

	评价指标及输出数据									
	节点接近性				节点到达中心性				节点中间度	
	内向		外向		内向		外向			
	①	②	①	②	①	②	①	②	①	②
广州	100.000	100.000	47.059	100.000	9.000	9.000	7.500	9.000	8.000	8.000
深圳	100.000	88.889	44.444	88.889	9.000	8.500	7.000	8.500	8.000	7.000
珠海	88.889	88.889	44.444	80.000	8.500	8.500	7.000	8.000	7.000	7.000
佛山	47.059	100.000	47.059	88.889	5.167	9.000	7.500	8.500	6.000	8.000
东莞	11.111	88.889	41.538	80.000	1.000	8.500	6.833	8.000	4.000	7.000
中山	53.333	80.000	42.105	80.000	5.500	8.000	6.833	8.000	4.000	6.000
江门	80.000	80.000	42.105	88.889	8.000	8.000	7.000	8.500	6.000	6.000
惠州	72.727	61.538	38.095	72.727	7.500	6.500	5.833	7.500	5.000	5.000
肇庆	80.000	61.538	44.444	61.538	8.000	6.500	7.000	6.500	6.000	3.000
均值	70.347	83.305	45.699	82.326	6.85	8.06	6.85	8.06	6.000	6.444
标准差	27.152	13.418	6.173	10.446	2.45	0.90	0.49	0.68	1.414	1.499
方差	737.236	180.044	38.106	109.119	5.99	0.80	0.24	0.47	2.000	2.247
总和	633.119	749.744	411.295	740.932	61.67	72.50	61.67	72.50	54.000	58.000

注：表中，"①"是指根据旅行社推荐线路测算的数据，"②"是指根据城际长途汽车客运班线测算的数据。

根据输出的相关数据，对两个网络进行比较，珠三角旅游网络分析如下：

a) 节点接近性方面，内向节点接近性反映的是其他节点向某一节点的靠近程度，数据表明，不论是旅行社推荐的线路还是长途客运班线，广州、深圳、珠海三个城市的数据均较大,说明这三个城市是珠三角区域重要的综合目的地,在观光、休闲旅游方面和商务旅游方面均比较发达;较为特殊的城市是佛山和东莞,两个城市的内向节点中心性数值在旅行社推荐线路方面都较小,而长途客运班线的数值都较大,由于参加旅行社线路的游客多为观光、休闲游客,而长途客运班线的游客多为商务游客,因此,佛山、东莞并不是珠三角重要的观光、休闲旅游地,而是重要的商务旅游目的地,这些也通过两个城市的旅游资源和城市商务旅游设施方面得到印证,主要与这两个城市发达的城镇经济有关。而惠州和肇庆的情况则与佛山、东莞相反,它们的旅行社线路方面的接近性数值较大,而长途客运线路的接近性数值较小,说明它们是珠三角区域主要的观光、休闲目的地,而不是重要的商务目的地,同样也与两个城市优质的生态资源(肇庆的山水、惠州的山水和海滨资源)密切相关。外向节点中心性反映了某一节点向其他节点靠近的程度,数值显示广州和深圳数值较大,是珠三角区域主要的客源地,珠海虽然是主要的目的地,但外向数值较小,说明其在客源地方面的能力相对较弱。其他城市的数值均正常分布。

b) 节点到达中心性方面,内向节点到达中心性反映其他节点实际到达某一节点的程度,外向则相反,数值与节点接近性基本相同,通过节点到达中心性更进一步验证了节点接近性所分析的结果。其中,佛山在长途客运班线个的内向节点中心性数值较大,主要与佛山距离广州太近有关。

c) 节点中间度方面,广州、深圳的数值较大,这说明两个城市既是珠三角区域主要的客源地和目的地,同时也是该区域重要的旅游集散中心。其他城市数据基本呈正常分布状态。

4) 区外游客到达分析

a) 国内(省外)旅行社推荐线路

根据全国各地代表性旅行社(国旅、中旅、青旅、康辉等)门户网站推荐的国内旅游线,选择赴珠三角的旅游线路,构建国内(省外)游客赴珠三角旅游网络数值矩阵,利用 NetDraw 软件生成网络结构图,体现为以下特征:① 各地国内长途旅游线路中赴珠三角的线路相对较少;② 在已有的线路中,目的地多集中在广州、深圳、珠海;③ 广州是国内游客赴珠三角的集散中心,多数游客均以广州作为珠三角旅游的起点和终点,少数以深圳和珠海作为起点和终点,如广西和福建的游客(图 5-7)。

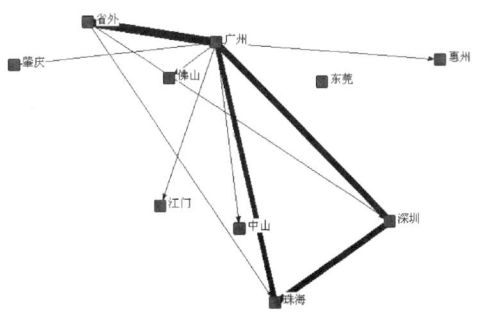

图 5-7 国内(省外)旅行社线路网络结构图

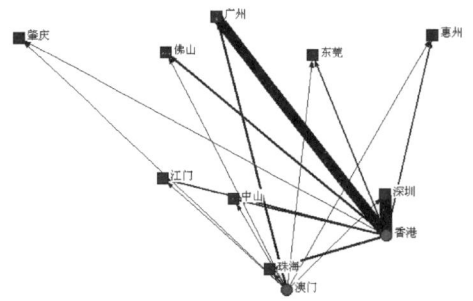

图 5-8 港澳游客到达网络结构图

b) 港澳游客到达分析

深圳、珠海分别紧邻香港和澳门,是港澳游客进入内地的主要门户,大部分港澳游客选择珠三角地区作为目的地。根据 2007 年珠三角各城市实际接待过夜港澳游客人次(资料来源:各城市统计年鉴)构建数值矩阵,以 NetDraw 软件生成网络结构图。可见,广州、深圳是香港游客进入珠三角的主要目的地,广州、珠海则是澳门游客进入珠三角的主要目的地,一方面是由于深圳、珠海与香港、澳门的地缘关系,另一方面也与港澳与广州、深圳高度发达的经贸联系有关(图 5-8)。

c) 核心—边缘与分层聚类分析

核心—边缘分析和聚类分析主要是分析网络各节点在网络中的重要性和节点间的相似性,根据以上分析中构建的相关数值矩阵和二分矩阵,利用 UCINET 软件中的核心—边缘模块和"簇"功能中的分层模块,其中,聚类分析结果中,将最高的两个层级进行合并,其余层级归为一类,并分别以高层级和低层级表示,对珠三角旅游地空间网络结构中各城市的分析结果如表 5-8 所示。

表 5-8 核心—边缘分析及分层聚类分析结果

分析方法	分析对象	分析结果
核心—边缘分析	区内旅行社线路	**核心**:广州、深圳、珠海、江门、肇庆;**边缘**:佛山、东莞、中山、惠州
	区内长途客运线	**核心**:广州、深圳、珠海、佛山、东莞、中山、江门;**边缘**:惠州、肇庆
	省外赴珠三角线	**核心**:广州、深圳、珠海;**边缘**:佛山、东莞、中山、江门、惠州、肇庆
	港澳游客到达	**核心**:广州、深圳;**边缘**:珠海、佛山、东莞、中山、江门、惠州、肇庆
分层聚类分析	区内旅行社线路	**高层级**:广州、深圳、肇庆;**低层级**:珠海、佛山、东莞、中山、江门、惠州
	区内长途客运线	**高层级**:广州、佛山、东莞、江门;**低层级**:深圳、肇庆、珠海、中山、惠州
	省外赴珠三角线	**高层级**:广州、深圳、珠海;**低层级**:佛山、东莞、中山、江门、惠州、肇庆
	港澳游客到达	**高层级**:广州、深圳;**低层级**:珠海、佛山、东莞、中山、江门、惠州、肇庆

3. 珠三角都市圈旅游空间格局分析

为进一步分析珠三角成熟群旅游空间格局,将珠三角 9 个城市 4A 级以上景区及四星级以上酒店进行比较,通过主要景区分析各城市主要旅游资源类型,以 4 星以上酒店数分析各城市商务旅游发展的程度,以进一步对珠三角各城市在珠三角都市圈旅游空间格局中的地位和作用。

(1) 珠三角9个城市主要旅游要素特征

从表5-9中可以看出,9个城市中,广州4A级以上景区数量最多,类型上属于综合类型,既有现代的主题公园、高尔夫球会,又有历史人文景观、红色文化景观、城市山水公园等;深圳和珠海更多地体现为现代人造景观;佛山则多为人造植物景观及历史园林景观,东莞自然景观较少,鸦片战争纪念馆则属于博物馆类型的历史人文景观,但东莞与佛山,特别是东莞,却拥有全国地级市中数量最多的四星、五星级酒店,特别是五星级酒店,相关现象及研究表明,东莞拥有大量的港资企业,东莞的高级酒店主要是为港澳商务客提供休闲、住宿;中山则为历史名人故居;江门以温泉旅游度假地为主要特色;惠州西湖和肇庆星湖风景区则均为传统的山水自然资源,两市主要体现为生态旅游资源特色。

表5-9 珠三角九城市主要旅游要素一览表

城 市	4A以上景区	景 区 名	资 源 特 色	4星以上酒店	
				5星	4星
广 州	10	长隆欢乐世界、白云山、广东美术馆、中山纪念堂、莲花山、宝墨园、黄花岗、南越王博物馆、碧水湾、越秀公园	主题公园、历史人文景观、博物馆	9	31
深 圳	3	仙湖植物园、观澜湖高尔夫球会、华侨城	人造景观	10	28
珠 海	2	珠海农科奇观、圆明新园	人造景观	8	8
佛 山	4	清晖园、三水森林公园、西樵山、三水荷花世界	园林、植物	4	17
东 莞	1	鸦片战争博物馆	博物馆	20	25
中 山	2	詹园、孙中山故居	名人故居	3	6
江 门	5	恩平市锦江温泉、金山温泉、开平立园、圭峰风景区、新会古兜温泉	温泉、园林	3	5
惠 州	1	惠州西湖风景名胜区	自然山水	2	9
肇 庆	1	肇庆星湖风景名胜区	自然山水	0	1

数据来源:景区数据源自国家旅游局网站最新公布数据,酒店数据源自《广东省统计年鉴2009》。

(2) 珠三角各城市旅游网络功能功能和地位

综合以上对珠三角空间网络结构的分析,可以将珠三角9个城市分别从客源地、目的地、旅游集散地三种类型进行定位(表5-10),其中,广州作为我国华南地区的政治、经济、文化、中心和交通枢纽,在整个珠三角旅游空间网络结构中处于中心地位,它既是珠三角区域旅游重要的客源地、目的地,同时也是外地游客特别是国内(省外)游客进入珠三角的集散中心,是珠三角都市圈一级旅游基地。深圳是则凭借毗邻香港及国家的特区政策优势,迅速成长为珠三角区域又一重要的增长极,壮观的城市景观、众多的大型主题公园、优质的滨海资源使得深圳成为主要的

表 5-10 各城市的旅游网络功能和地位

城 市	网络功能和地位
广 州	主要综合目的地、主要区内客源地、区内外游客集散中心
深 圳	主要综合目的地、主要区内客源地、香港游客集散中心
珠 海	主要综合目的地、次要区内客源地、澳门游客集散中心
佛 山	主要商务目的地、次要区内客源地
东 莞	主要商务目的地、次要区内客源地
中 山	次要综合目的地、次要区内客源地
江 门	次要综合目的地、次要区内客源地
惠 州	主要生态目的地、次要区内客源地
肇 庆	主要生态目的地、次要区内客源地

城市旅游目的地,也是香港游客进入内地的门户,在珠三角旅游空间网络结构中处于主要客源地、主要综合性旅游目的地和香港游客进度内地的旅游集散地。珠海则与深圳类似,与澳门关系密切,但由于城市经济总量不高,因此,是珠三角主要目的地,澳门游客进入内地的集散地,深圳和珠海是珠三角都市圈二级旅游基地。珠三角的其他城市根据其城市经济发展状况及旅游资源赋存,在珠三角区域也都具有各自的地位。城市间旅游流联系方面,广州和深圳无论是区内客源还是国内及香港游客主要的流动轴线,广州与珠海次之,随着港澳珠跨海大桥的建设逐渐提上日程,深圳到珠海将成为珠三角区域潜在的旅游轴线;总体格局上,广州、深圳、珠海是整个珠三角的综合性旅游中心区域,再加上佛山、东莞、中山、江门,形成了珠三角商务旅游的主要区域,肇庆、惠州及江门、深圳的滨海区域则是珠三角的生态旅游区域。

(3) 珠三角都市圈旅游空间格局

根据对珠三角各城市主要旅游要素及都市圈区内网络功能和地位的分析和比较,构建珠三角都市圈旅游的"三条旅游轴线、三个旅游圈、三级旅游服务基地"的空间格局(图 5-9)。"三条旅游轴线"分别为:广深旅游轴线,是珠三角主要旅游轴线,该轴线上商务活动频繁,人流、物流密集;广珠旅游轴线,是珠三角区域次要旅游轴线,由于受澳门辐射较弱,珠海经济总量相对较小,因此广珠轴线相对较弱;深珠潜在旅游轴线,随着港澳珠跨海大桥的修建,珠江口彻底被贯通,东西两岸的交流将变得极为方便,珠三角内部将形成环线,深珠轴线将成为重要的旅游轴线。"三个旅游圈"是指:广深珠旅游核心圈,根据广州、深圳、珠海的城市特征和地位,该圈层是珠三角综合性旅游区域;加上佛山、江门、东莞、中山的部分区域后则形成珠三角商务旅游圈;外围的肇庆、惠州及江门的部分区域则是珠三角的生态旅游圈。三级旅游服务基地分别是指广州一级旅游服务基地,深圳、珠海二级旅游服务基地和其他城市所组成的三级旅游服务基地。以上共同形成了珠三角都市圈旅游空间格局。

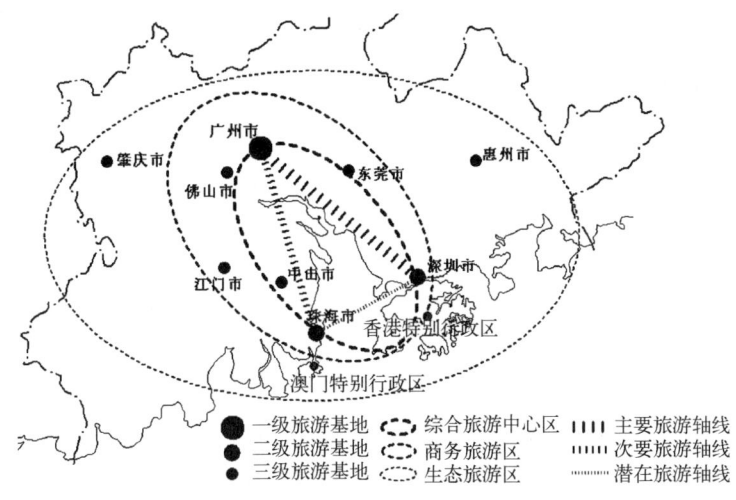

图 5-9　珠三角都市圈旅游空间格局图

第二节　杭州市城市旅游空间网络特征

旅游系统网络中的结点类型分为目的地(旅游流的会)结点和客源地(旅游流的源)结点两类,交通线路将所有结点连接成以目的地为中心的旅游系统网络。近年来,国内外学者利用空间引力模型、空间经济联系度、地理集中指数、空间使用曲线、位序规模法则、时间集中指数等理论和方法研究旅游流空间模式、时空特征、规模、等级、流向、驱动力等,取得了丰硕成果。很多研究突破了单一旅游流问题本身,开始将旅游流对区域旅游系统产生的影响和发展导向性纳入研究范畴。旅游流客源地域系统的客源节点与目的地地域系统中的各个节点的相互关系,是一个复杂的网络关系,对这种网络关系,尤其是动态演变关系的研究十分重要。近年来,国内外利用社会网络理论研究区域旅游组织合作、入境旅游流网络结构特征、目的地旅游流网络结构的研究,取得了丰厚成果,但对旅游流总体网络、旅游流与区域之间关系以及旅游流与旅游流的关系研究还有待深入。

从空间范围而言,旅游流有跨省(区)的大尺度空间旅游流、跨区(市)的中尺度空间旅游流和跨县(市)的小尺度空间旅游流。不同尺度空间的旅游流,旅游者的空间行为特征、景区级别偏好、停留时间、购物偏好等都会表现出差异性;此外,不同尺度空间的旅游流空间结构、空间模式、驱动因素也表现出一定的差异性。本书利用社会网络方法,结合经济学的锡尔系数、统计学的聚类分析、地理学的 ArcGIS 空间分析方法,基于省外客流面板数据,对浙江省的国内(省外)旅游流网络系统的十年变化进行研究,系统揭示基于省外客流的大尺度空间的旅游流网络总体演化趋势、局部变化特征、网络节点关系及变化、旅游流网络系统的一般特征及其空间格局。研究结论可为浙江省旅游者空间行为规律分析、目的地旅游产品开发和空间结构塑造、旅游设施空间配置、旅游市场细分及旅游市场营销提供参考依据。

一、研究方法

(一) 块模型分析方法

块模型定义：一个块模型是把一个网络 N 中的行动者分区成为各个位置 B_1、B_2、……、B_B，并且存在一个对应法则 $\emptyset$，它把行动者分到各个位置之中，即如果行动者 i 处于位置 B_k 之中，则 $\emptyset(i) = B_K$。利用 b_{klr} 表征位置 B_K 和 B_l 在关系 X_r 上是否存在联系，如果存在联系，则 $b_{klr} = 1$，否则为 0。

通过块模型分析，能够考察出网络的凝聚子群、核心—边缘结构、集中趋势、等级性和传递性的一些特征。本文通过社会网络的块模型揭示客源地系统结点与目的地系统结点构成的点集系统的内在结构关系。该分析可以通过 UCINET 软件的 CONCOR 程序实现。

(二) 旅游流网络结构特性计量

(1) 网络密度 D：反映网络中节点之间的联系程度，其值越大，表明网络节点之间的关系越密切。公式为：$D = \sum D_i / g(g-1)$，g 为网络节点总数，D_i 是节点的度数值。

(2) 网络程度中心度 $CD(n_i)$：主要衡量节点在网络中的中心性程度。公式为：$CD(n_i) = \sum X_{ij}$，X_{ij} 为节点间的联系强度。

(三) 锡尔系数

锡尔系数是一种具有空间可分解性的区域差异分析方法。本文利用锡尔系数分析浙江省区域省际旅游流目的地网络中心性总体差异、区际差异和区内差异变化的情况，以及区际差异和区内差异变化对区域城市总体差异变化的影响。公式为

$$I(0) = \sum_{i=1}^{N} \log \frac{\bar{y}}{y_i} / N \qquad (5-1)$$

式中，y_i 是浙江省第 i 城市的旅游流目的地网络程度中心性得分值；$\bar{y}$ 表示浙江省城市旅游流目的地网络节点中心性的平均得分值（$\bar{y} = \sum y_i / N$）。锡尔 I 指标越大，表示各城市之间旅游流中心性差异越大。

为进一步分析浙江省城市旅游流中心性区域之间和区域内的差异,依据浙江省旅游经济发展呈现的"三带十区"的空间格局特征,对以中心城市为依托的"三带十区"的旅游流中心性的区域间和区域内的差异进行锡尔系数一阶段分解,公式为

$$I(0) = \sum_{e=1}^{E} I(0)e + \sum_{e=1}^{E} \log \frac{1}{V_e} \qquad (5-2)$$

式中,$\sum_{e=1}^{E} I(0)e$ 表示每一组(三带)内各城市之间的旅游流网络中心性差异,即城市差异;$\sum_{e=1}^{E} \log \frac{1}{V_e}$ 表示各组之间即三带之间的旅游流网络中心差异;V_e 表示第 e 组旅游流目的地网络中心性得分值占整个浙江省旅游流目的地网络中心性度数总和的比例。

二、数据来源与处理

研究的原始数据来源于《浙江旅游统计概览》(2002~2012)、《浙江省旅游统计公报》(2002~2012)。文中各个城市客源数据为浙江省直属地级市及所辖县(市)的各大景区、酒店、城区游客集散中心、旅行社等抽样调查数据,数据适合中心城市、区域内旅游区、旅游带的旅游流分析。本文的旅游流是指旅游客流,而不是广义的旅游流。2002年、2007年、2012年分别为浙江省"十五""十一五""十二五"旅游发展规划的第二年,数据具有可比性,故以这3个年度浙江国内旅游客源地调查数据为样本,建立浙江国内旅游流的城市(目的地)—省域(客源地)长方形矩阵11×31。数据库矩阵的行是旅游目的地(地级以上城市),列为客源地(省份),构建基于省外客流的浙江省国内旅游流矩阵表,表中单元格数值表示各地级市省外客源构成百分比。在利用UCINET软件转换矩阵时,数值以客源地占目的地的客流量的0.65%为切分点值,旅游客流量大于等于0.65%时,则将相应的矩阵元素赋值为1,反之则赋值为0,通过UCINET软件对其进行标准化处理,构建2-模网络矩阵。UCINET软件已经实现了对2-模网络的图形分析、2-模网络的定量分析、分派分析;但一些数据的结构分析要转换成两个1-模矩阵或者二部数据结构分析(bi-partite date structures),由于本文是基于省外国内省域客源在浙江各个地市的分布构成的有向网络,客源地之间、目的地之间没有网络连接,将其转换为二部数据结构后进行网络分析。

三、网络结构演化分析

旅游流网络结构演化可以从总体结构、节点结构、块结构(小团体结构)等方面衡量。

(一) 总体结构演化

1. 网络密度

通过 UCINET 软件分析,得出了浙江省国内旅游流(客源地—目的地系统)2-模网络整体结构。2002年、2007年、2012年网络密度分别为0.1051、0.1152、0.1174,网络连接点分别为181、194、208,二者整体处于上升趋势,说明网络整体节点之间的联系在逐渐加强,各个节点受网络系统的影响也在逐渐加大。浙江省各个地级市与客源省份的联系在加大,而且各地级市与客源省份构成的旅游网络系统对每个目的地城市、客源省份的影响在加大。但密度值不够大,这是由于网络连接只发生在客源地和目的地之间。

2. 网络中心势

2002年、2007年、2012年网络的整体中心势分别为31.95%、32.40%、36.93%,为上升趋势,说明旅游地域网络系统总体有集中趋势,客流向部分城市集中的趋势在加大,客流的来源地向部分省份集中的趋势也在加大,但这种集聚趋势比较缓慢。网络整体中心势的绝对不大,这说明浙江省客流来源与客流分布的集中度不是很大,相对均衡。

(二) 目的地网络节点中心性变化分析

1. 目的地网络节点中心性

通过 Ucient 软件对数据标准化处理以后,以有多少个客源地(省份)与某个目的地城市联系来测度目的地(城市)旅游流网络节点中心性,即以与目的地城市发生联系的客源地省份的点数来表达。目的地旅游流网络节点中心性度数是衡量目的地中心地位的量化数据,目的地(城市)节点中心性度数越大,说明该目的地(城市)与客源系统联系越紧密,越靠近目的地网络系统的中心位置,中心性度数越小,说明该目的地(城市)与客源系统联系越生疏,在目的地网络系统中处于边缘位置。

2. 变化特征

从单个城市看,杭州、宁波10年来一直稳居一二位,而且中心度数在增加,体现很强的极化效应。十年中波动性较大的城市有嘉兴、金华、丽水、温州、衢州,相对稳定的城市有杭州、宁波、绍兴、舟山、台州、湖州。嘉兴市2002年前在网络的边缘位置,之后基本上处于上升趋势。丽水市中心度数一直在降,2002年、2007年、2012年分别为18、14、10,2012年降到最后一位,体现了很强的边缘效应。从总体趋势看,金华也在不断下降,2002年为第二梯队,2007年为第三梯队的靠前位置,2012年为第三梯队的靠后位置。衢州市十年前在网络中处于边缘位置,2007年向中心位置前进了几步,2012年却又回到边缘位置,旅游网络点度数排名基本处在最后一位。2002年前后，杭州为省域首位城市，宁波为省域次核心城市，湖州、衢州为省域边缘城市。环杭州湾的嘉兴、绍兴、舟山以及浙东沿海的温州、台州和浙中的金华、浙西南的丽水在旅游流的中心性度数上却没有明显的差距，基本在一个水平线上，为省域旅游流重要城市。而2007年以后，城市旅游流网络中心性却表现出明显的差异，温州上升为区域次核心城市，金华、丽水的地位一直在下降，尤其是丽水，逐渐将为旅游流区域边缘城市（图5-10）。

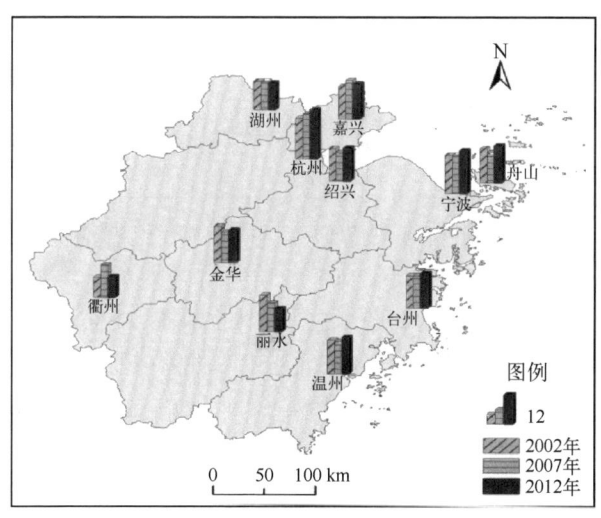

图5-10　2002～2012年浙江省国内旅游流网络目的地程度中心性度数变化

（三）目的地网络中心性区域差异变化分析

依托资源特色、空间联系度、市场的共享度、自然条件的趋同和分异，浙江省旅游经济基本形成了以中心城市为依托的"三带十区"空间格局（表5-11）。

表5-11　基于中心城市依托的浙江省三带十区旅游空间格局

三　带	十　区	中心城市	资源特色	中心性度数	
				均　值	总　和
杭州湾文化休闲旅游经济带	杭州国际休闲旅游区	杭　州	休闲港城	2002年：16.5	205
	绍兴古越文化旅游区	绍　兴	水城越都	2007年：17.25	
	浙北古镇运河古生态旅游区	嘉兴、湖州	运河古镇	2012年：17.5	
浙东沿海海洋旅游经济带	宁波河姆渡——东钱湖旅游区	宁　波	山水商都	2002年：17.25	208
	舟山群岛旅游区	舟　山	海天佛国	2007年：16.25	
	温州雁荡山——楠溪江旅游区	温　州	山海江河	2012年：18.5	
	台州天台山——神仙居旅游区	台　州	古建山海		
浙西南山水生态旅游经济带	金华商贸文化旅游区	金　华	商贸文化	2002年：15.33	128
	衢州南宗孔庙——石窟文化旅游区	衢　州	四省边际	2007年：15	
	丽水绿谷风情旅游区	丽　水	绿谷风情	2012年：12.33	

分析中心城市为依托的"三带十区"旅游流区域空间中心性差异,对各功能区的旅游产品开发、景区功能定位、旅游区等级空间配置、目的地营销导向具有指导意义。根据锡尔 $I(0)$ 系数方法,得出浙江省旅游流网络中心性三大地带内和地带间的差异(表5-12)。

表5-12 浙江省旅游流网络程度中心性差异的锡尔 $I(0)$ 系数

年份	整体锡尔系数 $I(0)$	三大地带间		杭州湾文化休闲经济带		浙东沿海海洋经济带		浙西南山水生态旅游经济带	
		$I(0)$	贡献率	$I(0)$	贡献率	$I(0)$	贡献率	$I(0)$	贡献率
2002	1.471 82	1.451 88	0.986 5	0.003 63	0.002 5	0.000 85	0.000 58	0.015 45	0.010 5
2007	1.445 38	1.454 21	1.006 1	0.008 43	0.005 8	0.001 71	0.001 18	−0.018 98	−0.013 1
2012	1.512 43	1.490 5	0.985 5	0.010 86	0.007 2	0.001 82	0.001 20	0.009 24	0.006 1

从时间断面上看,整体锡尔系数先降后升,总体处于波动增加趋势。三大地带间、杭州湾文化休闲经济带内、浙东沿海海洋经济带内的 $I(0)$ 都处于上升状态。结合图5-10发现,杭州、宁波的核心地位、温州的副核心地位在加强,而衢州、丽水的趋向边缘化,湖州的地位相对弱化,是上述中心性差异加大的主要原因。浙西南山水生态旅游经济带内 $I(0)$ 有下降趋势。在该带中,金华市和义乌市市区人口、城市化水平、财政收入等指标基本处在同一个水平,差距在缩小,金华的副中心城市地位在弱化,衢州、丽水的旅游经济水平差异也不大。带内没有较强的核心城市,出现了多中心、弱中心的格局,这些使得该带内的 $I(0)$ 在缩小。

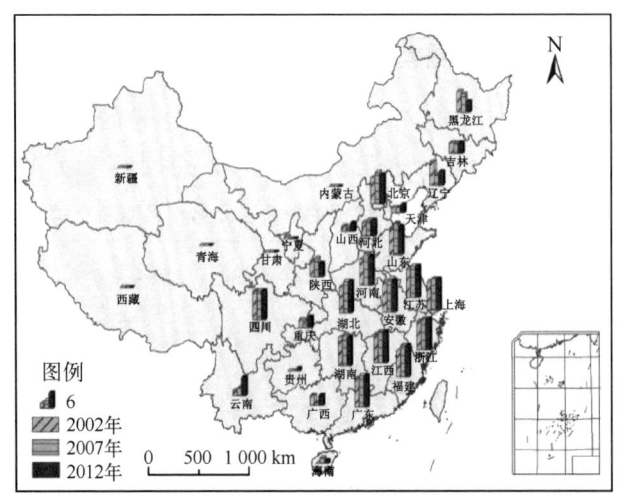

图5-11 2002~2012年浙江省国内旅游流网络客源程度中心性度数变化

从空间断面上看,三大地带间差异性较大,而地带内差异性较小。地带间的差异是出现整体差异的主要原因,三个时间断面的地带间差异贡献率达98%以上,地带内的差异较小。这反映了浙江省旅游流的地带间的空间不均衡性和地带内的相对均衡,以杭州为中心的杭州湾文化休闲经济带和以宁波、温州为核心的浙东沿海海洋经济带,旅游资源等级高、旅游景区发展快,旅游整体收入高,旅游服务设施水平高,区内旅游交通体系发达,形成了较强的旅游综合竞争力;尤其是近年来的浙江省海洋旅游发展战略,提升了浙东沿海海洋经济带的竞争力,旅游地中心性得到提高,使其与杭州湾文化休闲经济带在旅游空间上达到均衡发展。而以金华、丽水、衢州为依托的浙西南旅游经济带,资源等级虽然较高,但区内交通体系不够发达,中心城市带动力不够强,旅游整体竞争力较弱。浙西南旅游经济带与浙东沿海及环杭州湾的差距在加大,是带间 $I(0)$ 加大的主要原因。

(四) 客源地网络节点中心性变化分析

1. 客源地网络节点中心性

通过 UCINET 软件对数据标准化处理后,以有多少个目的地城市与某个客源地(省份)联系(与客源省份发生联系的目的地城市的点数)来测度某个客源地(省份)节点中心性。客源地节点中心性是衡量客源地中心地位的量化数据,节点中心性越大,说明该客源地(省份)越重要,与目的地系统联系越紧密,处于客源网络的中心位置。

2. 变化特征

2002~2012 年,一级核心客源地省市构成及相互位次变化不大,自 2007 年以后,华东地区的福建、江西、湖北成为浙江的一级核心客源地省份;二级核心客源地的省市位次稍有波动,总体变化不大。重要客源地、一般客源地的省市位次波动较大,但总体上看,没有改变其客源地的重要性程度属性,边缘客源地的省市构成及相互位次没有明显变化(图 5 - 12)。

(五) 网络块结构演变分析

块分析是以各客源和目的地之间的客流量联系强度为依据,探讨旅游流系统的小团体集聚现象,它说明了团体内旅游流具有一定的共性,如联系密切度、流量特征、职能特征、地域结构特征等。通过对 2002 年与 2004 年的数据平均化,代表 2002 年数值,对 2010 年、2011 年、2012 年的数据平均化,代表 2012 年数值,再进行块分析,得出块结构。客源地与目的地城市联系的紧密程度由块密度值来反映,密度值越大,联系越紧密,密度值越小,联系越生疏。本研究采用 UCINET 中的 CONCOR 算法,得出浙江省国内旅游流空间系统的块构成和块的密度值(表 5 - 13、表 5 - 14)。

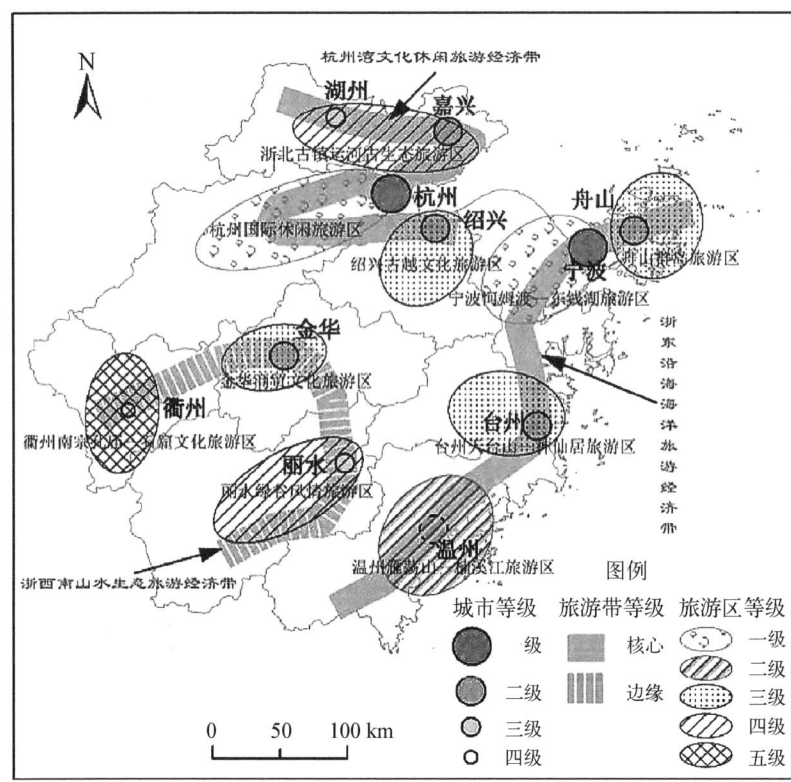

图 5-12 浙江省国内旅游流目的地网络系统等级

表 5-13 2002 年浙江省国内旅游流系统块密度矩阵

客源地块	目 的 地 块			
	a	b	c	d
A	1.000	0.960	0.967	1.000
B	1.000	0.960	1.000	0.000
C	0.750	0.800	0.000	0.000
D	0.500	0.600	0.000	0.000
E	0.250	0.000	0.333	0.000
F	1.000	0.000	0.500	0.000
G	0.000	0.000	0.000	0.000

表 5-14 2012 年浙江省国内旅游流系统块密度矩阵

客源地块	目 的 地 块			
	a_1	b_1	c_1	d_1
A_1	0.964	0.982	0.905	1.000
B_1	0.000	0.000	0.000	0.500

续表

客源地块	目 的 地 块			
	a_1	b_1	c_1	d_1
C_1	1.000	0.875	0.000	0.000
D_1	0.750	0.625	0.000	0.500
E_1	0.500	0.000	0.000	0.000
F_1	1.000	0.125	0.000	0.000
G_1	1.000	0.250	0.000	0.000
H_1	0.000	0.000	0.000	0.000

1. 块构成变化

(1) 客源地子块：在子块省份构成中，一级客源地子块有扩大趋势，与十年前相比，一级客源地增加了3个，其构成是华东六省一市，加上经济发达省市北京、广东，人口大省四川、河南，距离较近省份湖南、湖北。边缘客源地子块有减少趋势，边缘客源地省份减少了两个，其构成基本上是距离远且经济较落后的西藏、甘肃、宁夏、新疆、内蒙古等。而重要客源地子块、一般客源地子块的省份构成有一定变动。

(2) 目的地子块：十年前与十年后相比，子块构成有较大变化。一直在一个子块的是杭州和宁波，嘉兴、舟山和绍兴，台州和金华，丽水和湖州，发生变化的城市有温州和衢州，这与十年来这些城市中心性相对位置波动较大有关。2002年，温州和丽水、湖州、台州、金华构成一个子块，2012年，温州和嘉兴、舟山、绍兴构成一个子块。这说明温州的旅游地位上升，其旅游流地位发生了明显变化，为区域次核心目的地城市，而台州、金华为一般目的地城市。2002年，衢州为独立子块，2012年，衢州和丽水、湖州构成一个子块，形成了三个边缘城市。

2. 网络块密度动态变化

从四级层面上看，2002年、2012年浙江省国内旅游流系统块密度矩阵如表5-13、表5-14所示。子块构成用不同的字母表示[①]。

可以看出，块密度十年变化特征如下：作为首位城市的杭州、区域一级核心城市的宁波，不仅与区域一级核心客源地网络密度值高，而且与区域重要省份、一般省份的网络密度值较十年前有增加，说明这两个城市与其联系密切的省份在增加，

---

① A：浙江、安徽、广东、上海、江苏、北京、湖南、江西、四川、辽宁。B：福建、山东、黑龙江、湖北、河南。C：陕西、吉林。D：重庆。E 山西、天津。F：云南、河北。G：广西、贵州、海南、西藏、内蒙古、甘肃、青海、宁夏、新疆。目的地城市分为被分为4块，a：杭州、宁波。b：温州、台州、金华、丽水、湖州。c：嘉兴、舟山、绍兴。d：衢州。A_1：北京、四川、福建、云南、山东、河南、湖北、湖南、上海、江苏、浙江、安徽、广东、江西。B_1：贵州。C_1：辽宁、河北。D_1：陕西、重庆。E_1：山西、海南、天津。F_1：广西、吉林。G_1：黑龙江。H_1：西藏、内蒙古、甘肃、青海、宁夏、新疆。目的地块项：a_1：杭州、宁波。b_1：温州、嘉兴、舟山、绍兴。c_1：湖州、衢州、丽水。d_1：台州、金华。

客流来源更加广泛,流量在加大。作为区域次核心城市的温州及环杭州湾的嘉兴、舟山、绍兴三市的旅游客流与一级核心客源地、多个重要客源地保持高网络密度值,与多个一般客源地省域保持一定的网络密度值,而且与有联系的客源地块的密度值和数量有增加趋势,说明其客流来源越来越广泛,市场引力越来越大,客源越来越稳定。与十年前相比,金华、台州、湖州、衢州、丽水密度值和客源地联系数量有下降趋势。其中,浙北的湖州、浙西南的衢州、丽水下降幅度尤为明显,只与一级核心客源地保持高密度值,浙中的金华、沿海的台州与一级核心客源地及重要客源地保持高网络密度值,而与其他客源地省域网络密度值为0,体现了客流来源的单一性、集中性、不稳定性趋势。从空间断面看,在不同的时间段,所有目的地块(小团体)与一级客源地块(小团体)的网络密度值高,与边缘客源地块网络密度值很小,甚至为0。

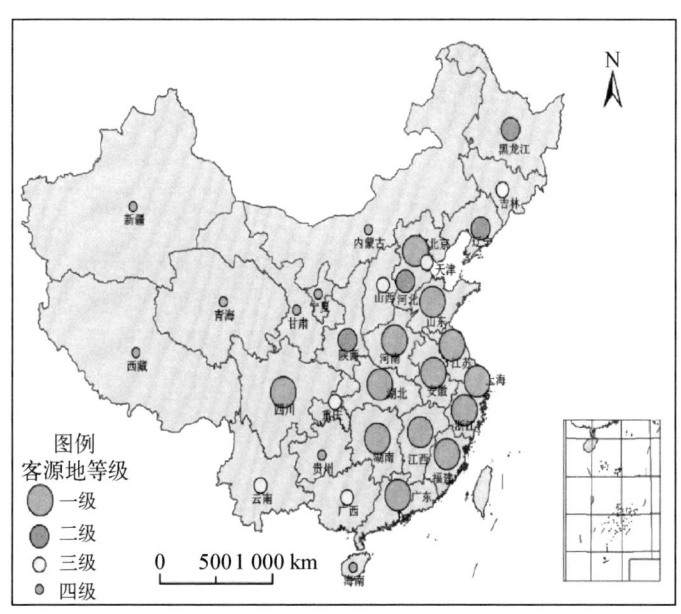

图5-13 浙江省国内旅游流网络客源地中心性等级

3. 网络块密度总体特征

可以看出,中心性越接近的客源地,构成一个客源地块;中心性越接近的目的地,构成一个目的地块。块的构成与客源地、目的地中心性等级具有很强的关联性,同一等级的中心地往往会构成一个块。中心性与块的密度值呈正比关系。目的地中心性越高,与客源地网络块密度值越大,与其保持较高密度值的客源地块越多;客源地网络中心性越高,与之保持较高密度值的目的地块越多,块密度值越大(表5-15)。

表 5-15　客源地系统与目的地系统网络块密度值构成共同特征

	一级客源地	重要客源地	一般客源地	边缘客源地
核心目的地	大	大	大	很小
重要目的地	大	较大	较小	非常小
一般目的地	大	较小	很小	非常小、趋向 0
边缘目的地	大	很小	非常小	趋向 0

四、网络系统总体空间结构格局

(一) 目的地网络系统空间格局

采用 K-means 聚类方法,对 2002 年、2007 年、2012 年浙江省目的地省际旅游流节点中心性度数进行聚类分析,得出目的地旅游流网络总体结构特征。基于省外客流的浙江省旅游流城市目的地中心性等级分为四个层次:杭州、宁波为第一层次,为浙江省省际旅游流集聚核心城市;嘉兴、绍兴、舟山、温州、台州、金华为第二层次,为省际旅游流集聚重要城市,温州为这一层次的核心城市;湖州、丽水为第三层次,是省际旅游流集聚区域一般城市;衢州为第四层次,是区域边缘城市。结合单个城市省际旅游流网络中心性度数可以看出,浙江省城市省际旅游流形成了一个首位城市(杭州),两个次核心城市(宁波、温州,其中宁波为强次核心,温州为弱次核心),五个重要城市,两个一般城市,以及一个边缘城市(衢州)的格局。

对三个时间断面的中心城市、旅游区、旅游带的省际旅游流网络中心度数进行加和平均,结合中心性差异的锡尔系数分析,可以得出浙江省省际旅游流目的地网络系统空间等级结构特征:在"点(中心城市)、线(旅游点)、面(旅游区)"的空间格局基础上,形成了"一个核心—边缘旅游带,四级城市,五级旅游区"的空间等级结构(图 5-12)。三大地带表现为"核心—边缘"模式。杭州湾经济带与浙东沿海经济带两者之间差异性较小,为旅游流强势集中地区,为核心区,而浙西南山水生态旅游经济带为旅游流弱势集中区,为边缘区。三大地带内的旅游区旅游流中心性表现为阶梯等级结构。杭州国际休闲旅游区、宁波河姆渡—东钱湖旅游区为一级阶梯,温州雁荡山—楠溪江旅游区为二级阶梯,绍兴古越文化旅游区、舟山群岛旅游区、台州天台山—神仙居旅游区、金华商贸文化旅游区为三级阶梯,浙北古镇运河生态旅游区、丽水绿谷风情旅游区为四级阶梯,衢州南宗孔庙—石窟文化旅游区为五级阶梯。

(二) 客源地网络系统空间格局

采用 K-means 聚类方法,对 2002 年、2007 年、2012 年浙江省客源地节点中心性度数进行聚类分析,得出客源省域聚类等级结构(图 5-13)。浙江省省际客源市场的等级结构分为 4 类。聚类 1 为核心客源地,而其中的浙江、江苏、广东、上海、安徽、福建、江西、湖北等为一级核心客源省域,江苏、浙江、上海具有距离最近、经济很发达特征,安徽、福建、江西、湖北具有距离近、区域合作较密切特征。湖南、四川、河南、山东、北京为二级核心客源省域,湖南为距离较近、经济较发达省域;四川、河南为人口大省,出游的绝对量大;山东、北京为经济发达省市。聚类 2 为浙江省重要客源省份,具有距离较远、经济较发达、客流较大特征。聚类 3 为区域一般客源省份,具有距离远、客流较小特征。聚类 4 为区域边缘客源省份,具有距离远、经济欠发达、客流很少特征。

可以看出,浙江省省际客源地网络空间格局具有明显的"核心—边缘,圈层等级扩散"的空间格局特征,华东六省一市为核心区,北京、广东、四川为次核心,西北西南为边缘区。圈层扩散,以杭州为核心,按照空间距离远近、经济联系度进行等级扩散,体现了旅游客源市场空间距离衰减的一般规律。

第三节 本章小结

1) 以珠江三角洲为例,首先分析其空间拓扑结构,通过构建旅游空间网络结构模型,进一步分析了珠三角旅游空间网络结构特征,分析结果表明珠三角具有"三级旅游基地、三类旅游区域、三条主要旅游轴线"的空间布局特征。此外,珠三角与香港、澳门的特殊关系,使得珠三角旅游空间结构又更具个性特征。港、澳是珠三角经济发展的推进器,对珠三角旅游业的发展也起到举足轻重的作用,港澳既是珠三角重要入境客源地,同时在资金、管理和服务等方面也给予了珠三角旅游业巨大的支持。珠三角(尤其是深圳和珠海)是香港和澳门游客进入内地的主要集散中心。但港澳与珠三角在制度上的差异,使得它们之间的关系也显得更为复杂,进一步的发展需要在打破制度壁垒方面有更深入的合作。

2) 运用社会网络理论的块模型、网络密度、网络中心性,结合锡尔指数、ArcGIS 空间分析方法,基于省外客流的面板数据,研究了近十年来浙江省大尺度国内旅游流系统网络结构演变特征。结果表明,旅游流网络系统整体变化缓慢,局部变化明显,客源地网络系统与目的地网络系统联系在加强,客流有向主要客源地和主要目的地集中态势。目的地地带间网络中心性整体锡尔系数呈现先降后升,总体处于波动增加趋势。客源地、目的地中心性与块的密度值呈正比例关系,旅游流网络空间系统演变过程,体现了总体稳定性和自相似性的空间等级特征。浙江省省外旅游流目的地系统网络结构形成了一个核心、边缘旅游带、四级城市、五级旅游区的空间等级结构,客源地网络空间格局具有明显的核心—边缘圈层等级扩散特征。

参考文献

保继刚,楚义芳.2004.旅游地理学.北京:高等教育出版社.
保继刚.2002.桂林国内客源市场的空间结构演变.地理学报,57(1):96-106.
陈超,刘家明,马海涛,等.2013.中国农民跨省旅游网络空间结构研究,地理学报,68(4):547-556.
陈浩,陆林,郑嬗婷.2011.基于旅游流的城市群旅游地旅游空间网络结构分析:以珠江三角洲城市群为例.地理学报,66(2):257-266.
陈秀琼,黄福才.2006.基于社会网络理论的旅游系统空间结构优化研究.地理与地理信息科学,22(5):875-801.
陈秀山,张可云.2003.区域经济理论.商务印书馆,374-376.
黄耀丽.2006.珠三角城市旅游竞争力空间结构体系初探.地理研究,25(4):730-740
金平斌.2012.浙江省地文旅游资源可持续利用研究.杭州:浙江大学出版社.
林岚,康志林,甘萌雨,等.2007.基于航空口岸的台胞大陆旅游流空间场效应的分析.地理研究,20(6):403-412.
刘法建,张捷,章锦河,等.2010.中国入境旅游流网络省级旅游地角色研究.地理研究,29(6):1141-1151.
刘军.2009.整体网分析讲义:UCINET 软件使用指南.上海:格致出版社.
陆大道.2001.关于"点—轴"空间结构系统的形成机理分析.地理科学,22(1):1-6.
陆大道.2001.论区域的最佳结构与最佳发展——提出"点—轴系统"和"T"型结构以来的回顾与再分析.地理学报,56(02):127-135.
陆林.1995.皖南旅游区空间布局研究.地理科学,15(1):88-95.
陆林.1996.山岳风景区旅游者空间行为研究——兼论黄山与美国黄石公园之比较.地理学报,51(4):315-321.
马耀峰,林志慧,刘宪锋,等.2014.中国主要城市入境旅游网络结构演变分析.地理科学,34(1):25-30.
汪德根,陈田.2011.基于竞争力评价的区域旅游产业发展差异——以中国东部沿海三大旅游圈为例.30(2):249-256.
王素洁,胡瑞娟,程卫红.2009.国外社会网络范式下的旅游研究述评.旅游学刊,24(7):90-94.
王兆峰.2012.入境旅游流与航空运输网络协同演化及差异分析——以西南地区为例.地理研究,31(7):1329-1337.
吴晋峰,包浩生.2002.旅游系统的空间结构模式研究.地理科学,22(1):96-99.
吴信值.2008.基于核心—边缘理论的武汉城市旅游圈构建研究.北京第二外国语学院学报,(1):55-58.
肖光明,郭焕成.2009.珠三角地区旅游资源的基本特征与市域差异.资源科学,31(7):1430-1437.
杨国良,张捷,艾南山,等.2006.旅游流齐夫结构及空间差异化特征——以四川省为例.地理学报,6(12):1281-1289.
杨效忠,张捷,叶舒娟.2010.基于社会网络的跨界旅游区边界效应测度及转化.地理科学,30(6):

826-792.

杨兴柱,顾朝林,王群.2007.南京市旅游流网络结构构建.地理学报,62(6):609-620.

叶玉瑶,张虹鸥,罗晓云,等.2005.中外城镇群体空间研究进展与评述.城市规划,(4):83-87.

张佑印,顾静,马耀峰.2013.旅游流研究的进展、评价与展望.旅游学刊,23(6):38-46.

章锦河,张捷,李娜,等.2005.中国国内旅游流空间场效应分析.地理研究,24(2):293-3031.

钟士恩,张捷,周强,等.2009.农村居民国内旅游流空间集中性.地理研究,28(6):1562-1570.

朱晓华,乌恩.2007.旅游系统网络空间分形研究的科学展望.地理科学进展,26(1):133-140.

Kimbu A N, Ngoasong M Z. 2013. Centralised decentralisation of tourism development: A network perspective. Annals of Tourism Research, 40(1): 235-259.

Dredge D. 1999. Destination place planning and design. Annals of Tourism Research, 26(4): 772-791.

Gunn C A. 1988. Tourism Planning. New York: Crane Rusak.

Haggett P, Chiff A D, Frey A. 1977. Loeational analysis in human geogrophy. London: Edward amoid.

Molz J G. 2013. Social networking technologies and the moral economy of alternative tourism: the case of couchsurfing. org. Annals of Tourism Research, 43(7): 210-230.

Scott N, Coopcr C, Baggio R. 2008. Destination networks four Australian case. Annals of Tourism Research, 35(1): 169-188.

Baggio R, Scott N, Cooper C. 2010. Network science review focused on tourism. Annals of Tourism Research, 37(3): 802-827.

Benckendorff P, Zehrer A. 2013. A network ananlysis of tourism research. Annals of Tourism Research, 43(7): 121-149.

Racherla P, Hu C. 2010. A social network perspective of tourism research collaborations. Annals of Tourism Research, 37(4): 1012-1034.

Nash R. 2006. Causal network methodology tourism research applications. Annals of Tourism Research, 33(4): 918-938.

第六章 都市圈城市旅游地角色

第一节 相关概念与理论基础

一、相关概念解析

(一) 旅游经济联系

20世纪50年代,美国地理学家乌尔曼(E.L.Ullman)提出了空间相互作用的引力模型。此后,不少学者将该模型引入旅游研究中,并不断加以改进和应用。将该模型应用到研究城市之间的旅游经济联系上,出现了旅游经济联系强度的概念。本文在前人的研究成果上,采用修正后的旅游经济联系强度模型。其表达式为

$$R_{ij}=\frac{\sqrt{P_iV_i}\times\sqrt{P_jV_j}}{D_{ij}^b} \quad (6-1)$$

式中,R_{ij}表示城市i和城市j之间的旅游经济联系强度;P_i,P_j分别表示城市i和城市j的旅游总人次(单位:万人次);V_i,V_j分别表示城市i和城市j的旅游总收入(单位:亿美元);D_{ij}表示城市i与城市j之间的交通距离(采用的是区域内的公路里程,单位:km)。对于衰减参数b选取没有统一定论,$b=2$是目前较常用参数取值,故取b为2。

(二) 旅游线路空间模式

旅游线路空间模式是指旅游者从其居住地出发,游览单个或多个旅游目的地的,并返回居住地所经历的空间线路。由于旅游资源的空间分布、旅游市场偏好等因素的差异,旅游线路呈现出不同的空间模式,反映了旅游者对旅游资源的不同利用状况。文章借Lue等(1993)以及Opperman等(1994)的研究成果,提出5种旅游线路空间模式(图6-1),分别是单目的地模式(single destination)、营区基地模式(base camp)、往返模式(stopover pattern)、区域环游模式(destination area loop)以及完全环游模式(full loop)。

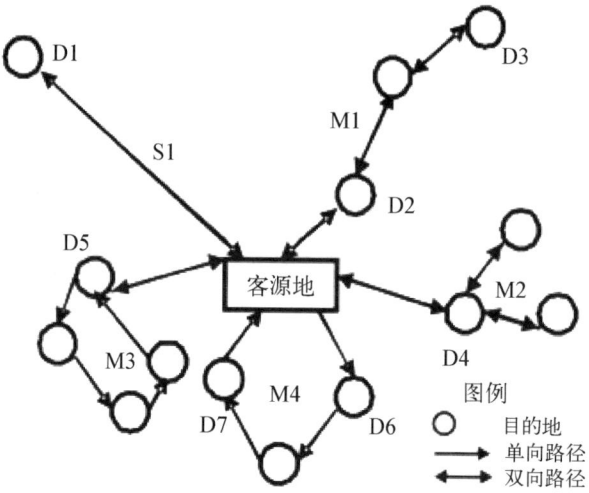

图 6-1 旅游线模式图及其约束条件

S1：单目的地模式。旅游者整个旅游线路中只有一个目的地节点，旅游者从客源地出发直接到访目的地，并按原路返回。如苏州—上海—苏州。

M1：往返模式。旅游者从客源地到访第一个目的地，沿交通线游览其他目的地，按原路返回客源地，进出路径重合。如北京—上海—南京—上海—北京。

M2：营区基地模式。旅游者以第一个目的地为基地和过夜地，向不同方向游览，同一方向旅行结束后返回该基地，再向另一方向旅行。旅游者按原路返回，往返路径重合。如合肥—南京—苏州—南京—常州—南京—合肥。

M3：区域环游模式。旅游者以第一个目的地为起点，对区内目的地依次进行游览，后返回第一个目的地，线路呈"圆环"状。原路返回，往返路径一致，游憩路径不一致。如西安—上海—苏州—无锡—南京—杭州—上海—西安。

M4：完全环游模式。旅游者从客源地出发，依次游览各旅游地，不按原路返回，往返路径不一致，所有目的地节点由环状游憩线路连接。如广东—上海—南京—杭州—广东。

(三) 旅游目的地角色

《汉语大词典》中将"角色"一词解释为：演员所扮演的剧中人物或者是比喻生活中某种类型的人物。文章采用后一种解释，从旅游经济联系和旅游线路两个角度来归纳出长三角都市圈的 16 个城市在其形成的旅游经济网络中和旅游线路中的角色和功能。

旅游地在旅游经济网络中、在旅游线路中的角色或功能并不等于统计规模变量意义上的旅游地位,各城市的旅游总收入、旅游总人次的高低水平不是决定城市在旅游经济网络中、在旅游线路中占据某一重要地位的唯一标准。旅游经济网络意义上的角色,主要取决于旅游地之间互动关系的强弱,是旅游地对其他一系列旅游地控制和协调能力的体现。文章将旅游地在旅游经济网络中的角色和功能划分为核心旅游地、次核心旅游地、重要旅游地、一般旅游地和边缘旅游地5种类型。旅游线路中的旅游地角色,体现了旅游地之间的竞争和互补合作关系,旅游线路中的旅游地角色反映了旅游者对旅游资源的不同利用状况,对于了解旅游者的流动规律和旅游线路的市场营销具有重要意义。文章根据旅游者的旅游线路,将旅游地划分为单一旅游地、门户旅游地、中途旅游地、枢纽旅游地和终点旅游地5种类型。

单一旅游地:该旅游地角色类型只出现在单目的地模式中,旅游者从客源地出发游览一个主要目的地后便返回客源地。此类型的旅游地必须具有很高的知名度、知名的旅游景区(点)、丰富多样的旅游吸引物以及完善的旅游服务设施;一些知名度不是很高的单个目的地也能吸引近距离小尺度的旅游者。

门户旅游地:门户旅游地是旅游者开始多目的地旅行的第一站,其在很大程度上可能会影响旅游者的整个旅行体验。当目的地与客源地具有较大的文化差异时,门户旅游地可以起到缓冲的作用,给旅游者接受和适应目的地文化的调节过程。该种角色的旅游地必须具有良好的区外和区内交通条件和服务设施,与客源地和附近目的地都保有良好的可达性。一般情况下,门户旅游地由经济水平高、交通发达的城市担任。

终点旅游地:是旅游者进行多目的地旅行的最后一站。终点旅游地既可以是主要目的地,也可以被安排在主要目的地之后。Lew等(2002,2006)认为,在国际长线旅游中,大多数大陆游客出于购物需求,将香港作为终点旅游地;但在国内,具有发达交通条件的城市往往更容易充当终点旅游地。

中途旅游地:多目的地旅游线路空间模式中,出现在第一个目的地和最后一个目的地之间的旅游地。中途旅游地有可能成为整个旅游线路中最主要的旅游目的地,也有可能因景区(点)的低知名度和不便的交通不能吸引旅游者的长时间驻留,成为整个线路的附加部分。中途旅游地可以出现在所有多目的地旅游线路空间模式中。

枢纽旅游地:为旅游者提供中转服务的旅游地。枢纽旅游地拥有发达的交通体系,尤其是与区域内其他旅游地之间可以一日到达,提高旅游者的旅游经济效率。一般情况下,如果旅游者到达某个目的地两次或两次以上,该目的地即可定位为枢纽旅游地。上述门户旅游地、终点旅游地和中途旅游地都有可能成为枢纽旅游地。

二、理论基础

(一) 空间相互作用理论

空间相互作用这一概念是由美国地理学家乌尔曼(E.L.Ullman)于20世纪50年代提出的,它是指为了保障人们生产、生活的正常运行,城市之间、城市和区域之间总是不断地进行着物质、能量、人员和信息的交换,这种交换称为空间相互作用。区域之间相互作用的存在以区域之间的互补性、可达性和干扰机会为基础条件,区域之间的互补性强、可达性好、干扰机会小,则它们之间的空间相互作用强度越大。该理论是地理学中的经典理论,其引力模型于20世纪60年代被引入旅游研究中。互补性、可移动性和中介机会是旅游地与客源地之间发生空间相互作用的前提条件。不同等级规模、不同类型的城市之间具有旅游资源、旅游地功能和旅游经济的互补性。旅游交通信息等基础设施提供旅游流的空间载体,增强了都市圈旅游的空间联系。随着经济规模扩大和产业系统完善,各城市旅游地产业链分工专业化,旅游消费市场扩大,辐射范围产生空间叠加,都市圈旅游产品多样化、功能完善化。

(二) 城市网络理论

以现代交通手段、通信手段、管理和绿地等为载体,不同功能、不同规模的城市促使高度的流空间(物质流、人流、信息流、技术流和资金流等)的交换系统,形成城市网络。城市网络中存在城市间的排斥、竞争和摩擦,需要整体的调控及必要的约束和限制。区域中的城市并非孤立的发挥作用,而是由各种空间联系渠道以及各种各样的流连成网络,被限定在一个彼此依存的状态中,不同性质与规模的城市是网络上的节点,城市之间合理分工,在空间状态上表现为一定地域范围内的点—轴—面系统的融合。

(三) 社会网络理论

"社会网络理论是一种连接宏观层次的大型理论和微观层次的因果模型之间的社会学理论"。格兰诺维在其《弱连带的优势》中提出了社会网络分析在社会学理论中的独特之处。作为连接宏观现象与个体行为的桥梁,社会网络分析重在对社会关系、社会结构的分析,强调行动者之间的相互影响、相互依赖、相互作用。社会网络理论从"关系"视角出发研究各种社会现象和社会结构,对很多社会现象的研究具有独特的见解。社会结构可以是政治结构、行为结构,也可以是经济结构等,因而社会网络分析逐渐被越来越多的学科接受,广泛地应用在社会学、管理学、心理学、地理学等领域。

第二节 基于国内旅行社线路的长三角都市圈旅游地角色

一、样本选择、数据来源与方法操作

(一) 样本选择与数据来源

旅行社线路设计是综合旅游者特征、旅行费用、旅游目的地特征等因素形成的,它是旅游者对旅游产品的需求和选择的总体反映。上海、江苏、浙江、北京、山东、广东、福建、湖北、安徽、河南 10 省市是长三角都市圈的十大主要客源地[1],其中,长三角都市圈所含两省一市(江苏、浙江和上海)兼为旅游目的地和客源地,三者形成都市圈内部的互为市场、互为腹地、互送客源的旅游互动局面。北京、山东、广东、福建和湖北经济发展水平高,出游潜力较强;安徽和河南位于长三角周边,空间可达度和便捷度较高。考虑到地理空间上的均衡性,文章还选取了西部地区出游潜力较强的四川和陕西作为补充。

将长三角都市圈 16 个城市作为旅游节点,研究数据以旅行社公布的旅游线路报价单为主要来源,笔者于 2012 年 5 月 12 日到 6 月 11 日,对 12 个省市的前十强旅行社(以 2011 年官方公布的前十强旅行社为依据)官网推出的旅游线路进行统计,代表性旅行社主要有中国国际旅行社总社、中国旅行社总社、中国青年旅行社、中国康辉旅行社等官网涉及的长三角都市圈旅游地旅游线路,共搜索下载旅行社的旅游线路报价单 2 369 份(其中上海 513 份,江苏 424 份,浙江 373 份,北京 127 份,山东 116 份,广东 131 份,福建 141 份,湖北 122 份,安徽 195 份,河南 90 份,四川 60 份,陕西 77 份)。

(二) 研究思路

通过对 2 369 份旅游线路的统计,分析长三角都市圈主要客源市场旅游者的旅游线路空间模式、旅游者的线路特征,探究旅游地在旅游者旅游线路中的角色,最终达到两个目的:① 旅游者是如何进入长三角都市圈,主要在哪些城市逗留,最终如何离开长三角都市圈,即旅游者在长三角都市圈各城市旅游地之间的空间性,旅游线路空间模式可反映出旅游流的总体动态特征,同时揭示主要客源市场旅游者旅游线路的不同特征,构建长三角都市圈旅游流的空间模式图,据此解释旅游者目的地的选择模式;② 各旅游地在不同省份旅游线路中出现的频次

---

[1] 根据《江苏国内旅游抽样调查资料 2011》、上海统计网整理而得。

和次序不同,依次界定长三角都市圈旅游地的空间等级特征及其在旅游线路中的角色。

(三) 方法操作

旅游地出现频次指被调查的某一旅游地在主要客源市场旅游者旅游线路出现的线路份数,可反映出旅游地在客源市场的被接受情况。各旅游地在不同类型旅游线路中所占份额表明本旅游地在旅游线路中出现的频率。设 X 为搜集得到的旅游线路总条数,X_n 为 n 省(市)旅游线路总条数,Y_n 为按照不同类型旅游线路空间模式划分的旅游线路总条数,A_i 为包含长三角都市圈 i 市作为目的地的旅游线路总条数,B_i 为 i 市充当某种角色旅游地的线路条数,C_{ij} 为长三角都市圈 i 市与 j 市的连接条数,P_i 为包含 i 市的旅游线路出现的频次,S_i 为 i 市充当某种角色旅游地所占的份额,C'_{ij} 为该连接数在 n 省(市)线路中出现的频率,则有:

$$X = X_1 + X_2 + X_3 + \cdots + X_n = Y_1 + Y_2 + Y_3 + \cdots + Y_n$$

$$S_i = B_i / Y_n ; \quad C'_{ij} = C_{ij} / X_n ; \quad P_i = A_i$$

以 S_i 值推断该旅游地多出现在何种线路模式中;以 C'_{ij} 推断两市线路连接在总体线路中的重要程度,其中若 $C'_{ij} > 0.4$,则其为一级旅游轴线,若 $0.4 > C'_{ij} > 0.3$,为二级旅游轴线,若 $0.3 > C'_{ij} > 0.2$,为三级旅游轴线,并结合旅游线路中长三角都市圈各城市旅游地在线路中出现的先后顺序,使用 Coreldraw 软件将统计结果转绘成旅游者空间行为模式图(图 6-2);以 P_i(即 A_i)值推断长三角都市圈各旅游地的核心—边缘分布,及其在旅游线路中的角色。

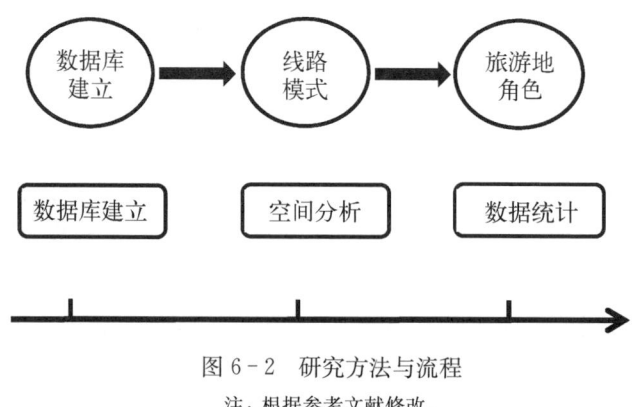

图 6-2 研究方法与流程

注:根据参考文献修改。

二、长三角都市圈主要客源市场旅游者的旅游线路空间模式

(一) 不同客源市场旅游者的旅游线路空间模式

单目的地模式是长三角都市圈主要客源市场旅游者最主要的旅游线路空间模式,占总样本数(2 369 份)的 46.07%,其中以上海、江苏、浙江和安徽 4 省市为主。随着客源地市场距离的增加,旅游者受出游时间和出游成本影响,倾向于选择多目的地旅行模式,以达到旅游效益最大化。完全环游模式、区域环游模式、往返模式、营区基地模式 4 种多目的地模式所占比例依次下降,且完全环游模式与其他三种线路空间模式差别较大(图 6-3)。

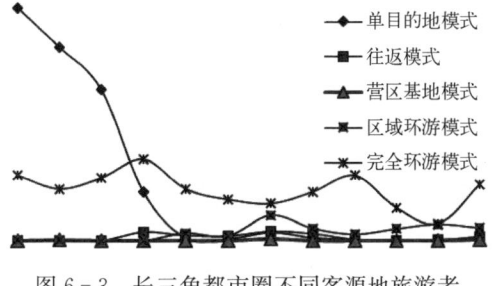

图 6-3 长三角都市圈不同客源地旅游者旅游线路空间模式的比较

1) 完全环游模式在 12 大客源市场旅游者线路空间模式中占有较大比例,为 43.74%,仅次于单目的地模式,且以长三角都市圈外部客源市场为主,其属于中远距离旅游者的大尺度旅游空间行为,在旅游时间比和最大信息收集量原则的影响下,倾向于采用首尾目的地不重复、游憩路径不重合的完全环游模式。该模式中,旅游者多以南京为首个旅游目的地,以上海为终点旅游目的地。

2) 区域环游模式所占比例较小,为 7.03%,长三角二省一市和安徽省的旅游者很少使用该模式,中远距离客源市场的旅游者较多地采用这种模式,尤其是福建、四川、陕西、湖北和广东五省,且旅游者对上海、南京、杭州等交通枢纽旅游地的依赖性较强。长三角都市圈旅游者多将上海、南京和杭州等大型城市作为起始和终点目的地,进入和返回客源地,实现景区(点)和交通枢纽的有效连接。

3) 往返模式所占比例仅为总样本数的 2.91%,主要是受到交通可达性等条件的限制。最为典型的一条线路为宁波—舟山—宁波,占往返模式总样本的 50%,因为宁波是进入舟山的陆路必经中转站。若旅行时间和旅行费用允许,旅游者总是力图游览更多不同旅游地,避免走回头路,很少选择进入、返回路径一致的往返模式。

4) 营区基地模式所占比例最小,仅有 0.25%。营区基地模式仅有的 6 条线路中,有 4 条以杭州为基地,2 条以宁波为基地。该模式较少的原因在于,长三角都市圈航空、铁路、公路网、城际轨道交通网联系紧密,立体交通网络体系逐渐完善。这使得旅游者无需以某个城市为集散地重复使用某条旅行路线,而可根据实际需

要选择方便实惠的环游线路,增强旅行体验。

综合来看,依据12个客源市场与长三角都市圈的地缘关系和旅游线路的相似性,将其划分为8个地理单元:上海、浙江、江苏、安徽、京鲁客源、鄂川客源、粤闽客源、豫陕客源。其中,沪、浙、苏、皖属于近程客源市场,其他4个地理单元为中远程客源市场。从空间尺度和旅游线路空间模式来看,近程客源的旅游者以单目的地模式为主,中远程以多目的地模式为主。长三角都市圈城市化经济发达,居民收入可支配性强、周末时间充裕、与各目的地之间交通距离较近,不同等级城市、环都市圈地区旅游产品、交通设施和旅游服务设施的改善,基本可实现一日内往返,进一步提高了居民出游率。安徽是与长三角地理人文最接近的省份之一,空间距离和心理距离邻近性、交通便捷性、闲暇时间可控性以及目的地特色性是安徽旅游者选择单目的地模式的重要因素。沪浙苏皖旅游者多以单一目的地模式进行游览,浙苏也存在少量的多目的地模式,涉及的目的地主要以无锡、苏州、南京、杭州、上海几个大型城市为主。相较之下,京鲁、鄂川、粤闽、豫陕四个中远程客源地的旅游者与长三角都市圈空间距离和心理距离较远,多将都市圈作为一个大尺度的整体性旅游地进行游览。为实现旅游费用效益的最大化,在一定费用、一定时间的限制下,倾向于在同一次旅行中选择都市圈内部知名度较高的城市作为主要旅游节点地,另外考虑到交通沿线城市游览的便利性和旅游产品的互补性,以多目的地旅游模式为主。

(二) 不同客源市场旅游者的旅游线路特征

1) 长三角都市圈不同客源市场的旅游者多选择空间邻近的大型城市作为旅游线路的起点和终点,区域内部旅游线路的空间布局存在非均衡性。因为中远程旅游者往返需要航空、铁路等高级别的交通工具,多选择与其空间距离较近的大型城市为起点和终点旅游地进行往返。如京鲁客源分别以南京和上海作为首个旅游地和终点旅游地,而粤闽旅游者则多将上海、杭州作为首个旅游地和终点旅游地。旅游者偏重于游览与自己城市较近的城市,旅游线路集中于都市圈内部与自己相邻较近的区域。这可能是由于地域相近造成的文化认同度较高,或者是旅行社在旅行线路规划时,为使之线路价格更具竞争力,以减少游览距离、缩小交通成本的方式选择距离较近的目的地代替较远的目的地。

2) 区内外旅游者线路组合具有互补性。沪浙苏皖旅游者以单目的地为主,安徽旅游者主要前往长三角知名度较高、旅游产品较好的城市,如南京、杭州、上海、苏州,且目的地选择具有显著的空间衰减性。上海旅游者多选择南京、杭州方向的周边城市作为目的地,对旅游产品要求的区别度不高。江苏、浙江旅游者在各自省内的旅游线路呈现低级别城市向高级别城市流动为主,城市之间相互流动为辅的组合模式,对省外城市选择偏重于大型城市,中小城市较少涉及。其他客源地旅游

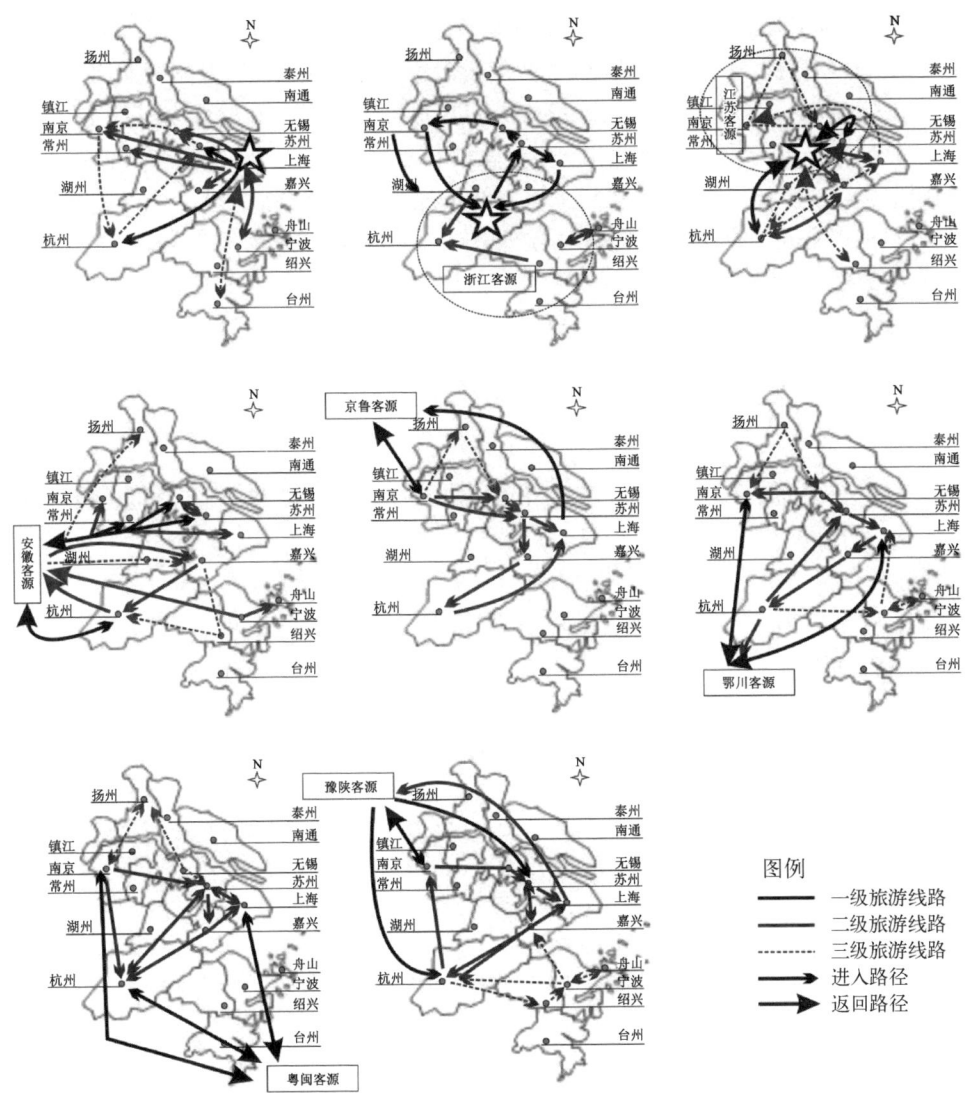

图 6-4　长三角都市圈不同客源市场旅游者的空间流动

者线路选择中主要以历史文化名城为主要旅游节点城市,以其组织呈区域环形线路,中途适当组合具有明显特色的城市旅游地。

3) 长三角都市圈核心—边缘结构的完善性。存在上海、南京、杭州为中心城市形成的三个旅游圈,长三角都市圈客源市场旅游者多目的地线路选择仍以各中心城市为基地向各旅游圈内低级别旅游地流动,核心城市之间旅游流主要沿干线铁路移动,因为从长三角都市圈内部旅游流流动的主要机动方式来看,沪浙苏皖的旅游者主要依靠汽车和铁路两种方式,其他客源地旅游者则主要以汽车客运为主。

以上海、南京为核心的旅游圈联系较为紧密,南京—无锡—苏州—上海一线是长三角都市圈旅游线路中的黄金线路,多数旅游者都会选择此路线,上海—嘉兴—杭州一线旅游流辐射能力也较强。南京和杭州虽为长三角都市圈的两个核心旅游地,但其直接联系远低于上海与南京、杭州两城市之间的联系。南京与杭州的列车通车频率(1.6 次/时)远低于杭州与上海之间的通车频率(8.7 次/时),这可能是由于南京和杭州之间的直接空间联系地跨安徽省,安徽省的城市受经济实力、发展思路和地势的影响,交通线路布局、旅游产品建设跟进与长三角旅游发展存在差距,致使旅游流在南京—杭州直线间的铁路、客运客流受到限制。杭州与长三角东南部的绍兴、宁波、台州、舟山四个城市的旅游线路布局不够紧密,随着宁波旅游实力的增强,这一态势将会大大改善。

三、长三角都市圈旅游地在不同客源市场旅游者旅游线路中的角色

从表 6-1 中可以看出,杭州是最受游客欢迎的旅游地,苏州、上海两个旅游地的到访率仅次于杭州,出现率较高。南京、嘉兴和无锡在旅游线路中出现的频次较为相近。其他 10 个旅游地的出现率均低于 10%,在线路中被推荐的次数较少。总体来看,可将 16 个旅游地在旅游线路中的出现频次(n)分为四个层次,分别是:第一层次($n>800$),包括杭州、苏州和上海三个旅游地;第二层次($800>n>600$),包括南京、嘉兴和无锡三个旅游地;第三层次($600>n>100$),包括舟山、宁波、绍兴、常州、湖州和扬州六个旅游地;第四层次($100>n>0$),包括镇江、泰州、台州和南通四个旅游地。

表 6-1 长三角都市圈旅游地在主要客源市场旅游线路中出现的频次(P_i)

旅游地	频次 上海	浙江	江苏	安徽	北京	山东	河南	陕西	湖北	四川	广东	福建	总计(份)	比例(%)
杭 州	201	69	136	79	119	96	78	71	95	56	121	121	1242	52.43
苏 州	119	113	98	52	109	82	64	66	90	54	104	85	1036	43.73
上 海	24	76	64	18	116	77	66	71	68	60	110	88	838	35.37
南 京	57	61	26	17	97	70	54	62	92	51	69	42	698	29.46
嘉 兴	38	28	84	58	72	62	40	46	62	35	73	92	690	29.13
无 锡	49	58	64	28	84	52	47	51	65	43	71	52	664	28.03
舟 山	26	38	26	22	6	17	5	7	18	2	10	17	209	8.82
宁 波	44	23	9	16	4	11	15	5	16	2	11	13	173	7.30
绍 兴	21	17	14	6	24	10	10	15	7	8	18	17	167	7.05
常 州	35	26	22	16	6	2	5	16	1	1	1	2	144	6.08
湖 州	22	12	30	14	8	15	3	4	2	1	4	11	132	5.57

续表

旅游地 \ 频次	上海	浙江	江苏	安徽	北京	山东	河南	陕西	湖北	四川	广东	福建	总计（份）	比例（%）
扬州	25	5	13	9	16	9	10	5	12	1	15	2	123	5.19
镇江	11	2	1	2	6	4	2	2	3	0	0	0	33	1.39
泰州	3	0	16	2	0	2	0	2	0	0	4	0	29	1.22
台州	18	0	0	0	0	0	0	0	0	0	0	0	18	0.8
南通	0	0	0	0	0	1	0	0	0	0	0	0	1	0.04

据此计算出长三角都市圈 16 个旅游地在不同类型旅游地的份额情况（表 6-2），可区分长三角都市圈 16 个旅游地在区内外不同客源市场的旅游线路中的角色。总体来看，16 个旅游地在不同层次、不同地区、不同线路所体现的角色具有差异性。对上海、浙江、江苏和安徽 4 个近程客源市场来讲，旅游者多将各旅游地作为单一旅游地进行游览，旅行线路较少涉及多个城市。这些单一旅游地包括杭州、苏州、上海、无锡、南京、常州、扬州、宁波 8 个城市。这些旅游地较为成熟，旅游产品体系完善，与客源地空间距离较近，或有直接往返交通，可以为旅游者提供全项或专项旅游产品，主要服务沪、浙、苏、皖 4 个短程旅游市场。其他客源市场属于中远程市场，多选择多目的地线路模式，游览旅游产品级别和城市水平较高的城市。

表 6-2 长三角都市圈不同类型旅游地的份额（S_i）

城市旅游地	单一旅游地		门户旅游地		终点旅游地		中途旅游地		枢纽旅游地	
	数量（份）	比例（%）	数量（份）	比例（%）	数量（份）	比例（%）	数量（份）	比例（%）	数量（份）	比例（%）
上海	83	9.90	163	19.45	520	62.05	171	20.41	97	11.58
南京	42	6.02	452	64.76	149	21.35	109	15.62	55	7.88
无锡	53	7.98	44	6.63	68	10.24	502	75.60	3	0.45
常州	99	68.75	6	4.17	4	2.78	36	25.00	1	0.69
苏州	136	13.13	194	18.73	73	7.05	632	61.00	3	0.29
南通	0	0	0	0	0	0	1	0	0	0
扬州	22	17.89	17	13.82	23	18.70	60	48.78	0	0
镇江	0	0	4	12.12	12	36.36	17	51.52	0	0
泰州	20	68.97	1	3.45	2	6.90	6	20.69	0	0
杭州	286	23.03	232	18.68	276	22.22	525	42.27	77	6.20
宁波	66	38.15	56	32.37	43	24.86	63	30.64	62	35.83
嘉兴	71	10.29	46	6.67	50	7.25	523	75.80	7	1.01
湖州	59	44.70	8	6.06	5	3.79	61	46.21	1	0.76
绍兴	38	22.75	12	7.19	9	5.39	108	64.67	0	0
舟山	86	41.15	10	4.78	8	3.83	105	50.24	0	0
台州	18	100.00	0	0	0	0	0	0	0	0

杭州

把杭州作为长三角都市圈旅游目的地的旅游线路共有 1 242 条。其中,作为中途旅游地的 525 条,占样本总数的 42.27%;扮演单一旅游地、终点旅游地和门户旅游地角色的比例相当,分别占样本数的 23.03%、22.22%、18.68%;以枢纽型旅游地出现的频次为 77,仅次于上海(97)。这表明杭州旅游流集散能力较强,是重要的交通枢纽,在旅游线路中多充当中途旅游地的角色,且多为旅游线路中的倒数第二站,是旅游者离境前的主要目的地,体现其高知名度、完善的旅游服务设施和综合性的旅游产品及优越的交通可达性。

苏州

主要客源市场选择苏州作为长三角都市圈旅游目的地的共有 1 036 条旅游线路。其中,充当中途旅游地的为 632 条,占样本数的 61%;苏州被当作门户旅游地、单一旅游地、终点旅游地和枢纽旅游地的比例依次下降,分别为 18.73%、13.13%、7.05%、0.29%。

线路中,苏州多与无锡、嘉兴、上海邻近的旅游地捆绑,原因在于这四个旅游地地理空间上的近邻性。

上海

把上海作为长三角都市圈旅游目的地的线路共有 838 条,其中,将上海作为终点旅游地线路共有 520 条,占样本数的 62.05%;作为门户旅游地、中途旅游地和枢纽旅游地角色的比例分别为 19.45%、20.4%、11.58%;以单一旅游地出现的频次最少,占 9.90%。这表明上海在主要客源市场旅游者旅游线路中多充当终点旅游地的角色,原因在于上海拥有完善的交通网络体系,与客源地持有便捷的交通联系;同时,上海可满足旅游者离境时的购物需求,免去旅游线路中携带物品的不便。线路中,上海很少以单一旅游地形式出现,表明上海已经与长三角都市圈其他旅游地形成良好的旅游合作,主要客源市场都将上海与其他长三角城市进行捆绑。

南京

共有 698 条旅游线路推荐南京作为长三角都市圈旅游的目的地。其中有 452 条线路中,南京被旅游者当作门户旅游地,占样本数的 64.76%;南京扮演终点旅游地、中途旅游地、枢纽旅游地和单一旅游地的比例分别为 21.35%、15.62%、7.88%、6.02%。这反映出旅游者首先到达的长三角旅游地为南京,以南京为起点开始游览长三角其他城市,原因在于南京是综合性的承东启西的交通枢纽城市,发达的交通网络体系提高了南京与客源地的交通可达性,在一定程度上降低了旅游者的感知距离。

嘉兴

共有 690 条旅游线路推荐嘉兴作为长三角都市圈旅游目的地。其中,嘉兴被作为中途旅游地的线路共有 523 条,占样本数的 75.80%;以单一旅游地(10.29%)、终点旅游地(7.25%)、门户旅游地(6.67%)以及枢纽旅游地(1.01%)的比例较低。同时,嘉兴与杭州、苏州和上海等旅游地相邻捆绑在同一条旅游线路中。目前,已经实现嘉兴市到县的半小时交通圈以及嘉兴到杭州、上海、苏州的1小时交通圈,促进了旅游客源在长三角都市圈内部的流动。

无锡

总样本中共有 664 条旅游线路把无锡作为长三角都市圈旅游目的地。其中,无锡被作为中途旅游地的旅游线路共有 502 条,占样本数的 75.60%,此时无锡多与南京和苏州两地相邻捆绑。扮演终点旅游地、单一旅游地、门户旅游地和枢纽旅游地的比例依次降低,分别为 10.24%、7.98%、6.63% 和 0.45%。

舟山

涉及舟山作为长三角都市圈旅游目的地的线路共有 209 条。其中,舟山被作为中途旅游地的线路为 105 条,占样本数(209)的 50.24%;以单一旅游地角色出现的频次为 86,占 41.25%。作为中国第一个以群岛设市的舟山,经过连岛工程,加强了海岛与长三角其他城市的联系。目前,从区外进入舟山,陆上必经之地是宁波,海上必经之地是上海,因而舟山成为旅游者线路中的门户旅游地、终点旅游地和枢纽旅游地的几率很小。舟山是集海岛风光、佛教文化和海洋文化于一体的独具特色的旅游地,丰富的旅游资源和多元的旅游产品刺激旅游者的旅游需求,舟山的旅游产品逐渐由朝圣、观光走向朝圣、观光和休闲度假。

宁波

包含宁波的旅游线路共有 173 条。宁波在主要客源市场旅游者的旅游线路中所扮演的角色较为均衡,充当单一旅游地、枢纽旅游地、门户旅游地、中途旅游地和终点旅游地的频率分别为 38.15%、35.83%、32.37%、30.64%、24.86%。以枢纽旅游地出现时,旅游者的旅游线路多涉及宁波—舟山—宁波,宁波是旅游者通往舟山的陆上咽喉。

绍兴

涉及绍兴为长三角都市圈旅游目的地的旅游线路共有 167 条。其中,绍兴被作为中途旅游地的线路最多,为 108 条,占样本比例 64.67%;单一旅游地、门户旅游地、终点旅游地所占比例依次为 22.75%、7.19%、5.39%。绍兴被誉为"山清水秀之城、历史文物之邦、名人荟萃之地",旅游交通较为发达,旅游资源的多样性和便捷的交通条件促进旅游者多将绍兴作为长三角地区旅游的中途旅游地和单一目的地。

常州

共有 144 条线路将常州推荐为长三角都市圈旅游目的地。其中,常州被作为单一旅游地的线路为 99 条,所占比例为 68.75%;扮演中途旅游地、门户旅游地、终点旅游地和枢纽旅游地的比例较低,分别为25%、4.17%、2.78%和0.69%。近程客源地包括上海、浙江、江苏和安徽以及中程客源地湖北多将常州视为单一旅游地;中远程客源市场包括北京、山东、广东、福建、河南、湖北和陕西倾向于将常州作为中途旅游地。

湖州

把湖州作为长三角都市圈旅游目的地的线路共有132条,其中,湖州扮演中途旅游地和单一旅游地角色所占比例较高,分别为46.21%、44.70%。线路中,湖州与苏州、嘉兴和杭州三市进行捆绑,是长三角都市圈的重要旅游地之一。这主要得益于湖州较为丰富的旅游资源和较为便利的交通设施,目前湖州已经形成"太湖、竹乡、名山、湿地、大宅门、古生态"六大旅游板块,宣杭铁路、长牛铁路、新长铁路和杭宁、申嘉湖、杭长高速公路穿过境内,为中短途客源市场旅游者提供便捷的交通设施,提高了旅游者的交通可达性。

扬州

把扬州作为长三角都市圈旅游目的地的旅游线路共有123条,其中,扬州为中途旅游地的线路有60条,占样本数(123)的48.78%;充当终点旅游地、单一旅游地和门户旅游地角色所占的比例大体相当,分别为18.70%、17.89%和13.82%。中远途客源市场(北京、山东、广东、福建、河南、湖北、四川、陕西)多将扬州作为长三角都市圈旅游的中间一站,并与南京、无锡、镇江、泰州4市进行相邻捆绑,缘于这5市地理空间上的近邻性。样本中没有涉及将扬州作为枢纽旅游地的旅游线路,表明扬州在12大主要客源市场中的交通枢纽作用不明显。

镇江

推荐镇江作为长三角都市圈旅游目的地线路共33条,其中,镇江多充当中途旅游地和终点旅游地的角色,分别占51.52%和36.36%。12大国内主要客源市场中,短程客源地如安徽、江苏、浙江和上海倾向于视镇江为门户旅游地和终点旅游地;中远程客源地如北京、山东、河南、湖北和陕西,更多地将镇江作为中途旅游地。

泰州

泰州在总样本中出现的频次为29。其中,泰州被视为单一旅游地的线路数为20,主要出现在短程客源市场中,包括江苏、上海和安徽。中远程客源地旅游者多将泰州作为中途旅游地,作为整个旅游线路的补充部分,如山东和陕西客源地。

台州

将台州作为长三角都市圈旅游目的地的线路仅有18条,且都是以上海为客源地,都将台州作为单一旅游地。台州旅游资源较为丰富,但是与长三角其他城市杭州、上海、南京、苏州等相比,其旅游资源的品位度和丰度较低,对中远程客源地旅游者的吸引力较弱。作为客源市场的上海,经济发达,居民出游潜力大;上海通往台州的列车共有19次,航班6次,外部旅游交通发达,提高了上海旅游者进入台州的便捷度。

南通

长三角都市圈旅游总线路中仅有1条将南通作为旅游目的地。该条线路出现在山东客源市场中,旅游者将南通作为中途旅游地。旅游交通的便捷度是影响区域旅游发展的先决条件。南通旅游交通欠佳,铁路方面,目前只有新长铁路和宁启铁路穿过境内,大大降低了到访游客的规模、旅游吸引力以及游客抵达的便捷度;航空方面,南通兴东机场为吸引中远程客源提供可能;高速公路方面,沈海、沪陕、启扬、通锡等快速公路交通方式方便了中短途游客的抵达。但是,相对匮乏的旅游资源大大降低了国内旅游者选择南通作为旅游目的地的可能性。旅游资源是旅游发展的基础,旅游资源丰富的地区在吸引力方面往往会超过具有相似区位的其他地区。

第三节 基于旅游经济网络的长三角都市圈旅游地角色

一、案例地概况

本节研究以长三角为案例区域,区域范围仍采用长三角最早确定的区域范围,即包括上海、南京、无锡、苏州、常州、扬州、南通、镇江、泰州、杭州、宁波、嘉兴、绍兴、湖州、舟山和台州16个城市。2009年长三角都市圈16个城市的国土面积为11.01×10^4 km^2,户籍人口约84.06×10^6人,地区生产总值约为5.97×10^4亿元。2015年长三角都市圈16个城市的国土面积为11.05×10^4 km^2,户籍人口约109.47×10^6人,地区生产总值约为11.31×10^4亿元。长三角都市圈是我国人口最密集、城市化水平最高的地区,同时也是我国重要的旅游区之一。长三角都市圈旅游资源丰富且品质较高,旅游活动类型多样,旅游服务设施完善,旅游业发达。截至2011年3月,长三角都市圈拥有国家级风景名胜区23处,国家5A级旅游景区16处,国家4A级旅游景区147处,分别占全国总数的11.1%、21.1%和16.8%;2009年长三角16个城市旅游总收入达1 141亿美元,旅游总人次达6.03亿。截至2015年8月,长三角都市圈拥有国家级风景名胜区23处,国家5A级旅游景区33处,国家4A级旅游景区235处,分别占全国总数的11.1%、17.7%和18.3%;2009年长三角16个城市旅游总收入达1 141亿美元,旅游总人次达13.67亿,2015年长三角16个城市旅游总收入达17 861亿元,旅游总人次达13.67亿,已成为全国最具吸引力和竞争力的旅游目的地之一。

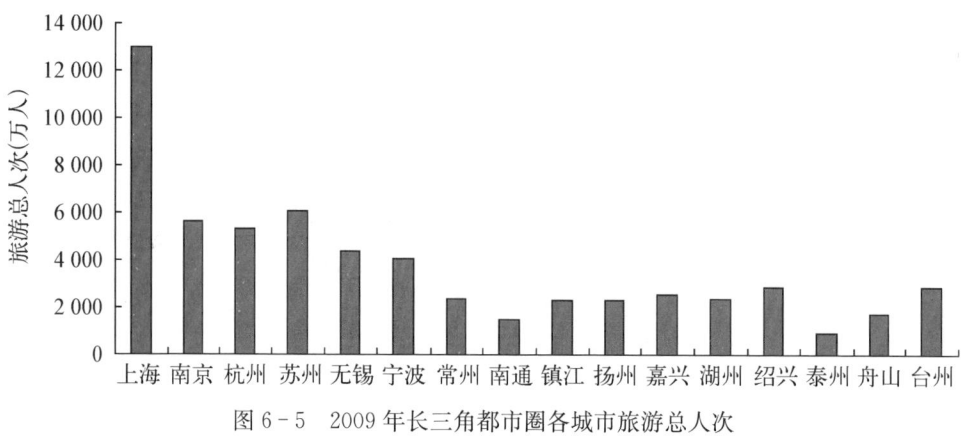

图 6-5 2009 年长三角都市圈各城市旅游总人次

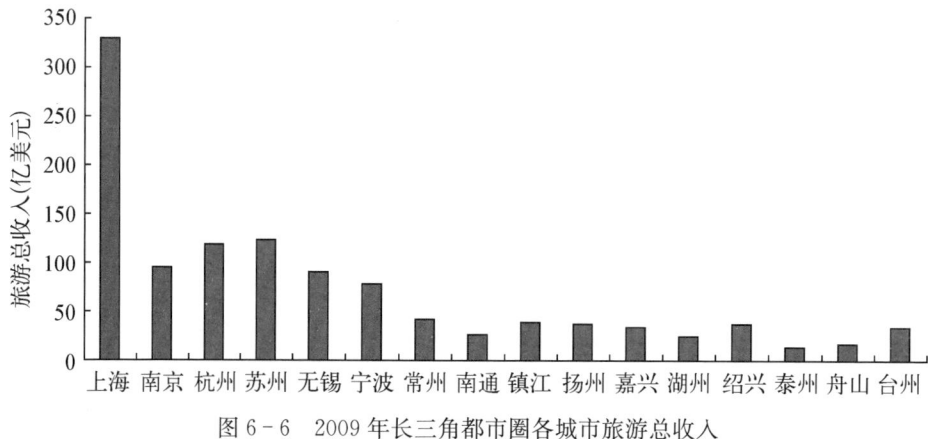

图 6-6 2009 年长三角都市圈各城市旅游总收入

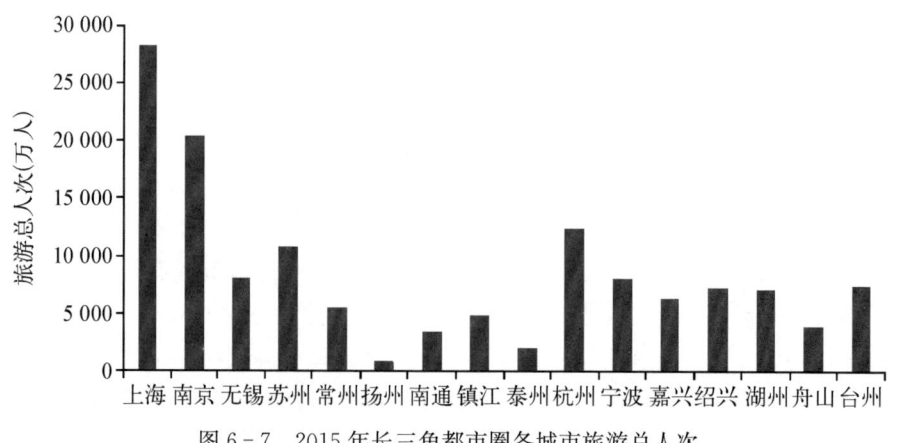

图 6-7 2015 年长三角都市圈各城市旅游总人次

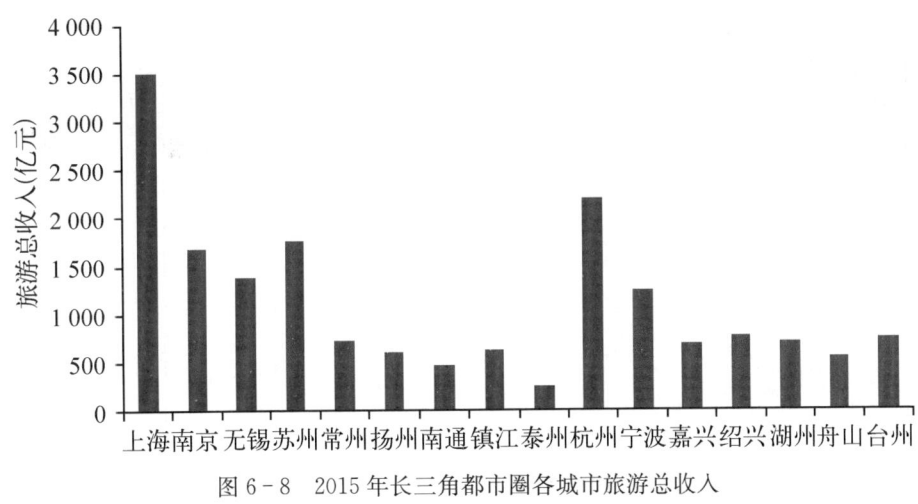

图6-8 2015年长三角都市圈各城市旅游总收入

二、长三角都市圈旅游经济网络模型构建及其评价指标

(一) 旅游经济网络构建思路

社会网络分析法主要通过绘制关系网络来揭示组之间的关系特征、关系类型以及资源的流动等,该方法首先必须明确何为行动者及其之间的关系。旅游经济网络是以旅游地(文中指长三角16个城市)为节点,通过旅游地之间的旅游经济联系为关系特征,映射出各城市节点之间的集聚与扩散空间关系。长三角都市圈旅游经济网络构建的具体步骤如下:

首先,确定行动者。本书选取长三角都市圈16个核心城市作为行动者,即旅游节点。

其次,确定网络关系。本文选取长三角都市圈16个旅游地(即城市)作为行为主体,通过计算每两个旅游地之间旅游经济联系强度来表示旅游经济网络。本书建立的是无向网络,分为入境游旅游经济网络、国内游旅游经济网络和整体旅游经济网络三个网络。

再次,建立赋值矩阵,然后转化为二分矩阵。依据相关数据和计算公式,建立17×17的旅游经济联系强度矩阵,如表6-3、6-4、6-5所示。然后以此为数据库,合理选择切分值,如果某两个城市的旅游经济联系强度高于或等于该切分值,则赋值为1;否则赋值为0(如表6-6、6-7、6-8所示)。切分值的选择是个较为主观的过程,需经过多次实验,避免产生完全相连网络或完全不相连网络的现象。

最后,根据二分矩阵,运用社会网络分析软件UCINET相关模块对旅游经济网络特征进行分析。

表 6-3 长三角都市圈旅游地入境旅游经济联系强度

（单位：亿美元·万人次/km²）

城市	上海	南京	杭州	苏州	无锡	宁波	常州	南通	镇江	扬州	嘉兴	湖州	绍兴	泰州	舟山	台州
上海	—	0.05	0.24	1.00	0.18	0.09	0.06	0.09	0.05	0.03	0.13	0.02	0.02	0.01	0.01	0
南京	0.05	—	0.01	0.02	0.01	0	0.01	0	0.09	0.04	0	0	0.02	0	0	0
杭州	0.24	0.01	—	0.11	0.02	0.1	0.03	0.1	0.05	0.01	0	0.1	0.03	0.1	0.01	0
苏州	1.00	0.02	0.11	—	0.30	0.01	0.05	0.01	0.02	0.01	0.1	0.03	0.01	0	0.01	0
无锡	0.18	0.01	0.02	0.30	—	0	0.09	0.05	0.02	0.01	0.1	0.02	0.01	0	0.04	0
宁波	0.09	0	0.1	0.01	0	—	0	0.01	0	0	0	0	0.01	0	0	0
常州	0.06	0.01	0.03	0.05	0.09	0	—	0.01	0.02	0.01	0.01	0	—	0.01	0	0
南通	0.09	0	0.1	0.01	0.05	0.01	0.01	—	0	0.01	0	0	0	0	0	0
镇江	0.05	0.09	0.05	0.02	0.02	0	0.02	0	—	0.37	0	0	0	0	0	0
扬州	0.03	0.04	0.01	0.01	0.01	0	0.01	0.01	0.37	—	0	0	0	0.01	0	0
嘉兴	0.13	0	0	0.1	0.1	0	0	0	0	0	—	0.01	0	0	0	0
湖州	0.02	0	0.1	0.03	0.02	0	0	0	0	0	0.01	—	0	0	0	0
绍兴	0.02	0.02	0.03	0.01	0.01	0.01	0	0	0	0	0	0	—	0	0	0
泰州	0.01	0.01	0.1	0	0	0	0.01	0	0	0.01	0	0	0	—	0	0
舟山	0.01	0	0.01	0.01	0.04	0	0	0	0	0	0	0	0	0	—	0
台州	0	0	0	0	0	0	0	0	0	0	0	0	0	0	0	—

表 6-4 长三角都市圈旅游地国内游旅游经济联系强度

（单位：亿美元·万人次/km²）

城市	上海	南京	杭州	苏州	无锡	宁波	常州	南通	镇江	扬州	嘉兴	湖州	绍兴	泰州	舟山	台州
上海	—	12.48	32.98	188.11	73.17	26.13	19.40	18.16	8.50	6.22	38.33	10.24	8.22	3.76	3.87	3.65
南京	12.48	—	4.27	8.93	10.74	1.25	8.25	1.36	34.29	18.68	1.80	2.81	1.32	2.91	0.48	0.50
杭州	32.98	4.27	—	24.15	9.40	8.25	3.90	1.33	2.05	1.73	25.88	15.70	53.32	0.78	2.55	2.34

资料来源：根据《中国高速公路及城市公路网地图集 2010》以及各市 2009 年统计公报整理计算。

续表

城市	上海	南京	杭州	苏州	无锡	宁波	常州	南通	镇江	扬州	嘉兴	湖州	绍兴	泰州	舟山	台州
苏州	188.11	8.93	24.15	—	178.27	3.41	28.39	15.68	7.25	4.72	45.58	18.66	5.24	3.08	1.72	1.14
无锡	73.17	10.74	9.40	178.27	—	1.87	115.17	10.87	11.08	7.80	9.90	5.44	2.42	4.70	0.93	0.67
宁波	26.13	1.25	8.25	3.41	1.87	—	0.84	0.37	0.56	0.50	1.78	1.45	7.43	0.41	33.11	4.30
常州	19.40	8.25	3.90	28.39	115.17	0.84	—	5.43	11.84	7.21	2.70	3.96	1.04	1.88	0.36	0.31
南通	18.16	1.36	1.33	15.68	10.87	0.37	5.43	—	1.54	1.38	0.96	0.62	0.40	1.37	0.22	0.14
镇江	8.50	34.29	2.05	7.25	11.08	0.56	11.84	1.54	—	122.16	1.21	1.47	0.61	2.77	0.23	0.22
扬州	6.22	18.68	1.73	4.72	7.80	0.50	7.21	1.38	122.16	—	0.99	1.15	0.53	7.90	0.20	0.20
嘉兴	38.33	1.80	25.88	45.58	9.90	1.78	2.70	0.96	1.21	0.99	—	7.74	4.04	0.55	1.02	0.55
湖州	10.24	2.81	15.70	18.66	5.44	1.45	3.96	0.62	1.47	1.15	7.74	—	3.26	0.40	0.46	0.45
绍兴	8.22	1.32	53.32	5.24	2.42	7.43	1.04	0.40	0.61	0.53	4.04	3.26	—	0.29	1.58	1.51
泰州	3.76	2.91	0.78	3.08	4.70	0.41	1.88	1.37	2.77	7.90	0.55	0.40	0.29	—	0.10	0.11
舟山	3.87	0.48	2.55	1.72	0.93	33.11	0.36	0.22	0.23	0.20	1.02	0.46	1.58	0.10	—	0.69
台州	3.65	0.50	2.34	1.14	0.67	4.30	0.31	0.14	0.22	0.20	0.55	0.45	1.51	0.11	0.69	—

资料来源：根据《中国高速公路及城市公路网地图集2010》以及各市2009年统计公报整理计算。

表6-5 长三角都市圈旅游地整体旅游经济联系强度 （单位：亿美元·万人次/km²）

城市	上海	南京	杭州	苏州	无锡	宁波	常州	南通	镇江	扬州	嘉兴	湖州	绍兴	泰州	舟山	台州
上海	—	14.64	39.79	221.6	83.56	30.24	22.46	21.62	10.16	7.38	44.26	11.68	9.37	4.29	4.48	4.08
南京	14.64	—	4.92	10.03	11.70	1.38	9.11	1.54	39.09	21.15	2.0	3.05	1.43	3.16	0.53	0.53
杭州	39.79	4.92	—	27.91	10.53	9.37	4.43	1.55	2.41	2.02	29.31	17.56	59.65	0.87	2.89	2.57
苏州	221.6	10.03	27.91	—	194.98	3.78	31.48	17.88	8.30	5.37	50.42	20.38	5.72	3.36	1.90	1.22
无锡	83.56	11.70	10.53	194.98	—	2.01	123.76	12.01	12.30	8.59	10.61	5.76	2.56	4.98	0.99	0.70
宁波	30.24	1.38	9.37	3.78	2.01	—	0.91	0.41	0.63	0.56	1.93	1.56	7.97	0.44	35.99	4.53

续表

城市	上海	南京	杭州	苏州	无锡	宁波	常州	南通	镇江	扬州	嘉兴	湖州	绍兴	泰州	舟山	台州
常州	22.46	9.11	4.43	31.48	123.76	0.91	—	6.09	13.32	8.05	2.93	4.25	1.12	2.02	0.39	0.32
南通	21.62	1.54	1.55	17.88	12.01	0.41	6.09	—	1.79	1.59	1.07	0.69	0.44	1.52	0.25	0.16
镇江	10.16	39.09	2.41	8.30	12.30	0.63	13.32	1.79	—	140.9	1.36	1.63	0.68	3.07	0.26	0.24
扬州	7.38	21.15	2.02	5.37	8.59	0.56	8.05	1.59	140.9	—	1.10	1.26	0.58	8.69	0.23	0.21
嘉兴	44.26	2.0	29.31	50.42	10.61	1.93	2.93	1.07	1.36	1.10	—	8.29	4.32	0.59	1.11	0.58
湖州	11.68	3.05	17.56	20.38	5.76	1.56	4.25	0.69	1.63	1.26	8.29	—	3.44	0.43	0.50	0.46
绍兴	9.37	1.43	59.65	5.72	2.56	7.97	1.12	0.44	0.68	0.58	4.32	3.44	—	0.31	1.70	1.57
泰州	4.29	3.16	0.87	3.36	4.98	0.44	2.02	1.52	3.07	8.69	0.59	0.43	0.31	—	0.10	0.12
舟山	4.48	0.53	2.89	1.90	0.99	35.99	0.39	0.25	0.26	0.23	1.11	0.50	1.70	0.10	—	0.72
台州	4.08	0.53	2.57	1.22	0.70	4.53	0.32	0.16	0.24	0.21	0.58	0.46	1.57	0.12	0.72	—

资料来源：根据《中国高速公路网地图集 2010》以及各市 2009 年统计公报整理计算。

表 6-6　长三角都市圈旅游地入境旅游经济网络二分矩阵

城市	上海	南京	杭州	苏州	无锡	宁波	常州	南通	镇江	扬州	嘉兴	湖州	绍兴	泰州	舟山	台州
上海	0	1	1	1	1	1	1	1	1	1	1	1	1	1	1	0
南京	1	0	1	1	1	0	1	0	1	1	0	0	1	0	1	0
杭州	1	1	0	0	1	1	1	0	0	1	1	1	1	0	1	0
苏州	1	1	0	0	1	0	1	1	0	1	1	1	0	0	0	0
无锡	1	1	1	1	0	0	0	0	1	1	1	0	1	0	0	0
宁波	1	0	1	0	0	0	0	0	0	0	1	0	1	0	1	0
常州	1	1	1	1	0	0	0	1	1	1	0	0	0	0	0	0
南通	1	0	0	1	0	0	1	0	0	0	0	0	0	0	0	0
镇江	1	1	1	1	1	0	1	0	0	1	0	0	0	0	0	0

续表

城市	上海	南京	杭州	苏州	无锡	宁波	常州	南通	镇江	扬州	嘉兴	湖州	绍兴	泰州	舟山	台州
扬州	1	1	1	1	1	0	0	1	1		0	0	0	1	0	0
嘉兴	1	0	1	1	1	0	1	0	0	0		1	0	0	0	0
湖州	1	0	1	1	0	0	0	0	0	0	1		0	0	0	0
绍兴	1	0	1	1	0	1	0	0	0	0	0	0		0	0	0
泰州	1	0	0	0	0	0	0	0	0	1	0	0	0		0	0
舟山	1	0	1	0	0	1	0	0	0	0	0	0	0	0		0
台州	0	0	0	0	0	0	0	0	0	0	0	0	0	0	0	

表 6-7　长三角都市圈旅游地国内游旅游经济网络二分矩阵

城市	上海	南京	杭州	苏州	无锡	宁波	常州	南通	镇江	扬州	嘉兴	湖州	绍兴	泰州	舟山	台州
上海		1	1	1	1	1	1	1	1	1	1	1	1	1	1	1
南京	1		1	1	1	0	1	1	1	1	0	1	1	1	1	1
杭州	1	1		1	1	1	1	0	1	0	1	1	1	1	1	1
苏州	1	1	1		1	0	1	1	1	1	1	1	1	1	1	1
无锡	1	1	1	1		0	1	1	1	1	0	1	1	1	0	1
宁波	1	0	1	0	0		0	0	0	0	0	1	1	1	1	0
常州	1	1	1	1	1	0		1	1	0	1	1	1	1	0	1
南通	1	1	0	1	1	0	1		1	0	0	0	0	1	1	0
镇江	1	1	1	1	1	0	1	1		1	0	0	0	0	0	0
扬州	1	1	0	1	1	0	0	0	1		0	0	0	1	1	0
嘉兴	1	0	1	1	0	0	1	0	0	0		1	1	0	0	0

表 6-8 长三角都市圈旅游地整体旅游经济网络二分矩阵

城市	上海	南京	杭州	苏州	无锡	宁波	常州	南通	镇江	扬州	嘉兴	湖州	绍兴	泰州	舟山	台州
上海	1	1	1	1	1	0	1	1	0	0	1	1	0	0	0	0
南京	1	0	1	1	1	1	0	0	0	1	1	1	1	0	0	0
杭州	1	1	0	1	0	1	0	1	1	0	1	1	1	0	0	0
苏州	1	1	1	1	1	0	1	1	0	0	0	1	0	0	0	0
无锡	1	1	0	0	1	1	1	1	1	0	0	1	0	1	1	1
宁波	0	1	1	1	0	0	1	0	1	0	1	0	1	1	1	1
常州	1	1	0	1	1	1	0	1	0	0	0	1	0	0	0	0
南通	1	1	1	0	1	0	0	1	1	0	0	0	0	1	0	1
镇江	1	1	1	1	1	1	1	0	1	1	0	0	0	1	0	0
扬州	1	1	1	1	1	0	1	1	1	0	0	1	0	1	0	0
嘉兴	1	1	1	1	1	1	0	0	0	0	1	1	1	0	0	0
湖州	1	0	1	1	1	0	1	1	0	0	1	1	0	1	0	0
绍兴	1	1	1	1	1	1	0	0	0	0	1	1	1	0	1	0
泰州	1	1	0	1	1	0	1	1	1	1	0	0	0	1	0	0
舟山	1	0	1	0	0	1	0	0	0	0	1	0	1	0	0	0
台州	1	0	1	0	0	1	0	0	0	0	0	0	0	0	0	0

(二) 旅游经济网络评价指标

社会网络方法的引入能够从新的视角审视旅游经济网络中各旅游节点（即旅游地）之间的集聚与扩散空间关系，动态演绎旅游空间结构，定位旅游节点在实际网络中的角色功能。旅游经济网络结构主要包括单个旅游目的地节点结构和区域整体网络结构两个一级指标。节点指标可以通过节点中心性和结构洞两个二级指标来评价。整个网络结构可通过网络规模、密度、中心势、直径、核心—边缘模型等测度。本文选取网络密度、节点中心性（程度中心性、接近中心性、中介中心性）、核心—边缘模型、结构洞 4 个指标探讨旅游经济网络结构特征。

（1）网络密度

网络密度指旅游经济网络中实际存在的关系数量与所有理论上可能存在的关系数量之比，用来衡量旅游经济网络的整体紧密程度。网络密度越高，节点的联系越紧密。通过 UCINET 软件中的 Network/Cohesion/Density 模块实现。

（2）节点中心性

节点中心性反应区域中的重要旅游节点，用来衡量旅游节点的地位。它可以分为程度中心性、接近中心性和中介中心性 3 种形式。程度中心性是指旅游经济网络中连接某个节点和其他节点间边的数量，用来衡量哪些旅游节点在网络中占有最重要的位置。接近中心性是以距离为概念来计算节点的中心程度，指某一旅游节点到其他所有节点测地距之和的倒数，用来测算某一节点与网络中其他节点联系的紧密程度。节点接近中心性数值越大，表明该节点与其他节点间的联系程度越高，反之则越低。中介中心性是指位于旅游经济网络中其他节点对最短路径连线上的节点的重要程度，扮演着"桥"、中介者、联络官的角色。旅游节点的中介中心性越高，则中间转移、中间引导的机会越多，在旅游经济网络中占据地位越重要。

在旅游经济网络中，程度中心性刻画的是一个旅游地与其他旅游地之间的旅游经济交换能力，接近中心性用来描述旅游地之间旅游经济联系的畅通程度，中介中心性衡量的是旅游地在旅游经济关系上对其他旅游地的控制和依赖程度。通过上述三项中心性的测度，衡量旅游地在旅游网络中的中心位置及中介职能，通过 UCINET 软件中的 Network/Centrality 模块来完成。

（3）核心—边缘模型

运用该模型可清晰直观地反映旅游节点在旅游经济网络中的位置，判断哪些节点处于核心位置以及每个节点的网络核心度，通过 UCINET 软件中的 Network/core&periphery/categorical、continual 模块实现。

（4）结构洞

使用该模型可以观测出旅游经济联系在哪些旅游节点之间发生断裂，哪些旅游节点具有不可替代的区位优势。可通过 UCINET 软件中的 Network/Ego

Networks/Structural Holes 模块实现。

三、旅游经济网络中的长三角都市圈旅游地角色分析

计算出 2009 年长三角各城市之间的旅游经济联系强度,以此建立长三角旅游经济网络结构数据库。旅游经济联系强度区间实际得分分别为:整体网络[0.10, 221.60]、国内游网络[0.10, 188.11]、入境游网络[0, 1.00],入境游网络连接度较弱。为反映出网络的特征,经多次实验将 3 个网络的切分值分别选为 2、2、0.01,构建长三角都市圈旅游经济网络结构的二分矩阵,绘制出网络图(图 6-9)。

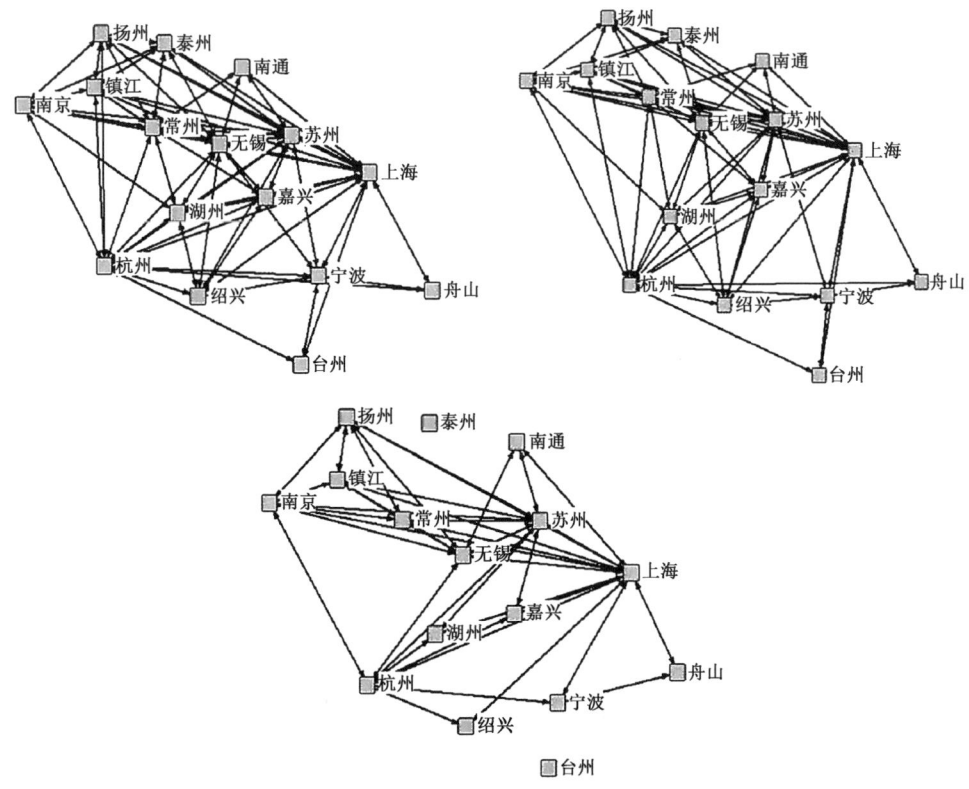

图 6-9 长三角都市圈旅游经济网络

(一)长三角都市圈旅游经济网络结构分析

1. 网络密度

整体网络、国内游网络、入境游网络的旅游经济网络密度分别为 0.59、0.54、0.33,表明当选择切分值为 2 时,整体网络和国内游网络的联系度占各自网络总连

接的50%以上,能够以此对网络总体特征进行解释。入境游网络只有33%的网络连接,不再降低切分值求得更高的连接密度,原因在于入境游的特殊性,因其空间流动路径仅是上海、南京、杭州、苏州四大城市点对点的空间流动,中小城市较少,切分值调高将掩盖这一实际情况,同时考虑到与其他两个网络的可比性。从图6-9网络连接可知,整体网络和国内游旅游经济网络呈现南北较为均衡的空间格局,入境游网络呈现显著的北密南疏的空间格局。三个网络特征呈现一定的相似性,即网络连接最为密切的轴线都是上海—南京、上海—杭州两大轴线。以这三个城市顶点取三角形,在三角形内部中的城市旅游经济联系强度显著大于处于三角形外部的城市。

2. 节点中心性

总体上看,整体网络和国内游网络的网络特征相似(表6-9)。其中,上海拥有最高的程度中心性、接近中心性以及中介中心性,在旅游经济网络中处于核心地位。苏州、杭州、无锡、南京和常州在网络中的程度中心性、接近中心性较高,南京、常州中介中心性低于杭州、苏州和无锡,表明南京、常州在作为其他城市与长三角内外城市连接时所起的中介作用显著低于苏州、杭州和无锡。湖州、镇江、扬州中心性特征较为相似,在网络中所起的功能也具有相似性;其他城市的网络指标有所下降。入境游网络中,上海仍具有绝对核心主导地位,苏州、杭州、无锡和南京在网络中的中心性低于上海,其他城市的程度中心性、接近中性、中介中性降低。这说明相对于国内游经济网络,入境游经济网络呈现较为强烈的"马太效应",虽然长三角入境游旅游经济近年取得较快发展,但呈现出显著的空间不均衡格局。

3. 节点结构洞

结构洞的三个指标显示,上海、杭州、苏州和无锡4个旅游地在三个旅游经济网络中都具有结构洞的优势(表6-10),表明这些旅游地具有较高的结构洞水平,在旅游经济网络中拥有不可替代的区位优势和竞争优势。一方面,其与其他旅游地之间持有良好的旅游经济联系,充当"桥"的角色,控制重要的信息、技术、资本等;另一方面,正是由于缺乏替代性的旅游地,可能这导致其他旅游地旅游经济联系的中断,破坏整个网络连接的紧密性。常州、南京和宁波3地的结构洞水平次之,且南京在入境游旅游经济网络中的结构洞水平较低,说明当其他旅游地之间发生入境游旅游经济联系时,南京的介入机会较小,较少扮演"中间人"的角色。绍兴、湖州、嘉兴、镇江、扬州5地的结构洞水平更低,但扬州在入境游旅游经济网络中具有较高的结构洞优势,效能大小为2.5。南通、泰州、舟山和台州4个旅游地在整体网络、国内游网络、入境游网络中的结构洞水平最低,结构洞优势最不明显。

表6-9 长三角都市圈旅游经济网络中心性分析

城市	程度中心性 ①	程度中心性 ②	程度中心性 ③	接近中心性 ①	接近中心性 ②	接近中心性 ③	中介中心性 ①	中介中心性 ②	中介中心性 ③	网络核心度 ①	网络核心度 ②	网络核心度 ③	角色定位
上海	15.00	15.00	13.00	100.0	100.0	33.33	33.21	2.46	30.56	36.30	38.50	45.70	旅游核心、集散中心
苏州	13.00	13.00	10.00	88.24	88.24	31.25	13.88	8.80	7.70	35.20	36.10	40.00	次旅游核心、次集散中心
杭州	13.00	12.00	8.00	88.24	83.33	30.00	18.67	10.57	6.83	31.90	31.30	27.00	次旅游核心、次集散中心
无锡	13.00	12.00	8.00	88.24	83.33	30.00	13.88	5.55	2.30	35.20	34.10	34.90	次旅游核心、次集散中心
常州	11.00	10.00	6.30	78.95	75.00	28.85	6.68	2.65	0	30.70	29.30	28.50	次旅游核心、旅游通道
南京	9.00	9.00	7.00	71.43	71.43	29.41	1.54	1.15	0.71	26.80	27.30	32.50	次旅游核心、旅游通道
湖州	8.00	8.00	3.00	68.18	68.18	27.27	1.07	0.53	0	24.00	25.00	14.30	重要旅游目的地
镇江	8.00	8.00	6.00	68.18	68.18	28.85	0.48	0.53	0	24.30	24.60	28.50	重要旅游目的地
扬州	8.00	7.00	6.00	68.18	65.22	28.85	0.14	0.17	0	22.10	21.40	28.50	重要旅游目的地、旅游通道
宁波	7.00	7.00	3.00	65.22	62.50	27.27	3.33	1.67	0.48	16.30	14.30	10.00	一般旅游目的地
嘉兴	7.00	7.00	3.00	65.22	65.22	27.27	0.33	0.17	0	21.30	22.10	14.30	一般旅游目的地
绍兴	7.00	7.00	2.00	65.22	65.22	26.79	0.80	0.75	0	19.90	20.60	9.10	一般旅游目的地
泰州	7.00	6.00	0	62.50	62.50	0	0	0	0	21.00	18.40	0	一般旅游目的地
南通	4.00	4.00	3.00	57.69	57.69	27.27	0	0	0	13.40	13.80	15.40	一般旅游目的地
舟山	3.00	3.00	2.00	55.56	55.56	26.79	0	0	0	8.10	8.30	7.00	边缘旅游目的地
台州	3.00	3.00	0	55.56	55.56	0	0	0	0	8.10	8.30	0	边缘旅游目的地
均值	8.50	8.13	5.00	71.66	70.45	25.20	5.88	3.44	3.03	23.41	23.34	20.98	
标准差	3.65	3.54	3.63	13.26	12.57	10.00	9.47	6.04	7.74	9.04	9.27	14.05	

注：①、②、③分别表示整体网络、国内游网络、入境游网络特征值。

表 6-10 长三角都市圈旅游经济联系网络节点结构洞分析

城 市	结 构 洞								
	效 能 大 小			效 率 性			约 束 性		
	①	②	③	①	②	③	①	②	③
上 海	7.73	8.28	8.43	0.52	0.55	0.60	0.24	0.25	0.26
杭 州	6.08	5.64	7.15	0.47	0.47	0.55	0.28	0.31	0.28
苏 州	5.23	6.00	6.00	0.40	0.46	0.50	0.28	0.28	0.30
无 锡	5.23	4.83	2.79	0.40	0.40	0.31	0.28	0.30	0.39
常 州	3.45	3.40	1.75	3.46	0.34	0.22	0.33	0.36	0.44
南 京	3.19	2.33	1.00	0.29	0.26	0.14	0.34	0.39	0.49
宁 波	3.00	2.80	1.80	0.43	0.47	0.36	0.48	0.56	0.63
绍 兴	1.57	2.00	1.00	0.22	0.29	0.25	0.49	0.48	0.77
湖 州	1.50	1.75	1.00	0.19	0.22	0.28	0.44	0.44	0.77
嘉 兴	1.50	1.29	1.40	0.19	0.18	0.28	0.44	0.49	0.64
镇 江	1.25	1.75	1.00	0.16	0.22	0.14	0.44	0.44	0.49
扬 州	1.25	1.29	2.50	0.16	0.18	0.31	0.44	0.49	0.42
泰 州	1.00	1.00	1.00	0.14	0.17	0.50	0.49	0.56	1.13
南 通	1.00	1.00	1.00	0.20	—	0.20	0.66	0.77	0.65
舟 山	1.00	1.33	1.00	0.33	0.44	0.33	0.93	0.88	0.93
台 州	1.00	1.33	0	0.33	0.44	—	0.93	1.05	—

(二) 长三角都市圈旅游地角色分析

角色分析可以衡量城市在旅游经济网络中的地位和功能,是制定旅游发展规划的重要依据。对长三角旅游经济整体网络进行核心—边缘分析,同时考虑到各个网络中城市的中心性得分,可从整体网角度将长三角 16 个旅游地划分为以下五种类型。

1) 核心旅游地:上海。上海是我国口岸城市,长三角第一大城市,经济、金融、贸易和航运中心,具有很高程度中心性、接近中心性、中介中心性以及网络核心度,是国内旅游的中心旅游地,旅游经济自组织能力强,是长三角都市圈旅游地的中心增长极。

2) 次核心旅游地:苏州、杭州、无锡、常州、南京 5 市。5 个城市起到重要的旅游枢纽功能,旅游者多从核心旅游地来此,入境游市场偏好主要为高等级的旅游吸引物。旅游吸引、辐射范围弱于核心目的地上海,是区域内部重要的集聚和扩散节点。杭州的旅游通道作用最强,与上海的一体化进程在加速。

3) 重要旅游地:包括湖州、镇江、扬州、宁波 4 市,具有较高的中心性和网络核心度。它们对低等级与高等级旅游地之间连接起到重要的承转作用,对旅游地之间国内游经济联系的介入机会多。2009年宁波实现GDP 4 214.6亿元,人均生产总值为73 998元,三次产业的比重为4.4∶53.3∶42.3,产业结构不断升级,经济发展迅速,在长三角都市圈旅游中越来越重要。

4)一般旅游地:包括嘉兴、绍兴、泰州和南通4市,具有较低的中心性指标,4个城市的旅游经济联系主要发生在与上述三种类别的旅游地之间,较低的中介中心性表明这些旅游地在旅游经济网络中的介入机会很小,旅游经济的发展对核心旅游地、次核心旅游地和重要旅游地具有较强的依赖性,独立性较差。

5)边缘旅游地:包括舟山和台州,具有很低的中心性和网络核心度。在长三角旅游经济网络和现实区位中,两个城市都位于边缘地带,与其他旅游地之间的沟通性差、经济联系强度和旅游的支配作用弱,是长三角旅游经济网络中的孤立节点。

综合来看,长三角旅游经济整体网络呈现出以上海为一级核心,以苏州、杭州、无锡、常州、南京为二级核心,以湖州、镇江、扬州、宁波为重要旅游目的地,以嘉兴、绍兴、泰州和南通为一般旅游目的地,以舟山和台州为边缘旅游地的空间格局。国内游旅游市场类型多样,在网络中表现为较为均衡的空间格局。入境游市场偏好单一,选择主要以高等级旅游地为主。上海—南京、上海—杭州是长三角旅游经济联系的两大重要轴线。

四、影响因素

区域旅游经济竞争力的强弱与旅游资源条件、经济发展水平、交通基础设施、区位条件以及旅游政策等密切相关,这些因素共同影响旅游地的产品组合、旅游线路空间组织,决定其在整个网络中的空间位置与作用。选取4类指标:① 旅游发展能力。旅游地旅游资源的丰度、类型和品位度是旅游地竞争力的基础,不同目的地的旅游资源禀赋条件在很大程度上决定了其竞争力的大小。指标包括旅游资源、旅游接待能力。② 经济发展水平。经济发展对旅游业的贡献体现在目的地的供给能力,它决定了旅游地旅游资源的开发和投入能力、交通等基础设施的投资和发展水平。旅游产业是第三产业的重要组成部分,具有高度关联性和相关性。第三产业及GDP的发展状况决定着旅游业的发展水平,是旅游竞争力的重要表现。指标包括GDP(亿元)、人均GDP(元)、第三产业比例(%)、第三产业从业人数(万)、固定资产投资(亿元)。③ 交通条件。交通要素是连接旅游需求与旅游供给的纽带和桥梁。指标包括机场游客吞吐量(万人次)、铁路客运量(万人次)、公路里程(km)、内河航道里程(km)。④ 城市发展状况。城市是旅游产业的重要支撑点,其发展状况直接影响到旅游业的经济效应。指标包括城市绿化覆盖率(公顷)、人均道路面积(平方米/人)、人均公交车辆(辆/

万人)、人均出租车辆(辆/万人)。4类指标共15个变量指标,进行极差标准化消除量纲影响,将选取指标与整体网络中各中心度得分分别进行Spearman相关分析(表6-11),可得以下结论。

表6-11 长三角旅游经济网络影响因素分析

自变量		Spearman 相关分析			
变量组	变量指标	程度中心性	接近中心性	中介中心性	核心度
旅游发展	旅游资源	0.505*	0.535*	0.660**	0.552*
	旅游接待能力	0.528*	0.566*	0.749**	0.586*
经济发展水平	GDP	0.665**	0.686**	0.772**	0.689**
	人均GDP	0.792**	0.817**	0.844**	0.474*
	三产占GDP比重	0.374	0.399	0.553*	0.233
	固定资产投资	0.706**	0.707**	0.722**	0.701**
	三产从业人员比重	0.467	0.471	0.506*	0.664**
交通条件	铁路运输量	0.293	0.305	0.463	0.271
	公路里程	0.204	0.203	0.221	0.601*
	机场游客吞吐量	0.780**	0.791**	0.857**	0.741**
	内河航道里程	0.442	0.467	0.389	0.501*
城市发展	绿化覆盖率	0.082	0.097	0.027	0.308
	人均道路面积	0.333	0.322	0.230	0.041
	人均公交车辆	0.535*	0.585*	0.784**	0.614*
	人均出租车辆	0.613*	0.634**	0.692**	0.409

注:*表示在0.05显著性水平下通过显著性检验,**表示在0.01显著性惠平下通过显著性检验。旅游资源得分、旅游接待能力数据来源于参考文献。

1) 旅游发展能力。旅游地在旅游经济网络中的地位与其旅游发展能力相关性很强,尤其是旅游接待能力,显著性更强。这表明旅游资源是发展旅游经济的基础,而旅游接待能力体现旅游地的旅游经济接待与转移功能,对旅游地的功能影响显著。长三角旅游产品已由传统旅游产品向现代旅游产品方向深化,产业融合、产业关联显著,传统旅游资源对城市旅游业发展的影响可能相对较弱。

2) 经济发展水平。区域经济发展水平中的GDP、人均GDP和固定资产投资显著影响旅游地在旅游经济网络中的功能。长三角都市圈是我国最大的区域经济体,其经济总量占全国的22.1%,三产比重为4.8:50.3:44.8(2009),产业结构高级化。城市经济水平高,基础设施完善。长三角都市圈快速发展的工业旅游、农业旅游、观光旅游、乡村旅游等旅游产品体现了旅游业与第一、第二产业的融合性。现代服务业部门齐全,旅游关联产业密度高、发展快,易与旅游业结合形成旅游产业集群,如上海创意旅游、南京路商业集群、南京夫子庙步行街等,均以旅游为主导生产,通过产业乘数效应提高了经济能力。企业之间的正式或非正式交流与合作为旅游业发展提供了新环境。上海世博会、杭州西博会等会展业的举办对城市旅游产业经济、品牌建设具有重要的推动作用。此外,政府执政能力的强弱、非正式旅游部门的推动作用也直接影响到旅游产业的发展。

3) 交通条件。交通条件各项指标中,机场游客吞吐量相关系数最高。表明公路、铁路是长三角城市之间交通的主要力量,航空逐渐成为长三角旅游的重要交通方式。上海与南京、上海与杭州列车通行频率分别为 8.7 次/时、5.5 次/时,南京与杭州列车通行频率为 1.6 次/时。上海虹桥机场与浦东机场、南京禄口机场、杭州萧山机场,是我国航空体系中的重要组成部分。上海、南京、杭州三大城市之间通行的沪杭高速、沪宁高速、宁杭高速等公路,沪宁高铁、沪杭高铁、宁杭高铁等铁路已成为联系紧密、分工合理的立体交通网,交通通达度高,通勤率高,提高了旅游流的空间流动性。

4) 城市发展状况。城市内部交通指标与旅游网络各指标相关性较强。城市内部交通便捷,与外部交通实现了无缝对接,一同构成长三角都市圈综合运输体系,大大提升了旅客在城市内部的流动性,提高旅行线路组织的可操作性。城市绿化是城市旅游发展的基础,也是城市经济社会系统可持续发展的生态保障。良好的生态景观可以营造良好的旅游环境,扩大旅游环境容量,有利于旅游产品建设,提高游客体验、重游率及游客口碑传播的可能性,实现旅游的可持续发展。

五、长三角都市圈旅游地角色定位及发展策略

(一) 长三角都市圈旅游地角色定位

从供给方视角,通过对长三角都市圈 16 个旅游地旅游经济联系强度的测算,构建旅游经济网络,分析出 16 个旅游地在旅游经济网络中的角色,并划分出 5 种角色的旅游地。其中,上海为核心旅游地;苏州、杭州、南京、无锡、常州为次核心旅游地;湖州、镇江、扬州、宁波是重要旅游地;嘉兴、绍兴、泰州、南通是一般旅游地;舟山和台州为边缘旅游地。从需求方视角,通过对长三角都市圈主要客源市场前十强旅行社官方网站旅游线路的查询与统计,分析 16 个旅游地在主要客源市场旅游线路中的角色。其中,上海为终点旅游地;南京是门户旅游地;杭州、苏州、嘉兴、无锡、扬州、镇江、绍兴、南通为中途旅游地;常州、泰州和台州为单一旅游地;湖州和舟山是单一旅游地和中途旅游地;宁波是单一旅游地、门户旅游地、中途旅游地、终点旅游地和枢纽旅游地。综合供给方和需求方两个视角,定位 16 个旅游地的角色。

表 6-12　供需方视角下的长三角都市圈旅游地角色

城市	角色		综合
	供给方视角	需求方视角	
上海	核心旅游地	终点旅游地	核心、终点旅游地
南京	次核心旅游地	门户旅游地	次核心、门户旅游地
杭州	次核心旅游地	中途旅游地	次核心、中途旅游地
苏州	次核心旅游地	中途旅游地	次核心、中途旅游地
无锡	次核心旅游地	中途旅游地	次核心、中途旅游地
常州	次核心旅游地	单一旅游地	次核心、单一旅游地
宁波	重要旅游地	单一旅游地、门户旅游地、中途旅游地、终点旅游地、枢纽旅游地	重要、单一、门户、中途、终点、枢纽旅游地
湖州	重要旅游地	中途旅游地、单一旅游地	重要、中途、单一旅游地
镇江	重要旅游地	中途旅游地	重要、中途旅游地
扬州	重要旅游地	中途旅游地	重要、中途旅游地
嘉兴	一般旅游地	中途旅游地	一般、中途旅游地
绍兴	一般旅游地	中途旅游地	一般、中途旅游地
南通	一般旅游地	中途旅游地	一般、中途旅游地
泰州	一般旅游地	单一旅游地	一般、单一旅游地
舟山	边缘旅游地	中途旅游地、单一旅游地	边缘、中途、单一旅游地
台州	边缘旅游地	单一旅游地	边缘、单一旅游地

(二) 长三角都市圈旅游地发展策略

1. 加强高低级别旅游地间的旅游合作

旅游地角色与旅游地的经济发展水平、旅游资源丰度和品位度、旅游交通等基础设施以及城市知名度等因素密切相关。高级别旅游地具有低级别旅游地的功能,低级别旅游地则不具有高级别旅游地功能。低级别旅游地应加强与高级别旅游地之间的合作与交流。若低等级旅游地与高等级旅游地区位邻近、交通相连或处于核心城市之间的重要交通线上,可与核心城市建立良好合作关系,引导旅游流的进入。若低等级旅游地处于边缘地带,需加强与中心城市旅游线路的通达性,重点在中心城市旅游地进行旅游产品的宣传营销。若低级旅游地单方面将自己定位为主要目的地,可能是徒劳的,与其他旅游地合作共同形成具有吸引力的旅游线路,显然要好于作为独立目的地的宣传营销。都市圈旅游地的发展,需强化中心城市旅游流对低级旅游地的空间辐射效应,引导区内旅游流合理流动,基层旅游地的有效竞争和合作也能推动高层旅游地的发展,增强区域旅游竞争力。旅游线路组织的政府规划和旅游服务部门,在投资建设旅游产品、目的地设施应考虑到都市圈旅游地空间结构的非均衡性带来的劣势,采取优势结合、产品互补等手段优化旅游线路组织,推动各城市旅游地的同步发展。

2. 明确各旅游地功能,完善相应设施

作为核心旅游地,上海一方面应通过自身的集聚力吸引大量的游客、资金、技术等而成为区域旅游的增长极,同时应通过扩散机制影响和带动其他旅游地的发展,促进客流在区内其他城市的流动。另一方面应充分发挥旅游集散中心的职能,建立高等级、国际化的旅游商品特色街、特色餐馆等,满足游客离境前的购物、休息等需求。南京、杭州、苏州、无锡、常州五市为次核心旅游地,是长三角区域重要的集聚和扩散中心,应完善旅游集散功能。南京在线路中通常为门户旅游地,可以提供引导性设施,如旅游信息中心,便于旅游者的信息咨询,增强整个行程的"第一印象",提高旅游者的旅行质量。杭州、苏州、无锡作为中途旅游地,可通过增加旅游服务设施和旅游活动,开发旅游新产品(如休闲度假产品),延长游客停留时间。常州需加强与中远程市场的交通联系,努力扩大市场,加强旅游产品与核心旅游地和其他次核心旅游地的捆绑。

宁波、湖州、镇江、扬州作为区域的重要旅游地,应充分发挥连接高等级旅游地与低等级旅游地的承转作用,完善与高、低等级旅游地之间的交通设施。宁波在旅游线路中的角色较为均衡,是陆上通往舟山的咽喉之地,拥有结构洞的优势;正是因为这种不可替代的区位优势,宁波一方面应完善旅游集散功能建设,同时增强旅游景点、餐饮住宿等基础设施建设,在旅游线路的市场推广中,加强与舟山的捆绑。湖州、镇江和扬州在线路中多属于中途型旅游地,可通过加强与邻近旅游地如南京、常州、无锡、杭州、嘉兴等的合作,完善旅游基础设施,使旅游资源得到合理利用。嘉兴、绍兴、南通、泰州为一般旅游地,通过改善旅游服务设施、提升旅游地形象、改善交通条件,加强与高等级旅游地的旅游经济联系,促进旅游业发展;并通过提升旅游地等级、改善旅游基础设施、做好旅游营销,吸引更大客流的涌入以及延长旅游者的逗留时间。舟山和台州位于旅游经济网络中的边缘位置,属于边缘旅游地,这与两地和其他旅游地的时空距离、旅游交通以及旅游资源丰度等有关。舟山海岛旅游资源丰富、群岛特色明显,众多旅游线路涉及将舟山作为长三角旅游的目的地之一,并在线路中属于中途旅游地和单一旅游地;在今后发展中,应突出海洋文化与佛教观世音文化主题,加强与核心、次核心、重要旅游地之间的旅游、经济等联系,促进客源、人才、资金、技术等的涌进。台州虽然旅游资源较为丰富,但分布零散,且旅游地形象不鲜明,旅游区与行政区、经济区错位分布,影响了本区旅游业的健康发展;今后应进一步合理编制区域旅游规划,明确旅游地形象,加强旅游集散中心建设,并加强与长三角都市圈其他旅游地的战略合作。

3. 打造区域旅游整体形象,完善旅游线路营销

同单体城市、单个旅游地不同,都市圈旅游强调整体性的旅游形象。都市圈内

部各旅游地虽然角色和地位不同,但其形成的整体区域旅游形象应具有一致性。

旅游形象不再仅仅是一种资源,更是旅游地竞争的有力工具。依据安德森原理,区域整体旅游形象的传播要优于单个旅游地,因而打造区域旅游整体形象成为长三角都市圈旅游地扩大旅游市场的必要措施。利用长三角旅游资源空间互补性的特征,结合市场学中的"形象叠加效应理论",通过区域内不同旅游地的差异化形象定位,并通过对这种差异化的形象进行整合,形成区域旅游形象吸引力的合力。长三角区域总体上可定位为"山水江南,人间天堂"的整体旅游形象,并分层次设计不同区域或小区域旅游形象,例如,杭州都市经济圈(包括杭州、湖州、嘉兴和绍兴)次级旅游区域的形象可定位为"江南绝色,吴越经典",避免恶性竞争,导致区域旅游形象模糊。通过整体旅游形象的推广,形成长三角区域旅游品牌。

旅游线路作为旅游产品的重要组成部分,其合理设计和成功营销直接关系到区域旅游的经济效益。近程客源市场的旅游者多采取单目的地旅游线路模式,针对这一特征,旅行社或旅游经营商等可通过"捆绑式"战略,即将某一旅游地与周边具有资源互补性(通常为高级别的旅游地)的旅游地安排在同一旅游线路中,增加旅游者在区域的游览时间,刺激消费。旅游线路的市场营销主要借助旅行社、互联网、主流媒体等,借鉴欧洲国家旅游业发展的经验,长三角地区可推行区域旅游卡。"区域旅游卡"是一种预先存入费用的卡,持卡人只要去的是签约商户,便能够享受到酒店、餐厅、景区景点等的折扣待遇,不仅便于旅游者的支付,使旅游者真正实现同城待遇,并能够刺激其他相关产业的发展,促进旅游新业态的形成与发展。

第五节　本　章　小　结

1) 长三角都市圈旅游经济网络的整体网络和国内游网络呈现南北较为均衡的空间格局,入境游旅游经济网络呈现北部紧密、南部疏松的格局;三个网络连接最为密切的轴线都是上海—南京,上海—杭州两大轴线。上海在整体旅游经济网络中位于核心位置,属于核心旅游地,苏州、杭州、无锡、南京和常州五市为次核心旅游地,湖州、镇江、扬州和宁波是重要旅游地,嘉兴、绍兴、泰州和南通为一般旅游地,舟山和台州属于边缘旅游地。旅游发展能力、经济发展水平、交通条件和城市发展等因素在不同程度上影响各旅游地在网络中的角色与功能。

2) 单目的地模式和完全环游模式是长三角都市圈国内客源市场旅游者的两种主要旅游线路空间模式,上海、浙江、江苏和安徽的旅游者多采用单目的地模式,其他8省市(北京、山东、广东、福建、河南、湖北、四川、陕西)的游客多采用完全环游模式,这主要是受到距离衰减原理和旅游效益最大化原则的影响。在旅游线路中,上海多扮演终点旅游地的角色,南京为门户旅游地,杭州、苏州、无锡、镇江、扬州、嘉兴、绍兴、南通8市多为中途旅游地,常州、泰州和台州3市多充当单一旅游地,湖州和舟山同时被视为中途旅游地和单一旅游地,宁波的角色较为均衡,同时兼任单一旅游地、枢纽旅游地、门户旅游地和中途旅游地的角色。旅游地在旅游线路中扮演的角色主要与旅游地旅游资源的丰度、级别、知名度,经济发展水平以及旅游交通(外部交通和内部交通)等因素相关。

3) 综合两方面视角,定位16个旅游地的角色。上海为核心、终点旅游地;南京为次核心、门户旅游地;杭州、苏州和无锡是次核心、中途旅游地;常州为次核心、单一旅游地;宁波同时为重要、单一、枢纽、门户、中途旅游地;湖州属于重要、中途和单一旅游地;镇江和扬州充当重要、中途旅游地的角色;嘉兴、绍兴和南通同为一般、中途旅游地;泰州是一般、单一旅游地;舟山扮演边缘、中途和单一旅游地的角色;台州属于边缘、单一旅游地。

4) 针对16个旅游地在旅游经济网络中和旅游线路中的角色和功能,提出长三角都市圈旅游地的优化策略,即:加强高低级别旅游地间的合作;明确各旅游地功能,完善相应设施;打造区域旅游整体形象,完善旅游线路营销。

参考文献

保继刚,楚义芳.1999.旅游地理学.北京:高等教育出版社.
曹芳东,吴江,徐敏,等.2010,长江三角洲城市一日游的旅游经济空间联系测度与分析.人文地理,25(4):109-114.
陈健昌,保继刚.1988.旅游者行为研究及其意义.地理研究,7(3):44-51.
陈钦约.2010.基于社会网络的企业家创业能力和创业绩效研究.天津:南开大学博士学位论文:7.
顾朝林.1999.中国城市地理.北京:商务印书馆.
胡序威,周一星,顾朝林.2000.中国沿海城镇密集地区空间聚集与扩散研究.北京:科学出版社.
冷炳荣,杨永春,李真杰,等.2011.中国城市经济网络结构空间特征及其复杂性分析.地理学报,66(2):199-211.
李佳,孙铁山,李国平.2010.中国三大都市圈核心城市职能分工及互补性的比较研究.地理科学,30(2):503-508.
李想,黄震方.2002.旅游地形象资源的理论认识与开发对策.人文地理,17(2):42-46.
林聚任.2008.论社会网络分析的结构观,山东大学学报(社会科学版),(5):147-153.
刘法建,张捷,章锦河,等.2010.中国入境旅游流网络省级旅游地角色研究.地理研究,29(6):1141-1152.
刘法建,章锦河,陈冬冬.2007.皖南旅游区观光旅游线路的空间分析.旅游学刊,22(12):67-68.
刘法建,章锦河,陈冬冬.2009.旅游线路中旅游地角色分析——以黄山市屯溪区为例.人文地理,(2):116-119.
刘宏盈,马耀峰.2008.入境旅游流空间转移与省域旅游经济联系强度耦合分析——以上海入境旅游流西向扩散为例.资源科学,30(8):1163-1167.
刘宏盈,苗芳,马耀峰.2009.入境旅游流转移对旅游经济联系促进作用实证分析——以旅沪流向陕西转移为例.干旱区资源与环境,23(8):135-138.

刘军.2004.社会网络分析导论.北京:社会科学文献出版社.

刘荣增.2003.城镇密集区及其相关概念研究的回顾与再思考.人文地理,18(3):15.

卢亮,陶卓民.2005.长江三角洲区域旅游形象设计研究.南京师大学报(自然科学版),28(3):115-120.

卢天玲.2008.塔尔寺旅游者旅行模式及其对地方旅游经济的影响.旅游学刊,23(12):29-33.

陆林.1996.山岳风景区旅游者空间行为研究——兼论黄山与美国黄石公园之比较.地理学报,51(4):315-321.

罗家德.2005.社会网络分析讲义.北京:社会科学文献出版社.

马晓龙.2005.基于游客行为的旅游线路组织研究.地理与地理信息科学,21(2):98-111.

毛卫东,黄震方,沈正平,等.2008.边缘型旅游城市的旅游开发探讨——以连云港市为例.人文地理,23(6):124-128.

石惠春,王晖.2012.关中—天水经济区中心城市旅游经济空间联系研究.干旱区资源与环境,26(4):189-193.

史春云,张宏磊,朱明.2011.国内旅游线路模式的空间格局与特征分析.经济地理,31(11):1919-1922.

史春云,张捷,尤梅梅,等.2007.四川省旅游区域核心——边缘空间格局演变.地理学报,62(6):631-639.

史春云,朱传耿,赵玉宗.2010.国外旅游线路空间模式研究进展.人文地理,(4):31-34.

韦伟,赵光瑞.2005.日本都市圈模式研究综述.现代日本经济,(2):40-45.

肖光明.2008.珠江三角洲九城市旅游空间相互作用分析.地理与地理信息科学,24(5):108-112.

谢守红,宁越敏.2005.中国大都市发展和都市区的形成.城市问题,(1):11-15.

许登峰.2010.基于社会网络的集群企业创新机制研究.天津:天津大学:39.

许学强,周一星,宁越敏.2007.城市地理学.北京:高等教育出版社.

宣国富,陆林,汪德根,等.2004.三亚市旅游客流空间特性研究.地理研究,23(1):115-124.

杨国良,张捷,艾南山,等.2007.旅游系统空间结构及旅游经济联系——以四川省为例.兰州大学学报(自然科学版),43(4):24-30.

杨效忠,刘国明,冯立新,等.2011.基于网络分析法的跨界旅游区空间经济联系——以壶口瀑布风景名胜区为例.地理研究,30(7):1319-1328.

杨新军,牛栋,吴必虎.2000.旅游行为空间模式及其评价.经济地理,20(4):105-108.

杨兴柱,顾朝林,王群.2007.南京市旅游流网络结构构建.地理学报,162(6):609-620.

杨振之,陈顺明.2007.论旅游目的地与旅游过境地.旅游学刊,22(2):27-32.

姚士谋.1992.中国城市群.合肥:中国科学技术大学出版社.

袁家冬,周筠,黄伟.2006.我国都市圈理论研究与规划实践中的若干误区.地理研究,25(1):112-120.

袁欣,史春云,朱明,等.2010.长三角区域旅游线路模式及目的地类型研究.旅游科学,24(6):56-62.

张洪,顾朝林,张燕.2009.基于 IEW&TOPSIS 法的城市旅游业竞争力评价——以长江三角洲为例.经济地理,29(12):2044-2048.

张洪,夏明.2011.安徽省旅游空间结构研究——基于旅游中心度与旅游经济联系的视角.经济地理,31(12):2116-2121.

朱付彪.2011.都市圈旅游空间演变态势与机理.芜湖:安徽师范大学硕士学位论文.

朱明,史春云,袁欣,等.2010.基于旅行社线路的国内旅行空间模式研究.旅游学刊,25(9):32-37.

Campbell C K. 1967. An Approach to Research in Recreational Geography. British Columbia Department of Geography, University of British Columbia.

Orellana D, Bregt A K, Ligtenberg A, et al. 2012. Exploring visitor movement patterns in natural recreational areas. Tourism Management, 33 (3): 672-682.

Gottmann J. 1957. Megalopolis or the urbanization of the northeastern seaboard. Economic Geography, 33(3): 189-200.

Gunn C A. 1972. Vacationscape: Designing tourist regions. Austin, TX: Bureau of Business Research, the University of Texas at Austin.

Hsinyu S. 2006. Network characteristics of drive tourism destinations: An application of network analysis in tourism. Tourism Management, 27(5): 1029-1039.

Lew A, McKercher B. 2002. Trip destinations, gateways and itineraries: The example of Hong Kong. Tourism Management, 23 (6): 609-621.

Lew A, McKercher B. 2006. Modeling tourist movements: A local destination analysis. Annals of Tourism Research, 33(2): 403-423.

Lue C, Crompton J L, Fesenmaier D R. 1993. Conceptualization of multi-destination pleasure trips. Annals of Tourism Research, 20(2): 289-301.

Granovetter M. 1973. The strength of weak ties. American Journal of Sociology, 78: 1360-1380.

Mings R C, McHugh K E. 1992. The spatial configuration of travel to Yellowstone National Park. Journal of Travel Research, 30: 38-46.

Oppermann M. 1994. Length of stay and spatial distribution. Annals of Tourism Research, 21 (4): 834-836.

Oppermann M. 1995. A model of travel itineraries. Journal of Travel Research, 33: 57-61.

Stewart S I, Vogt C A. 1997. Multi-destination trip patterns. Annals of Tourism Research, 24 (2): 458-461.

Zhou Y. 1988. Definition of urban place and statistical standards of urban population in China: Problem and solution. Asian Geography, 7(1): 12-18.

第七章 都市圈旅游空间格局演化

第一节 珠三角都市圈旅游空间结构演化

旅游地演化是旅游地在特定时间段内的发展过程,是从纵向发展角度对旅游地的认识。演化最初是生物学中的名词,演化又称进化,指生物在不同世代之间具有差异的现象,以及解释这些现象的各种理论。演化的概念也很早被引入应用于社会发展研究的各个领域,成为研究各种社会现象发展的一种重要方法。现代旅游业经历多年的发展发生了巨大的变化,而且这种变化越来越体现在旅游业发展的各个领域,国内外学者对于旅游发展的研究也越来越涉及某种发展要素及现象的变化。通过旅游地发展演化的研究,可以梳理旅游地在特定时间范围内的发展脉络,并通过分析、综合与比较,找出旅游地发展过程中存在的问题,定位旅游地所处的发展阶段,通过旅游地演化的研究寻求旅游地发展的某种规律,预测旅游地未来发展的走势,以指导和促进旅游业健康合理的发展。

本研究对珠三角都市圈旅游地空间格局的演化研究旨在通过节点城市的旅游发展演化及公路交通连接的演化,反映都市圈区域的时空演替过程,即点、线、面的演化过程。

一、指标选取与资料获取

(一) 时间断面

选取 1980 年、1987 年、1999 年、2008 年、2015 年五个时间断面,其中 1980 年为我国改革开放初期,反映各城市旅游业快速发展的开端;1987 年则代表旅游业快速发展的第一阶段,数据有较大起伏,不具代表性,且珠三角各城市早期的旅游业统计数据多以 1987 年作为起点,因此选择 1987 年作为研究的第二时间点;1999 年则是港澳相继回归,特别是香港回归两周年,旅游业发展恢复了稳定增加的状态;2008 年则反映各城市旅游业快速发展的状态;2015 年则是新常态、新背景下旅游发展的现状体现。

根据都市圈旅游地的特性描述,节点、连线和域面是都市圈旅游地的基本空间要素,因此,对于都市圈旅游地空间发展演化过程选取以下两个指标加以体现,以各城市旅游业发展的业绩反映城市节点的发展演化,以都市圈各城市之间的公路交通连接反映城市之间连接的演化。

1. 都市圈旅游地各城市旅游发展业绩

以城市接待入境过夜游客、国内过夜游客、旅游业总收入、旅游创汇等指标构建经营业绩评价模型,以反映各城市旅游业发展水平,可用公式表示为

$$E = \sum_{i=1}^{n} Q_i P_i \qquad (7-1)$$

式中,Q_i 为第 i 个指标的权重;P_i 为第 i 个指标无量纲化后的数值,由于研究所选取的指标单位不统一,无法运算和比较,因此对指标进行无量纲化处理,处理的方法是将绝对数值转化为相对数值,即

$$P_i = 10 \times \frac{D_i}{\sum_{i=1}^{n} D_i} \qquad (7-2)$$

式中,D_i 为各指标的原始数值。各指标权重的确定采取德尔菲法,将选取的4个指标分别请10位具有丰富经验的旅游研究专家对其判断重要性,得出的各指标权重结果是:入境过夜游客0.3,国内过夜游客0.2,旅游业总收入0.2,旅游创汇0.3。

2. 城市之间旅游交通连接状况

(1) 以平均加权旅行时间表达的节点可达性

通过可达性反映城际旅游交通的连接情况。可达性是指利用特定的交通系统从某一区位到达指定活动区位的便捷程度,目前国内外关于可达性高低的研究多以平均加权旅行时间指标加以衡量。平均加权旅行时间用公式表示为

$$A_i = \frac{\sum_{j=1}^{n}(T_{ij} \times GDP_j)}{\sum_{j=1}^{n} GDP_j} \qquad (7-3)$$

式中,A_i 为节点 i 的可达性;j 为区域中的节点;T_{ij} 为区域中节点 i 通过交通网络中通行时间最短的路线到达 j 的通行时间,以 GDP 表达节点 j 的质量,也有学者以人口加以表达。

研究以公路交通作为对象,根据《中华人民共和国公路工程技术标准(JTGB 01—2003)》规定的公路设计速度,结合不同时期区域实际,设定各时间断面各类公路平均行车速度如下:1980年为普通公路,速度设为40 km/h;1987年公路网络由油面干线公路、普通干线公路和油面普通公路、普通公路组成,平均行车速度分

别设为 70 km/h；1999 年公路网络由高速公路、国道及省道组成，由于珠三角地区总体经济发展程度较高，高速公路速度设为 110 km/h，省道和国道等级差别不大，两者速度皆设为 70 km/h；2008 年，高速公路 120 km/h，国道和省道 90 km/h；2015 年，高铁 300 km/h，城际铁路 200 km/h，国道和省道 90 km/h。

1987 年、1999 年的城市间交通距离通过 Mapinfo7.0 软件在珠三角交通图上通过对连接各城市最短距离的各种公路直接测得，由于地图制图过程的原因，虽存在误差，但误差较小，不影响计算结果的可比性，2008 年、2015 年数据则以各城市之间长途客运实际运行距离为准。

城市之间的距离仅限定为高速或国道和其他公路路段，进入城区的路段不在计算之列，由于珠三角九城市发展规模和城区交通状况差异较大，不易做统一处理，因此，本研究所计算得出的城市间交通的时间距离要小于实际运行的时间，如 2008 年广州到深圳的实际运行时间约为 2.5 h，但计算出的时间距离为 0.9 h，主要是两城市的入城时间较长的原因，但这种差异不影响本研究的结论。

（2）城际交通运量网络

平均加权旅行时间反映的是城市间平均最短交通时间，为速度指标，并不能反映城市之间的交通总量，本书利用网络结构理论与方法，构建案例地旅游交通运量的空间网络结构，建立交通运量网络矩阵，并通过 UCINET 软件中 NetDraw 软件进行可视化，反映城市间交通运行的能力，以选定的不同年份交通网络结构反映其交通连接总量的演化过程。

仍根据《中华人民共和国公路工程技术标准(JTGB 01—2003)》规定的公路设计速度，将高速公路设定为平均 4 车道，平均日交通量设定为 40 000 辆，一级公路设定为 4 车道，平均日交通量设定为 22 500 辆，二级公路平均日交通量设定为 10 000 辆，三级公路平均日交通量设定为 4 000 辆，通过不同城市间公路线路数量，计算其平均日交通总量。

（二）数据获取

为了确保研究的准确性和科学性，笔者先后两次赴案例地珠三角地区进行了为期26 d的实地调研，2004 年 8 月，随《广东省中山市旅游发展总体规划》课题组重点考察了中山市及珠三角区域其他城市的旅游业发展状况，2009 年 8 月 9～24 日，笔者又专程赴珠三角都市圈的九个城市进行了为期 16 d 的实地调研，深入到各城市政府相关部门、图书馆、重点景区、旅游企业、长途客运站等相关单位进行了走访和资料收集。资料来源途径主要包括：① 地方志、统计年鉴、年鉴主要通过到实地到各城市政府相关部门购买、到图书馆查阅及各城市政府网络信息公开的网站收集；② 各年份的地图类资料主要通过到政府档案馆及各城市图书馆进行查阅，主要为广东地图出版社各年份出版的地图；③ 部分交通信息则通过到各城市中心汽车站实地查询。2015年,按照2008年的数据来源途径,将数据更新至2015年底。

二、珠三角都市圈旅游空间格局演化过程

(一) 珠三角都市圈旅游地各城市旅游发展业绩演化

改革开放以前,由于经济发展的整体基础较差,特别是1966年以后的特殊政治环境,更使旅游业陷入低谷。改革开放以后,即1980年前后,广东省尤其是珠三角地区的旅游业呈现了前所未有的兴旺繁荣景象,但各城市发展的程度和水平仍有较大差异。作为华南大都会,广州有着较好的经济发展基础,又是政治中心、文化中心、商贸中心,商贾云集,在20世纪80年代初,旅游业发展在珠三角处于绝对中心地位。1980年,广州全市接待过夜游客178.43万人次。而此时的深圳、珠海由于刚从边陲小镇到经济特区,虽然发展潜力较大,但毕竟基础较差,初期发展水平低,如珠海1980年接待入境游客仅为2.61万人次,深圳1979年接待过夜游客仅为200人。其他城市虽然有一定的发展基础,但总体水平也处于较低水平。

1980~1987年,随着珠三角地区经济的飞速发展,旅游业发展水平也得到了很大提高。1987年,广州全年接待过夜游客总量达到441.91万人次,其中入境游客183.92万人次,深圳全年接待过夜游客210.89万人次,其中入境游客84.65万人次,珠海的入境过夜游客也达到40.3万人次。其他城市的旅游接待水平也都有了很大的提高。

1987~1999年是珠三角地区经济深入发展的时期,广州仍然是珠三角区域最大的旅游中心城市,这个时期最显著的特点是深圳旅游业的异军突起,到1999年,经济的快速发展,世界之窗、锦绣中华等华侨城的旅游项目相继开业,使得深圳旅游业各项指标已经远远超过除广州之外的其他7个城市。另外,旅游资源并不丰富的佛山和东莞两城市旅游业也得到大幅度提高,超过除广深珠的其他城市。其他各城市旅游业也保持了快速发展的趋势。

到2008年,珠三角旅游发展格局又发生了一些变化,深圳的旅游经济发展总量已经接近广州,成为珠三角区域又一旅游增长极。另外,凭借处于广州和深圳之间的良好区位,东莞的总体指标也超过佛山和珠海,排在了珠三角的第三位。处于相对偏远的惠州和肇庆的地位则有明显的下降趋势。珠三角都市圈各城市旅游业发展业绩指标的演化如表7-1、图7-1所示,其中1980年、1987年两个年份的指标由于数据统计不全而未能计算。到2015年,珠三角已率先进入大众旅游时代,休闲度假时代来临,珠三角旅游实现全面发展,但广州、深圳仍处于全国领先地位。

表 7-1 珠三角九城市旅游业发展业绩指标演化

	广 州	深 圳	珠 海	佛 山	东 莞	中 山	江 门	惠 州	肇 庆
1980年	>6	<0.2	<0.2	>0.5	<0.2	<0.2	>0.5	>0.5	>0.5
1987年	4.743	1.991	0.987	0.556	0.506	0.287	0.448	0.299	0.223
1999年	3.507	2.465	0.922	0.704	0.656	0.546	0.517	0.306	0.377
2008年	3.197	2.858	0.848	0.617	0.875	0.343	0.507	0.507	0.248
2015年	3.082	2.536	0.622	0.457	0.809	0.481	0.488	0.354	0.235

注：由于统计资料不全，1980年的结果由笔者根据部分已有数据估算。

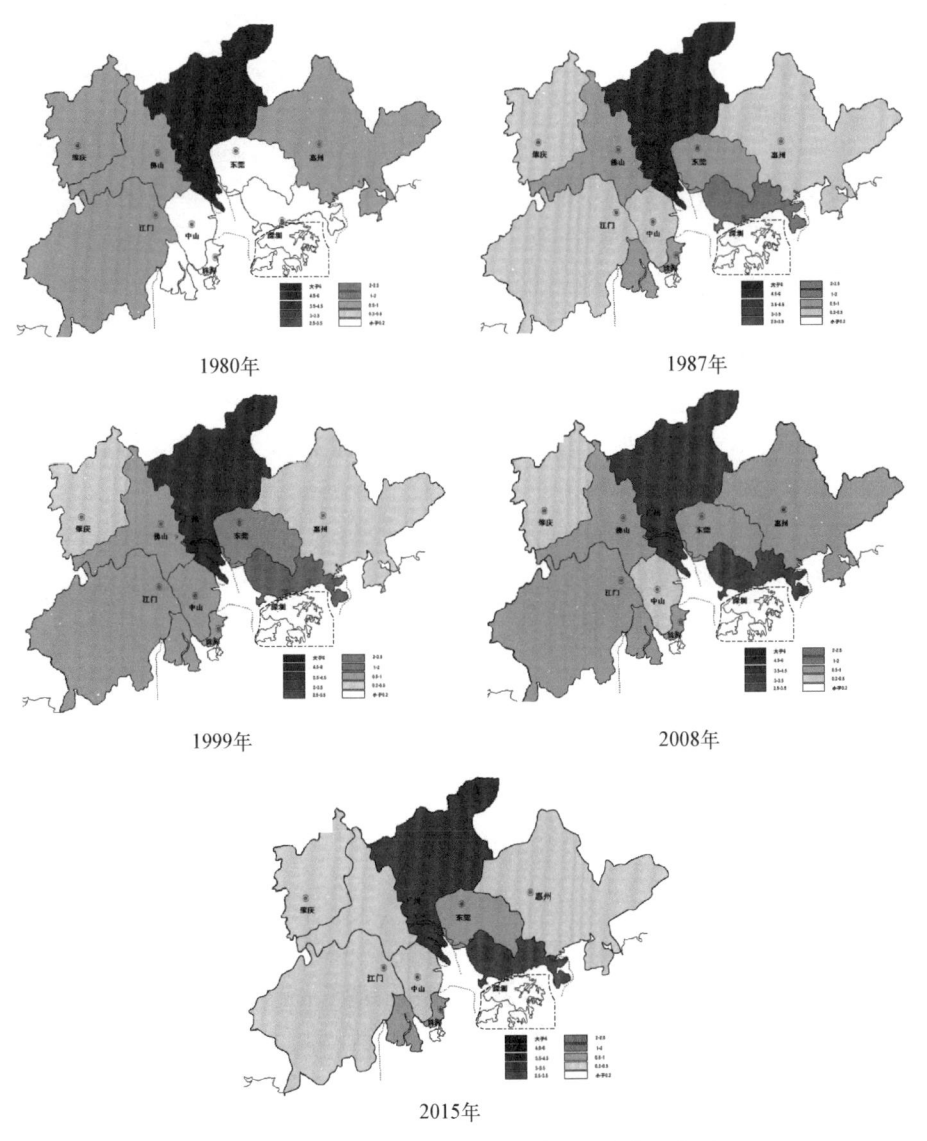

图 7-1 珠三角各城市旅游业绩发展演化示意图

(二) 基于公路交通可达性的珠三角交通连接演化

1. 公路交通可达性演化

1980年以来,珠三角公路交通呈现快速发展态势,不同的发展阶段体现出不同的特点,珠三角公路网络总体发展态势如图7-2所示。1980~1987年,这一阶段主要体现为国道网络的形成,在原有道路的基础上进行升级改造,到1987年,已形成以广州为中心,到达珠三角各城市的国道网络系统,但国道运行速度有限,运行效率较低。1987~1999年,区域经济朝纵深方向的发展,对快速交通提出了新的要求,这一时期珠三角公路建设主要以高速公路建设为主,到1999年,已形成了以广州为中心的高速公路网络,并达到了各城市基本有高速公路连接的交通布局,区内通车效率大大提高。但随着珠三角各城市机动车辆的大幅度增加,交通压力

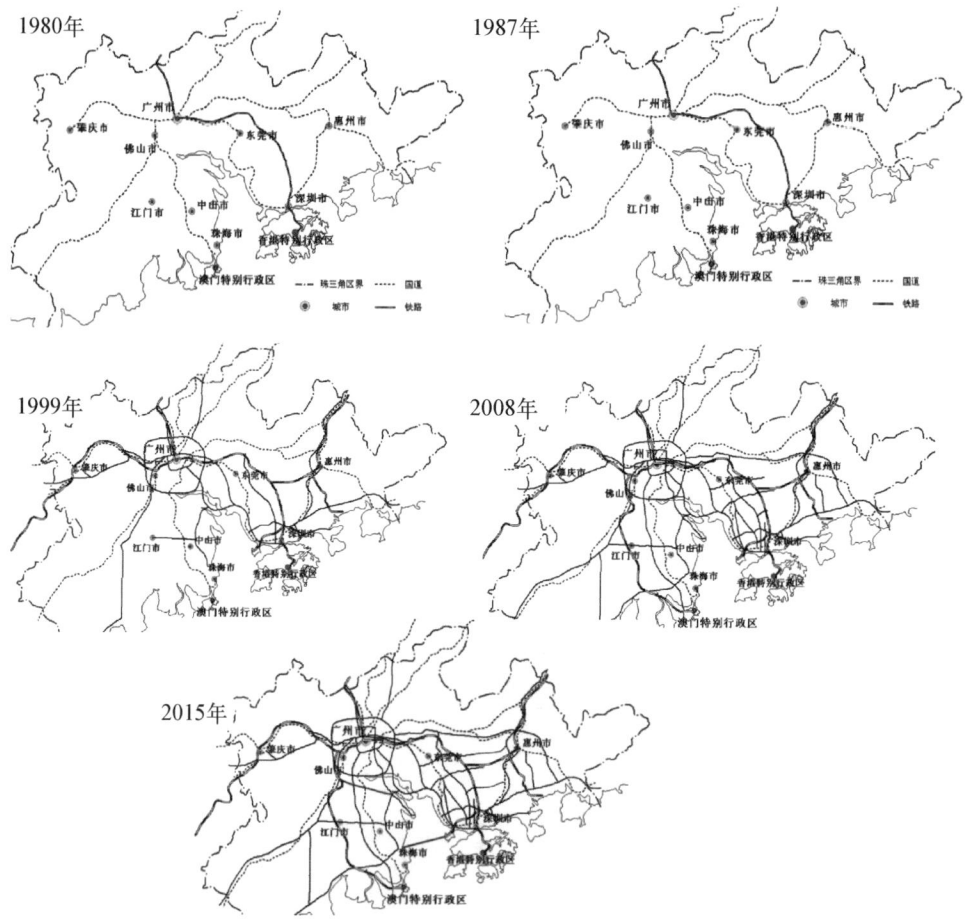

图7-2 珠三角都市圈公路交通网络演化过程

仍然很大，因此，1999～2008年，区内交通主要是继续提高公路等级和质量，另外，新增了更多的高速公路线路，如深圳到广州已经修建了第三条高速公路。2008～2015年，珠三角综合交通条件进一步改善，快速交通体系更加发达，区内高速铁路、城际轨道交通等快速交通方式进一步提升，公路网络更为密集。

根据以加权平均旅行时间计算得出的城市公路交通可达性指标的演化情况如表7-2所示，通过数据可以看出：① 1980年以来，珠三角各城市交通可达性数值均呈现逐渐减小的趋势，说明各城市之间的交通效率的逐步提高，这主要得益于公路等级的提高和高速公路的修建；② 四个时间段内，佛山、东莞的可达性指标数值均最小，广州、中山次之，造成这种情况的主要原因是这几个城市处于珠三角都市圈区域的中心位置，与之相反，惠州、深圳的数值在各个年份都比较大，两城市处于珠三角区域的几何外围。对珠三角都市圈各城市公路交通可达性的可视化如图7-3所示。

表7-2 珠三角九城市公路交通可达性数值演化

	广州	深圳	珠海	佛山	东莞	中山	江门	惠州	肇庆
1980年	1.91	4.358	3.529	1.625	2.484	2.619	2.629	4.668	3.198
1987年	1.436	2.436	2.123	1.192	1.466	1.689	1.837	2.457	2.153
1999年	1.185	1.525	2.049	1.076	1.083	1.664	1.814	2.13	1.712
2008年	1.078	1.475	1.306	0.891	0.795	1.071	1.298	1.212	1.460

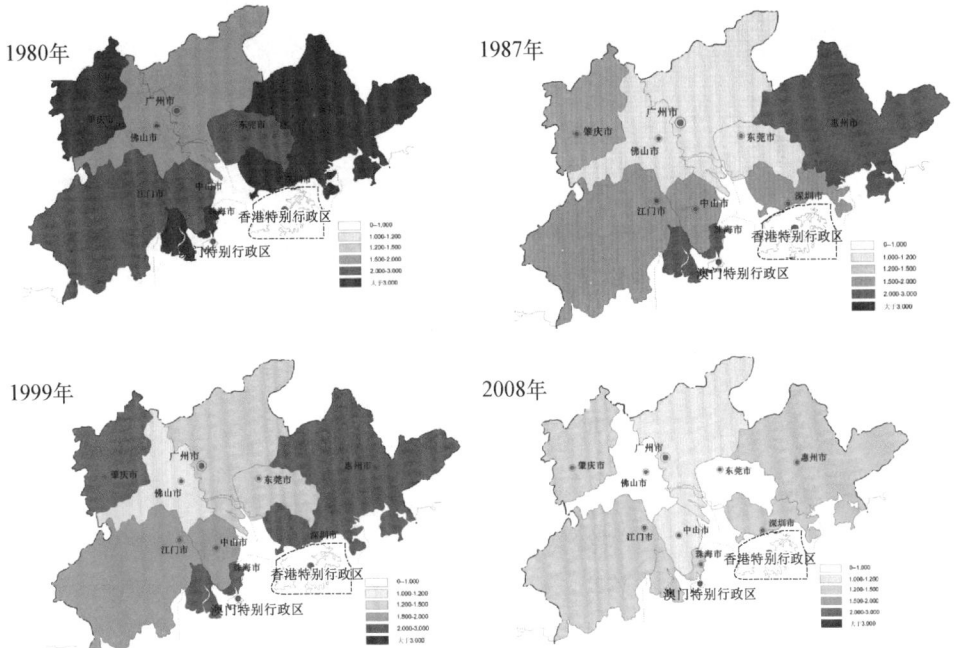

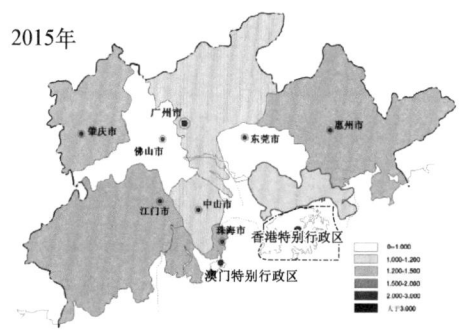

图 7-3 珠三角九城市公路交通可达性演化

2. 公路交通运量演化

交通可达性反映了城市之间公路交通的运行效率,但未能反映公路交通的总体运行能力,因此,通过将 1980 年珠三角公路级别设定为三级公路,1987 年设定为二级公路,1999、2008 年设定为高速公路,再根据各时期珠三角各城市之间公路交通实际运行线路,结合各类型和等级公路的日均运行能力,利用网络结构理论与方法,构建珠三角公路交通运行能力网络(图 7-4),以反映珠三角公路交通的总体运行能力。

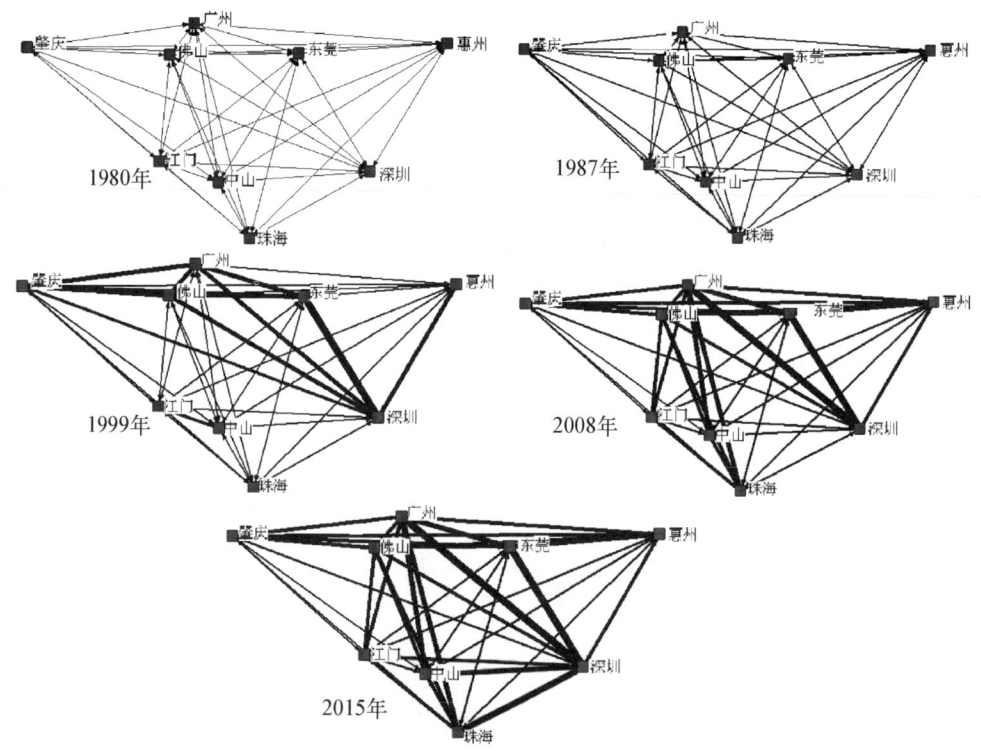

图 7-4 珠三角九城市公路交通运量演化

1980年，珠三角区内公路交通处于由普通公路向国道过渡的阶段，公路质量总体较差，各城市交通线路较少，城市间基本为单线联系，总体通行能力不高；1987年，珠三角国道公路网形成，公路质量有所提高，但各城市之间仍是单线联系，因此总体通行能力仍不高；1987~1999年，珠三角高速公路建设快速发展，各城市基本有高速公路连接，结合国道运输，珠三角总体通行能力得到大幅度提高；到2008年，珠三角公路建设主要以新增高速公路线路为主，通行效率变化虽不大，但总体通行能力有很大提升。到2015年，珠三角立体化交通网络更为发达，强力支撑旅游业发展。

3. 时间距离演化

时间距离是在城市间空间距离不变的情况下，交通条件的改善使得城市间交通运行时间发生改变。改革开放30余年来，珠三角九城市之间空间距离虽未发生改变，但由于高速公路、高速铁路的兴建，路面质量的改善，城市间交通越来越便捷，城市间实际运行时间逐渐减少，珠三角正在朝向巨大城市的方向发展（图7-5）。

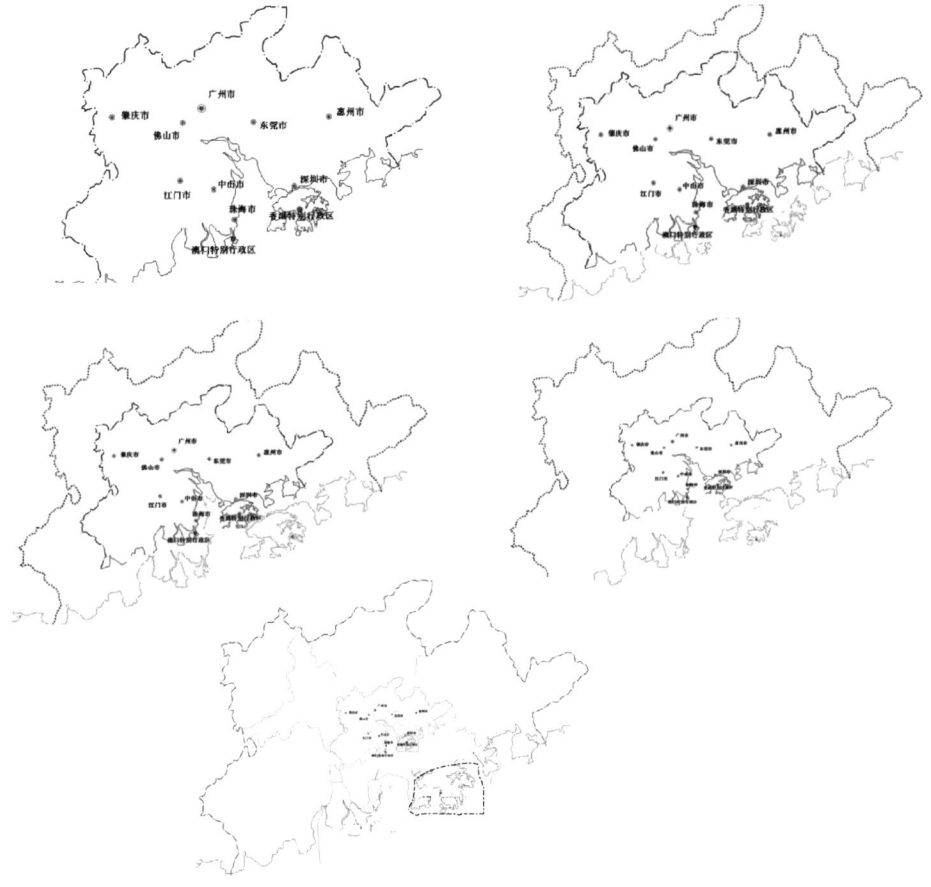

图7-5 珠三角各城市时间距离演化过程示意图

三、珠三角都市圈旅游空间格局演化模式

根据哈格特关于空间系统的要素与演化理论,以点、线、面作为珠三角都市圈旅游地的空间发展要素,结合以上对于珠三角各城市旅游业发展演化及城市间公路交通连接状况的分析,将珠三角各城市作为旅游节点,并将各时期的旅游节点分为一级、二级、三级三个层级,将城市间公路交通连接程度分为主要旅游轴线、次要旅游轴线和弱旅游轴线,构建珠三角旅游地空间格局演化模式(图7-6)。

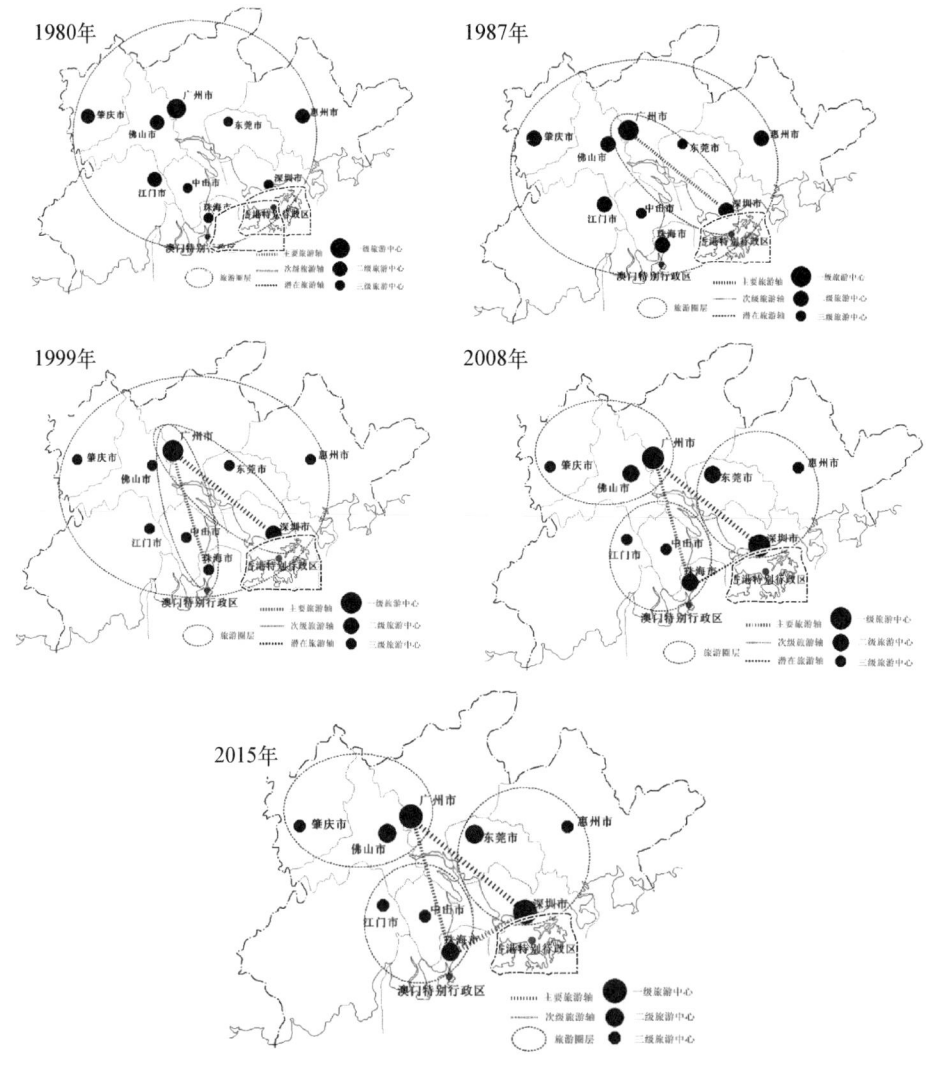

图7-6 珠三角都市圈旅游空间格局演化图

据图7-5,珠三角都市圈旅游空间格局经历了近三十年的发展演化,根据各城市旅游业发展状况及城市连接交通的变化,从点轴结构系统角度,珠三角都市圈旅游空间结构整体上呈现"从单级向两级,由点轴到域面"的发展过程。第一阶段,1980年,节点发展方面,广州处于区域中心地位,为区域一级旅游中心,由于特区建立之初,深圳、珠海旅游业发展水平很低,中山、东莞仍然是县级建制,发展水平也不高,因此作为三级旅游中心,佛山、江门、肇庆、惠州几个传统城市旅游业则均有一定发展基础,作为二级旅游中心,各城市交通连接也处于弱联系阶段,因此,1980年时广州为中心的单级发展格局;1987年,广州仍为区域旅游中心城市,为一级旅游旅游中心,中山、东莞刚从县级建制升为地级市,旅游业总体水平仍较低,为三级旅游中心,深圳、珠海经过7年的发展,旅游业发展已有相当规模,与其他几个城市一起成为二级旅游中心,各城市公路交通连接以国道为主,虽比1980年有所提高,但仍处于弱联系阶段,此阶段珠三角旅游发展总体格局是以广州为中心的单级格局;1999年,广州为一级旅游中心,深圳的地位快速提升,成为区域二级旅游中心城市,其他城市为三级旅游中心,由于高速公路的快速发展,形成了广深、广珠两条较强的交通连接轴线,分别为主要旅游轴线和次级旅游轴线,其他城市连接相对较弱。此阶段珠三角旅游发展总体格局仍是以广州为中心的单级格局;2008年,深圳各项指标接近广州,形成了广州、深圳两个一级旅游中心,中山、肇庆在区域旅游发展中的地位下降,为三级旅游中心,其他城市为二级旅游中心,广深、广珠两条旅游轴线进一步加强,另外区域总体布局形成了以广州为中心的广佛肇旅游圈、以深圳为中心的深莞惠旅游圈、以珠海为中心的珠中江旅游圈,此阶段区域旅游总体格局已经从广州的单级中心转向以广州、深圳为中心两极格局。

改革开放以来,珠三角都市圈旅游地空间格局发生了很大的变化,最突出的是区域旅游发展从以广州为中心的单级格局转变为以广州、深圳为中心的两极格局。如果从区域几何空间来看,珠海则是珠江口西岸的旅游中心,但其旅游经济总量与广州、深圳相比较小。30余年来,得益于国家改革开放的政策,毗邻港澳的良好区位优势,珠三角各城市旅游业均取得了高速发展。城际公路交通连接效率和总体运行能力大大提高,到2008年,珠江口东岸的公路交通线密度已接近中等发达国家水平。

都市圈旅游地空间格局的演化实际上是都市圈旅游地空间系统要素点、线、面发展演化结果,相比之下,线的变化,特别是城际间交通连接,是都市圈旅游地形成和发展的关键所在,正是高度的交通连接使得城市之间变得更加紧密,也是都市圈旅游地区别于单个城市的本质特征。各城市旅游发展总体实力的变化使得都市圈内部节点城市的层次处于变化过程中,也是都市圈旅游地总体布局和总体格局变化的主要根据之一。

未来,随着珠三角城际轨道交通体系的进一步完善,将对珠三角城际联系产生革命性变化,建成后的轨道交通体系将形成以广州为中心,广州至深圳、珠海为两条主轴线,以及放射与环状结合的珠三角城际快速轨道交通网络,形成以广州为中心的珠三角一小时交通圈。同时,2009年底动工建设的港澳珠跨海大桥已于2016年9月27日正式贯通,2017年底将正式通车,将对珠三角内部交通流产生巨大影响,使珠三角都市圈区域空间交通网络体系进一步完善。

第二节　都市圈旅游空间结构演化模式

区域空间结构演变理论认为,伴随部门经济结构演变,区域空间结构演变一般会经历孤立的低水平均衡阶段,极核发展为特征的极核发展阶段,核心城市扩散为特征的扩散阶段和网络化、均衡化、多中心为特征的高水平均衡阶段四阶段模式。结合区域空间结构演变理论、空间扩散理论、增长极理论和产业集群论等理论与思想,认为都市圈旅游空间演变,一定程度上亦呈现相似的阶段特征(图7-7)。

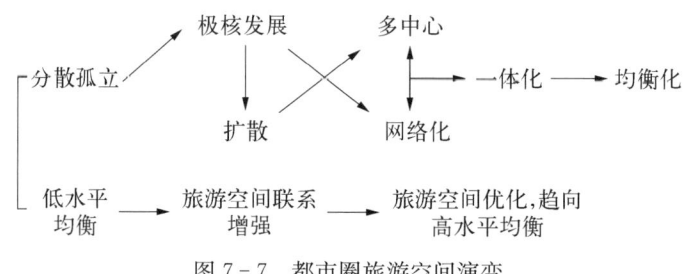

图7-7　都市圈旅游空间演变

都市圈旅游空间演变亦会呈现相似的阶段特征。早期的孤立分散时期,都市圈旅游空间处于低水平均衡阶段。由于各城市旅游发展条件的差异,都市圈旅游发展中具有优势的城市会成都市圈旅游发展的增长极,都市圈旅游发展会呈现一定的极化特征。而后核心城市的扩散作用会得以显现,核心城市之外的其他城市得到较快发展。伴随都市圈旅游的极化与扩散发展,都市圈内部各城市旅游空间联系日益密切,核心城市的地位受到一些重点城市的冲击,都市圈旅游发展必然呈现多中心和网络化的特征,并进而导致都市圈旅游空间趋向一体化,都市圈旅游空间不断优化,呈现高水平均衡特征。当然,都市圈旅游空间均衡发展会受到诸多因素干扰。

为促进都市圈旅游空间有序发展,不断实现都市圈旅游空间效应的最大化,都市圈旅游发展的各利益相关者,自觉或不自觉地推动着都市圈旅游空间向均衡合理的方向发展。都市圈本身的建设与发展,是都市圈旅游空间系统极其重要的"负熵流"输入,推动着都市圈整体旅游目的地不断形成和发展,促进了都市圈旅游空间有序发展。伴随都市圈自身不断发展,都市圈内部各城市旅游空间相互作用的增强,各城市旅游空间联系日益密切,都市圈旅游空间必然向多中心和网络化方向发展,最终实现都市圈旅游空间的一体化,都市圈整体旅游目的地得以形成、发展,旅游空间不断得到优化。并进而推动都市圈旅游空间向高水平均衡方向发展,旅游空间效益不断实现。当然,都市圈旅游空间均衡发展必然受到多种因素影响,呈现波动态势,但是都市圈旅游均衡化是都市圈旅游空间演变的必然趋势。

各城市旅游差异化发展促成了都市圈旅游空间演变,旅游收入和旅游者在重点城市集中程度不断下降,各城市旅游发展相对差异不断缩小,都市圈旅游发展趋向均衡,表现在空间上,则都市圈旅游空间趋向均衡合理。总体上,都市圈旅游空间演变呈现出多中心、网络化、一体化和均衡化的态势。

一、多中心发展

(一)都市圈旅游空间多中心发展格局的形成

伴随都市圈经济社会整体的发展,都市圈旅游发展也取得不断地进步。都市圈内部各城市的旅游特色不断得以突显,旅游资源不断得以开发,城市旅游品牌逐渐被塑造。各城市之间形成了具有一定的互补性、等级性的旅游目的地体系。相同的历史文化背景,以及广泛的经济社会文化联系,为都市圈旅游合作与协同性发展创造了一定的基础条件。而不同特色的互补型的旅游资源,使得各城市之间的旅游发展能够更多强调合作,以发挥大尺度上的空间集聚效益,促进了都市圈内部各城市的共同快速发展。

都市圈集中了较多的传统的和新的旅游发展要素。都市圈内部旅游资源禀赋较高的城市,凭借其丰富的旅游资源,依托其较为集中的各种旅游发展要素、都市圈发达的经济与完善的设施网络和较高的知名度等,旅游业不断得以壮大。而都市圈内部传统旅游资源相对贫乏,但是经济相对较为发达的城市,也凭借其频繁的经济贸易往来、完善的基础与服务设施、优质的服务、创新旅游产品(如创意旅游产品、重大节事活动、主题公园等大型观光娱乐设施)以及其悠久的历史文化与现代都市文化魅力等,旅游业不断取得快速发展。都市圈各种旅游节点城市不断发展起来。

都市圈核心城市对其他城市的发展具有重要的扩散作用,其扩散作用的强度无疑受到"距离衰减规律"的制约,临近核心城市的城市具备有其他距离核心城市较远的城市所不具备的区位优势,其旅游发展条件更为优越。如珠三角都市圈距离广州最近的佛山,位于广州和深圳之间的东莞,以及上海市附近的苏州等,核心城市的发展对这些城市产生了重要的促进作用,进而对其旅游发展产生了重要的推动作用。各城市之间密切的经济社会交往,产生了巨大的旅游需求,尤其是商务旅游，这在珠三角都市圈表现得尤为明显。内部旅游者的流动也大大推动了核心城市之外其他城市旅游业的发展。

核心城市、交通枢纽城市（核心城市一般即是交通枢纽城市）及口岸城市等，依托其发达的交通系统及邻近境外区域等重要的交通与区位条件，在组织国内外旅游客流方面具有重要的地位。交通及区位条件，对促进核心城市之外的其他旅游中心城市的发展具有重要的作用，也推动了都市圈旅游空间多中心发展。

都市圈核心城市旅游规模不断扩大，旅游发展速度较快，而核心城市之外的其他城市旅游业也不断发展壮大，都市圈形成了具有一定等级结构的多中心发展格局。都市圈旅游的多中心发展促进了都市圈整体的旅游发展，提升了都市圈整体旅游发展的空间效应。

（二）长三角和珠三角都市圈旅游空间多中心发展现状

长三角都市圈和珠三角都市圈旅游发展空间结构，都存在一定的等级性，且围绕核心城市，次中心及其他城市旅游也不断等到发展，都市圈旅游呈现出多中心化格局。但是长三角都市圈和珠三角都市圈旅游发展空间结构也存在一定的差异，尤为明显的是上海在长三角都市圈旅游发展的优势地位非常特出，长三角都市圈为"单核型"。而深圳和广州之间的发展差距并不明显，甚至为交替上升态势，珠三角都市圈旅游发展呈现的是"双核型"。其原因在于深圳的旅游区位优势相对优于广州，深圳甚至包括珠海俨然成为珠三角都市圈旅游发展的"门户城市"。而南京、宁波、苏州、杭州等城市的旅游区位与上海相比并不占有优势，其区位优势甚至是由其接近上海而产生的。

整体上，都市圈旅游发展空间结构具有明显的等级性，各城市发展规模差别明显。当然，都市圈旅游旅游空间亦处于不断的发展变化过程中，各城市在不同年份旅游业的发展状况存在差别，各城市在都市圈了产业发展中所处的地位可能会发生一定的变化。但是在一定时期内，在旅游业发展环境变化较小情况下，各城市在都市圈旅游发展中的位次相对稳定，都市圈旅游发展保持一定的均衡状态。核心城市与其他重要节点城市、网络城市共同构成了一个相对稳定的旅游空间结构网络。核心城市之外的一些城市逐渐发展成为都市圈旅游发展的中心城市，与核心城市及其他城市一起推动着都市圈整体旅游业的不断发展。

二、网络化发展

都市圈内部旅游整体发展相对差异逐渐缩小，核心城市与其他城市的旅游发展差距不断缩小，都市圈旅游发展不断趋向均衡，必然伴随着都市圈旅游空间的网络化发展。点、线和面状系统相互联系、组合，形成了网络系统，网络系统是区域各种要素、信息等流动的载体。都市圈网络系统较为复杂，都市圈旅游空间网络化发展涉及旅游景区网络化、旅游城市网络化、旅游交通网络化、旅游产业网络化和旅游客源市场网络化等。各城市旅游发展通过各种"旅游网络"得以密切联系，都市圈旅游空间结构更加复杂，加上各城市旅游资源特色等方面的差异，能够使都市圈旅游应对外界环境变化的能力增强。

长三角和珠三角都市圈旅游发展都呈现出网络化的发展特征，各城市之间不断强调旅游发展与合作联系。如围绕广州与深圳、广州与珠海之间形成的珠三角东、西旅游发展轴线；围绕 2010 年上海世博会，沪苏浙推出了众多的"长三角世博体验之旅"旅游线路，试图打造"长三角世博旅游圈"；泛长三角区域（苏沪浙皖）旅游集散中心，建立网络联盟，等等。交通、信息等基础设施网络的建设，极大地推动了都市圈旅游空间网络化发展。都市圈旅游空间网络化发展，对发挥都市圈旅游发展的集聚效应，促进各城市旅游互动发展，推动都市圈旅游一体化发展和都市圈整体旅游目的地的形成，以及缩小都市圈内部旅游发展的差距，促进都市圈旅游空间均衡发展产生了重要的作用。

三、一体化发展

在经济全球化和区域经济一体化背景下，都市圈已经成为全球旅游竞争的重要主体之一。将都市圈打造成一个整体旅游目的地，推动都市圈旅游空间一体化发展成为必须。都市圈旅游空间一体化，是实现都市圈旅游空间均衡发展，推动都市圈整体旅游目的地形成和促进都市圈整体旅游空间效应发挥的重要内容。都市圈旅游空间一体化涉及旅游资源空间一体化、旅游产品空间一体化、旅游线路一体化、旅游品牌形象空间一体化、旅游交通一体化、旅游市场空间一体化和旅游流流动空间一体化等内容。单个景区的发展，带动了其所在城市整体的旅游发展，各城市的旅游发展及各城市之间旅游联系与合作的增强，推动了都市圈旅游空间一体化发展。交通等基础设施是都市圈旅游空间一体化的基础，对都市圈旅游一体化发展具有极大的促进作用。

长三角和珠三角都市圈旅游空间发展呈现出明显的一体化特征。围绕一定的主题、核心与中心城市或是独特的自然与人文景观等，长三角都市圈旅游资源和旅游产品空间一体化不断发展，如江南水乡古镇旅游，主要包括周庄、甪直、同里、乌镇、南浔、西塘等；江南园林旅游，如苏州园林、扬州园林、嘉兴园林、镇江园林、杭州园林、湖州园林和无锡园林等；主题公园旅游，如苏州乐园、常州中华恐龙园、无锡中视股份影视基地、宋城、上海世博园、上海海洋水族馆和上海迪士尼乐园等；长三角都市圈旅游，包括 16 个城市、沪杭旅游带，包括上海、嘉兴、杭州、南京旅游圈，包括南京、扬州、泰州、镇江；大运河旅游，包括运河观光、运河访古、运河度假、运河风情等旅游产品;环太湖旅游,包括围绕太湖的观光、度假、生态、休闲、园林、主题公园、休闲、文化等方面的旅游产品;沿江旅游带,包括南京、镇江、扬州、常州、无锡、苏州、泰州、南京、上海和沿海旅游带,包括南通、上海、宁波、嘉兴、舟山等的空间一体化发展。

以旅游资源与产品为基础,长三角都市圈旅游线路也呈现空间一体化发展趋势,如广州南湖国旅推出的"杭州西溪湿地、苏州、上海、乌镇(二期)""乌镇、田子坊、灵山梵宫、扬州、2010世博会址";琥珀旅游网推出的"周庄、苏州、杭州、千岛湖四日游""上海、苏州、杭州、千岛湖四日游"等诸多旅游线路。长三角都市圈的旅游品牌形象、旅游市场、旅游流流动等也呈现出空间一体化发展特征。同样,珠三角都市圈旅游空间一体化发展趋势也比较明显,如广佛同城化、广佛肇旅游一体化的打造;各旅行社推出的围绕广州、深圳、珠海等城市,或围绕珠三角都市圈内各知名旅游景区,或围绕主题旅游资源等形成的精品旅游线路,如沙滩海岛游、漂流、温泉、都市旅游、岭南文化游,以及深圳、珠海与香港、澳门的网络化发展等。

四、均衡化发展

都市圈旅游发展具有明显的等级结构,各城市发展规模差别突出,但是其整体旅游发展波动趋向均衡。一方面,都市圈作为一个整体旅游目的地,内部又包含着各个城市旅游目的地,而且各都市间互为旅游客源地;另一方面,外部旅游者在都市圈内部会产生流动,都市圈内部各城市存在复杂的空间联系。由于都市圈自身的不断发展和外部环境的不断变化,都市圈旅游合作程度会不断增强,一体化程度会不断加深。在内部竞争和合作的基础上,都市圈旅游发展可能会波动向均衡方向发展,以不断实现都市圈旅游整体效益的更大发挥,直至均衡状态被新的发展环境所打破,旅游发展的"极化效应"再次显现。

虽然长三角和珠三角都市圈内部旅游发展的绝对差异随着各城市旅游规模的扩大而不断扩大,但是各城市整体旅游规模的相对差异呈缩小趋势。长三角和珠三角都市圈内部旅游人数与旅游收入分布呈扩散趋势,核心城市与主要中心城市的相对集中优势在下降,都市圈整体旅游人数和旅游收入的集中程度亦在下降。加入对城市人口份额的考虑,都市圈各城市旅游收入差异依然减小,都市圈旅游收入分配更加均衡。产业视角上,都市圈具有比较集中优势的城市的旅游人数与收入占都市圈的平均比例有下降趋势,说明都市圈整体旅游发展更加均衡稳定。伴随着都市圈旅游空间多中心、网络化和一体化发展,都市圈旅游空间均衡。

第三节 本章小结

1) 以珠江三角洲为例,通过构建空间演化指标体系,分析改革开放以来珠江三角洲都市圈旅游空间网络演化的历程。

2）总结了都市圈在旅游空间网络演化过程中呈现的多中心、网络化、一体化和均衡化等常见模式。

参考文献

吴殿廷,乔家君,曹康,等.2008.区域分析与规划教程.北京：北京师范大学出版社.

吴威.2006.长江三角洲公路网络的可达性空间格局及其演化.地理学报,61(10)：1065-1074.

吴威.2007.开放条件下长江三角洲区域的综合交通可达性空间格局.地理研究,26(2)：391-412.

张莉,陆玉麒.2006.基于陆路交通网的区域可达性评价——以长江三角洲为例.地理学报,61(12)：1235-1246.

Javier G. 1996. The European high-speed train network. Journal of Trampon Gevgraphy，4(4)：227-238.

第八章 都市圈旅游空间机理

全球化、信息化、产业集聚发展、重大节事活动等既是都市圈旅游发展的背景，也是都市圈旅游发展的重要推动力，而基础设施建设是都市圈经济社会发展及旅游发展的基础，其中交通基础设施的建设是都市圈发展的重要支撑，旅游的相关定义中均表述了旅游活动在空间方面表现为旅游者离开居住地的空间移动，而无论人们离开自己的惯常环境去异国他乡访问，还是在旅游目的地之间的短期停留访问，都离不开良好的交通条件。交通对旅游者目的地的选择、旅游资源的开发以及旅游活动质量的评价有着重要的影响作用。每一次交通运输方式的变革都深刻地影响着区域旅游发展和旅游空间演变。从历史来看，一部旅游发展史也是一部交通变革史，旅游的全面兴起更是源于托马斯库克在1841年利用火车组织的团队旅游。Kato等(2013)阐述了旅游目的地的吸引力及承载力在很大程度上取决于旅游地交通系统的改善。重大的铁路和公路建设工程引发的旅游效应不容忽视。Davenport(2006)认为交通环境的好坏直接影响到大众旅游及休闲活动的开展，而航空运输对大尺度空间旅游具有极为重要的推动作用。事实上，交通和旅游之间不仅仅是简单的因果关系，而是一种持续反馈的双向关系；旅游发展与交通发展之间存在密切的相关性。旅游的发展会对交通的发展产生较强的带动作用，旅游是交通改革与发展的重要驱动力，旅游业的发展同样也给交通运输业带来革命性的影响，一些新交通路线的开辟和新交通方式的产生都受益于旅游业的快速发展，旅游业的发展对其公路交通网络的发展有重要影响，旅游消费增长会带动旅游交通消费增长，城市旅游对城市交通系统运行及城市旅游空间产生影响。本书重点分析高铁等交通基础设施的建设对区域经济发展、都市圈旅游发展的重要作用。

第一节 高铁对旅游目的地区域空间结构影响研究

黄山市紧邻长三角都市圈，是长三角"15＋1"旅游论坛的成员，黄山市的客源有近40%是来自长三角地区的，黄山与长三角已融为一体，因此本书以黄山为案例地展开研究。黄山市为典型的以高等级旅游吸引物为增长极的资源依托性旅游城市，高铁未开通前，利用高速公路网络和航空网络输送大量旅客。旅游地以城区为中心地和集散地,以城市内部景区集聚体为主要目的地的发展过程。长期以来,黄山的旅游客源以本省及长三角为主,其中长三角客源占到近40%左右。京福高铁开通后,旅游系统新要素的介入,首先带来旅游地发展区位的新变化,发展区位的变化,对城市内部景区来说,主要影响客流的流量,而对城市整体旅游发展来说,影响其在区域甚至是全国旅游经济版图中的地位。其次,旅游者自身消费能力的提升,交通工具影响时间成本和经济成本在旅游总成本中所占比例,时间距离的大幅缩短带来心理距离的缩小,影响旅游者目的地的选择和线路行程的组织,旅游者的空间流动发生新变化。最后,旅游发展区位和客流空间流动的新变化,都给目的地旅游发展带来新变化,推动目的地区域空间结构的演变。因此本书重点分析高铁开通后,黄山旅游客源的变化。

一、相关概念

(一) 旅游目的地区域

旅游目的地,是指在一定的地理空间上由旅游吸引物、旅游设施和相关旅游服务组成的能够满足旅游者需求的多种因素综合体。吴国清认为旅游目的地的内涵较为宽泛,可以特定的景点、某一城市、某个国家作为计量单位,没有明确的空间界限。旅游目的地作为供给者,其空间范围很大程度上受到旅游者需求变化的影响,旅游目的地区域空间结构的构成要素,多受旅游者空间流动的影响。Dredge(1999)将目的地的空间构成总结为三种模式:单节点目的地区域、多节点目的地区域和目的地区域链。杨新军等(2004)将旅游目的地区域定义为以城市为依托进行节点状"一日游"活动所能达到的特定区域,至少具备过夜特征,有可能由一个旅游接待地构成,也有可能由旅游主题或氛围相似的一组旅游接待地构成。

随着旅游基础设施的建设完善,尤其是旅游交通要素的革新,各目的地及相关服务设施之间的时间距离压缩,旅游者出游自主性和消费能力的提升,关于旅游目的地的空间范围及构成,不再局限于"一日游"的时空范围,旅游目的地之间的互动更加频繁,联结范围更加广泛,跨越行政区域界限,以旅游交通网络为基础,以旅游流为关系连接形成网络化目的地区域空间结构。

(二) 旅游空间结构

空间结构是一个被广泛应用的概念,表示一种事象的空间排列与组合格局。经济地理学中的区域空间结构是指各种经济活动在区域内的空间分布状态及空间组合形式,包括四个基本要素:点、线、网络和域面。旅游地理学中的空间结构是旅游经济客体作用过程中所形成的聚集程度及聚集状态,体现着旅游活动的空间属性和相互关系,是区域旅游发展状态的重要"指示器"。卞显红认为城市旅游空间结构要素为:城市旅游节点、城市旅游区与城市目的地区域、城市旅游循环线路、旅游流、城市旅游空间等级-规模体系5个部分。刘名俭等(2005)认为旅游目的地的空间结构具有区域空间结构的五大要素:节点、通道、流、网络和体系。

旅游系统中各个要素的空间组织关系,因旅游通道要素的更新引起出入路径的改变,系统内部各要素相对空间区位和互动联结发生改变,旅游空间结构也随之发生改变。

(三) 时空压缩

"时空压缩"的概念来源于社会学的研究。在地理学领域,加内尔提出了"时空融合"(time space convergence)的概念,解释近两百年以来人类社会由于交通技术变革带来的剧烈空间收缩。David Harvey 认为时空压缩除具有时空收敛的内涵外,还能涵盖交通技术革新对现代社会所造成的冲击的意义。刘贤腾等(2014)认为时空收敛(或称时空压缩)现象正改变着人对空间和距离的感知,感知的变化刷新人的观念,观念的变化带来活动模式的调整,活动模式的调整将潜在地重塑着城市与区域的发展格局。Ma等(2011)认为交通条件改善下的"时空收敛",人们通勤距离有所增加,但通勤时间保持相对稳定,交通发展改变的时间与空间的关系,对城市空间扩展产生较大作用。

高速公路与高速铁路等高速交通网络的发展,逐渐改变区域(全国)经济发展版图。高速交通不断时空压缩的过程,节点的旅游交通区位改变,旅游者出游空间行为的改变都促进旅游目的地原有的区域空间格局的发生变化。

(四) 重构

重构原是计算机科学上的概念,王颖从系统的角度重新认识"重构",认为重构为当系统发展到一定阶段后,根据外界影响而做出的内部的要素、结构进行重新整理的过程,目标是使系统对于环境的变更始终具有较强的适应能力。较多地理学者重点研究"尺度重构"和"空间重构"。贺灿飞等(2015)认为,应运用立体网络思维,以关键主体与空间为节点、以关系为纽带,实现"超越边界"式的分析尺度建构,全球化下的尺度建构是基于关系建构的全球尺度,更契合不同主体和空间联系日趋紧密的特征。刘曙华(2012)将区域空间重构定义为各种活动在区域之间、区域内的变动所引起的区域空间结构的演变,区域空间重构包含产业空间、交通空间、人口活动空间、土地利用空间和社会网络空间等的演化,各种关系交织在一起就形成了一个具有组织架构的区域系统。区域目的地系统中的交通要素,不同的发展阶段存在不同的空间配置与组合,系统内部交通要素的更新与叠加,影响旅游目的地和客源市场等要素,旅游流集散地域格局产生局部重构。

二、相关研究进展及理论基础

(一) 国内外相关研究进展

1. 国内外高速铁路对社会经济发展影响

国内外学者主要研究的视角集中在以下几个方面：① 高铁对区域经济发展影响。包括高铁对区域经济发展格局、空间经济效应、产业结构和人口流动的影响；② 高铁对大(国家)、中(区域)、小(城市)空间尺度下交通网络通达性影响；③ 高铁对城市发展的影响，包括城市郊区化、沿线站点周边城市建设、城镇体系和城市空间结构；④ 高铁与其他交通方式的竞合关系，包括航空、高速公路等，研究主题为交通市场份额变化、空间服务市场的竞合、竞争博弈的空间效应等。

2. 国内外高速铁路对旅游业发展影响

高速铁路作为旅游发展新要素，产生旅游发展的社会经济效应。国内外学者主要研究的视角集中在以下几个方面：高速铁路与旅游经济、旅游市场(需求与供给)、旅游产业、旅游空间结构及格局和旅游者行为。Prideaux(2000)从经济视角切入，建立交通运输成本模型，分析交通在旅游目的地发展过程中的作用及交通成本对旅游者选择可替代性目的地的影响。Harman(2006)分析法国高铁在拉近了里昂和巴黎空间距离的同时，当地商务旅游人数数量增加，休闲和商务旅游收入增高，成为经济持续发展的不竭动力。林上认为日本新干线的开通给城市和区域带来了无法估量的影响，通过对比新干线开通前后的生产额、所得收入、铁道利用人次、观光客数量得到的共同结论是，新干线开通后带来了所有指标的大幅增长，给城市和区域都带来了巨大的收益。梁雪松认为高铁的发展为湖南提供了南北双重区位空间转移机遇，逐渐模糊了旅游淡旺季的概念，使游客的出游和旅游消费更趋理性。Khadaroo 等(2007)基于 28 个国家旅游统计数据，研究得出，旅游交通基础设施对目的地吸引力大小起决定性作用，旅游者对目的地交通可进入性具有较高敏感度，影响其旅游需求和旅游者行为决策。Albalate 等(2010)认为旅游交通便利有助于提升旅游活动质量，增加旅游业收入的同时又能进一步完善旅游交通设施建设，两者发展之间具有正相关性。Masson 等(2009)认为高铁发展减少的交通成本，带来旅游企业集聚，获得规模效益，但同时也加剧了旅游地的空间竞争。王欣等(2010)根据时空替代机制，利用旅游系统的网格空间模型分析高速铁路对北京节点旅游产业发展与布局的影响及应对策略。汪德根(2013)以京沪高铁、武广高铁线为例，从旅游地吸引空间范围、旅游地空间使用曲线、旅游地对客源地空间吸引力等实证研究高铁对游客需求及旅游地国内客源市场的空间结构的影响；以京沪高铁为例，利用旅游场理论和社会网络分析方法，分析高铁对旅游流的时空结构变化产生的影响；利用首位度和位序—规模法则分析武广高铁对湖北省区域旅游空间格局变化的影响。Hsiao 等（2010）分析台湾省大学生使用高铁出游的意愿，结果表明，大学生对乘高铁出游的动机和行为均很积极，探奇心理市旅游者选择高铁旅游的主要原因。吴康等（2013）选取京津城际高速出行乘客作为研究对象，基于问卷调查数据，从微观个体的角度研究城际高铁所表征下的跨城流动空间。许春晓等（2014）以长沙市居民为研究对象，利用 MOA 理论，思辨选乘动机、选乘阻碍、阻碍协商策略、行为意向的关系，构建人们高铁选乘意向形成的概念模型，分析城市居民出游高铁选乘行为意向的形成机理。侯雪等（2011）京津城际高铁为研究对象，基于 1 400 份调查问卷数据，分析京津城际乘客出行行为的特征及其不同社会经济属性的变化。汪德根等（2015）以京沪高铁为例，测度高铁条件下旅行时间、旅游地资源禀赋、通达性等因素对旅游者选择出游目的地的影响程度变化。

（二）理论基础

1. 区域空间结构

（1）增长极理论

区域增长极理论是在法国经济学家弗朗索瓦·佩鲁的增长极理论基础上发展起来的。增长极是具有空间集聚特点的推动性经济单位的集合体，增长极通过支配效应、乘数效应、极化与扩散效应对区域经济活动产生组织作用，增长极成为区域经济和社会活动的极核，形成极核式空间结构，我国学者根据我国实际情况提出了"双核式空间结构"。

（2）"点—轴"理论

点轴式空间结构，是在极核式空间结构的基础上发展起来的，我国著名经济地理学家陆大道先生研究表明：区域空间结构由点、轴两种基本要素构成，点为各级中心地，轴则为若干不同级别的中心城镇在一定方向上连接而成的相对密集的人口和产业带。20 世纪 80 年代，学者提出"T"字形的空间结构战略。

（3）核心与边缘结构

1966 年美国学者弗里德曼在《区域发展政策》一书中提出"中心—外围"理论。他认为因多种原因在若干区域之间会有个别区域率先发展起来而成为"中心"，其他区域则因发展缓慢而成为"外围"，中心与外围之间存在不平等的发展关系。旅游目的地在发展的过程中，自身旅游资源禀赋、旅游交通可进入性、旅游接待服务设施存在差异性，较好条件的目的地率先发展起来，成为区域旅游中心城市，而其他城市则成为外围地区。

2. 交通运输与空间结构

交通运输地理学研究货物、人和信息的空间移动行为，是地理科学的子学科之一。交通运输地理学通过将运输对象的起点、终点、距离及移动目的等特性与运输的空间限制联系起来,以研究运输的空间组织行为。

交通和空间组织。由于地理条件的影响,空间活动需要进行良好的组织,这就形成了空间结构,同时空间结构也影响地理条件。交通运输促进经济发展,同时也影响空间组织,它们之间的关系可以从地理学的三个不同空间尺度来分析:全球、区域和地方。全球尺度上,交通运输服务于大多数的全球客货流动,其空间组织包括节点(塑造全球空间组织条件)、门户(为大量货物和乘客的流通系统提供可达性的地点)和枢纽(货物收集、整理、转运和分配的中心点)。区域尺度上,其空间组织包括:大都市区域、走廊(铁路、高速公路、运河)和城市系统及其腹地。地方尺度上,其空间组织包括:就业和商业活动、公路和运输系统和通勤。

交通运输与区位。交通运输除了作为空间组织的一个重要影响因素,与社会经济活动的区位紧密相关,涉及的区位影响因素包括:选址、可达性、社会经济环境和经济活动类型。

三、黄山市旅游目的地区域空间结构网络化研究

(一) 研究区概况

京福高铁 2015 年 6 月 28 日正式运行,连接河北、山东、江苏、安徽、江西、福建六省,北京、天津、沧州、德州、济南、泰安、济宁、滕州、枣庄、徐州、宿州、蚌埠、淮南、合肥、铜陵、宣城、黄山、上饶、南平、宁德、福州 21 个地级市。京福高铁的开通,间接将黄山市纳入到全国高速铁路网络中,大尺度高速交通连接产生的时空收敛效应,对旅游资源禀赋较高的城市旅游发展带来重大影响。

高速铁路对旅游发展的影响,直接作用于旅游者的出游行为。旅游者活动空间范围即旅游目的地区域的变化,反应区域旅游空间结构的变化。高铁开通前后,通过刻画旅游者运动轨迹,目的地的选择,揭示旅游目的地区域空间结构的演变。

(二) 数据来源

京福高铁开通前,选择 2015 年"五一"小长假,4 月 30 日～5 月 4 日,调查地点选择在黄山市汤口镇、黄山风景区和宏村景区,采用方便抽样的方法,共发放问卷 1 157 份,剔除无效问卷 86 份,有效问卷 1 071 份,有效率 92%。经整理,旅游者涉及多目的地问卷共 292 份,单一行程 779 份。根据 1 071 份的有效问卷,统计出黄山市主要的客源市场,安徽、江苏、浙江、上海、湖北、江西、北京、广东、山东,游客累计百分比 86.7%。收集主要客源地的旅行社(全国百强旅行社)和携程、途牛、驴妈妈 3 个自助游网站,共收集 422 份有效旅游线路报价单,总计获得 714 条有效多

目的地旅游线路数据。京福高铁开通后,选择于 2015 年 8 月 15~21 日,调查地点选择黄山北高铁站、黄山市汤口镇、黄山风景区、宏村和西递景区,采用方便抽样的方法,共发放问卷 1 169 份,剔除无效问卷 76 份,有效问卷 1 093 份,有效率 93%。经整理,旅游者涉及多目的地问卷 275 份,单一行程 818 份。根据 1 093 份有效问卷,统计出黄山市主要客源市场,安徽、江苏、福建、山东、北京、上海、江西、河南、广东、浙江、湖北、湖南,游客累计百分比 90%。收集主要客源地的旅行社(全国百强旅行社)和携程、途牛、去哪儿 3 个自助游网站,共收集 533 份有效旅游线路报价单,总计获得 808 条有效多目的地旅游线路数据。收集的旅游线路报价单包括具体旅游者行程安排,出行的交通工具和游玩的天数。

(三) 样本的基本情况

1. 旅游者个体属性特征

利用 SPSS 软件对高铁前后旅游者的个体属性进行描述性统计分析(表 8-1)。结果表明:高铁开通前、后被调查旅游者中,男性占 61.1%、53.5%,女性占 38.9%、46.5%。年龄以中青年为主,高铁开通前、后 15~24 岁占 48.2%、37.5%,25~44 岁占 43.8%、49.0%。高铁开通前、后文化程度较高以本科和大专为主,共占总样本的 76.5%、65.5%。高铁开通前、后个人月平均收入集中于 999 元以下

表 8-1　高铁开通前、后样本人口学统计特征

基本情况	细分类别	有效百分比(%) 前	有效百分比(%) 后	基本情况	细分类别	有效百分比(%) 前	有效百分比(%) 后
性别	男	61.1	53.5	文化程度	本科	48.8	43.7
	女	38.9	46.5		大专	27.7	21.8
年龄	15~24 岁	48.2	37.5		高中	11.6	19.2
	25~44 岁	43.8	49.0		研究生及以上	7.4	9.1
	45~64 岁	4.9	10.1		初中及以下	4.6	6.2
	65 岁以上	2.0	0.2	职业	政府工作人员	5.5	7.7
	14 岁及以下	1.1	3.2		专业技术人员	15.8	19.7
个人月平均收入	999 元以下	30.1	32.3		职员	18.2	17.4
	2 500~4 999 元	29.3	30.6		技工工人	4.5	2.3
	5 000~9 999 元	20.5	21.5		商贸人员	7.7	7.9
	1 000~2 499 元	11.9	6.5		服务推销员	1.6	0.6
	10 000~14 999 元	4.2	6.2		退休人员	2.4	1.2
	15 000 元以上	4.1	2.8		家庭妇女	2.7	1.3
					军人	0.3	0.7
					学生	35.0	33.9
					其他	6.3	7.3

(多为学生群体),2 500~4 999元和5 000~9 999元,共占总样本的79.9%、84.4%。高铁开通前、后,职业集中于学生35.0%、33.9%,职员18.2%、17.4%,专业技术人员15.8%、19.7%。两次调查样本涵盖了不同年龄、不同文化程度及收入水平和职业的旅游者,因此调查样本具有较强的代表性。

2. 旅行特征

样本分析发现(表8-2),高铁开通前,81.9%的旅游者是首次来黄山市游玩,出游黄山市次数在2次及以上的旅游者为18.1%。高铁开通后,72.3%的旅游者是首次来黄山市游玩,出游黄山市次数在2次及以上为27.7%。高铁开通前,非旅行社组织占样本总量的84.2%,高铁开通后,非旅行社组织占样本总量的73.7%,出游方式旅行社组织和非旅行社组织相差较大。高铁开通前,旅游者出游时间段倾向集中于小长假和双休日,占样本总量的82.8%。高铁开通后,旅游者倾向出游时间段集中于寒暑假、双休日和小长假,占样本总量的94.8%。

表8-2 高铁开通前后样本旅行统计特征

基本情况	细分类别	有效百分比(%) 前	有效百分比(%) 后	基本情况	细分类别	有效百分比(%) 前	有效百分比(%) 后
来黄山的次数	第1次	81.9	72.3	出游目的	观光游览	61.9	59.1
	第2次	12.2	18.4		休闲度假	30.6	31.4
	第3次	1.2	1.5		探亲访友	2.5	3.0
	3次以上	4.7	7.9		商务会议	0.7	1.9
出游方式	自助	79.3	67.7		宗教朝拜	0.3	0.2
	旅行社	15.8	26.3		文化体育	3.4	3.6
	其他	4.9	6.0	出游行程总花费	购物	0.2	0.7
出游时段	双休	11.8	18.2		健康医疗	0.5	0.1
	黄金周	7.8	5.1		500元以下	5.7	4.9
	小长假	71.0	15.3		500~999元	24.0	11.3
	寒暑假	9.3	61.3		1 000~1 999元	33.0	29.6
交通方式	大巴	34.7	18.5		2 000~2 999元	19.2	21.7
	自驾车	28.7	13.4		3 000~3 999元	7.5	11.3
	普通列车	24.6	7.3		4 000~4 999元	3.1	7.6
	飞机	4.7	3.2		5 000元以上	7.6	13.5
				交通方式	高铁	3.6	52.7
					动车	3.6	4.8
					客轮	0.1	0.1

高铁开通前、后,出游目的观光游览和休闲度假占总样本的92.5%、90.5%。高铁开通前、后,出游行程总花费集中于500~999元、1 000~1 999元和2 000~2 999元,占总样本的76.2%、62.6%。高铁开通前后,旅游者出行交通方式的选择

有较大差别。高铁开通前,交通工具的选择集中于大巴、自驾车和普通列车,分别占样本总量的34.7%、28.7%和24.6%。高铁开通后,选择高铁作为交通工具的比例上升较快,为52.7%,普通列车的选择比例下降。大巴与自驾车仍占有一定比例,为31.9%。高铁开通后,客源地与目的地和目的地之间可达性的提升,经济成本相对能接受的情况下,时间成本较大幅度降低,游客愿意选择高铁作为出游交通工具。这为研究高铁开通前后,旅游目的地区域空间结构的变化奠定基础。

3. 国内旅游客源地空间分布及其变化

(1) 国内客源市场空间分布

高铁开通前,如表8-3、图8-1所示,黄山市的国内主要客源市场分布广泛,除贵州省、青海省、海南省和西藏自治区没有分布以外,其他省区均有分布。安徽省旅游者占样本总数的34.1%,江苏省和浙江省旅游者占样本总数的29.2%,上海市旅游者占样本总数的7.7%,湖北省和江西省旅游者分别占样本总数的5%和3.8%。长三角区域成为黄山市国内的重要客源市场,共占总样本的36.9%,超过安徽省。

表8-3 高铁开通前黄山市国内旅游客源市场分布

城 市	频 率	有效百分比(%)	城 市	频 率	有效百分比(%)
安 徽	365	34.1	福 建	11	1.0
江 苏	201	18.8	重 庆	10	0.9
浙 江	111	10.4	四 川	9	0.8
上 海	82	7.7	吉 林	7	0.7
湖 北	53	5.0	辽 宁	7	0.7
江 西	41	3.8	天 津	6	0.6
北 京	31	2.9	新 疆	5	0.5
广 东	22	2.1	黑龙江	4	0.4
山 东	22	2.1	广 西	2	0.2
河 南	17	1.6	山 西	2	0.2
陕 西	16	1.5	台 湾	2	0.2
内蒙古	15	1.4	甘 肃	1	0.1
湖 南	14	1.3	宁 夏	1	0.1
河 北	12	1.1	云 南	1	0.1

高铁开通后如表8-4、图8-2所示,除西藏和宁夏回族自治区以外,其他省市均有分布。各省所占比例发生变化,安徽省旅游者占样本总数的32.9%,仍是黄山市主要客源地。江苏省、浙江省和上海的旅游者占样本总数18.6%,比例有所下降。福建、山东和北京等高铁沿线省市旅游者占比提升幅度较大。

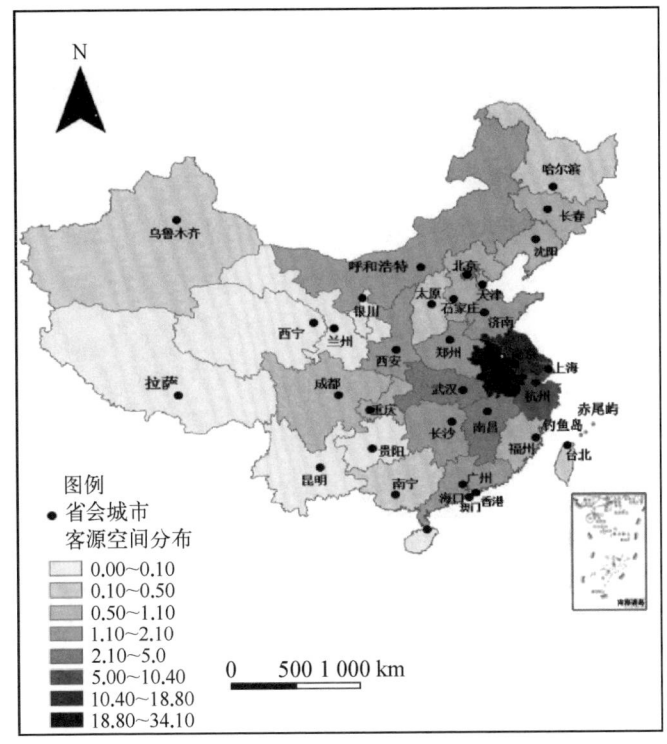

图 8-1 高铁开通前黄山市国内客源空间分布

表 8-4 高铁开通后黄山市国内旅游客源市场分布

城 市	频 率	有效百分比(%)	城 市	频 率	有效百分比(%)
安 徽	360	32.9	辽 宁	6	0.5
江 苏	111	10.2	陕 西	6	0.5
福 建	106	9.7	四 川	6	0.5
山 东	79	7.2	贵 州	5	0.5
北 京	58	5.3	吉 林	5	0.5
上 海	53	4.8	重 庆	5	0.5
江 西	47	4.3	云 南	4	0.4
河 南	44	4.0	黑龙江	3	0.3
广 东	40	3.7	台 湾	3	0.3
浙 江	39	3.6	甘 肃	2	0.2
湖 北	27	2.5	海 南	2	0.2
湖 南	24	2.2	香 港	2	0.2
天 津	21	1.9	广 西	1	0.1
河 北	18	1.6	青 海	1	0.1
内蒙古	7	0.6	新 疆	1	0.1
山 西	7	0.6	合 计	1 093	100.0

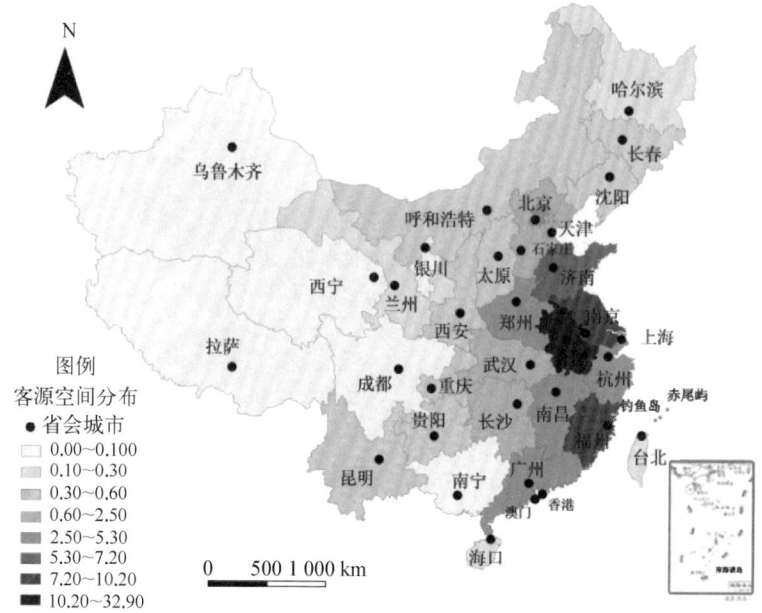

图 8-2　高铁后黄山市国内客源空间分布

(2) 国内旅游客源市场空间距离衰减曲线变化

以每个省省会城市到黄山市的公路距离(数据来源:百度地图)为距离指标,绘制黄山市国内旅游客源市场空间距离衰减曲线。

如图 8-3(a)所示,高铁开通前,黄山市国内客源市场空间分布符合距离衰减规律,且在 0~500 km,衰减速度较快。500 km 以外,客流的波动幅度较小,基本保持一致。高铁开通前,依托区域高速公路网络,客源市场集中在 550 km 以内,主要为安徽省内、江苏、浙江、上海、江西和武汉。550 km 以外,由于交通经济成本和时间成本较大,客流量较少。如图 8-3(b)所示,高铁开通后,500 km 以内,衰减速度

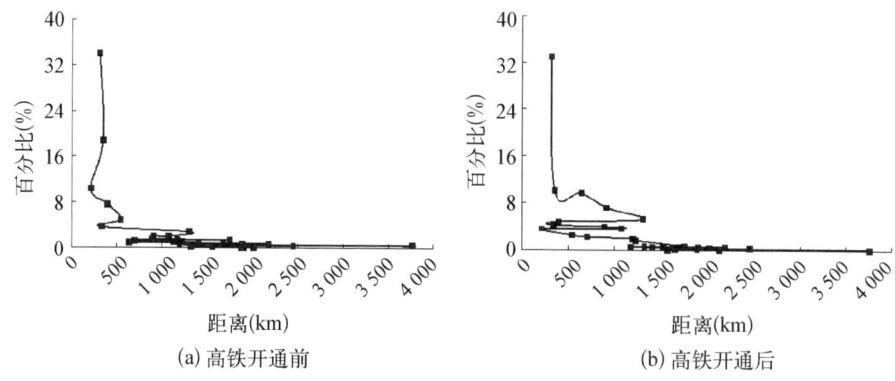

(a) 高铁开通前　　　　　　　　　　(b) 高铁开通后

图 8-3　高铁开通前后黄山市国内旅游客源市场空间距离衰减曲线

仍较快。在500~1000 km,出现随距离的增加客流量增加的现象,"逆衰减"现象主要出现在福建、山东、北京、广东和河南等省市。京福高铁的开通,虽只是单一纵向线路,但仍间接将黄山市纳入全国高铁网络中。时间距离的压缩,高铁线路的接驳,客源市场半径向外延展。

(3) 国内旅游客源市场空间分布累计曲线变化

高铁开通前后黄山市国内旅游客源市场空间分布累计曲线可进一步证明客源市场空间分布规律。图8-4(a)显示,高铁开通前,黄山市国内客流60%主要集中在0~350 km,80%的客流集中在550 km内。图8-4(b)显示,高铁开通后黄山市国内客流60%主要集中在0~900 km,80%的客流集中在0~1000 km。京福高铁带来大尺度的空间收敛效应,表现在旅游者对中远程旅游目的地的选择。高铁开通后60%的国内客流集中的空间范围覆盖了高铁开通前80%的客流的集中范围,出游范围由500 km扩展至1000 km。

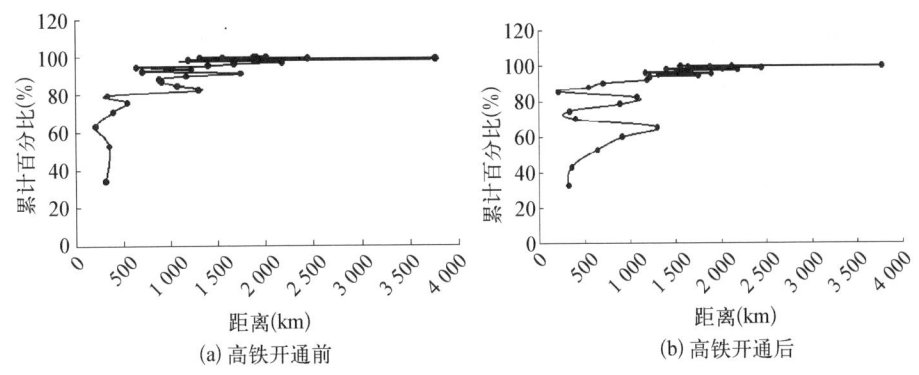

图8-4 高铁开通前后黄山市国内旅游客源市场空间分布累计曲线

(四) 旅游目的地区域空间结构演变

1. 旅游目的地区域空间范围的界定

旅游者的空间流动,形成旅游流网络。流动过程中目的地的选择及空间活动范围,反应旅游目的地区域空间范围。根据整理回收的问卷和旅行社线路数据,界定京福高铁开通前后目的地区域空间范围和节点。如图8-5所示,高铁开通前,黄山市旅游目的地区域范围包括15个节点,节点以地级市作为研究单位,分别为:杭州、南京、苏州、无锡、上海、扬州、嘉兴、黄山、合肥、池州、宣城、芜湖、九江、景德镇、上饶。高铁开通后,目的地区域空间范围包括17个节点,分别为:杭州、南京、苏州、无锡、上海、嘉兴、黄山、合肥、池州、宣城、铜陵、九江、景德镇、上饶、南昌、鹰潭、厦门。高铁开通前后节点数量变动,减少扬州、芜湖2个节点,增加铜陵、南昌、鹰潭和厦门3个新节点。高铁开通前,目的地区域空间范围主要集中在0~

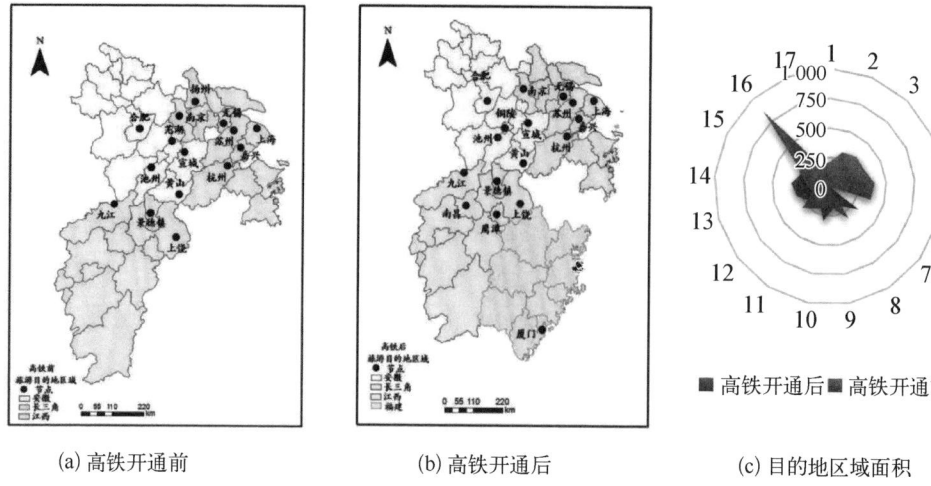

(a) 高铁开通前　　　　　　(b) 高铁开通后　　　　　　(c) 目的地区域面积

图 8-5　高铁开通前后黄山市旅游目的地区域空间范围

400 km 的圈层内,高铁开通后,虽然增加了 3 个新节点,但目的地区域空间范围主要集中于 0~500 km 的圈层内,只出现一处较明显的狭长扩展区。高铁开通前后,目的地区域空间范围外部扩展有限。

2. 旅游目的地区域空间结构变化

旅游目的地区域网络结构的构建。根据回收的有效问卷和收集的旅行社线路,建构高铁开通前后,节点城市之间的流量流向数据库(表 8-5、8-6)。运用社会网络分析 UCINET 软件中 QAP 相关分析模块,尝试对问卷数据和旅行社数据进行合并。高铁开通前,问卷与旅行社的相关系数为 0.524,显著性水平 0.008,具有显著相关性。高铁开通后,问卷与旅行社的相关系数为 0.683,显著性水平 0.000,具有显著相关性,可见高铁开通前后,问卷与旅行社的数据合并是可行的。

表 8-5　高铁开通前目的地区域节点之间的流量数据矩阵

	杭州	南京	苏州	无锡	上海	扬州	黄山	合肥	池州	宣城	芜湖	九江	景德镇	上饶	嘉兴
杭州	0	3	5	0	26	0	162	0	0	0	0	0	0	0	36
南京	1	0	2	6	0	2	105	5	2	0	1	0	0	0	0
苏州	17	3	0	7	17	0	7	0	0	0	0	0	0	0	0
无锡	1	13	12	0	2	2	3	0	0	0	0	0	0	0	0
上海	5	7	13	6	0	0	9	0	0	0	0	0	0	0	10
扬州	0	4	0	0	1	0	3	0	0	0	0	0	0	0	0
黄山	201	30	3	5	12	1	0	69	58	0	7	5	11	70	1
合肥	1	3	0	0	0	0	143	0	4	0	0	0	0	0	0
池州	0	1	0	0	0	0	69	12	0	3	0	0	0	0	0
宣城	0	0	0	0	0	0	11	0	0	0	0	0	0	0	0

第八章　都市圈旅游空间机理

续表

	杭州	南京	苏州	无锡	上海	扬州	黄山	合肥	池州	宣城	芜湖	九江	景德镇	上饶	嘉兴
芜湖	0	0	0	0	0	0	17	2	0	3	0	0	0	0	0
九江	0	0	0	0	0	0	4	0	0	0	0	0	0	14	0
景德镇	0	0	0	0	0	0	12	0	0	0	0	18	0	6	0
上饶	4	0	0	0	0	0	69	0	0	0	0	1	27	0	0
嘉兴	15	0	10	0	25	0	2	0	0	0	0	0	0	0	0

表8-6　高铁开通后目的地区域节点之间的流量数据矩阵

	杭州	南京	苏州	无锡	上海	黄山	合肥	池州	宣城	九江	景德镇	上饶	嘉兴	南昌	鹰潭	厦门	铜陵
杭州	0	0	8	0	41	212	4	0	0	0	0	0	53	0	0	0	0
南京	0	0	1	8	2	85	1	0	0	0	0	0	0	0	0	0	0
苏州	12	0	0	17	19	2	0	0	0	0	0	0	5	0	0	0	0
无锡	2	19	10	0	0	0	0	0	0	0	0	0	1	0	0	0	0
上海	13	25	31	3	0	11	0	0	0	0	0	0	21	0	0	0	0
黄山	281	18	1	0	9	0	87	66	7	1	9	131	2	3	4	6	1
合肥	2	1	0	0	0	137	0	3	6	0	0	0	0	0	0	0	0
池州	0	0	0	0	0	79	4	0	0	0	0	0	2	0	0	0	0
宣城	0	0	0	0	0	17	0	0	0	0	0	0	0	0	0	0	0
九江	0	0	0	0	0	2	0	0	0	0	1	29	0	1	0	0	0
景德镇	0	0	0	0	0	6	0	0	0	28	0	14	0	1	1	0	0
上饶	1	0	0	0	1	106	0	1	0	6	33	0	0	5	6	0	0
嘉兴	30	0	7	0	43	7	0	0	0	0	0	0	0	0	0	0	0
南昌	0	0	0	0	0	5	0	0	0	1	6	5	0	0	0	0	0
鹰潭	0	0	0	0	0	0	0	0	0	0	4	2	0	0	0	0	0
厦门	0	0	0	0	1	3	0	0	0	0	0	0	0	0	0	0	0
铜陵	0	0	0	0	0	8	0	1	1	0	0	0	0	0	0	0	0

将赋值矩阵转化为二分矩阵,需选择合适的切分值。切分值选择尽管是任意的,但必须通过初始敏感性检验,来得到最合适的切分值。切分值高可以突出区域旅游网络的核心及主要节点,显现网络结构主轴线;切分值低能包含部分次级节点,使得网络结构更具完整性,也有可能把网络空间结构复杂化。高铁开通前,数据赋值矩阵转化为二分矩阵,切分值从1~5逐一实验。切分值为3时,网络系统结构模式差异相对稳定。高铁开通后,切分值从2~6逐一实验,切分值为3时,网络系统结构模式差异相对稳定。故高铁开通前后,将大于等于3值的客流关系数据取值为1,反之为0。根据二分矩阵,利用UCINET软件中的相关分析模块和NetDraw,分析网络空间结构变化及制作旅游目的地区域网络结构图。

3. 京福高铁开通前后旅游目的地区域整体网络结构分析

（1）区域整体网络的流量分析

旅游者目的地的选择，受到内部和外部双重因素的影响。内部因素为旅游者自身因素，包括游客的社会学特征、出游目的、旅游动机、出游经验等，外部因素为目的地自身因素，包括旅游资源禀赋、交通区位、旅游接待能力、经济发展规模等。旅游者目的地选择集合形成多行程矢量的旅游流，形成区域旅游流整体网络。整体网络中目的地之间流量、流向是存在差异的（表8-7），反映旅游者的流动规律，进而识别黄山市旅游目的地区域网络的空间分布特征。

表8-7 高铁开通前节点之间旅游流量流向频次

节 点 对		流动频次	节 点 对		流动频次
杭 州	上 海	26	上 饶	景德镇	27
杭 州	黄 山	162	嘉 兴	杭 州	15
杭 州	嘉 兴	36	黄 山	景德镇	11
南 京	黄 山	105	黄 山	上 饶	70
苏 州	上 海	17	黄 山	杭 州	201
无 锡	杭 州	17	合 肥	黄 山	143
无 锡	南 京	13	池 州	黄 山	69
无 锡	苏 州	12	芜 湖	黄 山	17
上 海	苏 州	13	九 江	上 饶	14
上 海	嘉 兴	10	景德镇	黄 山	12
黄 山	南 京	30	景德镇	九 江	25
黄 山	上 海	12	上 饶	黄 山	69
黄 山	合 肥	69	嘉 兴	上 海	25
黄 山	池 州	58			

如表8-7所示，高铁开通前，区域网络共有15个节点，共210个节点对，只选取流量频次≥10的节点对。客流量高频次节点对：黄山—杭州、杭州—黄山、合肥—黄山、南京—黄山。次高频次节点对：黄山—上饶、上饶—黄山、黄山—合肥、黄山—池州、池州—黄山、南京—黄山、杭州—嘉兴。低频次节点对：杭州—上海、苏州—上海、无锡—杭州、无锡—南京、无锡—苏州、上海—苏州、上海—嘉兴、黄山—上海、上饶—景德镇、嘉兴—杭州、黄山—景德镇、芜湖—黄山、九江—上饶、景德镇—黄山、景德镇—九江、嘉兴—上海。

由此显示，京福高铁开通前，黄山市的国内旅游流频次较高的节点组合以区域间组合为主，区域内组合为辅。区域间组合中黄山市与长三角区域的杭州和南京之间流向显著流量较大，其次是江西省的上饶市旅游流互动频繁。高铁开通前，依托成熟的区域高速公路网络，黄山市与空间距离较近的长三角区域旅游联系较为紧密，其次为上饶成为黄山市旅游目的地区域网络结构的重要节点。区域内组合，集中安徽省内和皖南旅游区,黄山市与合肥市、池州市旅游流交换能力较强。省会合肥在与黄山市旅游流交换过程中,依托自身省内综合交通枢纽的优势,作为中远程游客交通换乘中心,旅游集散功能突出。

如表 8-8 所示,高铁开通后,区域网络共有 17 个节点,共 272 个节点对,只选取流量频次≥10 的节点对。客流量高频次节点对:杭州—黄山、黄山—杭州、黄山—上饶、上饶—黄山、合肥—黄山。次高频次节点对:杭州—上海、杭州—嘉兴、南京—黄山、上海—苏州、黄山—合肥、黄山—池州、池州—黄山、上饶—景德镇、嘉兴—杭州、嘉兴—上海。低频次节点对:苏州—杭州、苏州—无锡、苏州—上海、无锡—南京、无锡—苏州、上海—杭州、上海—南京、上海—黄山、上海—嘉兴、黄山—南京、宣城—黄山、九江—上饶、景德镇—上饶。

表 8-8　高铁开通后节点之间旅游流量流向频次

节　点　对	流动频次	节　点　对	流动频次
杭　州⟶上　海	41	黄　山⟶南　京	18
杭　州⟶黄　山	212	黄　山⟶合　肥	87
杭　州⟶嘉　兴	53	黄　山⟶池　州	66
南　京⟶黄　山	85	黄　山⟶上　饶	131
苏　州⟶杭　州	12	合　肥⟶黄　山	137
苏　州⟶无　锡	17	池　州⟶黄　山	79
苏　州⟶上　海	19	宣　城⟶黄　山	17
无　锡⟶南　京	19	九　江⟶上　饶	29
无　锡⟶苏　州	10	景德镇⟶九　江	28
上　海⟶杭　州	13	景德镇⟶上　饶	14
上　海⟶南　京	25	上　饶⟶黄　山	106
上　海⟶苏　州	31	上　饶⟶景德镇	33
上　海⟶黄　山	11	嘉　兴⟶杭　州	30
上　海⟶嘉　兴	21	嘉　兴⟶上　海	43
黄　山⟶杭　州	281		

上述说明,京福高铁开通后,黄山市国内旅游流高频节点对仍以区域间组合为主,区域内组合为辅。较高铁开通前,区域间组合的节点数量增多且不局限与黄山市组合,主要集中长三角区域。杭州与黄山仍为最高频次组合,上饶与黄山的流量数量较高铁前有较大提升,互动频繁。长三角区域的上海、杭州、嘉兴、南京、苏州之间流向显著流量丰富,反映旅游者目的地选择的多样化,旅游行程的延伸。京福高铁开通后,显著降低中远程游客来黄山市的出游时间,出游时间缩短,游玩时间增加,旅游者行程扩展。黄山市与上饶,乘高铁的时间距离为 30 min,较近的空间距离与较短时间距离相叠加,旅游流流量较大。区域内组合仍集中于省域内的合肥、池州两市。合肥作为安徽省的高铁枢纽,综合交通体系完整,旅游流交换的过

程中承担交通中转功能,成为武汉、郑州等地到乘高铁到黄山的主要中转地。黄山市旅游流量在皖南旅游区的主要分流方向为池州市。

(2) 整体网络评价指标

选择整体网络规模、密度,程度中心势、中介中心势相关指标分析衡量网络结构紧凑性的重要指标。

整体网络密度是指网络中实际存在的关系数量与可能存在的关系数量的比,其表达式如下:

$$m/[n/(n-1)]$$

式中,m 为该整体网络中包含的实际关系数目;n 为该整体网络中的行动者个数。网络密度越高,说明网络中节点间连线越多,关系越紧密,网络功能也就越完善。

程度中心势和中介中心势分析网络结构的总体一致性。程度中心势表达式如下:

$$C_D = \frac{\sum_1^k C_D(n^*) - C_D(n_i)}{k^2 - 3k + 2}$$

式中,$C_D(n^*)$ 为该网络中最大的程度中心性值;分子表示被评价网络中所有其他节点程度中心性与最大程度中心性之间的差值之和;k 为网络的旅游节点数。程度中心势值越大,旅游流围绕核心节点集聚或发散的趋势越明显。

中介中心势表达式如下:

$$C_B = \frac{\sum_{i=1}^{k}[C_B(n^*) - C_B(n_i)]}{k^3 - 4k^2 + 5k - 2}$$

式中,$C_B(n^*)$ 为被评价网络节点的最大中介性值;分子表示被评价网络中所有其他节点中介性与最大中介性之间的差值之和;k 为节点数。中介中心势值越大,旅游流的转移和扩散需要借助某个(些)中间节点城市来完成,这些节点在网络中占据重要地位。

核心—边缘模型,对节点在整个网络中处于什么位置量化分析,对等性分析模型,对网络中的节点进一步的细分,地位功能对等的节点进行归类,确定其在网络结构中扮演的角色。两种分析模型用于测度各节点在网络中的重要性和节点间的相似性,深入分析整体网络的内部结构。

1) 整体网络结构形态:如表 8-9 所示,高铁开通前,网络规模共有 15 个节点,密度为 0.223 8,标准差为 0.416 8。

表 8-9 高铁开通前后整体网络结构指标

指标	数值	
	前	后
网络规模	15	17
网络密度	0.2238	0.1875
程度中心势	外向 52.55%	外向 46.48%
	内向 60.20%	内向 53.13%
中介中心势	57.74%	63.17%

15个节点构成的旅游网络,理论上有210条连接关系,实际出现47条,网络密度较低,发育欠完善。内向程度中心势高于外向,显示旅游者流动集中在少数几个目的地的结果,节点之间并无较多互动,旅游流交换围绕核心节点趋势明显。中介中心势较高,显示网络中较多的节点旅游流之间转移和扩散需依靠较少的核心中介节点完成,暗示网络结构中存在较少核心节点,较多边缘节点。

高铁开通后,整体网络规模共有17个节点,网络密度0.1875,标准差为0.3903。17个节点构成的旅游流网络,理论上有272条连接关系,实际出现51条,密度较低。内外向程度中心势仍均很高,且内向中心势高于外向。说明高铁开通后,旅游者流动空间不均衡,目的地选择集中几个核心节点,网络结构中核心节点和非核心节点位置差异较大,少数核心节点产生较大内聚效应。中介中心势高于高铁开通前,仍处于较高水平,暗示高铁开通后,整体网络结构分层更加明显,少数核心中介节点的功能强化,存在较明显的核心—边缘结构。

2) 核心—边缘模型:如表8-10所示,高铁开通前,杭州、南京、上海、苏州、无锡和黄山为核心区,核心节点空间分布比较集中,主要集中于黄山+长三角区域。如表8-11所示,核心区联系密度为0.667,节点之间联结强度较高。黄山市与长三角空间区位邻近,区域高速公路网络的便捷,长三角地区既是黄山市的主要客源地,又是目的地区域网络结构的重要组成部分。边缘区联系密度为0.083,节点联结强度低,互动不明显。核心区与边缘区联系密度为0.167,合作联结强度低,核心区对边缘区辐射带动效应较弱。

表 8-10 高铁开通前后网络核心—边缘模型

核心		边缘	
前	后	前	后
杭州、南京、苏州、无锡、上海、黄山	杭州、南京、苏州、无锡、上海、黄山、上饶	扬州、合肥、池州、宣城、芜湖、九江、景德镇、上饶、嘉兴	合肥、池州、宣城、九江、景德镇、嘉兴、南昌、鹰潭、厦门、铜陵

如表8-11所示,高铁开通后,整体网络核心区发生改变。上饶由边缘区节点上升至核心区,核心节点空间分布开始趋于分散,但区域分异不明显。如表8-11所

示,核心区联系密度为 0.452,节点之间联结强度较之前降低。边缘区联结密度为 0.056,说明边缘节点相对较为独立,较少发生联系。核心区与边缘区联结密度为 0.200,较之前有所提高,但联系仍较松散,核心节点对边缘节点旅游影响作用有限。

表 8-11 核心—边缘密度矩阵

	核 心		边 缘	
	前	后	前	后
核 心	0.667	0.452	0.167	0.200
边 缘	0.222	0.186	0.083	0.056

3) 对等性分析模型:利用自同构对等性模型,要求如果在两个行动者互换之后,其他行动者也变动的情况下,仍然不改变网络的性质,这样两个节点即为自同构的行动者。网络中节点的位置及所扮演的角色是相对而言的,取决于节点之间旅游流互动和联结强度,体现不同类型的节点对旅游流的控制和协调能力。在核心—边缘模型的基础上,利用对等性分析相关模块,得到整体网络中节点之间的欧式距离矩阵及可视化聚类图,细化网络中节点的地位和功能。

根据两两节点之间的距离及聚类图,将具有结构同型性的节点归类。先找出距离最小的节点是哪些,高铁开通前,扬州与宣城之间距离为 6.28,扬州与宣城是最结构同型的两个节点,其次是九江与景德镇、景德镇与池州、景德镇与九江之间距离为 7,九江与景德镇、池州是结构同型的节点,依次类推,将所有节点间的距离考虑完毕。

如图 8-6 所示,故以距离 25.901 作为切线,将 15 个节点划分为区域旅游核心节点、区域旅游重要节点、一般目的地节点和边缘旅游节点 4 类。黄山、杭州、苏州和上海为区域旅游核心节点;无锡、合肥、南京和上饶为区域旅游重要节点;芜湖、池州、九江、景德镇和嘉兴为一般目的地节点,芜湖与九江、池州的距离最近,故

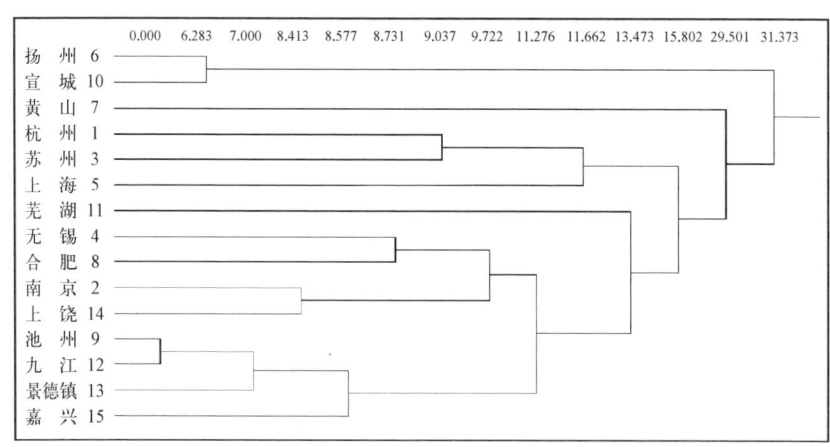

图 8-6 高铁开通前网络结构对等性聚类图

将其分为一类;扬州和宣城是边缘旅游节点。

如图8-7所示,高铁开通后,杭州与上海之间的距离为0.00,杭州与上海是最结构同型的两个节点。其次,上海与上饶、上饶与杭州、上饶与上海之间的距离为2.67,上海、上饶、杭州市结构同型节点,依次类推,将所有节点间的距离考虑完毕。如图8-7所示,以距离37.305为切线,将17个节点划分为区域旅游核心节点、区域旅游重要节点、一般目的地节点和边缘旅游节点4类。黄山、景德镇、杭州、上海、上饶、苏州、嘉兴为区域旅游核心节点,池州、南昌、南京和合肥为区域旅游重要节点,无锡、九江、宣城和鹰潭为一般目的地节点,厦门和铜陵为边缘旅游节点。

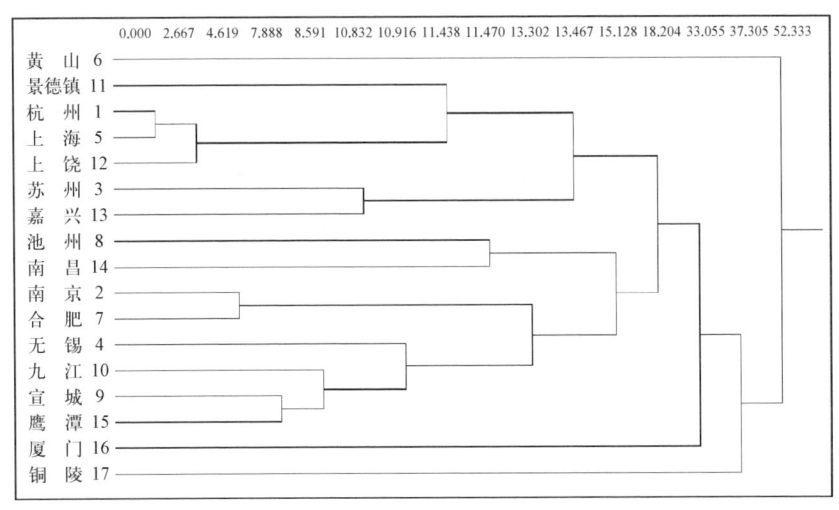

图8-7 高铁开通后网络结构对等性聚类图

上述分析说明:① 京福高铁开通前后,黄山市国内客流量较高频次的节点组合以区域间组合为主,区域内组合为辅。黄山市与长三角旅游城市为区域间组合的主核心部分,前后分别占总比40%、37%;黄山市与江西省上饶、景德镇两节点为区域间组合的次核心部分,前后分别占总比13%、14%;长三角节点之间为区域间组合的重要部分,前后分别占比14%、20%;江西省域节点组合前后分别占总比5%、6%。区域内组合包括合肥、池州等节点,前后分别占总比28%、23%。② 京福高铁开通前后,整体网络的结构形态,密度较低,节点间联系松散,网络功能发育欠完善。网络整体内外向程度中心势均很高,内向程度中心势高于外向、旅游流动目的地选择较为集中,节点之间互动较少,旅游者流动空间不均衡。中介中心势前后均较高,网络结构分层明显,存在核心—边缘结构。③ 京福高铁开通后,整体网络核心区发生改变,核心节点空间分布由集中趋向分散,联结强度降低,但主核心区域仍较明显。边缘区节点联结强度较低,互动较弱,高铁后边缘区节点相对较为独立。核心区与边缘区联系松散,核心区旅游辐射效应较弱(图8-8)。

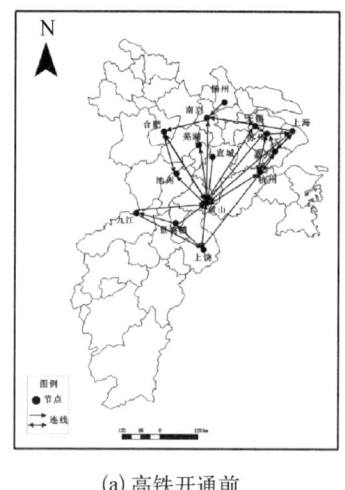 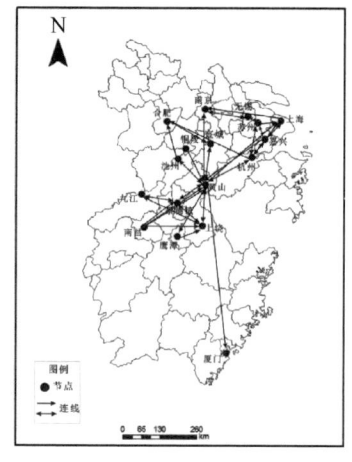

(a) 高铁开通前　　　　　　　　(b) 高铁开通后

图 8-8　黄山市旅游目的地区域空间结构网络图

4. 旅游目的地区域网络节点结构分析

(1) 评价指标的选择

选取 UCINET 软件中心性分析和结构洞相关模块,利用程度中心性、中介中心性和结构洞相关指标评价网路节点结构。"中心性"分为内向和外向程度中心性,外向程度中心性是一个节点承认对外关系数量的总和,内向程度中心性是其他节点承认对某一节点有关系的数量总和。中介中心性指标衡量一个人作为媒介者的能力,其值越高,对其他节点的控制能力越强,是网络中的关键节点。结构洞有 3 个主要衡量指标,有效规模、效率和限制度。

(2) 程度中心性

程度中心性反映旅游者行程目的地选择之间的相互联系,节点之间旅游流相互交换的能力。其表达式为

$$C_{D,\text{in}}(n_i) = \sum_{j=1}^{1} r_{ij,\text{in}}; \quad C_{D,\text{out}}(n_i) = \sum_{j=1}^{1} r_{ij,\text{out}}$$

式中,$C_{D,\text{in}}(n_i)$ 和 $C_{D,\text{out}}(n_i)$ 分别表示为内向程度中心性和外向程度中心性。$r_{ij,\text{in}}$ 表示从旅游节点 j 到 i 的方向存在有向联系,$r_{ij,\text{out}}$ 表示从旅游节点 i 到 j 方向存在有向联系。节点内、外向程度中心性的差异,反映其对旅游流集聚和扩散能力的差别。根据高铁开通前后,各节点内外向程度中性值大小比较,分析节点对旅游流的集聚或扩散的作用优势不同,确定节点在目的地区域网络结构中的功能定位的变化(表 8-12)。确定标准为:外向中心性值低,内向中心性值高为集聚点;外向中心性值高,内向中心性值低为辐射点;内外向中心值均高,为核心点。

表 8-12　高铁开通前后节点功能定位

节点	功能定位		节点	功能定位	
	前	后		前	后
杭州	集聚	辐射	芜湖	均等	—
南京	集聚	集聚	九江	均等	集聚
苏州	均等	均等	景德镇	辐射	集聚
无锡	集聚	均等	上饶	均等	辐射
上海	辐射	辐射	嘉兴	辐射	辐射
扬州	辐射	—	南昌	—	辐射
黄山	均等	均等	鹰潭	—	集聚
合肥	集聚	集聚	厦门	—	集聚
池州	均等	辐射	铜陵	—	辐射
宣城	辐射	集聚			

如表 8-13 所示,京福高铁开通前后,杭州、苏州、上海和黄山,内外向中心性值均很高,为区域旅游网络核心节点。南京、无锡高铁开通前内外向中心性值较高,高铁开通后略有降低。景德镇、上饶和嘉兴高铁开通前内外向中心性值较低,高铁开通后数值上升。合肥内外向中心性值前后没变,其余节点内外向中心性值变化较小。

表 8-13　高铁开通前后网络节点结构指标①

节点	程度中心性				中间中心性	
	外向		内向		前	后
	前	后	前	后		
杭州	4.00	5.00	5.00	4.00	13.25	16.00
南京	3.00	2.00	4.00	3.00	16.91	20.00
苏州	4.00	4.00	4.00	4.00	8.91	6.33
无锡	2.00	2.00	4.00	2.00	4.50	1.83
上海	6.00	5.00	4.00	4.00	12.50	14.75
扬州	1.00	—	0.00	—	0.00	—
黄山	10.00	10.00	11.00	11.00	109.41	158.92
合肥	2.00	2.00	3.00	3.00	1.33	1.25
池州	2.00	2.00	2.00	1.00	0.00	0.00
宣城	1.00	1.00	0.00	2.00	0.00	0.00
芜湖	1.00	—	1.00	—	0.00	—
九江	2.00	1.00	2.00	2.00	0.00	0.00

---

① 高铁开通前后,旅游目的地区域网络结构节点发生变化,高铁开通后,增加了南昌、鹰潭、厦门和铜陵 4 个节点,剔除了扬州、芜湖两个节点,这 6 个节点只具有高铁开通前或后的节点结构特征;黄山的程度中心性、中介中心性值较高,与将其作为取样地点有直接关系。

续表

节 点	程度中心性				中间中心性	
	外 向		内 向		前	后
	前	后	前	后		
景德镇	3.00	3.00	2.00	4.00	0.50	20.00
上 饶	3.00	5.00	3.00	4.00	2.67	34.00
嘉 兴	3.00	4.00	2.00	3.00	0.00	2.92
南 昌	—	3.00	—	1.00	—	0.00
鹰 潭	—	1.00	—	2.00	—	0.00
厦 门	—	0.00	—	1.00	—	0.00
铜 陵	—	1.00	—	0.00	—	0.00
均 值	3.133	3.00	3.133	3.00	11.333	16.235
标准差	2.247	2.326	2.553	2.351	26.798	36.987
总 和	47.00	51.00	47.00	51.00	170.00	276.00

高铁开通后,杭州的外向中心性增加,内向中心性降低,节点功能由旅游流集聚点向辐射点转变。杭州成为黄山市旅游目的地区域旅游线路组织的二级开端城市,是客流流向长三角区域的门户。网络的核心节点南京与上海功能地位并未改变,南京对旅游流的集聚能力较强,上海对旅游流的扩散能力较强,上海与黄山市主要有沪昆、杭瑞高速公路连接,且京福高铁开通后,与黄山有直达的高铁班次,旅途便利性和舒适感提升。上海本身都市旅游资源丰富,综合立体交通网络密度较高,成为大尺度中远程旅游者区域线路组织的首端城市。高铁开通后,嘉兴的内外值均增加,旅游流辐射作用增强,其自身旅游资源丰富,位于上海、杭州两大核心节点之间,成为重要的途径目的地之一。

京福高铁开通后,合肥的内向中心性值均大于外向,旅游流集聚作用较强,强化了合肥枢纽集散功能,但旅游功能不凸显。池州仍为黄山市客流的主要分流方向。上饶与景德镇的内、外向中心值增加,网络地位上升。景德镇由辐射点趋向集聚点。上饶旅游流辐射功能逐渐凸显,成为核心目的地的同时,也成为黄山市重要的客源地。南昌、铜陵对客流的扩散功能突出。宣城、鹰潭和厦门等边缘旅游节点,对旅游流集聚作用较强。京福高铁的开通,缩短游客到黄山的旅途时间,游玩时间增加,借助高速公路或高铁等交通方式,客流由核心节点向边缘节点扩散。

（3）中介中心性

中介中心性其表达式为

$$C_B(n_i) = \sum_{j<k} g_{jk}(n_i)/g_{jk}$$

式中,$C_B(n_i)$表示中介中心性;g_{jk}是节点j到节点k之间存在最短路径的数目;$g_{jk}(n_i)$是j到k之间存在的经过节点i的最短路径的数目,是此网络中的节点总数。如表8-13所示,高铁开通前的中介中心性均值为11.33,说明平均每个节点在旅游流网络中充当"桥梁"的次数为11.33,网络中存在较少核心中介节点。高铁开通后,中介中心性的均值为16.23,说明网络中核心中介节点的数量有所增加。高铁开通前后,杭州、南京、上海和黄山的中间中心性值都较高,承担较大旅游流量,对其他节点的控制能力很强,为网络中的关键节点。景德镇和上饶,高铁开通后,中介中心性值增加幅度较大,对旅游流中转和控制力增强,充当重要的"中介者"。其余节点,中介中心性值较低且变动幅度较小,旅游流集散输送功能较弱。

(4) 结构洞

如表8-14所示,根据结构洞3个衡量指标,有效规模和效率越大,限制度越低的节点,具有较高结构洞水平,占据不可替代的区位优势,竞争机会较大。高铁开通前,杭州、南京、无锡、上海和黄山的有效规模、效率和限制度符合"高—高—低"的条件,在网络结构中拥有较大的区位优势和发展机会。高铁开通后,杭州、南京、苏州、无锡、上海、上饶和黄山符合有效规模、效率和限制度"高—高—低"的条件,结构洞水平较高,获取较高的"中介利益"。

表8-14 高铁开通前后网络节点结构洞指标

节点	结构洞					
	效能大小		效率性		约束性	
	前	后	前	后	前	后
杭州	2.889	2.667	0.578	0.533	0.468	0.496
南京	3.643	2.400	0.729	0.800	0.371	0.414
苏州	2.563	2.500	0.512	0.625	0.505	0.477
无锡	2.167	2.000	0.542	1.000	0.486	0.500
上海	3.450	2.667	0.575	0.533	0.459	0.496
扬州	1.000	—	1.000	—	1.000	—
黄山	10.357	11.500	0.863	0.885	0.204	0.182
合肥	1.600	2.200	0.533	0.550	0.680	0.676
池州	1.000	1.000	0.500	0.500	0.790	0.797
宣城	1.000	1.000	1.000	0.500	1.000	0.797
芜湖	1.000	—	1.000	—	1.000	—
九江	1.000	1.000	0.333	0.500	0.770	0.812
景德镇	1.300	2.643	0.433	0.529	0.732	0.591
上饶	2.083	3.333	0.521	0.667	0.620	0.469
嘉兴	1.000	1.429	0.333	0.357	0.785	0.620
南昌	—	1.000	—	0.333	—	0.690
鹰潭	—	1.000	—	0.333	—	0.657
厦门	—	1.000	—	1.000	—	1.000
铜陵	—	1.000	—	1.000	—	1.000

上述说明,京福高铁开通后,目的地区域网络中的核心和重要旅游节点的程度中心性值变化较大,在网络中的功能地位有所变化。核心节点结构洞水平较高,功能突出,结构分层明显。高铁缩短客源地,特别是中远程客源地,到黄山市的时间距离,区域高速公路网络连接核心节点与其他节点,增强核心节点对旅游流的扩散能力,且兼具目的地和客源地的双重功能,也提升其他节点对旅游流的集聚能力。

(五) 结论

旅游者以黄山市作为基点的流动轨迹,其空间行为已经说明:旅游者在黄山市旅游不再只是单一的城市内部流动,而是突破行政界限,淡化经济发展的差异,流动于区域目的地吸引物聚集体和相关服务设施之间,旅游目的地区域已经形成。旅游交通作为目的地区域网络人流、物流、资金流等能量流的载体,直接影响目的地区域空间结构的形成与变化。京福高铁开通前后,黄山市及整个皖南旅游区旅游系统中旅游通道与全国高速铁路网络连接,进入高速交通的时代。区域目的地系统中的交通要素,不同的发展阶段存在不同的空间配置与组合,系统内部交通要素的更新与叠加,影响旅游目的地和客源市场等要素,旅游流集散地域格局产生局部重构。

京福高铁开通前后,黄山市旅游目的地区域空间分布呈现出"板块式"的发展格局,并且不同板块具有明显的组团趋势。目的地区域存在三大板块:黄山+长三角地区,皖南旅游区(黄山+池州、宣城)、黄山+江西省域,且板块之间相对独立。高铁开通前后,目的地区域整体空间结构由"单核—外围"向"双核—外围",由凝聚趋向扩展,空间发展模式发生改变。各板块在整体网络结构中扮演的角色不同,自身内部空间结构差异明显(图8-9)。

高铁开通前,见图8-9(a),目的地区域空间结构形态为"单核—外围"结构,黄山+长三角板块为单核心,黄山+池州+宣城、黄山+上饶+景德镇+九江板块和其他节点构成外围区。长三角地区旅游经济实力较强,集聚能力最强,与黄山市旅游发展互动中,彼此之间形成"前导客源地"和"后续目的地",兼有黄山市主要客源地和核心目的地的功能。目的地区域空间结构形态以黄山为核心点,向东形成扇形结构的凝聚型发展模式。

高铁开通后,见图8-9(b),目的地区域旅游流量由"相对集中"转向"多元分流",其空间结构为"双核—外围"结构,整体向外扩展,向西南形成扇形结构的扩展型发展模式。双核有主次之分,黄山+长三角板块为区域主核心,黄山+上饶+景德镇板块为区域副核心,黄山+池州+宣城和其他节点构成外围区。主核心板块内,在高铁开通前旅游集聚的基础上内部空间范围扩展,节点数量和组合类别增加,不局限于与黄山市的组合。次核心板块,黄山与上饶、九江等江西省域旅游地,

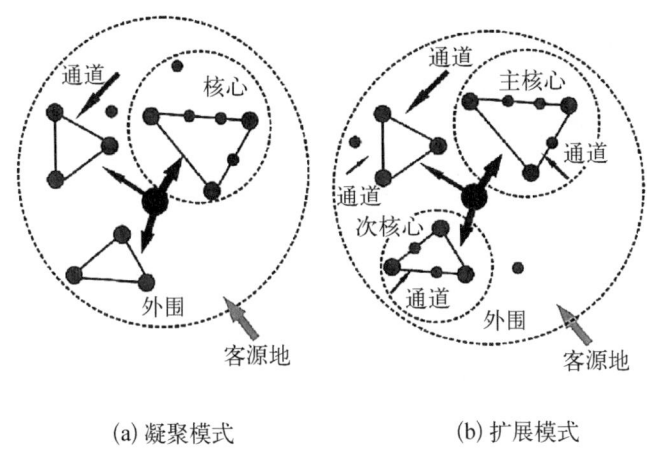

(a) 凝聚模式　　　　(b) 扩展模式

图 8-9　京福高铁开通前后黄山市旅游目的地区域空间结构

存在较明显的竞争关系，两地空间区位邻近，旅游资源类型同质化，存在旅游资源、基础设施和市场营销的屏蔽性。但高铁开通后，较好的可达性，弱化屏蔽现象，将板块内的旅游节点凝聚起来，对黄山市来说，既增强了客流凝聚力同时扩展目的地区域范围，对江西省域旅游节点来说，既承接了部分黄山市客流也缓解彼此之间的竞争压力，提高自身的旅游吸引力和发展地位。黄山＋池州＋宣城（皖南旅游区），高铁开通前后都为目的地区域空间结构的外围区。京福高铁的开通，结束了铜陵、黄山和宣城无高铁的历史，改善了皖南旅游区整体的外部交通条件，但因旅游区内部吸引物等级的差异，黄山市以较高的等级吸引物集聚体，产生极高的引力量度，旅游辐射范围内具有排他性。而与之毗邻的宣城、池州等，吸引物虽各具特色，但旅游地引力量度明显较低，产生虹吸效应，成为明显的凹陷区，造成该区域在整体网络中的地位和集散功能较低。

高铁开通前后，黄山市旅游目的地区域空间结构中存在较明显的旅游集散地体系。高铁开通前，合肥依托省会城市多样化的交通方式，成为区域内的一级集散地，旅游流的内聚能力较强。高铁开通后，集散地由单一逐渐形成体系，且由外围深入核心，合肥仍为区域内的一级集散地，杭州的旅游流扩散能力增强，成为黄山市与长三角目的地接驳的二级集散地。南昌作为江西省的省会城市，随着目的地区域空间范围的扩大，黄山＋上饶＋景德镇板块区域副核心的形成，成为区域二级集散地。铜陵作为京福高铁在安徽省内重要节点，缓解省内主要旅游集散中心的压力，成为区域三级集散地，目的地区域旅游集散地体系逐渐形成。

四、高铁开通前后黄山市国内旅游者空间行为模式研究

(一) 旅游者空间行为模式

区域旅游流空间结构反映旅游者活动作用于一定的目的地范围而形成的组织关系,是从旅游系统研究主体的角度,反映各旅游要素在空间上的区位分布和相互作用的关系,反映区域旅游系统中各要素之间的空间组织关系。旅游者空间行为是研究区域旅游流空间结构的基础,反映区域旅游要素空间组织关系。非旅行社组织的旅游者的旅游行程安排较为自由,旅行社的线路安排一般固定,两者同样反映了旅游者的空间位移特征。借鉴卢、康普顿和费森梅尔(Lue, Crompton and Fesenmaier)提出5种度假旅行的模式:单目的地式、往返式、基地式、区域环游式和完全环游式旅行。

表 8-15 旅行模式特征

旅行模式	目的地个数	进入、返回路径	游憩路径	首个、最终目的地
单目的地式	1	重合	重复使用	—
往返式	>1	重合	重复使用	重合
基地式	>1	重合	重复使用	重合
区域环游式	>1	重合	不重复	重合
完全环游式	>1	不重合	不重复	不重合

资料来源:朱明,史春云,袁欣,等.基于旅行社的线路国内旅行空间模式研究[J].旅游学刊,2010,25(9):32-37.

(二) 黄山市国内旅游者空间行为模式频率分析

通过频数统计分析京福高铁开通前后旅游者空间行为模式特征。高铁开通前,在1 071份有效调查问卷和422份旅行社有效线路中单目的地式为779份,占总样本52%,完全环游式为490份,占总样本33%,往返式为138份,占总样本9%,区域环游式为86份,占总样本6%,基地式为0份。高铁开通后,在1 093份有效问卷和533份有效旅游线路报价单中,单目的地式818份,占总样本50%,完全环游式为466份,占总样本29%,往返式为194份,占总样本12%,区域环游式为148份,占总样本9%,基地式为0份。

如图8-10所示,高铁开通前后,单目地式都占总样本的50%以上,完全环游式占总样本的30%左右,往返式和区域环游式所占比例较小,共占总样本的15%、21%。单目的地式最多,反映黄山市作为核心目的地,城市内部吸引物呈强凝聚状引力较大,多产生非城市型的旅游景区垂直扩散的旅游流,流量流入大于流出。完

全环游式较多,符合中远程旅游者力图获得最大旅游效用的出游目的,将大中尺度下的高级别旅游节点连接起来,产生较多大中城市之间水平扩散的旅游流,是形成旅游目的地区域的主要动力基础。往返式,首末目的地重合,往返路径重合,突出行程链的开端和末尾节点的重要性。区域环游式占比较少,交通网络更新与叠加,大中尺度下旅游者空间移动方式的选择趋向多元化,对核心交通枢纽节点的依赖性减小,尽量减少选择重复目的地。

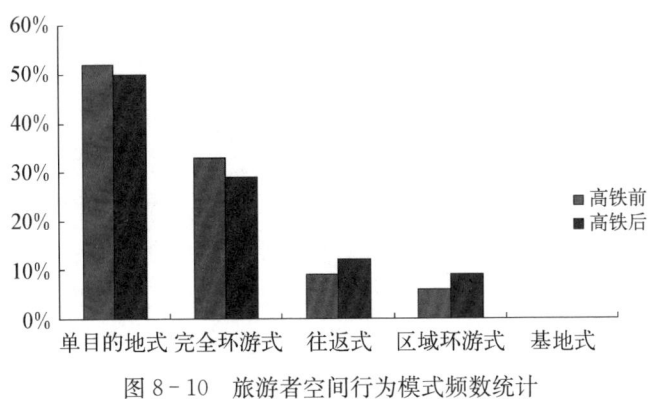

图 8-10 旅游者空间行为模式频数统计

(三) 黄山市国内不同客源地旅游者空间行为特征

1. 不同客源地旅游者空间行为模式频率统计

京福高铁的开通,对黄山市旅游目的地区域,存在客源地与目的地的双重作用。对于目的地区域,按旅游者流动空间范围的大小,可以划分为大、中、小尺度旅游者空间行为模式。对于客源地,按照客源地与目的地之间空间距离的远近,可以划分为大、中、小尺度相对应的远、中、近程旅游者空间行为模式。通过分析不同客源地旅游者空间行为模式,总结旅游者空间行为规律。

如表 8-16 所示,距黄山市不同空间距离的客源市场的旅游者空间行为模式存在较大差异。安徽省域旅游者主要集中于单目地式(305 份、304 份)和完全环游式(81 份、58 份)。高铁开通前,省域内高速公路连接较为方便,省内客流多选择自驾或大巴,高铁开通后,淮南、蚌埠、宿州等安省内皖北地区与黄山市有直达的高铁班次,游客出游更加便捷,多选择在黄山市内景点集聚区内流动。长三角地区旅游者也主要集中于单目的地式(330 份、166 份)和完全环游式(124 份、113 份)。长三角地区一直是黄山市的主要客源地之一,同时也是旅游目的地区域网络结构核心区。旅游发展区位邻近,交通联系畅通,和旅游吸引物等级是形成旅游目的地区域的基础条件。黄山市与长三角区域之间,具备区位邻近,高速公路网路完善和吸引物级别较高的条件,高铁开通后,杭州、上海等地到黄山有直达的班次,交通更加便捷,长三角地区的客流,已将黄山市纳入到自区域旅游圈中。全国范围内的客流的空间行为模式相对比较均衡,高铁开通后单目地式比例增加,也体现出黄山市全国范围内客源市场的扩展。高铁开通前后,完全环游式都占有较大比例,符合大中尺度旅游者空间行为特征。

表 8-16　高铁开通前后不同客源地旅游者空间行为模式

客源地	单目的地式(%)		往返式(%)		完全环游式(%)		区域环游式(%)	
	前	后	前	后	前	后	前	后
安徽省域	73	76	7	4	20	15	0	3
长三角地区	72	54	1	8	27	37	0	1
全国范围 (除安徽、长三角外)	23	36	17	17	47	32	13	15

2. 不同客源地旅游者空间流动轨迹特征分析

旅游者空间流动是旅游目的地区域空间结构非物质要素的动态表现,旅游者借助旅游通道、目的地等静态的物质要素,形成具有流量、流向和流速三大特征的旅游流。这种流是真正推动目的地区域空间结构发生变化的动力。根据收集到的黄山市国内客源单程和多目的地的旅游线路,以黄山市为基点,将所有的多目的地旅游线路拆分为有向的城市对,城市对之间的流量大小决定流动的指向,分析京福高铁开通前后,旅游者不同空间尺度的流动轨迹,总结不同客源地游客空间行为特征。

(1) 安徽省域旅游者空间行为特征

京福高铁开通前后,安徽省域旅游者单程占总样本的73%、76%,客流多集中在黄山市内景区集聚区。多目的地行程中选取流量≥5的城市对作为分析对象,高铁开通前,涉及的城市对包括黄山与杭州、合肥、池州、宣城、芜湖、上饶。城市之间的流量和流向情况如下:杭州—黄山(58),合肥—黄山(22),池州—黄山(34),宣城—黄山(7),芜湖—黄山(5),黄山—上饶(10)。节点之间共产生了136次有向流动,安徽省域内城市之间流量占50%,区域间主要的分散方向杭州占43%,上饶占7%。

高铁开通后,涉及的城市对包括黄山与杭州、合肥、池州、上饶和铜陵。城市之间的流量和流向情况如下:黄山—杭州(27),合肥—黄山(22),黄山—池州(13),黄山—上饶(11),铜陵—黄山(5)。节点之间共产生了78次有向流动,安徽省域城市之间流量占51%,区域间主要分散方向杭州占35%,上饶14%。上述说明,京福高铁开通前后,黄山市安徽省域客流空间流动相对稳定,本省域内集中性较强,区域间主要扩散方向为杭州和上饶(图8-11a、8-11b)。

(2) 长三角地区旅游者空间行为特征

京福高铁开通前后,长三角地区旅游者单程分别占总样本的72%和54%。多

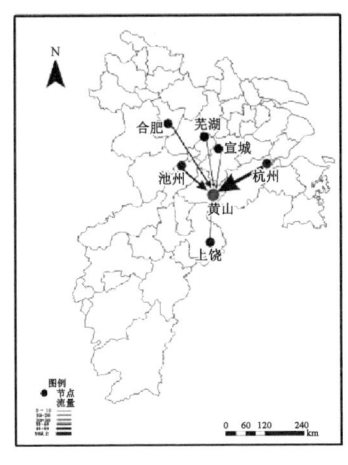 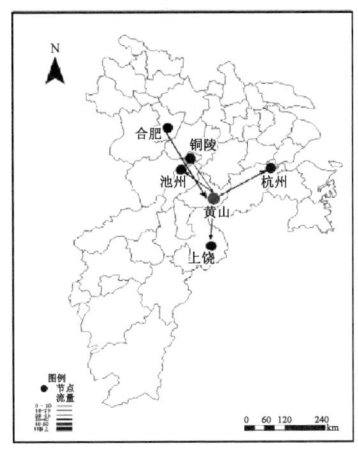

(a) 高铁开通前　　　　　　　(b) 高铁开通后

图 8-11　黄山市安徽省域客流空间流动示意图

目的地行程中选取流量≥5的城市对作为分析对象。高铁开通前,涉及的城市对包括黄山与杭州、南京、上海、池州、合肥和上饶。城市之间流量和流向情况如下：杭州—黄山(75),南京—黄山(19),上海—黄山(5),黄山—池州(15),上饶—黄山(6),合肥—黄山(5)。节点之间产生了125次有向流动,长三角旅游地与黄山市之间的流量占79%,黄山与合肥、池州占16%,黄山与上饶占5%。节点对之间的流向显示黄山市的客流"进>出"(图8-12a)。

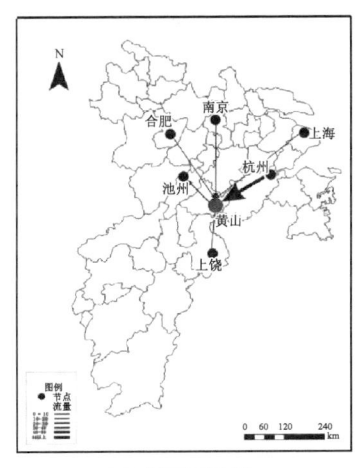 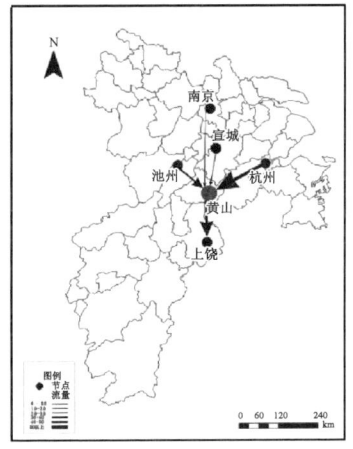

(a) 高铁开通前　　　　　　　(b) 高铁开通后

图 8-12　黄山市长三角地区客流空间流动示意图

高铁开通后,涉及的城市对包括黄山与杭州、南京、池州、宣城、上饶,城市之间的流量和流向情况如下：杭州—黄山(63),南京—黄山(9),池州—黄山(39),宣城黄山(5),黄山—上饶(47)。节点之间产生了163次有向流动,长三角旅游地与黄山市之间流量占44%,黄山与池州、宣城占27%,黄山与上饶占29%。节点之间流量较之前有所增加,在皖南旅游区和上饶流量增加幅度较大。上述说明,高铁开通前后,黄山市长三角地区客流,将黄山市纳入到本区域旅游空间组织的重要节点,联系紧密。高铁开通后,客流的行程整体扩展,其方向为安徽省皖南旅游区和江西省域等旅游地。客流线路组织扩展带动区域联动,区域节点之间联系增强(图8-12b)。

(3) 全国范围内旅游者空间行为特征

京福高铁开通前后,单行程分别占总样本的23%和36%。多目的地行程中选取流量≥5的城市对作为分析对象。高铁开通前,涉及的城市对包括黄山与杭州、南京、苏州、上海、合肥、池州、芜湖、景德镇和上饶,城市间流量和流向情况如下:黄山—杭州(233),南京—黄山(104),黄山—苏州(5),黄山—上海(17),合肥—黄山(197),黄山—池州(75),芜湖—黄山(8),黄山—景德镇(23),黄山—上饶(126)。节点之间共产生788次有向流动,长三角地区与黄山市占46%,安徽省域与黄山市占35%,黄山市与江西省域占19%。节点对流向表明黄山市主要为客流的输出地(图8-13a)。

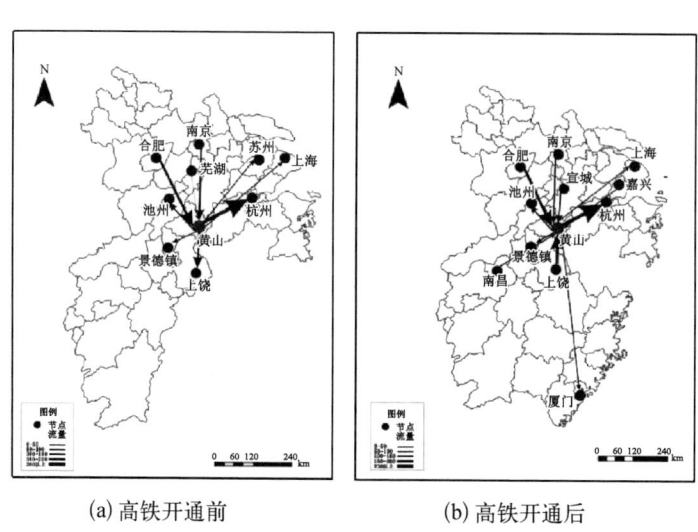

(a) 高铁开通前   (b) 高铁开通后

图8-13 黄山市全国范围客流空间流动示意图

高铁开通后,涉及的城市对包括黄山与杭州、南京、上海、嘉兴、合肥、池州、宣城、景德镇、上饶、南昌和厦门。城市间流量和流向情况如下:黄山—杭州(373),南京—黄山(91),黄山—上海(8),合肥—黄山(197),黄山—池州(82),宣城—黄山(14),黄山—景德镇(13),上饶—黄山(172),嘉兴—黄山(9),南昌—黄山(7),黄山—厦门(5)。节点之间产生971次有向流动,长三角地区与黄山市占50%,安徽省域与黄山市占30%,江西省域与黄山市占20%,黄山与厦门占0.5%。上述说明,高铁开通后,节点之间流量增加,且主要是客流输出地。黄山市全国范围内客流向较分散,主要扩散方向为长三角地区、安徽省域、江西省域内部分城市(图8-13b)。

(四)基于不同客源地旅游者空间行为模式的目的地分析

根据不同客源地客流的旅游行程链,按目的地在线路组织中出现的频次,划分节点的等级和类型。其次,根据节点在目的地类型中所占的比例,细分各节点在黄山市旅游目的地区域各板块区域中扮演的角色,以期深刻剖析旅游目的地区域空间结构及布局。由于不同客源地多目的地行程线路数量有限,且线路组织较零散,因此以线路组合出现频次为5为界,选择出现频次≥5的线路组织为研究对象。

1. 不同客源地旅行线路目的地等级划分

(1) 安徽省域旅游线路目的地等级

京福高铁开通前后(表8-17),安徽省域旅游者单目的地式(305份、304份)。往返式(29份、16份),完全环游式(81份、58份)选取出现频次≥5的线路组织。高铁开通前后,安徽省域客流旅游线路组织中主要包括7个节点,各节点(除黄山外)出现的频次为:杭州45次,池州39次,合肥31次,上饶12次,芜湖5次,铜陵5次。高铁开通后,往返式中节点数量减少,上饶不在其线路组织内。完全环游式,节点变化较大,铜陵和上饶替换了芜湖和杭州,成为行程链中重要节点。

表8-17 安徽省域旅游者空间行为情况

	安徽省域			
	往返式		完全环游式	
	前	后	前	后
节点	黄山、杭州、上饶	黄山、杭州	黄山、池州、合肥、芜湖、杭州	铜陵、黄山、合肥、上饶、池州
线路组织(频次)	O—黄山—杭州—黄山—O 24 O—黄山—上饶—黄山—O 5	O—黄山—杭州—黄山—O 12	O—池州—黄山—O 31 O—合肥—黄山—O 15 O—杭州—黄山—O 9 O—芜湖—黄山—O 5	O—合肥—黄山—O 16 O—黄山—池州—O 8 O—黄山—上饶—O 7 O—铜陵—黄山—O 5

注:O表示客源地。

(2) 长三角地区旅游线路目的地等级

高铁开通前后(表8-18),长三角地区旅游者单目的地式(330份、166份)、往返式(7份、24份)、完全环游式(124份、113份)、区域环游式选取(0份、4份)出现频次≥5的线路组织。高铁开通前后,长三角区域旅游线路组织中主要包括6个节点,各节点在线路组织出现的频次为:杭州85次,池州32次,上饶20次,南京20次,嘉兴5次。高铁开通前,往返式线路组织数量较少且较零散,缺少规模化的线路组合,高铁开通后,主要包括黄山、池州和上饶三个节点。高铁开通后,完全环游式中上饶替代嘉兴成为线路组织的重要节点。

表8-18 长三角旅游者空间行为情况

	长三角地区			
	往返式		完全环游式	
	前	后	前	后
节 点	—	黄山、池州、上饶	南京、杭州、池州、嘉兴、黄山	南京、黄山、杭州、上饶、池州
线路组织 (频次)	—	O—黄山—池州—黄山—O 10 O—黄山—上饶—黄山—O 6	O—杭州—黄山—O 46 O—南京—黄山—O 14 O—池州—黄山—O 11 O—嘉兴—杭州—黄山—O 5	O—杭州—黄山—O 21 O—黄山—上饶—O 14 O—黄山—杭州—O 13 O—池州—黄山—O 11 O—南京—黄山—O 6

注:O表示客源地。

(3) 全国范围旅游线路目的地等级

高铁开通前后(表8-19、8-20),全国范围内旅游者单目的地式(144份、338份)、往返式(102份、157份)、完全环游式(288份、295份)、区域环游式(83份、141份)选取出现频次≥5的线路组织。高铁开通前后,全国范围旅游线路组织中主要包括13个节点,节点在线路组织中出现的频次,杭州258次,合肥222次,上饶103次,南京84次,上海60次,景德镇60次,池州53次,九江44次,嘉兴43次,苏州19次,无锡12次,南昌6次。

表8-19 全国范围旅游者空间行为情况

	全国范围	
	区域环游式	
	前	后
节 点	九江、黄山、上饶 景德镇、合肥、池州	合肥、黄山、杭州、上海、南京、嘉兴、苏州、无锡、九江、上饶、景德镇、南昌
线路组织 (频次)	O—九江—上饶—黄山—上饶—景德镇—九江—O 12 O—合肥—黄山—池州—合肥—O 5 O—景德镇—上饶—黄山—景德镇—O 5	O—九江—上饶—黄山—景德镇—九江—O 22 O—合肥—黄山—杭州—合肥—O 17 O—上海—苏州—无锡—南京—黄山—杭州—嘉兴—上海—O 12 O—上海—南京—黄山—杭州—嘉兴—上海—O 8 O—南昌—景德镇—上饶—黄山—上饶—南昌—O 6 O—合肥—黄山—上饶—黄山—合肥—O 6

注:O表示客源地。

表 8-20 全国范围旅游者空间行为情况

	全 国 范 围			
	往 返 式		完 全 环 游 式	
	前	后	前	后
节 点	合肥、黄山、池州、杭州、南京、上饶	黄山、杭州、合肥、南京、池州、上饶	上海、杭州、南京、嘉兴、黄山、池州、合肥、上饶、景德镇、九江	南京、黄山、杭州、嘉兴、上海、合肥、上饶、苏州
线路组织（频次）	O—合肥—黄山—合肥—O 35 O—黄山—杭州—黄山—O 22 O—黄山—池州—黄山—O 17 O—南京—黄山—南京—O 13 O—黄山—上饶—黄山—O 10 O—杭州—黄山—杭州—O 5	O—黄山—杭州—黄山—O 45 O—合肥—黄山—合肥—O 45 O—黄山—池州—黄山—O 18 O—黄山—上饶—黄山—O 17 O—杭州—黄山—杭州—O 10 O—南京—黄山—南京—O 6 O—池州—黄山—池州—O 6	O—合肥—黄山—O 67 O—杭州—黄山—O 41 O—南京—黄山—杭州—嘉兴—上海—O 12 O—上饶—黄山—上饶—景德镇—九江—O10 O—上海—黄山—杭州—O 9 O—南京—黄山—O 9 O—池州—黄山—O 7 O—南京—黄山—杭州—O 5 O—黄山—上饶—黄山—合肥—O 5 O—景德镇—黄山—O 5	O—黄山—杭州—O 34 O—合肥—黄山—O 35 O—黄山—杭州—O 12 O—南京—黄山—O 7 O—合肥—黄山—杭州—O 7 O—南京—黄山—杭州—上海—O 7 O—上海—苏州—上海—杭州—黄山—O 7 O—嘉兴—黄山—O 6 O—黄山—上饶—O 5 O—上饶—黄山—O 5 O—南京—黄山—杭州—嘉兴—上海—O 5

注：O 表示客源地。

高铁开通后，区域环游式节点数量由 6 个增加到 12 个，减少池州 1 个节点，增加杭州、上海、南京、嘉兴、苏州、无锡和南昌 7 个节点。高铁开通前后，往返式中节点没变，主要包括 6 个节点：合肥、黄山、池州、杭州、南京和上饶。高铁开通后，完全环游式中减少池州、景德镇和九江 3 个节点，增加苏州 1 个节点。

综合不同空间尺度客源地旅游线路中目的地出现的次数，将高铁开通前后目的地划分为三个等级。$n \geqslant 200$ 为第一等级，$100 \leqslant n < 200$ 为第二等级，$n < 100$ 为第三等级。杭州和合肥是第一等级，池州、上饶和南京是第二等级，芜湖、铜陵、上海、嘉兴、苏州、无锡、景德镇、九江和南昌是第三等级。

2. 不同客源地旅行线路中目的地类型划分

（1）目的地类型划分标准

借鉴卢、康普顿和费森梅尔（Lue，Crompton and Fesenmaier）和国内学者对旅行线路中目的地类型的划分标准，将目的地划分为单一型、门户型、出口型、枢纽型和途径型 5 类。单一型目的地指整体旅游线路组织中只存在一个目的地，本书以地级市作为研究单位，单一目的地并非纯粹单一的景点而是城市内部景点集聚体。门户型目的地，是整体旅游线路组织中的首端节点，此类节点要具备便捷的城市内外部交通和完善接待服务设施。出口型目的地,只存在于完全环游式中,与门户型目的地相对应,是整体旅游线路组织中的末端节点,必须与客源地之间有良好的可达性。枢纽型目的地,是整体线路组织中关键环节,完善的城市内部交通和旅游接待设施是必备条件,主要突出其节点之间的联结功能。界定标准为到访超过两次的目的地,本书将完全环游式中兼门户型和出口型目的地功能的节点也划分为枢纽型。途径型目的地,是指除上述4种类型的目的地以外,整体旅游线路组织中的其他目的地,途径目的地交通可达性和旅游接待设施一般,旅游者停留时间较短。通过计算每个节点在不同目的地类型中所占的比例,划分其所属类型。

（2）安徽省域旅游线路中目的地类型

安徽省域旅游者空间行为模式集中于单目的地式,往返式和完全环游式占比较少,且旅游线路组织均为短线,只涉及两个目的地。如图8-14(a)所示,高铁开通前,单一型、枢纽型和出口型折线重合,黄山市兼单一、枢纽和出口三种功能。杭州、上饶为途径型,池州、合肥和芜湖是门户型。如图8-14(b)所示,单一和枢纽型折线重合,黄山市仍主要是单一和枢纽型,高铁开通后,黄山市外部交通通达性提升,与省内客源地之间交通联结更便捷,目的地区域的门户功能逐渐显现。杭州仍是途径型目的地,且功能被强化。上饶由途径型转化成出口型,旅游者的逗留时间增加,分流一部分黄山市客流。池州由旅游线路中的首端节点转化为末端节点,功能有所改变但仍是安徽省域旅游者主要分流方向。合肥仍是门户型,功能得到强化。铜陵为新增节点是门户型,集散功能逐渐凸显。

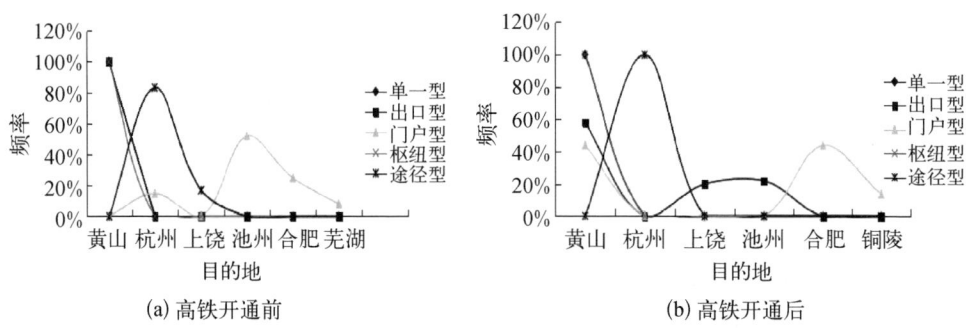

(a) 高铁开通前　　　　　　　(b) 高铁开通后

图8-14　安徽省域旅游线路中目的地类型

上述说明,高铁开通前后,黄山市安徽省域的客流空间流动模式单一,旅游行程链短,流动空间范围主要为安徽省内,省外扩散方向主要是杭州和上饶。高铁开通后,黄山市的进、出通达性提高,强化核心目的地地位的同时,凸显节点之间的联结功能。上饶由途径型转化为出口型,高铁的开通,同时缩短省内客源地到黄山市和黄山市到上饶市的时间距离,产生扩散效应。合肥承担的旅游流量增加,门户功能凸显。铜陵为新兴高铁站点,一定程度上分担部分高铁游流量,逐渐突出集散功能。

(3) 长三角地区旅游线路中目的地类型

长三角地区客流空间行为模式集中于单目的地式和完全环游式,往返式和区域环游式数量极少,只涉及2~3个目的地,多短程旅游,不具规模。如图8-15(a)所示,高铁开通前,单一型和出口型折线重合,黄山市是单一型和出口型。长三角地区是黄山市主要的客源地,黄山市市内旅游资源集聚体具有很强的独特性和知名度,与长三角高速公路连接较便捷,故成为长三角客源短线旅游中的单一型和出口型目的地。高铁开通前,长三角地区客流流动的空间范围内不存在枢纽型节点。杭州为途径型,南京、池州和嘉兴属于门户型。如图8-15(b)所示,单一型和枢纽型折线重合,黄山市是单一型和枢纽型目的地,京福高铁的开通,区域高速公路与高铁网络叠加,产生交通区位叠加效应,黄山市由出口型转化为枢纽型。杭州由途径型目的地转化成门户型,成为联结黄山市与长三角地区旅游节点的枢纽,南京仍是门户型。池州由门户型转化为途径型,其自身旅游资源具有独特性,高铁开通后,普适性目的地之间的联结时间减短,产生旅游发展的虹吸效应。上饶为新增节点,是途径型,显示旅游者旅游行程的扩展。

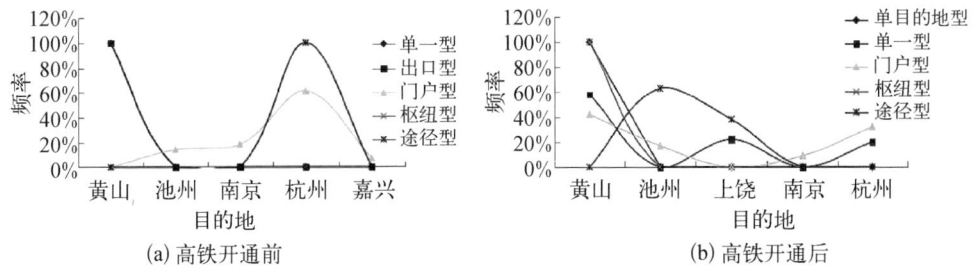

图8-15 长三角地区旅游线路中目的地类型

(4) 全国范围旅游线路中目的地类型

全国范围内客流空间流动模式占比相对比较均衡,如图8-16(a)所示,高铁开通前,黄山市主要是单一目的地型,合肥、南京和杭州是门户型,上海主要是出口型,九江是枢纽型,景德镇、上饶、池州和嘉兴是途径型。如图8-16(b)所示,高铁开通后,黄山市仍主要是单一型,合肥段枢纽型和门户型重合,合肥在目的地行程链中出现的次数为两次以上,同目的地区域内不同节点之间的交通联结都较便捷。南京市类型没变,杭州由门户型转化成出口型,上海段枢纽、出口和途径型类型所占比例相同,为复合型节点。九江、景德镇、上饶、嘉兴和池州类型没变。新增苏州、无锡是途径型,南昌是枢纽型。

上述说明,黄山市内部旅游景区有很优的组合性和知名度,全国范围内的中远程旅游者,主要将黄山市作为独立目的地。杭州由门户型转化成出口型,说明高铁

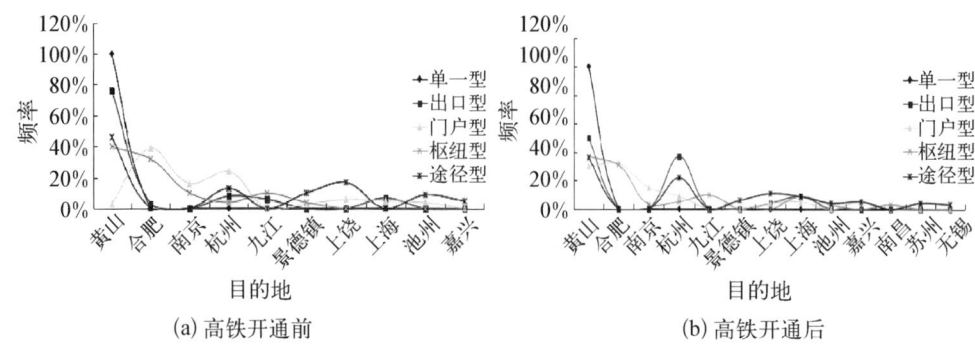

图 8-16　全国范围内旅游线路中目的地类型

开通后,旅游者流动的进出路径发生改变,南京和上海是门户型和枢纽型,嘉兴、苏州和无锡是途径型。显示长三角板块,内部空间不断扩展,仍是黄山市目的地区域中的主要的核心区。九江市是江西省的主要铁路站点,京九铁路的重要通道,交通发达,新增南昌节点也是枢纽型,两枢纽间又有昌九城际高铁连接,成为旅游者进、出江西省域的重要通道。旅游通道保持畅通,在促进旅游流自身内聚的同时,也成为黄山市旅游目的地区域的重要组成部分。

五、黄山市国内客源对高铁旅游响应程度研究

(一) 研究设计

根据回收到的有效问卷,通过问卷中题项分析黄山市国内客源对于高铁游响应程度。主要内容包括四个部分:第一部分,高铁开通前,旅游者对京福高铁的认知度差异;第二部分,高铁开通后,旅游者对高铁出游特性(可进入性、时效性、舒适性、高效性)的感知;第三部分,高铁对黄山市旅游发展影响的游客认知分析;第四部分,高铁开通前后旅游者出游行为特征差异分析。

(二) 旅游者对高铁游的感知

1. 高铁开通前,旅游者对京福高铁的认知度差异

根据京福高铁开通前发放的 1 071 份有效问卷,分析旅游者对京福高铁的认知度差异。30.7%的游客在京福高铁未开通之前了解京福高铁的开通时间及相关途经站点,69.3%的游客不了解京福高铁即将开通的具体情况,旅游者总体对京福高铁认知度较弱。通过列联表(crosstabs)方法,分析旅游者对京福高铁区域认知差异。通过对黄山市国内客源市场的统计,将其分为四类:一类为安徽,二类为江苏、浙江、上海、湖北,三类为江西、北京、广东、山东、河南、陕西、内蒙古、湖南、河北

和福建,四类为重庆、四川、吉林等剩余的13个省域。

如表8-21所示,一类和二类客源地对京福的认知度强于三类和四类客源地。但京福高铁途径的北京、天津、河北、山东、江西和福建等省市区,高铁开通之前旅游者对于京福高铁的认知度较弱,并不了解高铁具体开通的时间及途经站点。

表8-21 旅游者对京福高铁区域认知差异 (单位:%)

	京福高铁感知		合 计
	知 道	不知道	
1	13.1	21.0	34.1
2	12.2	29.5	41.8
3	4.5	14.3	18.8
4	3.0	6.3	5.3
合计	30.7	69.3	100.0

2. 京福高铁开通后,旅游者对高铁出游特性的感知

高铁最大的特点是便捷、舒适、安全,成为解决快速输送大量旅客的有效途径,将高铁出游特性分解成可进入性、时效性、舒适性、高效性4个指标,分析旅游者对高铁出游特性的感知。问卷题项利用李克特量表,1是非常同意,2是同意,3是一般,4是不同意,5是非常不同意。根据各题项得分累加求其均值,反映旅游者对各项指标感知的平均水平。均值越低,说明旅游者对高铁出游特性感知较积极,反之消极。

如表8-22所示,旅游者对高铁游的可进入性和时效性的均值低于舒适性和安全性,但都低于2,说明旅游者对高铁出游四个特性的整体感知水平较积极。旅游者对高铁带来黄山市可进入水平提高和节省较多出游时间的感知态度主要分布在非常同意和同意之间,赞成率在85%以上,态度积极。旅游者对高铁游减少旅途疲惫感和安全准时的感知态度集中于非常同意和同意之间,赞成率在80%以上,态度较积极。总之,旅游者对高铁出游特性感知都较积极,较愿意选择高铁作为出游工具。

表8-22 旅游者高铁出游特性感知

	均 值	标 准 差	赞成率(%)	中立率(%)	反对率(%)
可进入性	1.76	0.74	86	12	2
时 效 性	1.78	0.73	85	14	1
舒 适 性	1.85	0.76	82	16	2
安 全 性	1.87	0.74	82	16	2

乘高铁出游的经历也会影响旅游者对高铁游出游特性的感知,将乘高铁出游次数分为0次、1次、2次和3次及以上四类。利用单因素方差分析(ANOVA)检

验乘高铁出游的次数与旅游者对高铁游特性感知的关系。

如表8-23所示,乘高铁出游次数不同,在可进入性、时效性、舒适性和安全性上显著影响旅游者对高铁游特性的感知,可进入性、时效性、舒适性和安全性的显著性=0.000<0.005,说明不同的高铁乘坐次数对旅游者的高铁游特性感知有显著影响。利用HSD实在显著差异法进行事后多重比较,查看平均差异值为正值且加注(*)的自变量选项,乘坐高铁出游过3次以上的旅游者群体与出游次数为0、1、2次的群体之间有显著性差异,且其得分的平均数都要小于3次以下群体的得分平均数。

表8-23 不同高铁出游经历旅游者对高铁游特性感知的单因素方差检验结果

		平方和	df	均方	F	显著性
可进入性	组 间	17.644	3	5.881	10.948	0.000
	组 内	585.031	1 089	0.537		
	总 数	602.675	1 092			
时效性	组 间	19.788	3	6.596	12.890	0.000
	组 内	557.255	1 089	0.512		
	总 数	577.043	1 092			
舒适性	组 间	11.798	3	3.933	7.009	0.000
	组 内	611.071	1 089	0.561		
	总 数	622.869	1 092			
安全性	组 间	26.077	3	8.692	16.614	0.000
	组 内	569.751	1 089	0.523		
	总 数	595.828	1 092			

如表8-24所示,高铁出游次数在0~1次,高铁游特性的四个指标的均值较高,乘坐高铁出游的次数越多,2次和3次及以上,高铁游特性的4个指标的均值不断下降。出游经历3次及以上的旅游者在可进入、时效、舒适、安全4个特性的均值最小,对4项指标的感知积极。这说明随着乘坐高铁的次数增加,游客对高铁游特性的感知态度越积极。

表8-24 不同高铁出游经历的旅游者高铁游特性感知的方差分析结果

统计样本	0次		1次		2次		3次及以上	
	均值	标准差	均值	标准差	均值	标准差	均值	标准差
检验变量								
可进入性	1.88	0.780	1.93	0.758	1.83	0.712	1.63	0.714
时效性	1.95	0.750	1.92	0.754	1.88	0.718	1.65	0.687
舒适性	1.96	0.781	1.98	0.774	1.88	0.753	1.74	0.727
安全性	2.02	0.782	2.07	0.784	1.98	0.758	1.72	0.665

(三) 高铁对黄山市旅游发展影响的旅游者认知差异分析

京福高铁开通，对黄山市旅游发展有利有弊。旅游者在旅游线路组织中，从能被其感知的目的地中，选取各项旅游成本综合最小、旅游效用最大的目的地。目的地是否能够在旅游者感知范围，受到地理距离、时间距离和心理距离三种距离因素的影响。高速铁路的开通，带来"时空压缩"效应，空间距离不变，时间距离缩短，心理距离也随着时空压缩的进程缩小。高铁开通后，旅游者出行时间的压缩，游玩时间的增加，对黄山市来说，一方面，带来较大客流量的提升，扩展游客在城市内部景点的流动，增加垂直流动，另一方面，城市之间时间距离缩短，黄山市面临的竞争强度增加，游客减少在黄山市逗留的时间。高铁的开通为黄山市本身的外部交通衔接、旅游营销和旅游接待水平带来挑战。

游客是旅游活动参与的主体，其亲身体验高铁对黄山市旅游发展带来的利弊影响。如表 8-25 所示，高铁给黄山市旅游发展带来的有利影响的 5 项指标中，扩展旅游行程、带动旅游经济和提高游客积极性三项占比在 20% 以上。高铁开通后，旅游者较认可高速交通的联结，提高了游客来黄山市游玩的积极性，游客流量的增加带动了城市各项旅游项目发展，拉动旅游经济增长。28% 的旅游者选择了扩展旅游行程，且只有 9.9% 的旅游者选择减少在黄山市景区逗留时间，说明高铁开通，较少的出游时间较充裕的游玩时间，旅游者较多选择扩展行程，但由于时空压缩效应，会带来首次旅游者数量的增长，黄山市内旅游吸引物较集聚且等级较高，因此旅游者会较多选择在黄山市内扩展流动范围。景区形象受到旅游资源禀赋、旅游基础设施的影响，京福高铁将黄山纳入到全国高速铁路网络中，旅游基础设施不断完善，景区形象得到提升。

表 8-25 高铁给黄山市旅游发展有利影响的游客认知

		N	百分比(%)
有利影响	减少在黄山市景区逗留时间	207	9.9
	扩展旅游行程	585	28.0
	提升景区形象	241	11.5
	带动旅游经济	523	25.0
	提高游客积极性	536	25.6

如表 8-26 所示，高铁给黄山市旅游发展带来不利影响的 5 项指标中，交通衔接不便、接待能力有限和景区内交通拥堵三项指标占比 20% 以上。高铁带来客流量的增加，给黄山市的旅游接待设施带来挑战，城市内部交通与外部交通的衔接，酒店、景区接待等服务设施水平都有待提高。18% 的旅游者选择了缺乏针对高铁

游旅游线路,黄山市作为目的地,由于自身旅游资源等级较高,且内部较多的小资源点的集聚,存在"只进不出"的现象,黄山市作为单一目的地,与其他高铁沿线城市旅游互动较少。

表 8-26　高铁给黄山市旅游发展不利影响的游客认知

		N	百分比(%)
不利影响	交通衔接不便	368	24.4
	缺乏高铁游线路	271	18.0
	宣传力度不够	124	8.2
	接待能力有限	409	27.1
	景区内交通拥堵	337	22.3

(四)高铁开通前后旅游者出游行为特征差异分析

高铁对于传统旅游交通工具(铁路、公路)具有替代效应,旅游者在行程安排的过程中,从关注"经济成本"逐渐转向"时间成本"。各目的地的旅游发展空间区位没变,交通区位却因高铁线路的联结发生较大变化,旅游交通格局重组的同时也带来旅游业的时空重组。这些变化会影响旅游者改变以往传统的出游行为,如出游目的、出游时间、出游花费等相关行为特征的变化。

1. 出游目的

如图 8-17 所示,高铁开通前后旅游者出游目的反应旅游者出游动机的变化。黄山市作为资源依托性目的地,旅游者的出游目的主要集中于观光游览和休闲度假两项。高铁开通后,观光游览的占比稍有下降,相对休闲度假的占比稍有提升,虽下降和提升的幅度都较少,但是高铁极大地节省了旅游者在旅途的时间,在相同的旅游总时间下,旅途时间减少,目的地停留时间增加。旅游者会逐渐改变"走马观花"观光模式,从参观欣赏自然和人文景观转变成以度假休闲体验为主,更注重参与目的地旅游活动体验。

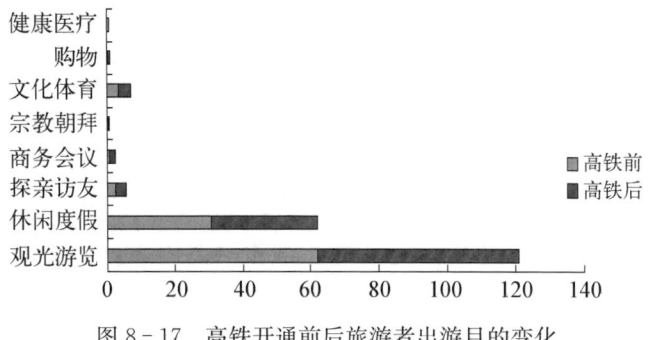

图 8-17　高铁开通前后旅游者出游目的变化

2. 出游花费

如图 8-18 所示,高铁开通后旅游者的花费从 2 000~2 999 元至 5 000 元以上所占的比例都要大于高铁开通前所占的比例,4 000~4 999 元和 5 000 元以上两个区间增加幅度较大。究其原因,高铁比普通铁路和大巴的票价较高,并且旅游者出游行程的扩展,在目的地逗留时间增加或目的地的个数增加,带动旅游消费,同时旅游者自身的消费能力也逐渐提升,旅游花费增加。

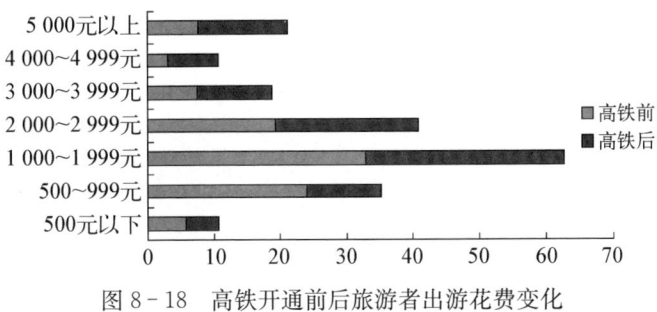

图 8-18 高铁开通前后旅游者出游花费变化

3. 出游时间

如图 8-19 所示,高铁开通前旅游者选择双休日和小长假到黄山市游玩。高铁开通后,旅游者选择寒暑假和双休日来黄山市游玩。高铁开通前、后集中于小长假和寒暑假,一部分也与抽样调查的时间段有关。同时由于京福高铁于 2015 年 7 月份正式通车,邻近暑期,大多数游客选择在暑假期间乘高铁来黄山市游玩。

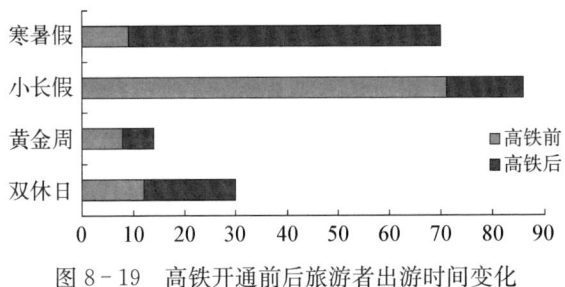

图 8-19 高铁开通前后旅游者出游时间变化

综合高铁开通前后,旅游者在黄山市逗留的时间(表 8-27)高铁开通前,旅游者在黄山市逗留的时间集中于 3 天以下,其中逗留两天占总样本的 49.4%,这与抽样选择的时间段也有关。高铁开通后,客流在黄山市逗留的时间占比变化较大,3 天及 3 天以上占比较之前提高了 36.3%,相对 2 天及以下降低了 36.3%。旅游者在黄山市内逗留的时间延长。高铁开通后,空间距离对于旅游者的出行阻力逐渐减小。旅途时间的减少,使游客出游时间安排更加灵活方便。旅游总时间不变情况下,游玩时间增加,行程扩展,旅游者逗留的时间增加。

表 8-27　高铁开通前后旅游者在黄山市逗留时间

	游 玩 天 数			
	高 铁 前		高 铁 后	
	频 率(%)	百分比(%)	频 率(%)	百分比(%)
3 天及以上	79	7.5	319	29.2
3 天	255	23.8	420	38.4
2 天	529	49.4	305	27.9
1 天	207	19.3	49	4.5
合计	1 071	100.0	1 093	100.0

4. 出游次数

利用列联表(crosstabs)分析出行方式和出游次数两个变量之间的差异性,如图 8-20(a)所示,高铁开通前,普通列车、大巴和自驾车带来较多首次客流。2 次、3 次及其以上的客流也主要依托高速公路,自驾和大巴成为客流来黄山市的主要出行方式。而普通列车多承载中远程客流,2 次及其以上的旅游者较少选择普通铁路系统。如图 8-20(b)所示,高铁开通后带来较多首次客流,其中多部分为原与黄山市空间距离较远或交通不便的中远程客流。高铁分担了一部分客流,大巴和自驾带来的首次客流较之前减少,但仍然为旅游者的重要出游方式。旅游交通方式的革新,激发旅游者的需求,原有旅游市场范围扩大,客流空间分布更广泛。

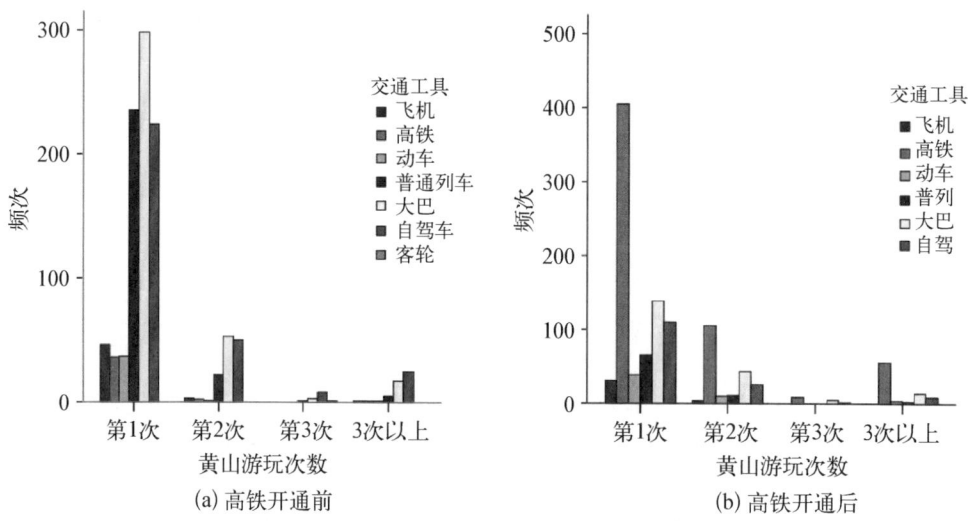

图 8-20　出游次数与交通方式关系条形图

黄山市国内旅游者对于京福高铁的感知存在区域性差异,主要客源地的客流在京福高铁未开通之前,对其的认知度较高,而一般客源地客流甚至较多京福高铁沿线城市的旅游者对京福高铁关注度较低。京福高铁开通后,58%的旅游者选择高铁作为出游工具,占比增长速度较快。通过统计旅游者对高铁游特性4项指标的感知,得出游客对可进入性、时效性、舒适性和安全性4个特性的整体感知水平较积极,较愿意选择高铁作为出游工具。通过单因素方差分析高铁出游经历和高铁游特性感知差异性,得出随着乘坐高铁的次数增加,游客对于高铁游特性的感知态度越积极。

京福高铁开通后,旅游者通过自身的旅游经历评价高铁对黄山市旅游发展带来的利弊影响。结果为旅游者较认可,高铁的开通给黄山市带来旅游经济的增长,提高游客的积极性和扩展旅游行程链。较少旅游者选择减少在黄山市的逗留时间,说明黄山市内部景点吸引力较大,旅游者忠诚度较高。带来的不利影响主要为交通衔接不便、接待能力有限和景区内交通拥堵,黄山市应对高铁带来巨大客流的相应管理措施还应不断完善。

京福高铁开通前后,旅游者的行为特征逐渐发生变化。高铁新兴交通工具的链接,带来较多首次客流,分担其他交通工具的客流。旅游者在黄山市的逗留时间增加,旅游消费能级提高,出游目的逐渐由"观光游览"为主向"观光游览"+"休闲度假"转变。游玩时间的增加,更注重参与目的地旅游活动后的体验。

第二节 基于VAR模型的交通与旅游发展内在关系研究

改革开放以来,我国交通运输业与旅游业均取得了飞速的发展,2015年全年铁路旅客运输总量25.3亿人次,公路旅客运输总量161.9亿人次,民航4.4亿人次,水运2.7亿人次,运输总量的数值巨大。近年来,高速铁路的快速发展,使得交通运输业发生革命性变化,目前,中国已成为世界上高速铁路投产运营里程最长、在建规模最大的国家;公路里程、高速公路里程均位于世界第一位。伴随着交通运输业的快速发展,我国旅游业也呈现出高速增长的态势,1984~2015年,我国国内旅游人数增加约18.06倍,入境旅游人数增加约10倍(以上数据来源于中国统计年鉴,部分数据是依据中国统计年鉴相关数据计算而得的)。近年来,铁道部、航空部推出的"朝发夕至""城际快车""旅游专机"等服务产品,大大促进了交通业的发展。而不同类型交通工具在不同发展阶段与旅游流的互动发展及内在联系及机理如何,本书拟利用1984~2015年的国内旅游人数、入境旅游人数、铁路客运量、公路客运量和民航客运量数据,构建VAR模型,对交通运输与旅游发展的内在联系进行定量分析,以及一种交通工具的内在变动对其自身及整个交通系统和旅游系统的动态影响。以期为合理配置交通方式、完善旅游产业功能、促进旅游经济平衡健康发展提供参考依据。

一、模型构建及数据选取

(一) 模型构建

VAR 模型是 1980 年由克里斯托弗·西姆斯(Christopher Sims)提出的向量自回归模型,即把系统中每一个内生变量作为系统中所有内生变量的滞后项的函数来构造模型。该模型常用于多变量时间序列系统的预测和描述随机扰动对变量系统的动态影响,其一般模型为:

$$y_t = A_1 y_{t-1} + \cdots + A_p y_{t-p} + B_1 x_t + \cdots + B_r x_{t-r} + \varepsilon_t (t=1, 2, \cdots, n)$$

式中,y_t 是 m 维内生变量向量;x_t 是 d 维外生变量向量;A_1、$\cdots$、A_p 和 B_1、$\cdots$、B_r 是待估计的参数矩阵,内生变量和外生变量分别有 p 和 r 阶滞后期;ε_t 是随机扰动项。本书运用 VAR 模型对中国交通业与旅游业的内在联系做实证研究,根据 AIC 和 SC 最小原则,分别建立国内旅游人数与交通客运量、入境旅游人数与交通客运量的 VAR 模型,滞后期均为 5。

(二) 数据选取

选取 1984～2015 年中国旅游人数和交通运输客流量数据,共包含 3 个子序列:① 国内旅游人数,反映国内旅游业发展情况,记作 y;② 入境旅游人数,反映入境旅游业发展情况,记作 z;③ 铁路、公路、民航运输客运量,反映交通运输情况(由于水运在多个省区没有分布,且受季节、气候和水域的影响较大,不是游客出行的主要交通方式,因此没有将水运交通计入其中),分别记作 x_1、x_2、x_3。1994～2015 年的国内旅游人数、入境旅游人数和 1984～2015 年的交通运输客运量数据均来源于《国家统计局统计年鉴》,1984～1993 年的国内旅游人数和入境旅游人数数据来源于《中国旅游统计年鉴》《中国旅游业五十年》。由于自然对数不改变原序列的协整关系,并可以消除时间序列存在的异方差现象,使其趋势线性化,因此对国内旅游人数、入境旅游人数、交通运输客运量数据做对数化处理,得到新序列 $\ln y$、$\ln z$、$\ln x_1$、$\ln x_2$、$\ln x_3$。

二、结果分析

(一) 单位根检验

单位根检验是检验序列中是否存在单位根,如果存在单位根就是非平稳时间序列,就会出现"伪回归"现象,而 VAR 模型估计的可靠性要求变量具有平稳性,只有平稳的时间序列,才可以构建无约束的 VAR 模型,如果不平稳,需要对非平稳的时间序列进行逐次差分,看差分之后是否平稳。所以,首先对时间序列进行平稳性检验。利用 Eviews6.0,可得到表 8-28 的分析结果。

表 8-28 序列和差分序列的 ADF 单位根检验结果

变量	检验形式 (C, T, K)	ADF 统计量值	10%临界值	结论	变量	检验形式 (C, T, K)	ADF 统计量值	5%临界值	结论
$\ln y$	$(C, T, 0)$	-1.7094	-3.2217	非平稳	$D\ln y$	$(C, 0, 0)$	-4.5976	-2.9719	平稳
$\ln z$	$(C, T, 0)$	-2.6958	-3.2217	非平稳	$D\ln z$	$(C, 0, 0)$	-7.7400	-2.9719	平稳
$\ln x_1$	$(C, 0, 0)$	1.5165	-2.6230	非平稳	$D\ln x_1$	$(C, 0, 0)$	-3.6251	-2.9719	平稳
$\ln x_2$	$(C, T, 0)$	-2.0438	-3.2217	非平稳	$D\ln x_2$	$(C, 0, 4)$	-3.3324	-2.9919	平稳
$\ln x_3$	$(C, T, 0)$	-2.7958	-3.2217	非平稳	$D\ln x_3$	$(C, 0, 0)$	-4.2466	-2.9719	平稳

注:检验类型中(C, T, K)分别表示检验模型中含有常数项、时间趋势项及滞后阶数;滞后阶数根据 AIC 和 SC 最小原则确定。

从 ADF 单位根检验结果可以看出,5 个变量的 ADF 统计量大于 10%检验水平下的临界值,表明 5 个变量的对数时间序列存在单位根,均是非平稳序列。通过采取差分的方法,得出各变量的对数在一阶差分后通过检验,即一阶差分的检验统计量值都小于 5%检验水平下的临界值,所以差分序列是平稳的。

(二) 协整检验

对于一些时间序列,虽然它们自身是非平稳序列,但其某种线性组合却平稳,这个线性组合反映了变量之间的长期稳定的比例关系,称为协整关系。由于各变量的对数皆是同阶单整的序列,因此可以对变量进行协整分析。Johansen 和 Juselius 一起提出的基于 VAR 模型的检验回归系数的方法是进行多变量协整检验较好的方法,本书将使用约翰森协整检验方法分别对国内旅游人数与交通运输客运量各变量及入境旅游人数与交通运输客运量各变量进行协整关系检验,结果见表 8-29 和表 8-30。

表 8-29 国内旅游人数与铁路、公路、航空客运量的协整检验结果

特 征 值	迹检验统计量	5%的临界值	概 率 值	协整方程的个数
0.584189	51.02744	47.85613	0.0244	无
0.478752	27.33428	29.79707	0.0937	至多一个
0.295459	9.742965	15.49471	0.3010	至多两个
0.010585	0.287329	3.841466	0.5919	至多三个

注:*表示在 5%的显著性水平上显著。

表 8-30　入境旅游人数与铁路、公路、航空客运量的协整检验结果

特征值	迹检验统计量	5%的临界值	概率值	协整方程的个数
0.646 698	51.319 64	47.856 13	0.022 8	无
0.385 338	23.227 94	29.797 07	0.235 0	至多一个
0.304 521	10.087 50	15.494 71	0.274 0	至多两个
0.010 403	0.282 347	3.841 466	0.595 2	至多三个

* 表示在5%的显著性水平上显著。

表 8-31　vec 模型回归分析结果

模　　型	对数似然函数值	AIC 准则值	SC 准则值
国内旅游人数 vec 模型	136.140 4	-6.825 217	-4.713 483
入境旅游人数 vec 模型	125.536 9	-6.039 770	-3.928 036

1. 国内旅游人数与交通客运量各变量的协整关系

从表 8-29 中可以看出,各变量在 5%的显著性水平下拒绝没有协整的原假设,说明国内旅游人数与铁路、公路、民航客运量之间存在协整关系,即它们之间存在长期稳定的均衡关系。根据协整向量可写出协整方程:

$$\ln y = 0.790\,832\ln x_1 + 1.294\,657\ln x_2 - 0.353\,153\ln x_3 + \varepsilon_t$$

$$标准误差 = (0.672\,92)\quad(1.125\,39)\quad(0.531\,38)$$

该方程为长期均衡方程,ε_t是误差修正项,从所估计的方程可以看出,铁路客运和公路客运对国内旅游人数有明显的促进作用,铁路客运量每增加1%,则国内旅游人数相应地大约增加0.79%;公路客运量每增加1%,国内旅游人数相应地大约增加1.29%;民航客运每增加1%,国内旅游人数相应地大约减少0.35%。由此可见,公路客运对国内旅游人数的边际影响系数最大,其次是铁路客运,而民航客运对国内旅游人数的边际影响系数最小。虽然我国经济水平不断提升,但人均可支配收入相对较低,而民航运输费用昂贵,国内游客更倾向于价格相对便宜的铁路运输和公路运输,近年来,私家车的普及和高速公路的快速发展,也使公路客运量迅速上升,另外,高铁的快速全面发展,对民航的影响也很大。

2. 入境旅游人数与交通客运量各变量的协整关系

从表 8-30 可以看出,各变量在 5%的显著性水平下拒绝没有协整的原假设,说明入境旅游人数与铁路、公路、民航客运量之间存在协整关系,即它们之间存在长期稳定的均衡关系。根据协整向量可写出协整方程:

$$\ln z = -3.524\,650\ln x_1 + 2.178\,503\ln x_2 - 0.658\,740 x_3 + \varepsilon_t$$

标准误差 $= (1.278\,64)\quad (1.836\,29)\quad (0.851\,63)$

该方程为长期均衡方程，ε_t 是误差修正项，从所估计的方程可以看出，公路客运对入境旅游人数有明显的促进作用，铁路客运量每增加 1%，则入境旅游人数相应地大约减少 3.52%；公路客运量每增加 1%，入境旅游人数相应地大约增加 2.18%；民航客运每增加 1%，入境旅游人数相应地大约减少 0.66%。由此可见，公路客运对入境旅游人数的边际影响系数最大，其次是民航客运，而铁路客运对入境旅游人数的边际影响系数最小。根据实际情况，应该是民航运输对入境旅游人数的边际影响最大，出现上述检验结果，主要是因为入境游客消费水平较高，对舒适度、便捷性要求较高，到达中国后，在省际之间的游玩活动和目的地之间的游玩活动以公路客运为主，这种替代效应导致民航客运出现负边际效应。另外，在我国入境旅游人数中，港澳入境游客占总入境旅游人数的 76% 左右，且大部分游客是通过汽车直接进入深圳珠海及珠三角区域的，而外国人仅占入境旅游人数的 21% 左右，这是民航运输扰动力不足的主要原因。

(三) 误差修正模型

Engle 和 Granger 将协整和误差修正模型结合起来建立了向量误差修正模型，它是对各变量施加了协整关系约束条件的向量自回归模型。为了增强模型的精度，将协整回归中的误差项 ε_t 看作均衡误差，通过建立短期动态模型来弥补长期静态模型的不足，本书使用这一方法建立误差修正模型。

从模型分析结果可以看出，vec 的整体检验对数似然值较大，同时 AIC 准则值和 SC 准则值较小，说明二个模型的整体解释能力都较强。

(四) 广义脉冲响应函数

1. VAR 模型稳定性检验

图 8-21 中的点表示 AR 特征多项式的根的倒数，可以看出这些点都位于单位圆之内，表明所估计的二个 VAR 模型均是稳定的，从而说明模型具有有效性，可以进行脉冲响应函数分析。脉冲响应函数分析是指每个内生变量的变动或冲击对它自身及所有其他内生变量产生的影响作用，反映系统的动态特征。为了比较完整的显示脉冲响应路径，本书设定滞后期为 30 期。

2. 脉冲响应函数分析

(1) 国内旅游人数与交通客运量的脉冲响应分析

从图 8-22 可以看出，国内旅游人数 $\ln y$ 对其自身一个标准差新息立即做出了响应，在第 1 期，国内旅游人数的这种响应大约在 1.0 左右，之后这种冲击对国

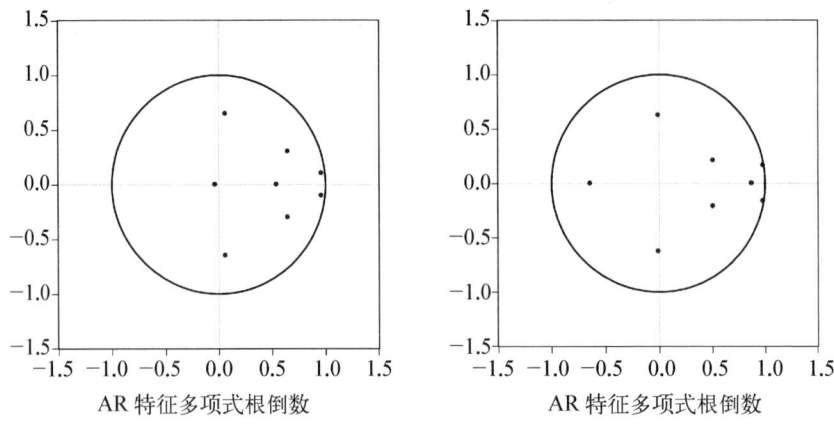

图 8-21 AR 特征根单位圆

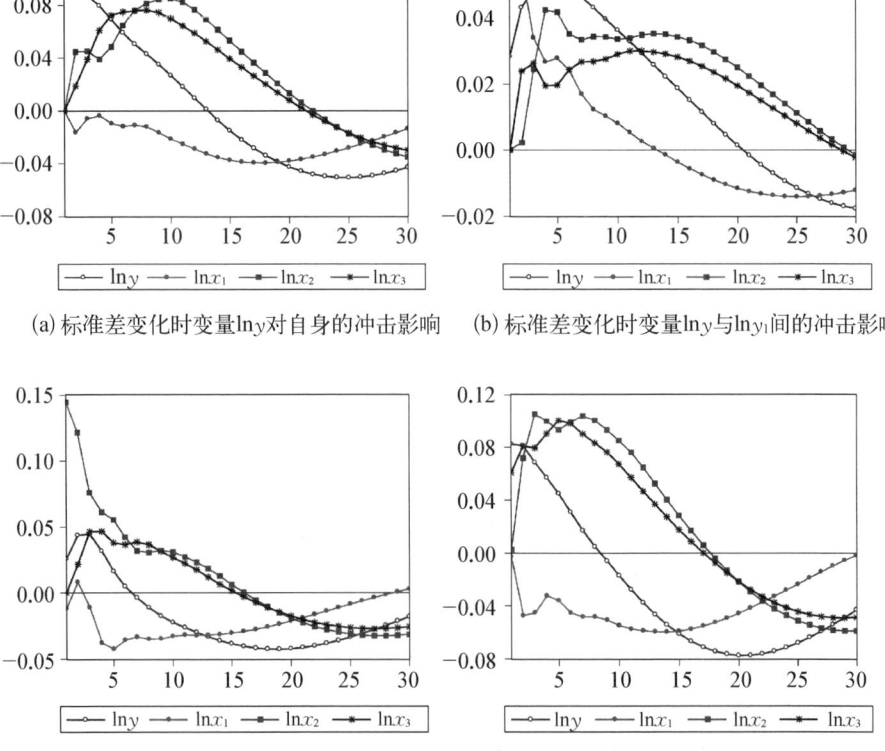

图 8-22 国内旅游人数与交通客运量的脉冲响应综合分析图

内旅游人数的影响逐渐降低,在第13期左右,国内旅游人数响应函数趋于0,之后国内旅游人数对自身的扰动缓慢增加且为负向的,国内旅游人数对来自铁路、公路及民航客运量的扰动并没有立即做出响应,第1期的响应均为0,国内旅游人数对公路扰动及航空扰动的响应在前23期均为正向的,且分别在第12期(约0.9)和第7期(约0.7)达到最大值,而国内旅游人数对铁路扰动的响应一直为负向的;铁路客流量对来自自身的扰动及国内旅游人数的扰动在第1期立即做出了响应,铁路客流量对自身冲击的响应一直处于递减趋势,直到第24期才逐渐回升,而对来自公路客流量和民航客流量的扰动在前10期的响应比较波动,之后缓慢下降,且在前29期一直是正向的;公路客流量对自身扰动在第1期立即做出了响应,且达到最大值为1.5,之后这种冲击对公路客流量的影响一直在减小,公路客流量对来自铁路客流量扰动的响应一直是负向的,直到29期才趋向0,对来自民航客流量扰动的响应在前15期均是正向的,之后为递减的负向扰动;民航客流量对自身扰动立即做出了响应,并波动上升到第6期达到最大值(约1.0),民航客流量对国内旅游人数扰动的响应在前20期一直处于递减状态,且在第20期达到最小值(约0.8),对铁路客流量扰动的响应一直是负向的,对公路客流量扰动的响应在前18期是正向的,之后为递减的负向响应。

(2) 入境旅游人数与交通客运量的脉冲响应分析

从图8-23可以看出,入境旅游人数 ln z 对其自身一个标准差信息立即做出了响应,且在第一期达到最大值(约1.4),之后这种冲击对入境旅游人数的影响逐渐降低,在第6~26期的响应一直是负向的,入境旅游人数对来自铁路、公路及民航客运量的扰动并没有立即做出响应,第1期的响应均为0,入境旅游人数对铁路扰动的响应在前20期左右为负向的,之后这种响应逐渐加强,且是正向的,对公路扰动的响应在第2期达到峰值后逐渐减弱,到第15期后又逐渐回升,对民航扰动的响应比较平缓。

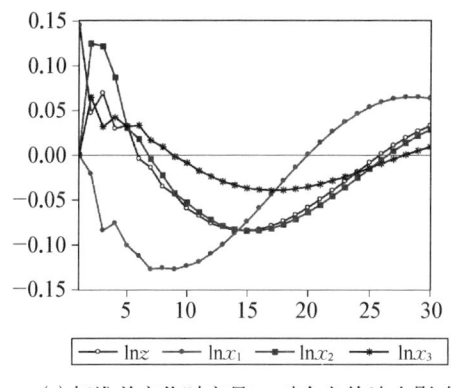 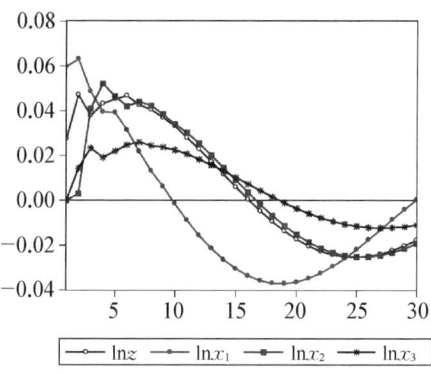

(a) 标准差变化时变量lnz对自身的冲击影响　　(b) 标准差变化时变量lnz与lnx_1间的冲击影响

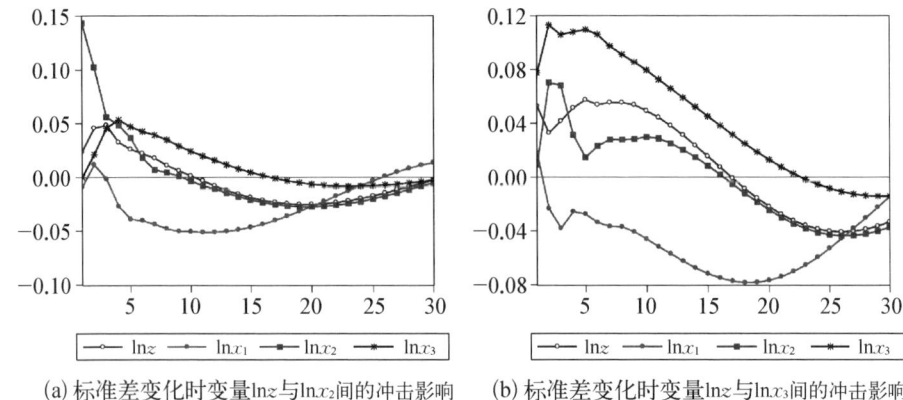

(a) 标准差变化时变量lnz与lnx_2间的冲击影响　　(b) 标准差变化时变量lnz与lnx_3间的冲击影响

图 8-23　入境旅游人数与交通客运量的脉冲响应综合分析图

第三节　都市圈旅游空间演化机理

旅游业是一项综合性产业,旅游系统是一个复杂的综合系统,而旅游目的地系统是旅游系统最重要的组成部分之一。旅游目的地的发展,依赖于当地的旅游吸引物(旅游资源)、设施(基础设施、接待设施、康体娱乐设施和购物设施等)和服务等。都市圈内部各城市旅游资源及自然、经济和社会条件存在差异,各城市经济、社会发展不平衡,旅游发展水平也有较大差异。区域旅游空间结构发展演变,一般呈现一定的阶段性特征,都市圈旅游空间结构发展演变,亦会经历低水平均衡、极化发展、扩散和高水平均衡等阶段,并会受到自然灾害、经济危机和战争、节事活动等全球和地区突发事件、重大事件的较大影响。

随着都市圈一体化程度不断加深,旅游需求不断增多,以及与都市圈外部旅游竞争的需要,将都市圈打造为一个由各城市组成的整体旅游目的地,实现都市圈旅游发展的空间效应成为必需。可达性、互补性和替代性等都市圈旅游空间相互作用条件,对都市圈旅游者和旅游目的地都产生了较明显的积极影响,推动了都市圈旅游建设与发展,增强了都市圈整体的旅游吸引力,扩大了都市圈旅游需求。核心城市的旅游发展对其他城市的旅游发展产生较大影响,核心城市与其他城市之间及其他各等级城市之间空间相互作用与扩散作用,促进了都市圈整体旅游发展向网络化、均衡化、多中心和一体化方向发展。

都市圈旅游空间发展演变也受到外部突发与重大事件影响,其影响对都市圈旅游发展可能是积极的或消极的,也可能会对都市圈旅游发展产生深远而重大的影响。都市圈旅游空间发展演变,是在各种内外部环境的作用下,由非均衡到均衡,再向非均衡不断转化的动态发展过程。现阶段,长三角和珠三角都市圈旅游发展是不断趋向均衡的,这对实现都市圈整体旅游发展,推动都市圈整体旅游目的地的形成具有重要的促进作用。

一、都市圈旅游空间演变主要影响因素

(一) 旅游资源因素

旅游资源是旅游业发展的基本条件,是都市圈旅游目的地形成和发展的基础,旅游资源禀赋决定了都市圈内部各城市旅游吸引力的大小。整体上,都市圈旅游资源丰富,且较为多样,但是都市圈内部旅游资源分布不平衡,且旅游资源特色存在较大差异,各城市旅游资源的品位等级也有不同。旅游资源分布特征,对都市圈内部各城市旅游发展具有重大影响,是影响都市圈旅游空间布局和发展演变的最重要基础因素之一,尤其在都市圈旅游发展的早期阶段。旅游资源等级高且较为丰富,是都市圈旅游增长极形成的基础。传统与新型旅游资源的不断开发和旅游资源质量的提升,旅游景区的相互联系与互动发展,以及旅游产业集聚发展等,都会对都市圈旅游空间发展演变产生影响。

(二) 旅游区位因素

都市圈内部各城市空间位置一定,而各城市旅游资源禀赋不同,旅游发展条件不一,因而旅游发展水平存在一定的差异。都市圈各城市与客源地之间的空间距离及交通条件存在差异,各城市与其他城市之间的空间距离、旅游发展关系及旅游资源特色与类型差异等亦有不同,其旅游发展的区位条件不同。尤为明显的是,如深圳、珠海毗邻港、澳,上海位于我国大陆海岸线中部长江入海口等独特的区位条件。而距离核心城市较近的城市旅游区位优势也较为明显,围绕核心城市与核心旅游景区,往往形成了一定的旅游圈和旅游带。当然,各城市旅游区位因素是不断变化的。区位因素对都市圈内部各城市旅游发展具有重要影响,对都市圈旅游旅游产业布局、旅游企业区位选择、旅游空间结构形成与发展演变等具有重要的作用。

(三) 旅游市场需求

旅游客源市场是旅游系统的基本构成之一,是旅游业生存和发展的基本前提条件之一。都市圈各城市旅游客源市场的规模、构成、空间分布、等级结构和组织化程度等及其变化情况,极大影响着各城市与都市圈整体的旅游目的地空间结构的形成、发展与演进。如旅游需求符合"距离衰减规律",假定两个城市或景区旅游产品差异较小,且面向的是同一旅游客源市场,则距离客源市场较近的城市或景区

旅游发展较好,并进而影响都市圈旅游空间发展演变。同样,旅游需求的变化与多样化发展,也会对都市圈旅游空间发展演变产生明显的作用。旅游目的地产品存在差异性,旅游需求偏好变化会对旅游业目的地的发展产生不同的影响,符合新的旅游市场需求的旅游目的地必然相对发展更好。而旅游需求的增多与多样化发展,又推动了新旅游产品的开发和新旅游目的地的不断出现。

(四) 都市圈经济社会发展水平

旅游业是一项综合性产业,都市圈旅游业的发展依赖于都市圈的经济社会基础,都市圈各城市经济社会发展水平对各城市旅游发展水平和都市圈旅游空间发展演变具有重大的影响,经济社会发展水平是都市圈旅游空间发展演变的重要影响因素。都市圈各城市旅游发展依赖于其资金、信息、技术和人才等投入,这些决定了其基础设施与旅游接待设施的建设水平和旅游服务质量的高低,进而影响其旅游业发展水平。经济社会发展水平直接决定了都市圈各城市人造旅游景观建设情况,亦决定了都市圈交通、电信、邮政、金融、信息等旅游相关产业的发展水平,这些产业是都市圈旅游发展的重要保障。都市圈各城市经济社会发展水平有所差别,影响了各城市旅游发展水平。而都市圈经济社会发展水平格局,不仅影响了都市圈旅游发展空间格局的形成,而且其发展变化以及各城市整体经济社会发展应对外界环境变化能力的差异,对都市圈旅游空间发展演变具有重大的影响。都市圈整体经济社会水平,也会对都市圈旅游空间发展演变产生重要影响。都市圈的快速发展是都市圈旅游发展的基础,都市圈空间发展格局,则是都市圈旅游空间发展格局的基础,而都市圈旅游空间的发展演变反过来又会对都市圈整体空间格局产生影响。

旅游交通是连接旅游客源地和旅游目的地的通道,是旅游活动得以进行的前提基础。旅游资源空间分布不均,旅游者必须借助交通设施才能由客源市场到达旅游目的地,旅游交通决定了旅游目的地的可进入性。旅游目的地通达度决定了游客的"行游比",对旅游者的行为决策产生影响。各种旅游要素的流动也依赖于旅游交通,旅游交通基础设施促进了旅游经济活动的集聚与扩散,具有空间溢出效应与网络效应,对都市圈旅游发展的经济社会环境也会产生影响。都市圈整体旅游目的地的形成,依赖于都市圈便捷、快速、安全、舒适的旅游交通,快速交通设施对都市圈旅游目的地的形成具有重大的促进作用。都市圈各城市旅游交通运输能力与运输方式的变化,以及各城市之间或景区之间交通联系的变化,对各城市旅游发展及都市圈旅游空间发展演变具有重大的影响。

另外,都市圈及各城市的政策、制度、文化、教育和环境等因素也会对都市圈旅游空间发展演变产生较大的影响。我国已由"计划经济"时代进入到社会主义市场经济阶段,市场在都市圈旅游发展中发挥着决定作用,但是行政因素对都市圈旅游空间发展演变具有重要作用。都市圈区域发展政策、城市发展建设方针、土地政策、投资政策、产业政策(尤其是旅游产业政策)等,为都市圈旅游发展提供了政策支持与保证,如大规模的旅游基础设施建设对都市圈旅游发展具有重大的促进作用,而城市主体功能区划也为旅游业发展带来了一定的机遇。各级政府的旅游发展政策与管理,对旅游发展具有引导作用,对都市圈各城市及都市圈整体旅游空间布局的形成与发展具有重要作用。旅游从业人员的素质决定了旅游业的管理水平与服务质量。文化因素则是重要的旅游吸引要素,如长三角都市圈的吴越文化、珠三角都市圈的岭南文化等,共同或相似的文化背景为都市圈旅游空间一体化发展提供了重要的条件,也是都市圈旅游空间发展演变的重要因素。都市圈各城市的自然环境变化,也对都市圈旅游发展及其空间发展演变具有重要影响。经济全球化、信息化和知识经济等时代背景,是都市圈旅游空间发展的重要外部环境,亦对都市圈旅游空间发展产生重要影响。全球重大事件、突发事件会使都市圈旅游空间的发展态势产生波动,其影响也可能较为深远。都市圈本身发展水平,尤其是一体化程度,是都市圈旅游发展的重要基础,对都市圈旅游空间发展演变发挥着至关重要的作用。

二、都市圈旅游空间相互作用机理

都市圈旅游空间发展演变受多种因素影响,既有旅游业内部发展因素的影响,也受外部环境影响。与一般区域相比,都市圈地区一体化水平高,城市之间在政治、经济、社会、文化和生态环境等方面联系密切,尤其都市圈旅游交通基础设施一体化水平高,对都市圈旅游空间发展演变具有巨大的推动作用。长三角和珠三角都市圈旅游合作也较为紧密,如打造珠三角都市圈"广佛同城化""广佛肇旅游一体化"等可见一斑。而无论是旅游业发展内部因素还是外部环境因素,其对都市圈旅游空间发展演变的影响,必然通过都市圈内部各城市旅游空间的相互作用得以实现。

都市圈整体作为一个旅游目的地,外部旅游者到达后一般会在都市圈内部发生流动。都市圈本身亦是重要的旅游客源地,尤其围绕核心大都市形成了相应的都市旅游圈。都市圈内部各城市形成了有一定空间等级结构的旅游目的地体系,本身又是重要的旅游客源地,它们之间具有密切的旅游空间联系。都市圈旅游空间联系与相互作用,通过旅游者流、旅游资金流、旅游物流、旅游信息流等得以实现,推动着都市圈旅游空间发展演变。

(一)都市圈旅游空间相互作用条件

Ullman认为空间相互作用有三个基本条件:即互补性、替代性和可达性。这三个条件既是旅游目的地和客源地之间相互作用的必要条件,也是都市圈内部旅游目的地之间空间相互作用的必要条件。它们对都市圈旅游发展要素产生影响,使都市圈各城市旅游发展空间相互作用强烈,推动着都市圈整体旅游的发展和都市圈旅游空间的均衡发展。

1. 都市圈旅游空间互补性

都市圈各城市互为旅游目的地和旅游客源地,内部旅游资源丰富,内部旅游市场是各城市旅游发展的最重要市场之一。长三角和珠三角都市圈经济社会发展水平高,经济发展和节假日增多使居民拥有更多的时间、金钱和精力等进行旅游活动。都市圈经济发展也使其内部各城市产业联系更加密切、商贸往来更加频繁。经济社会不断发展,人民生活水平不断提高以及闲暇时间增多,作为国家最为发达的区域,都市圈内部产生了巨大的旅游需求。都市圈内部旅游资源丰富,而旅游需求遵循"距离衰减规律",都市圈各城市之间作为旅游客源市场和旅游需求之间的互补性较强。

作为都市圈旅游目的地的组成部分,各城市在旅游地结构、功能、产品和形象等方面存在互补性,如广州和深圳等旅游发展对其他城市具有重要的扩散作用,是重要的游客中转和服务接待地,而非只是攫取其他城市的旅游发展机会,尤其广州在组织国内和入境游客,深圳与珠海在组织入境游客上具有重要地位。珠三角都市圈各城市的旅游产品和形象各有特色,如特区风光、现代大都市、主题公园等是深圳的主要特色;山水观光与养生休闲是肇庆的最大特色;而江门则是侨乡风情与文化休闲等。长三角都市圈旅游资源等方面也存在较大的互补性,如上海以都市文化和都市观光旅游资源为主,江苏以江南水乡、园林、古都和古镇旅游资源为特色,而浙江的自然山水、滨海、海岛和文化旅游资源丰富。不同特色的旅游产品使各城市在旅游产品和旅游形象上具有互补性,各城市产品和形象的差异能够增强都市圈对旅游者的吸引力,其空间"近邻效应"表现为正效应。相似的资源与文化背景是都市圈旅游发展的重要背景,而旅游资源特色的差异和旅游产品的互补性,为都市圈旅游资源开发和都市圈内部旅游合作奠定了基础。上海等长三角旅游发展核心同样在客流组织等方面与其他城市在旅游功能上具有互补性。

2. 都市圈旅游空间可达性

长三角和珠三角都市圈交通运输发达,交通基础设施一体化程度高,各城市旅游空间可达性高,发达的旅游交通网络为都市圈旅游发展和各城市旅游空间联系奠定了基础,并推动了都市圈旅游空间发展演变。

珠三角都市圈海陆空交通网的完善,尤其是高速公路、城际快速轨道交通、港珠澳大桥等交通基础设施的修建与交通工具的更新,加上人们收入和消费水平提高、闲暇时间增多和寻求新环境的愿望,以及珠江三角洲都市圈各城市旅游地品质与价值的提升等,拓展了其可达性。2008年的《珠江三角洲地区改革发展规划纲要(2008~2020)》中提出,重点建设珠江三角洲地区高速公路、中山至深圳跨珠江口通道、港珠澳大桥、深港东部通道、广深港高速铁路、沿海铁路、贵州至广州铁路、南宁至广州铁路,以及广州、深圳、佛山、东莞城市轨道交通等重大项目;加强城市公共交通基础设施及广州、深圳、珠海等交通枢纽建设;整合珠江口港口资源,完善广州、深圳、珠海港的现代化功能;扩建广州白云机场,扩容深圳宝安机场,加强珠江三角洲民航机场与港澳机场的合作;推进形成与港澳及珠江三角洲地区紧密相连的一体化综合现代交通运输体系,并构建便捷高效的信息网络体系。

长三角都市圈内部交通网络发达、交通通达度高、可进入强、一体化程度高,拥有沪宁、沪杭、宁杭、苏嘉杭等高速公路;上海浦东、虹桥、江苏南京、浙江萧山、宁波等国际机场;上海、南通、宁波和南京等沿海和内河港口;南京长江大桥、杭州湾跨海大桥、沪宁铁路等。2010年《长江三角洲地区区域规划》(发改地区〔2010〕1243号)中亦提出一系列交通、信息等基础设施建设规划,未来长三角都市圈旅游空间可达性将得到极大提升。旅游空间可达性是都市圈旅游目的地形成的基础,决定了各城市之间的旅游空间联系与相互作用状况,对推动都市圈旅游空间演变具有重要作用。

可达性是都市圈旅游空间相互作用的前提条件之一,是各种"旅游要素"流动的载体。长三角和珠三角发达的交通网络及交通基础设施的不断规划建设,极大提高了都市圈的交通通达度与各城市的可达性。都市圈各城市可达性提高,旅游交通费用下降、交通时间减少、旅游者感知距离缩短,使距离在都市圈内部的影响大为减弱,提高了旅游者在都市圈内部多城市旅游行为发生的可能性,有利于都市圈整体旅游目的地的形成。都市圈交通基础设施决定了各城市之间的旅游空间联系与空间相互作用状况,并不断推动着都市圈旅游空间的发展演变。

3. 都市圈旅游空间替代性

旅游空间替代性的发挥,与距离和可达性以及旅游目的地的产品类型有关。在旅游客源地和旅游目的地之间的区域出现另外一个相同或相似的旅游目的地时,受交通费用和交通时间等因素的影响,较远距离的旅游吸引力会受到抑制作用("距离衰减规律"),旅游者很可能会选择较近的旅游目的地。而如果较远距离旅游目的地的可达性较高的话,替代性作用可能也有限。替代作用更多发生在相同或相类似的旅游目的地之间,而巨大的旅游需求和较远的距离也会使得不同类型旅游目的地之间也存在替代作用,如吴必虎等研究发现,中国城市居民的出游市场37%分布在距城市15 km范围内,24%分布在15~50 km,21%分布在50~500 km,12%分布在500~1 500 km,1 500 km以外占6%。这说明,旅游需求符合距离衰减规律,由于距离因素,即使是不同类型的旅游目的地之间也会存在替代性。替代性的发挥还与旅游目的地或景区的等级有关,而高等级旅游目的地或景区不易被替代。

对都市圈同类旅游目的地而言,距离的接近能够节省交通费用,因而减少了旅游目的地和客源地长距离空间相互作用的可能性,旅游地之间更多表现为竞争性,但这也导致了新旅游地的出现和发展,促进了区域旅游的均衡发展,使都市圈旅游空间结构不断演变。但是,都市圈内部各旅游地的价值和等级存在差异,替代作用有限。对不同类型的旅游目的地而言,都市圈旅游资源差别较大,旅游产品类型较为丰富,替代作用使潜在旅游资源得到开发、新型旅游地发展,使都市圈旅游产品不断丰富、旅游线路延伸、旅游网络完善、旅游功能更加齐全。经济的快速发展,旅游市场的不断扩大,给旅游业带来了诸多的发展机会。长三角和珠三角都市圈旅游交通基础设施的修建,使各城市旅游空间可达性发生变化,加强各种层次的旅游地或旅游景区之间的替代作用,推动都市圈旅游空间发展演变。

以旅游可达性为基础,都市圈旅游空间互补性和替代性的发挥,使得都市圈内部在旅游人流、物流、信息流和资金流等方面流动频繁。都市圈旅游空间相互作用,表现为各城市之间在旅游空间上的集聚与扩散作用。

(二) 都市圈旅游空间集聚与扩散作用

都市圈旅游空间集聚与扩散作用,是都市圈旅游空间相互作用的两种基本作用力,推动着都市圈旅游空间的不断发展演变。都市圈各城市旅游联合发展,促进了都市圈旅游产业集群发展,都市圈内部存在各种尺度的旅游产业集群发展现象,如深圳欢乐谷、锦绣中华、中国民俗文化村、世界之窗和野生动物园等主题公园的集聚;都市环城游憩带旅游产业集聚;围绕核心城市形成的都市旅游圈亦是一种旅游业集聚,等等。共同的自然与人文基础,发达的城市经济与旅游经济,快速、复合的旅游交通通道,城市旅游空间相互作用,对集聚经济和规模经济的追求,市场机制,政策因素、核心城市的辐射机制、经济全球化等外部动力,以及城市旅游空间的自组织与被构组织等,是长江三角洲城市旅游空间集聚形成的原因。旅游产业集聚发展是都市圈旅游发展的一种优势,都市圈旅游空间产业集群发展显著,都市圈旅游空间集聚发展对都市圈旅游空间发展演变具有重要的作用。都市圈旅游空间集聚作用是都市圈旅游中心城市和旅游圈、旅游带等形成的重要原因。

笔者一行人于 2010 年 9 月在上海世博园区内,对世博旅游者进行了问卷调查及访谈,了解到长三角之外的国内旅游者在长三角内部一般会发生多城市旅游行为,具有明显旅游流扩散现象,尤其上海,对其他长三角城市扩散明显。长三角内部游客是长三角都市圈内部各城市旅游者最重要的组成部分之一,如 2009 年上海市国内旅游者达 12 361 万人次,其中仅上海市市民在当地旅游的人数就达 3 877 万人次,占到 31.36%。珠三角内部游客亦是珠三角都市圈内部各城市旅游者最重要的组成部分之一。可以推测,入境旅游者亦会在长三角或珠三角都市圈内部发生流动现象。都市圈之外的国内旅游者及入境旅游者的扩散,与各城市的经济社会发展、旅游资源和交通条件、文化背景等有密切关系,其扩散取决于旅游者旅游动机。整体上,上海、广州、深圳等核心城市的旅游扩散作用最为明显。

都市圈核心城市对其他城市的旅游扩散作用明显,发挥着"港口"和集散地的作用,下面以长三角和珠三角主要城市旅游人数占长三角和珠三角比重加以说明。1995年广州、深圳入境和国内旅游人数占珠三角都市圈比重分别约为67.70%和61.45%,2000年为67.60%和55.62%,2008年下降到56.10%和42.72%,2009年稍有回升为60.34%和48.12%,呈波动下降趋势;2000年上海、南京、杭州和苏州入境和国内旅游人数占长三角都市圈比例为79.37%和65.55%,2008年下降到72.51%和50.18%。长三角和珠三角主要城市旅游比重的下降,反映了旅游流在都市圈内部由核心城市向其他城市的扩散。长三角和珠三角都市圈内部各等级城市之间都有明显的对流现象。

都市圈旅游发展中的空间扩散作用,并不仅限于旅游者流的扩散。都市圈旅游中心城市与其他城市之间(旅游腹地)的一体化发展,能够提升中心城市及其腹地的旅游竞争力,都市圈旅游一体化发展以及围绕核心旅游城市的旅游圈层结构的形成中,必然伴随着旅游资金、技术、劳动力、信息等旅游发展要素的扩散,表现为旅游产业的扩散。而各种旅游企业区位选择的变化,也体现出旅游空间的扩散作用。在从更大的尺度上看,旅游业在都市圈内部的扩散,亦是旅游产业在整个都市圈的集聚。都市圈旅游扩散现象推动了都市圈内部旅游空间的发展演变。

总之,都市圈及内部各城市的经济社会发展水平,自然环境变化,旅游资源、客源市场和旅游区位条件等,奠定了都市圈旅游空间的基本格局。以互补性、可达性和替代性为必要条件,以旅游空间集聚与扩散作用为主要形式,都市圈各城市旅游空间联系密切,都市圈内部旅游空间相互作用持久,推动了都市圈旅游空间向多中

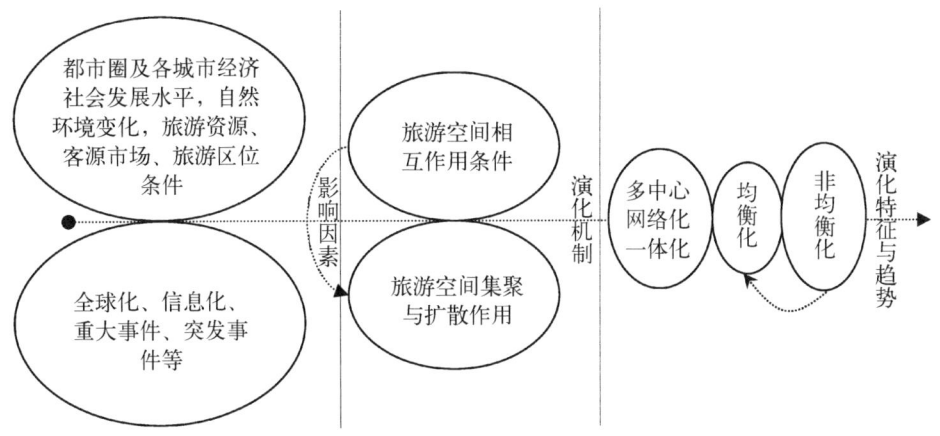

图 8-24 都市圈旅游空间演变机理

心、网络化、一体化方向发展,都市圈旅游空间趋向均衡化。由于都市圈旅游空间演变不可避免地受到全球化、信息化发展背景以及重大事件、突发事件等影响,使得都市圈旅游空间均衡化发展趋势呈现一定的波动性。都市圈旅游空间演变的目的在于不断优化和调整都市圈旅游空间结构,以实现都市圈整体旅游不断发展。

第四节 本章小结

1) 高速铁路的出现为实现旅游发展要素空间无障碍流动提供了基础。本章以黄山市为例说明旅游交通基础设施更新,高速铁路的大尺度空间收敛效应,给黄山市旅游发展带来新变化。旅游地以城市为中心集散地,依托高速交通网络联结周边城市,目的地空间配置尺度扩大。旅游发展不再局限于城市内部,旅游者流动由城市内部的垂直扩散逐渐向城市间水平流动,流动空间范围扩大。本章从旅游交通要素切入,以京福高铁开通前后为时间分割点,基于旅游者的空间流动轨迹、社会属性和出行特征等数据,利用 Excel、SPSS、社会网络分析(SNA)、GIS 和 Coreldraw 等方法,探究京福高铁的开通对黄山市旅游目的地区域空间结构和黄山市国内旅游者空间行为模式的影响及黄山市国内客源对高铁旅游响应程度。

2) 良好的交通条件是旅游业发展的前提和基础,而旅游业的发展也是促进交通条件改善的动力,交通与旅游两者是一种持续反馈的双向关系。本章利用 1984~2015 年的时间序列数据,构建 VAR 模型,基于 Johansen 协整检验、向量误差修正模型和脉冲响应函数分析的方法对中国交通和旅游发展之间的内在关系进行研究。

3) 都市圈旅游空间网络的演化受到旅游资源、区位条件、市场条件、经济社会发展水平等综合因素的影响;演化过程中城市间存在互补、互代、集聚、扩散等空间相互作用现象。

参考文献

彼得·波尔.2011.高速铁路车站周边地区城市开发管理:四个欧洲城市的经验研究.周静,译.国际城市规划,26(3):27-34.
卞显红.2007.城市旅游空间结构形成机制分析——以长江三角洲为例.南京:南京师范大学.
陈超,刘家明,马海涛,等.2013.中国农民跨省旅游网络空间结构研究.地理学报,68(4):547-558.
陈建军,郑广建.2014.集聚视角下高速铁路与城市发展.江淮论坛,56(2):37-44.
邓明艳.2000.成都国际旅游市场旅游流特征的分析.经济地理,20(6):115-117.
丁金学,金凤君,王姣娥.2013.高铁与民航的竞争博弈及其空间效应——以京沪高铁为例.经济地理,33(5):104-110.
丁嵩,李红.2014.国外高速铁路空间经济效应研究进展及启示.人文地理,29(1):9-14.

丁正山.2004.南京国内旅游流时空演变研究.旅游学刊,19(2):37-40.
樊欢欢,张凌云.2010.统计分析与应用.北京:机械工业出版社:323.
冯长春,谢旦杏,马学广,等.2014.基于城际轨道交通流的珠三角城市区域功能多中心研究.地理科学,34(6):648-655.
苟小东,马耀峰,李富升.2008.我国西部地区大学生旅游行为研究以陕西省为例.人文地理,23(3):123-128.
贺灿飞,毛熙彦.2015.尺度重构视角下的经济全球化研究.地理科学进展,34(9):1073-1083.
侯雪,刘苏,张文新,等.2011.高铁影响下的京津城际出行行为研究.经济地理,31(9):1573-1579.
黄柯,祝建军,蒲素.2007.我国旅游交通发展现状及研究述评.人文地理,(1):23-27.
贾善铭,覃成林.2014.国外高铁与区域经济发展研究动态.人文地理,29(2):7-12.
蒋海兵,刘建国,蒋金亮.2014.高速铁路影响下的全国旅游景点可达性研究.旅游学刊,29(7):58-67.
蒋晓威,曹卫东,罗健,等.2012.安徽省公路网络可达性空间格局及其演化.地理科学展,31(12):1591-1599.
金凤君,王娇娥.2004.20世纪中国铁路网扩展及其空间通达.地理学报,59(2):293-302.
李小健.2006.经济地理学.北京:高等教育出版社:183-184.
梁雪松.2010.基于双重区位空间的湖南旅游业发展机遇探讨——"武广高铁"开通视阈.经济地理,30(5):859-864.
林岚,许志晖,丁登山.2007.旅游者空间行为及其国内外研究综述.地理科学,27(3):434-439.
林上.2011.日本高速铁路建设及其社会经济影响.城市与规划研究,44(3):132-156.
刘承良,余瑞林,熊剑平,等.2009.武汉都市圈路网空间通达性分析.地理学报,64(12):1488-1498.
刘法建,张捷,章锦河,等.2010.中国入境旅游流网络省级旅游地角色研究.地理研究,29(6):1141-1152.
刘军.2009.整体网分析讲义:UCINET 软件实用指南.上海:格致出版社.
刘名俭,黄猛.2005.旅游目的地空间结构体系构建研究——以长江三峡为例.经济地理,25(4):581-584.
刘曙华.2012.生产性服务业集聚对区域空间重构的作用途径和机理研究——以长江三角洲地区为例.上海:华东师范大学.
刘贤腾,周江评.2014.交通技术革新与时空压缩——以沪宁交通走廊为例.城市发展研究,21(8):56-62.
刘振礼.1989.中国的旅游与交通.1989.旅游学刊,4(1):31-36.
卢松.2009.旅游交通研究进展及启示.热带地理,29(4):394-399.
卢松,吉慧,蔡云峰.2013.黄山市自驾车入游流旅行空间行为研究.地理研究,32(1):179-190.
陆军,宋吉涛,梁宇生,等.2013.基于二维时空地图的中国高铁经济区格局模拟.地理学报,68(2):147-158.
陆林.2013.都市圈旅游发展研究进展.地理学报,68(4):532-546.

陆林,汤云云.2014.珠江三角洲都市圈国内旅游者空间行为模式研究.地理科学,34(1):10-18.

吕丽,曾琪洁,陆林.2012.上海世博会中国国内旅游者空间行为研究.地理科学,32(2):111-119.

罗家德.2012.社会网络分析讲义.2版.北京:社会科学文献出版社.

罗鹏飞,徐逸伦,张楠楠.2004.高速铁路对区域可达性的影响研究——以沪宁地区为例.经济地理,24(3):407-410.

马晓龙,张宪玉.2009.旅游目的地空间结构的市场影响研究——敦煌案例.干旱区资源与环境,23(8):124-128.

马耀峰,张佑印,白凯,等.2008.中国入境外国游客旅游行为研究.23(2):82-86.

孟德友,陆玉麒.2011.高速铁路对河南沿线城市可达性及经济联系的影响.地理科学,31(5):537-543.

孟德友,陆玉麒.2012.基于铁路客运网络的省际可达性及经济联系格局.地理研究,31(1):107-122.

牛丽静,林涛.2011.上海市交通与都市旅游的相关度及协调度的定量研究.旅游论坛,4(1):72-78.

彭峥,胡华清.2009.高速铁路对航空运输市场的影响分析.综合运输,35(7):70-76.

苏建军,孙根年,赵多平.2012.交通巨变对中国旅游业发展的影响及地域类型划分.旅游学刊,27(6):41-51.

孙根年,侯芳芳.2010.旅游消费增长对拉动国民消费的贡献:以浙江为例.旅游学刊,25(10):31-36.

汪德根,陆林,陈田,等.2006.呼伦贝尔—阿尔山旅游区空间组织.地理研究,25(1):161-170.

汪德根,陈田,李立,等.2012.国外高速铁路对旅游影响研究及启示.地理科学,32(3):322-328.

汪德根.2013.旅游地国内客源市场空间结构的高铁效应.地理科学,33(7):797-805.

汪德根.2013.武广高速铁路对湖北省区域旅游空间格局的影响.地理研究,32(8):1555-1564.

汪德根.2014.京沪高铁对主要站点旅游流时空分布影响.旅游学刊,29(1):75-82.

汪德根,陈田,陆林,等.2015.区域旅游流空间结构的高铁效应及机理——以中国京沪高铁为例.地理学报,70(2):214-233.

汪德根,牛玉,陈田,等.2015.高铁驱动下大尺度区域都市圈旅游空间结构优化——以京沪高铁为例.资源科学,37(3):581-582.

汪德根,牛玉,王莉.2015.高铁对旅游者目的地选择的影响——以京沪高铁为例.地理研究,34(9):1770-1780.

王缉宪.2011.高速铁路影响城市与区域发展的机理.国际城市规划,26(6):49-54.

王缉宪,林辰辉.2011.高速铁路对城市空间演变的影响:基于中国特征的分析思路.国际城市规划,26(1):16-23.

王姣娥,丁金学.2011.高速铁路对中国城市空间结构的影响研究.国际城市规划,26(6):49-54.

王姣娥,胡浩.2013.中国高铁与民航的空间服务市场竞合分析与模拟.地理学报,68(2):175-185.

王欣,邹统钎.2010.高速铁路网对我国区域旅游产业发展与布局的影响.经济地理,30(7):1189-1194.

王颖.2012.东北地区区域城市空间重构机制与路径研究.长春:东北师范大学.
王永明,马耀峰,王美霞.2010.上海入境旅游流对长江流域各省区空间场效应研究.经济地理,30(5):854-858.
王永明,马耀峰,王美霞.2012.中国入境游客多城市旅游空间网络结构.地理科学进展,31(4):518-526.
王兆峰.2012.入境旅游流与航空运输网络协同演化及差异分析—以西南地区为例.地理研究,31(7):1328-1338.
王兆峰,罗瑶.2013.交通运输网对武陵山区旅游业发展响应的测度与差异研究—以张家界为例.地域研究与开发,32(3):84-87.
吴国清.2008.都市旅游目的地空间结构演化的网络化机理.上海:华东师范大学.
吴晋峰,任瑞萍,韩立宁,等.2012.中国航空国际网络结构特征及其对入境旅游的影响.经济地理,32(5):147-152.
吴静,杨兴柱,孙井东.2015.基于新地理信息技术的南京市游客流动性空间特征研究.人文地理,30(2):148-154.
吴康,方创琳,赵渺希,等.2013.京津城际高速铁路影响下的跨城流动空间特征.地理学报,68(2):159-174.
许春晓,姜漫.2014.城市居民出游的高铁选乘行为意向的形成机理——以长沙市为例.人文地理,29(1):122-128.
宣国富,陆林,汪德根,等.2004.三亚市旅游客流空间特性研究.地理研究,23(1):115-124.
严春艳,卢爱刚,高锦红.2013.基于对应分析方法的入境旅游与交通运输相关性评价.铁道运输与经济,35(9):62-65.
杨新军,马晓龙,霍云霈.2004.旅游目的地区域(TDD)及其空间结构研究——以西安为例.地理科学,24(5):620-626.
杨兴柱,顾朝林,王群.2007.南京市旅游流网络结构构建.地理学报,62(6):609-620.
杨兴柱,顾朝林,王群.2011.南京市内部旅游客流空间测度与模拟.地理科学,31(7):802-809.
易丹辉.2008.数据分析与Eviews应用.北京:中国人民大学出版社:168-174.
于涛,陈昭,朱鹏宇.2012.高铁驱动中国城市郊区化的特征与机制研究——以京沪高铁为例.地理科学,32(9):1041-1046.
张朝枝,向风.2002.旅行社对旅游者行为影响的初步研究.旅游学刊,17(3):35-39.
张萃.2009.高速铁路对城镇体系发展影响的研究——以建设中的京沪高铁为例.天津:南开大学.
张国华,周乐,黄坤鹏,等.2011.高速交通网络构建下的城镇空间结构发展趋势——"从中心节点"到"门户节点".城市规划学刊,55(3):27-32.
张建春,陆林.2002.芜湖长江大桥与安徽旅游交通条件的改善.人文地理,17(4):75-79.
张佑印,马耀峰,赵现红.2008.中国一级城市入境旅游流时空演变模式分析.城市问题,26(2):90-94.
张佑印,马耀峰,顾静.2011.北京间接入境聚集旅游流流势时空演化规律研究.旅游学刊,26(11):31-35.

赵守谅,陈婷婷.2015.面向旅游者与居民的城市——"时空压缩"背景下城市旅游与休闲的趋势、影响及对策.城市规划,39(2):106-112.

郑鹏.2015.旅居者城市旅游空间行为的文化影响研究.地理科学,35(9):1148-1155.

中华人民共和国国家发展和改革委员会.中长期铁路网规划（2008年调整）.http://bgt.ndrc.gov.cn/zcfb/00906/t20090605 2498184.html [2008-10-08].

中华人民共和国国家统计局.2013.中国统计年鉴.北京:中国统计出版社:579.

钟士恩,张捷,任黎秀,等.2009.旅游流空间模式的基本理论及问题辨析.地理科学进展,28(5):705-712.

钟士恩,张捷,周强,等.2009.农村居民国内旅游流空间集中性.地理研究,28(6):1562-1571.

钟业喜,陆玉麒.2011.基于铁路网络的中国城市等级体系与分布格局.地理研究,30(5):785-794.

朱竑,谢涤湘,刘迎华.2005.青藏铁路对西藏旅游业可持续发展的影响及其对策.经济地理,25(6):910-914.

朱明,史春云,等.2010.基于旅行社线路的国内旅行空间模式研究.旅游学刊,25(9):32-37.

Albalate D, Bel G. 2010. Tourism and urban public transport: Holding demand pressureunder supply constraints. Tourism Management, 31(3): 425-433.

Candela G, Figini P. 2012. The Economics of Tourism Destinations. London: Springer-Verlag Berlin and Heidelberg GmbH & Co. K: 269-309.

Cao J, Liu X C, Wang Y, et al. 2013. Accessibility impacts of China's high speed rail network. Journal of Transport Geography, 28: 12-21.

Chen C L, Hall P. 2011. The impacts of high-speed trains on British economic geography: A study of the UK's InterCity and its effects. Journal of Transport Geography, 19(4): 689-704.

Chin T H. 2002. Developments in the air transport industry: Implications for Singapore. Toursim Management and Policy, (4), 93-129.

Davenport J, Switalski T A. 2006. Environmental impacts of transport, related to tourism and leisure activities. The Ecology of transportation: Managing Mobility for the Environment, 10: 333-360.

Debbage K G. 1991. Spatial behavior in a bahamian resort. Annals of Tourism Research, 18(2): 251-268.

Dredge D. 1999. Destination place planing and design. Annals of Tourism Research, 26(4): 772-791.

Figueroa M J, Nielsen T A S, Siren A. 2014. Comparing urban form correlations of the travel patterns of older and younger adults. Transport Policy, (35): 10-20.

Froidh O. 2008. Perspectives for a future high-speed train in the Swedish domestic travel market. Journal of Transport Geography, 16(4): 268-277.

Gutierrez J. 2001. Location, economic potential and daily accessibility: an analysis of the accessibility impact of the high-speed line Madrid-Barcelona-French border. Journal of Transport Geography, 9(4): 229-242.

Harman R. 2006. High speed trains and the development and regeneration of cities. London: Green Gauge.

Harvey D.The Condition of Post-modernity.Oxford: Basil Black Wood.1989.

Hong T, Ma T, Tzungcheng H. 2015. Network behavior as driving forces for tourism flows. Journal of Business Research, (68)(1): 146-156.

Hsiao C H, Yang C. 2010. Predicting the travel intention to take High Speed Rail among college students. Transportation Research, 13(4): 277-287.

Hsinyu S. 2006. Network characteristics of drive tourism destinations: An application of network analysis in tourism. Tourism Management, 27(5): 1029-1039.

Janelle D G. 1968. Central place development in a time-space framework. The Professional Geographer, 20: 5-10.

Jevremovic S D. 1980. Impact of tourism on Yugoslavn road transport. East European Transport Regions and Modes, (2): 193-203.

Kato A, Mak J. 2013. Technical progress in transport and the tourism area life cycle. Handbook of Tourism Economices, (5): 225-255.

Khadaroo J, Seetanah B. 2007. Transport infrastructure and tourism development. Annals of Tourism Research, 34(4): 1021-1032.

Khadaroo J. 2007. Transport infrastructure and tourism development. Annals of Tourism Research, 34(10): 1021-1032

Kim J H, Moosa I A. 2005. Forecasting international tourist flows to Australia: a comparison between the direct and indirect methods. Tourism Management, 26(26): 69-78.

Kim J, Mahmassani H S. 2015. Spatial and temporal characterization of travel patterns in a traffic network using vehicle trajectories. Transportation Research Procedia, 9: 164-184.

Kroesen M. 2015. Do partners influence each other's travel patterns? A new approach to study the role of social norms. Transportation Research Part A, 78: 489-505.

Kulendran N, King M L. 1997. Forecasting international quarterly tourist flows using error correction and time-series models. International Journal of Forecasting, (13): 319-327.

Lapoko A. 2014. Urban tourism in Szczecin and its impact on the functioning of the urban transport system. Procedia-Social and Behavioral Sciences, 151(10): 207-214.

Lew A, McKercher B. 2006. Modeling tourist movements: A local destination analysis. Annals of Tourism Research, 33(2): 403-423.

Liu X, Peng H, Bai Y, et al. 2014. Tourism flows prediction based on an improved grey GM(1, 1) model. Procedia Social and Behavioral Sciences, 138: 767-775.

Lue C, Crompton J L, Stewart W P. 1996. Evidence of cumulative attraction in multidestination recreational trip decisions. Journal of Travel Research, 35(summer): 41-49.

Ma K R, Kang E T. 2011. Time-space convergence and urban decentralisation. Journal of Transport Geography, 19(19): 606-614.

Marrocu E, Paci R. 2013. Different tourists to different destinations. Evidence from spatial interaction models. Tourism Management, 39: 71 - 83.

Martin C A, Witt S F. 1998. Substitute prices in models of tourism demand. Annals of Tourism Research, 15(2): 255 - 268.

Martincejas R R , Ramirez Sanchez P P . 2010. Ecological footprint analysis of road transport related to tourism activity — The case for Lanzarote island. Tourism Management, (2): 98 - 103.

Masson S, Petiot R. 2009. Can the high speed rail reinforce tourism attractiveness? The case of the high speed rail between Perpignan (France) and Barcelona (Spain). Technovation, 29(9): 611 - 617.

Orellana D, Bregt A K, Ligtenberg A, et al. 2012. Exploring visitor movement patterns in natural recreational areas. Tourism Management, 33(3): 672 - 682.

Papatheodorou A, Zenelis P. 2013. The Importance of the air transport sector for tourism. Handbook of Tourism Economics, (5): 207 - 224.

Prideaux B. 2000. The role of the transport system in destination development. Tourism Management, 21(1): 53 - 63.

Rodrigue J P, Comtois C, Slack B. 2014.交通运输地理.王建伟,付鑫,译.北京：人民交通出版社.

Song H, Witt S F. 2006. Forecasting international tourist flows to Macao. Tourism Management, 27(27): 214 - 224.

Ureña J M, Menerault P, Garmendia M. 2009. The high-speed rail challenge for big intermediate cities: A national, regional and local perspective. Cities, 26(5): 266 - 279.

Vansteenwegen P. 2009. Planning in tourism and public transportation. 4OR, 7(3): 293 - 296.

Weber J, Kwan M P. Mobility and travel activity patterns. International Encyclopedia of the Social & Behavioral Sciences (Second Edition), 2015, 636 - 639.

Xia J H, Zeephongsekul P, Packer D. 2011. Spatial and temporal modeling of tourist movements using Semi-Markov processes. Tourism Management, 32(32): 844 - 851.

Xia J, Zeephongsekul P, Arrowsmith C. 2009. Modeling spatio-temporal movement of tourists using finite Markov chains. Mathematics and Computers in Simulation, 79(5): 1544 - 1553.

Yang Y, Fik T, Zhang J. 2013. Modeling sequential tourist flows: Where is the next destination? Annals of Tourism Research, 43 (3) : 297 - 320.

Zhang Y, Findlay C. 2014. Air transport policy and its impacts on passenger traffic and tourist flows. Journal of Air Transport Management, 34(1): 42 - 48.

第九章 都市圈旅游空间结构优化

第一节 珠三角都市圈区际旅游空间合作

关于珠三角的概念和区域范围,目前的各种表述并不统一,本书所指的珠三角区域是指广东省珠江口两岸的广州、深圳、珠海、东莞、中山、佛山、肇庆、惠州、江门等9个城市;而将加入香港、澳门以后的区域称为大珠三角;泛珠三角则是指加上广东省周边的福建、江西、湖南、广西、海南、四川、云南、贵州等省区后所形成的区域。珠三角的发展,与大珠三角有着极为密切的关系,同时,泛珠三角也对珠三角的发展产生越来越重要的作用,本章即分析三者之间的关系,主要分析其旅游互动合作的关系。

从20世纪80年代开始,香港在中国内地改革开放的进程中扮演了不可替代的重要角色,成为连接引领中国内地经济走向世界和世界经济进入中国内地的桥梁。广东特别是珠三角地区凭借改革开放先行一步的制度创新优势、毗邻港澳的地缘优势和社会文化相通的人文优势,开启了与港澳的经济合作过程,在制造业领域形成了以优势互补为基础的"前店后厂"式跨境一体化生产与服务的综合经济体系。港澳与珠三角之间"前店后厂"合作模式的形成,带来三地之间商品、资本、人员和信息等要素的大量流动,经贸关系日益紧密,成为粤港澳区域经济一体化发展的雏形,也为三地旅游业互动发展奠定坚实基础。三地游客互流的障碍正逐步减少,三地政府、企业及非政府组织在旅游发展方面的交流与合作越来越深入,港澳珠三角正在成长为我国具有代表性的城市群旅游目的地之一和具有国际竞争力的综合性旅游目的地。该区域旅游业的发展演化过程是典型的以经济发展为主要驱动力的发展模式,该区域旅游发展的研究,对于我国其他都市圈有着较强的借鉴和指导意义。本书通过对港澳珠三角都市圈旅游及三地互动发展的过程的研究,以寻求都市圈内部各城市旅游互动发展的模式。

一、港澳珠三角旅游业发展及游客互流演化特征

(一)港澳珠三角旅游业发展历史及现状

香港位于珠江口的东侧,地理位置优越,是世界上发展最快的地区之一。面积

1 092 km^2,包括香港岛、九龙半岛和新界三部分。香港不仅是国际金融、贸易、航运、信息中心,同时也是著名的国际旅游中心,有太平山、维多利亚公园、海洋公园、女人街、星光大道等多处著名景点,其中太平山顶是游客到访最多的景点(表9-1、9-2)。

表9-1 2008年访港游客到达的主要景点

排 名		曾经游览的地方	百 分 比(%)	
2007年	2008年		2007年	2008年
1	1	太平山顶	33	33
3	2	星光大道	22	26
2	3	露天市场—女人街	25	25
4	4	海洋公园	18	18
5	5	香港迪士尼乐园	17	16
7	6	香港会展中心	13	14
6	7	露天市场—庙街	15	14
8	8	尖沙咀前九广铁路总站钟楼	13	14
10	9	尖沙咀海洋公园	11	12
9	10	浅水湾	12	12

数据来源:《访港游客分析2008》,香港旅游发展局。

表9-2 2015年访港游客到达的主要景点

排 名		曾经游览的地方	百 分 比(%)	
2014年	2015年		2014年	2015年
2	1	太平山顶	25	24
1	2	星光大道	29	22
3	3	香港迪士尼乐园	21	19
5	4	露天市场—女人街	17	15
4	5	海洋公园	18	13
6	6	露天市场—庙街	11	11
8	7	尖沙咀前九广铁路总站钟楼	10	11
9	8	尖沙咀海洋公园	9	10
7	9	香港会展中心	11	9
10	10	兰桂坊	8	6

数据来源:《访港游客分析2015》,香港旅游发展局。

香港文化和历史资源丰富,遗迹遍布每个角落,有传统的祖先宗祠、新界氏族围村,以至坐落闹市的庙宇。香港建筑物兼具中西文化之特色。宗教文化景点、民俗文化景点众多。香港有很多私人开办的博物馆。香港有23个郊野公园和4个海岸公园。赛马与赛马博彩(赌马)是很多香港市民参与的娱乐,香港每年都主办各种类型文化、康乐、体育活动,较大型的活动包括香港艺术节、香港国际电影节、香港国际综艺合家欢,香港国际七人橄榄球赛、六人木球赛和有影响力的国际赛马。同时,香港城市夜景非常壮观,"幻彩咏香江"已经成为香港代表性的景观。

2005年9月,香港迪士尼乐园正式开业,为香港旅游业注入了新的活力。丰富多彩的名胜古迹和文化娱乐设施,现代化的生活方式,健全的城市设施,使得香港都市旅游的形象更加鲜明。香港也是公认的美食和购物天堂,凝聚着东方神秘的古老文化和西方的现代文明。香港旅游业多年来一直处于平稳增长的发展态势,到2008年底,香港接待入境游客2951万人次,与入境旅游有关的总消费达1589.5亿港元。到2015年底,香港接待入境游客5930万人次,与入境旅游有关的总消费达3322亿港元。旅游业多年来一直是香港最大的旅游外汇来源之一,也是香港主要经济支柱之一。特别是2008年下半年以来的金融危机,对香港经济产生了较为严重的影响,发展旅游业成为香港应对危机的重要手段之一。

中国内地已经成为香港最大的客源地,2008年全年访港游客达到2951万人次,占所有访港游客的近58%,2015年全年访港游客达到4584万人次,占所有访港游客的近77%(图9-1,图9-2)。其中广东游客尤其是珠三角区域游客占所有内地访港游客的绝大部分比例(表9-3,表9-4)。

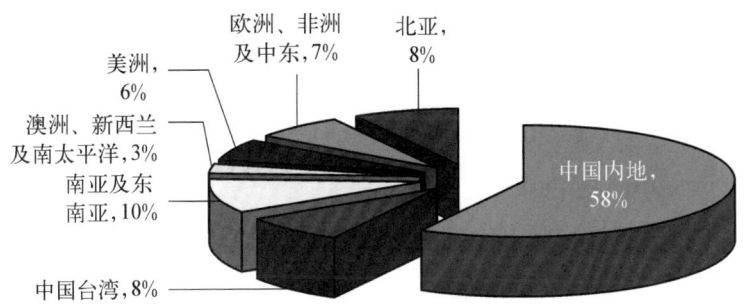

图9-1 2008年访港游客构成

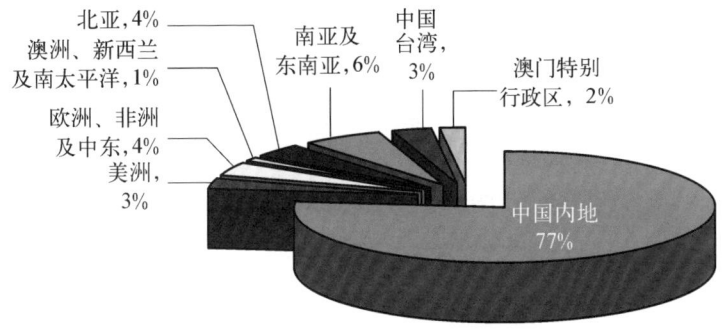

图9-2 2015年访港游客构成

表 9-3　2008 年内地游客赴港旅游构成情况

省(区、市)	过夜游客(%)所有	过夜游客(%)度假	省(区、市)	过夜游客(%)所有	过夜游客(%)度假	省(区、市)	过夜游客(%)所有	过夜游客(%)度假
安 徽	0.3	0.4	黑龙江	0.4	0.5	青 海	—	0.1
北 京	5.4	6.1	河 南	0.4	0.6	陕 西	0.4	0.6
重 庆	0.8	1.0	湖 北	1.5	2.1	山 东	0.8	1.1
福 建	2.7	3.0	湖 南	0.7	0.8	上 海	8.2	9.6
甘 肃	0.1	0.1	内蒙古	0.1	0.2	山 西	0.3	0.5
广 东	67.0	59.2	江 苏	2.1	2.8	四 川	1.1	1.5
广 西	0.7	0.7	江 西	0.4	0.5	天 津	0.4	0.6
贵 州	0.3	0.3	吉 林	0.3	0.5	西 藏	—	—
海 南	0.3	0.2	辽 宁	1.0	1.4	新 疆	0.2	0.4
河 北	0.3	0.4	宁 夏	—	—	云 南	0.4	0.6

数据来源：《访港游客分析 2008》，香港旅游发展局表。

表 9-4　2015 年内地游客赴港旅游构成情况

省(区、市)	过夜游客(%)所有	过夜游客(%)度假	省(区、市)	过夜游客(%)所有	过夜游客(%)度假	省(区、市)	过夜游客(%)所有	过夜游客(%)度假
安 徽	0.5	0.7	黑龙江	0.4	0.5	青 海	—	—
北 京	6.3	6.1	河 南	1.0	1.3	陕 西	0.6	0.8
重 庆	1.0	1.2	湖 北	2.2	2.8	山 东	1.2	1.4
福 建	4.1	4.5	湖 南	1.4	1.7	上 海	7.9	8.0
甘 肃	0.2	0.3	内蒙古	0.2	0.3	山 西	0.5	0.7
广 东	55.3	48.5	江 苏	3.6	4.4	四 川	1.7	2.1
广 西	1.4	1.8	江 西	0.9	1.1	天 津	0.9	1.1
贵 州	0.6	0.8	吉 林	0.5	0.6	西 藏	—	—
海 南	0.6	0.6	辽 宁	1.4	1.8	新 疆	0.2	0.2
河 北	0.4	0.7	宁 夏	0.1	0.1	云 南	0.6	0.7

数据来源：《访港游客分析 2015》，香港旅游发展局。

澳门位于珠江口西岸，与香港距离 61 km，背靠珠三角。总面积 23.5 km²，人口 45 万，包括澳门半岛、氹仔岛和路环岛。旅游博彩业是澳门主要的经济动力之一，其中包括作为澳门最大直接税来源的博彩业及其他如酒店、饮食、零售等行业，对推动澳门经济的发展相当重要。迅速发展的旅游业及服务业是澳门最重要的外汇来源，20 世纪 90 年代以来，澳门旅游业进入蓬勃发展的阶段，自 1992 年起，旅游业的收入已经超过出口产值，访澳游客量增速很快。特别行政区政府成立后，旅游业发展步伐更为迅速。从游客构成来看，2008 年，内地(50%)、香港(30%)、台湾(6%)以及国际市场(14%)。2015 年，内地(66.5%)、香港(21.2%)、台湾(3.2%)以及国际市场(9.1%)。旅游方面，澳门区内主要的旅游景点有 1992 年由澳门 8

个社团评选的澳门八景和2005年7月15日被列入世界文化遗产名录的澳门历史城区。澳门的博彩业于1847年在葡萄牙的管治之下开始合法化,自此以后,澳门以"东方蒙特卡洛"之名广为世界所知,成为澳门经济的重要一部分,2006年澳门赌场总营业额已超越拉斯维加斯,成为全球第一赌城。澳门的博彩业大概可以分成五大类:娱乐场赌博、赛马、赛狗、彩票和足球博彩。

广东省是我国的旅游大省,珠三角地区是广东省对外交往的频繁地区,也是广东省旅游业最发达的地区,旅游业发展在广东省处于举足轻重的地位,到2008年,该区的旅游收入已占全省的87.34%,旅游外汇收入则占95.65%。2008年广东省接待的过夜旅游者中,有80%以上在珠三角。因此从某种程度上来说,珠三角地区旅游业的发展状况决定了整个广东省的旅游业发展的水平。珠三角是岭南文化的重要发源地,近代民主革命的策源地,区内自然景观多样,人文旅游资源和自然旅游资源都十分丰富,但珠三角地区城市旅游是非资源型有序性一体化城市旅游模式,该区城市旅游的最大吸引力并非自然和文化遗产旅游资源,而主要是其活跃的经济活动、现代的建筑风貌、优越的购物环境、先进的娱乐设施及现代开放气息等,旅游城市体系结构紧致,有序性大,区内经济联系紧密,一体化功能强,作为整体对区外的吸引力大。

(二) 港澳珠三角游客互流演化特征

改革开放以前,内地与香港、澳门之间的关系事实上是中国与英国、葡萄牙三国之间的关系。1978年以前内地游客赴港澳属于偶然现象,港澳游客进入内地数量也很少,且以探亲为主。改革开放以后,内地与港澳经济的交流与合作日益加深,使得内地与港澳的联系也日益密切,1978年,内地接待港澳游客已经超过100万,之后一直处于快速平稳的增长状态,除2003年受"非典"影响游客量出现减少外,其他年份均为正增长,到2008年,进入内地的港澳游客已达1.3亿人次,多年来,港澳游客一直占内地入境游客的80%以上,2015年,赴内地的港澳游客达10 223.3亿人次(图9-3)。

随着港澳与内地经贸关系的逐步深入,赴港澳的内地游客也逐年增加,特别是港澳回归之后,更出现了倍增的态势,2008年,赴港内地游客达到了1 686.2万人次,赴澳内地游客达到了1 159.5万人次。2015年,赴港内地游客达到了4 584万人次,赴澳内地游客达到了2 041万人次。内地尤其珠三角游客占港澳入境游客的比例也逐年增加,1994年,内地成为香港入境市场的最大客源市场,游客比例达到20.8%,2008年则达到57.1%;2003年,内地超过香港,成为澳门入境旅游的最大客源市场,占访澳游客的48.3%,2004年达到57.2%,之后一直保持在50%以上,是澳门入境旅游的最大客源市场。

港澳游客互流则一直处于平稳增长的状态。2003年以前,香港一直是澳门入境旅游的最大客源地,而由于澳门人口较少,虽然香港多年来一直是澳门最大的目

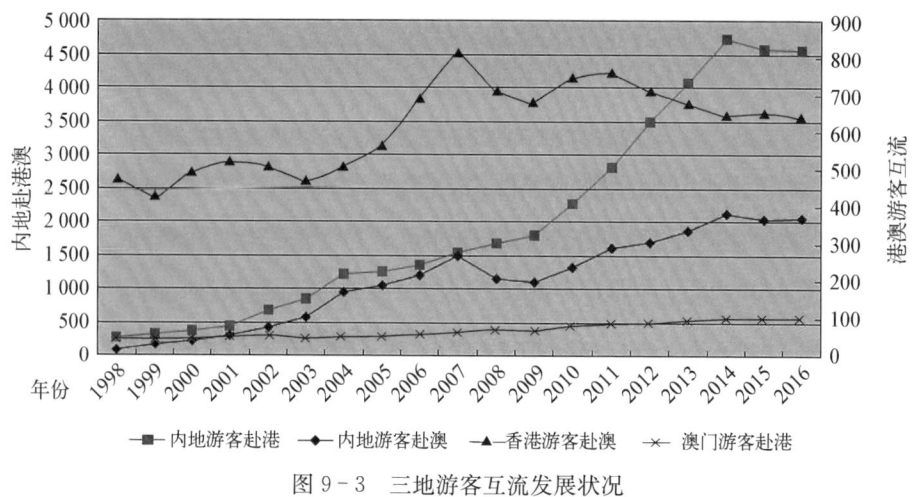

图 9-3　三地游客互流发展状况

的地,但总量偏小。由于地缘关系及经贸之间的联系,珠三角九城市是内地赴港澳游客的主体,一直保持在 60% 左右,珠三角九城市中广州和深圳则占珠三角赴港澳游客的绝对主体地位。

二、港澳珠三角旅游互动演化阶段

根据以上对港澳珠三角游客互流发展的情况分析,可将三地旅游互动演化发展分为五个阶段(图 9-4)。

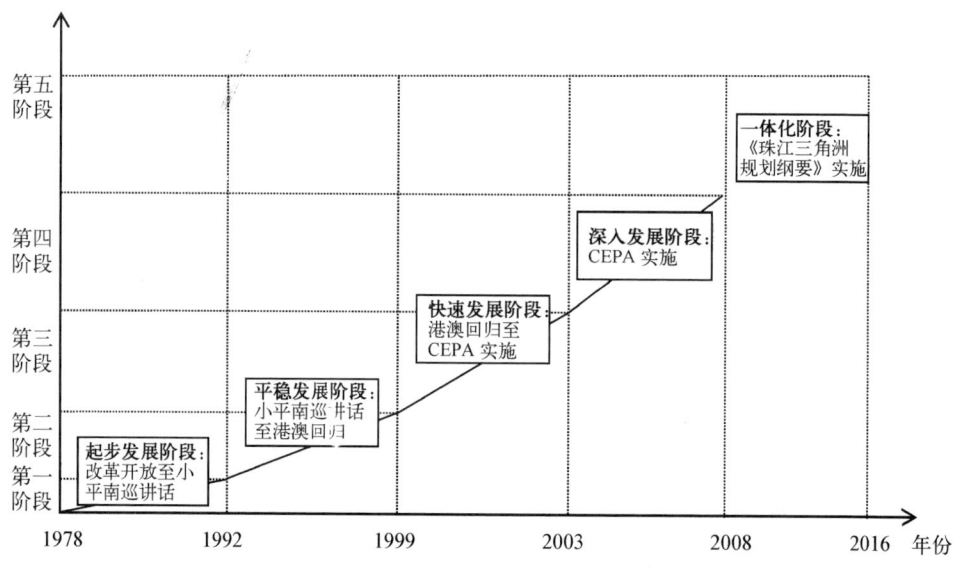

图 9-4　港澳珠三角旅游互动发展阶段

第一阶段,起步发展阶段(1978～1992年),即从内地改革开放至邓小平南方讲话,这一阶段,随着内地实行改革开放政策,内地与港澳的交流逐渐增多,多表现为港澳居民赴内地从事商务、探亲、旅游等。1984年5月,当时的澳门旅游司司长马树道先生提出了澳门旅游业是以广东为后盾的观点,引起了粤澳双方的关注。1987年,广东省旅游局在制定旅游战略规划时明确提出了"粤港澳大三角国际旅游区"的战略构思。1988年7月,广东省旅游局在中山市召开了粤港澳大三角旅游发展研讨会,粤港澳三地旅游界有关人士参加,会议形成了粤港澳旅游合作的理论雏形,得到了三地及国际旅游界的普遍重视和支持。广东省在粤港澳大三角旅游合作方面做了许多有益的准备工作,如大珠三角省内的规划建设,积极引进外资在省内兴建了一批三星级以上的酒店,与香港、日本等合资在深圳、珠海、中山等地建造了一批主题公园;如石景山旅游度假中心、白天鹅、中国、花园等五星级酒店。1989年开业的深圳市首座主题公园——锦绣中华成功开辟了中国主题公园的先河,是当时世界上最大的反应中国历史、文化、艺术、古代建筑最丰富的微缩主题景区,是由香港中国旅行社与深圳华侨城经济发展总公司共同投资建造。

第二阶段,平稳增长阶段(1993～1999年),即从邓小平南方讲话至香港、澳门相继回归,此阶段,改革开放政策被实践证明是符合港澳珠三角发展实际的,应该继续深入,港澳珠三角交流互动平稳增长。1993年12月,广东省旅游局与香港旅游协会、澳门旅游司在香港联合成立了"粤港澳珠三角旅游推广机构",它的成立标志着三地旅游业的互动合作关系已从理论构想进入实质运作阶段。1995年,国务院实施对到香港的外国游客进入内地实行72小时便利签证政策,引起港—珠旅游线路成为香港短程旅游热线。香港每年有100多万外国游客利用这个便利来珠三角旅游。1997年2月,粤港澳三地旅游部门首次在广州联合召开"粤港澳旅游发展研讨会",会议提出三方应在联合推广旅游形象、旅游线路基础上,更深入一步地在资源开发、景区和酒店规划建设、人才培训、交通共建、信息交流等方面实施全面合作。

第三阶段,快速增长阶段(2000～2003年),即港澳回归至《内地与香港关于建立更紧密经贸关系的安排》(CEPA)的实施,港澳的相继回归使得港澳与内地的交流有了更加坚实的基础,开辟港澳珠三角互动的新篇章,内地居民特别是珠三角地区的居民赴港澳的数量快速增长;同时开放了中国与周边国家组团旅游线路,使得到港澳和经港澳到东南亚的旅游人数激增,进一步深化了粤港澳的合作交流。1998年,三地合作完成了包括港澳在内的《1997年珠三角酒店房间综览报告》(中英文双语版),为三地的酒店接待业、广大游客、旅游界提供了重要的参考数据。2000年10月,三地旅游部门合作开发建设的全球首个介绍大珠三角旅游资源的网站(www.pearlriverdelta.org)在第二届中国国际旅游交易会期间正式开通,成为三地旅游业走向一体化的前期工程和良好开端。2002年9月,标志着粤港澳旅游业联合迈向新阶段的"粤港澳旅游信息平台"（www.visitgd.com）正式启动，其具体内容包括建设完善的粤港澳旅游信息数据库，建立权威的粤港澳区域旅游网。总体目标是建立起跨区域的粤港澳旅游宣传形象和信息化公众网络服务，促进旅游行业沟通交流和以粤港澳为基础延伸至全国乃至国外的全方位的宣传营销体系。

第四阶段，深入发展阶段（2003年至今），即从CEPA实施至今，CEPA的实施使内地与港澳之间的互动交流进一步深化，此时期内地居民赴港澳均占到港澳入境游客的50%以上，成为港澳最大的入境客源市场。CEPA的签署标志着粤港澳经济合作步入更新、更高的阶段。CEPA的实施进一步放宽了粤港澳间游客的互相交流、旅游企业的合作门槛，对粤港澳旅游联合推广、旅游基础设施和接待服务的合作内容做出了具体安排。粤港澳旅游业发展在国际国内环境的深刻影响下加快了联合的速度、广度和深度，一系列重大的、体制上的政策和措施相继得以实施，许多阻碍旅游要素流动的歧视和差别逐渐消除，三地旅游业各要素流动的规模、效益大大增加。这标志着粤港澳旅游业联合进入新世纪的新阶段，这个阶段所形成的模式和经验已成为国内国际许多地区学习的典范。

第五阶段：面对国内外经济形势发生深刻变化，珠江三角洲地区正处在经济结构转型和发展方式转变的关键时期，进一步的发展既面临严峻挑战，也孕育着重大机遇。在改革开放30周年之际，从国家战略全局和长远发展出发，为促进珠江三角洲地区增创新优势，更上一层楼，进一步发挥对全国的辐射带动作用和先行示范作用，制定《珠江三角洲地区改革发展规划纲要》。《纲要》提出：推进与高港更紧密合作，推动重大基础设施对接，加强产业合作，共建优质生活圈，创新合作方式等措施。多年来，粤港澳三地围绕《纲要》，逐步推进深度合作。

港澳珠三角游客互流的5个阶段过程中，三地互流量存在较大差异，制约游客互流的障碍逐渐减少，虽然三地总体互流量均呈现增长趋势，但香港游客进入内地的量要远远高于内地和澳门入港的游客量。

三、港澳珠三角旅游互动发展驱动力分析

叶玉瑶（2006）认为城市群空间演化的动力系统包括自然生长力、市场驱动力、政府调控力三种，基本概括了推动城市群空间格局演变的影响因素。靳诚（2006）在研究长江三角洲城市群旅游合作演化的驱动机制时提出空间生长力、市场驱动力、政府调控力是主要驱动因素。根据以上相关分析，结合港澳珠三角特殊的实际情况，将基础推动力、市场驱动力、政府调控力作为推动港澳珠三角旅游互动合作发展演化的动力因子。具体细化驱动因子见表9-5。

表 9-5 港澳珠三角旅游互动发展驱动因子

动力源	动力类型	动力因子	表现
基础推动力	基础力	地缘关系	三地从地缘上紧邻,没有自然屏障
		文化联系	出访、亲戚关系、习俗礼节和宗教活动、社会团体的相互作用等
市场驱动力	内驱力	资源互补	旅游资源有共同点,但也存有较大的差异
		经济联系	资本流、原料流、产品流、生产前、后和侧向联系、消费和购物、收入流
		服务传输联系	能源、网络、信用、财政网络、教育、训练和推广联系、健康服务救护系统、职业、商业和技术服务、运输服务
政府调控力	外驱力	政治行政组织联系	政府间相互关系、相互依赖、预算流、非正式的政策决策链
		政府调控力	政策导向、基础设施建设

(一) 基础推动力

1. 地缘关系

珠三角因无高山阻隔,水陆沟通较为方便,使粤港澳地理上成为一体,同属一个地理单元。在一个幅员不大的范围内,地形、气候、水文、土壤、生物等自然特性差异较小,以此为背景而感应、孕育、发生的文化,其原始特质应是相对一致的。港澳珠三角三地自古互联一体,皆属同根同脉的岭南地理板块和社会区域。珠江贯穿珠三角,流入伶仃洋,香港和澳门位于珠江口的东西两岸;香港与澳门直线距离也只有 61 km。深圳和香港只有一条 20 多米宽的深圳河相隔。珠海建成区与澳门实际上已经相连,只有一座关闸相隔。港澳地区与珠三角的历史渊源悠久,有共同的方言、历史文化和风俗习惯,三地间的交通方便,联系日益密切。

2. 文化联系

历史时期,粤港澳社会经济的发展,促进文化关系进一步弥合,形成深刻历史渊源。这种历史渊源最重要的一个表现是政区建置,它深刻作用于社会经济文化各个层面。列宁在《论"民族文化"自治》中说:"只要各个民族同住在一个国家里,它们在经济上、法律上和生活习惯上便有千丝万缕的联系"。粤港澳文化的史缘关系,也恰恰如此。秦朝时,香港、澳门均属南海郡番禺县,以后香港先后隶属宝安县、东莞县、新安县等,直至鸦片战争后将香港割让给英国。澳门古代行政建置同香港一样,先后同属番禺县、宝安县、东莞县。后划入香山县,直至光绪十三年被迫出让给葡萄牙。

港澳与珠三角文化源出一家,从历史文物古迹分析,港澳古文化与珠三角同属一个文化圈——珠三角文化圈,即史前文化属同一系统。从秦汉以来,行政建置从属关系、人口构成、传统文化观念等也证明港澳与珠三角源远流长的传统关系。从民系划分,同属岭南文化的广府文化,粤剧最能说明省港的文化血缘关系。同族、同语言、同生活方式和文化的互补与经济的互补,在此基础上形成思维定式和观念倾向的趋同。文化是旅游业的灵魂,不仅旅游企业的经营离不开企业文化战略,而且旅游区域的建设也离不了区域义化战略,文化正成为旅游企业、旅游区域之间竞争的有力手段,甚至核心竞争力。殖民地统治时期,香港与澳门逐步形成了特殊的文化,但岭南文化仍是其根源,改革开放后,尤其是港澳相继回归后,解开了粤港澳文化交流关系的新进程和格局。

从族缘看,香港在鸦片战争以前只有4千余人,战后,随着香港城市经济的发展,人口快速增加,多为广东尤其是珠三角地区的移民,澳门情况也大致如此,多为广东珠三角和福建地区的移民。

3. 资源互补

港澳珠三角在社会制度、经济文化、生活方式上都存在差异。珠三角有白沙净水、世界一流的滨海沙滩,风光秀丽的名山秀水,有反映岭南文化的历史文化名城,宜人的优质温泉,多姿多彩的田园风光,可以感受古老丰厚的岭南文化,就目前珠三角29处国家4A级以上的景区看,资源类型丰富(图9-5)。香港不仅是国际金

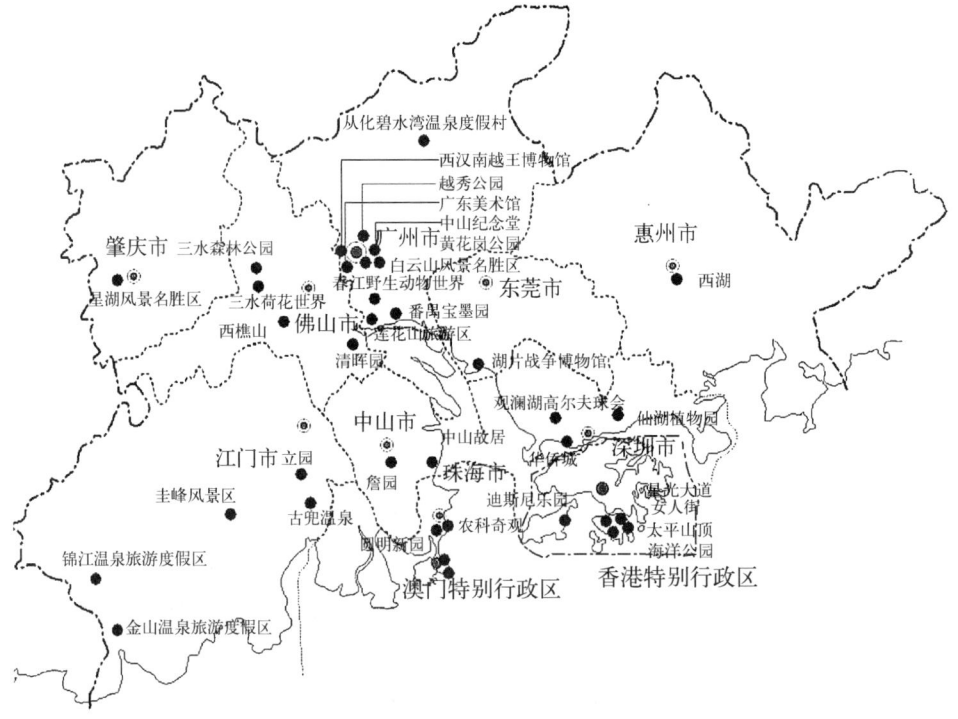

图9-5 港澳珠三角主要旅游资源分布

融、贸易、航运、信息中心,同时也是国际旅游中心。美丽的港口城市,气候宜人,被誉为"东方之珠""购物天堂""美食之都",是亚太地区的交通枢纽,是中国内地通向世界的南大门,更是台湾与内地间接交往最便捷的第三地区。香港又是世界上仅有的基本无关税自由港之一。各国商旅自由往来,货币自由兑换,出入境手续简单、方便,是全世界"最自由的自由港"。澳门旅游业与博彩业占整个地区生产总值的40%以上,而其中博彩业占60%。但旅游规模小、内容有限,博彩业面临马来西亚等国家的竞争威胁,这也是近年来旅游业吸引力下降的主要原因,这一点可以恰好通过珠三角地区丰富的旅游资源加以补充。三地可以造就目前世界上唯一的一个"一国、两制、三地、四种文化(岭南文化、西方文化、都市文化、历史文化)交融"的独具吸引力和极富竞争力的旅游协作区域。

(二) 市场驱动力

改革开放三十余年来,珠三角与香港的经济合作主要是由香港制造业向珠三角的转移所推动的。香港在经过20世纪六七十年代的工业化大发展后,已经发展起大批的劳动密集型的制造业,随着香港劳动力成本和房地产价格的大幅攀升,迫使这批制造业去寻找新的劳动力市场和生产要素市场以降低生产成本,提高国际竞争力。同时,改革开放又给了珠三角引进外资的特殊优惠政策,加之一脉相承的语言、文化渊源,不存在沟通问题,因此港商纷纷将失去竞争力的劳动密集型制造业转移到珠三角。由此,在香港轻、小工业大量转移到珠三角的基础上,珠三角与香港"前店后厂"的加工贸易模式逐步形成。随之而来的资本流、原料流、产品流、生产前、后和侧向联系、消费和购物需求、收入流等,及能源、网络、信用、财政网络、教育、训练和推广联系、健康服务救护系统、职业、商业和技术服务、运输服务等服务传输联系也越来越紧密,促使港澳珠三角之间的人员往来日益频繁,港澳珠三角旅游互动发展初期更多地表现为商务流。同时,大批的港澳(特别是香港)资金投放到珠三角,珠三角早期的大型旅游项目多以港资为主,白天鹅宾馆、中国大酒店、花园酒店等是我国最早的高星级酒店,均是中港合资企业。

(三) 政府调控力

十一届三中全会制定了对外开放、对内搞活等改革开放的基本国策,促进了人们的观念更新,加快了我国融入区域经济一体化、国际化步伐。香港澳门等境外资金率先进入先行一步发展广东,特别是珠三角区域,并与这一地区的土地、劳力等生产要素相结合,由此催发了"前店后厂"的模式。港澳珠三角在三十余年来的互动发展过程中,无不体现政府对发展的调控。1992年邓小平南方讲话,总结了改革开放以来的成功经验,坚定了开放发展的信心,使得港澳珠三角互动发展迈上了新的台阶。政府推动下的港澳回归,更奠定了三地互动共同发展的基础。CEPA

的实施,使三地互动发展更加深入。旅游业发展也充分在政府调控中受益。三地政府在促进旅游业互动合作方面做了大量的工作(表9-6)。

表9-6 三地旅游主要互动合作活动一览表

年 份	活 动 内 容	效 果
1984	澳门旅游司司长马道树先生提出了澳门旅游业应以广东为后盾的观点	首次提出三地旅游互动合作的思想
1983	广东省启动"香港游"	拉开了粤港澳旅游互动合作的序幕
1984	广东省启动"澳门游"	
1988	广东省旅游局在中山市召开了粤港澳大三角旅游发展研讨会,提出"粤港澳大三角区"旅游发展的战略构想	在粤港澳三方合作方面达成共识
1989	下半年,为扭转89事件对旅游业带来的影响,广东省旅游局赴港、澳拜访当地的旅游协会、团体、媒体;12月,粤港澳旅游界在珠海召开粤港澳旅游区首次联席会议	共振粤港澳旅游发展 共促粤港澳旅游业共同发展的开端
1990	3月,由广东省旅游局牵头组织粤港澳旅游界400多名代表在广州举行了首次粤港澳旅游界联欢洽谈会,以后每年举行一次	
1993	港澳珠三角旅游推广机构成立,三地共同成立工作组,在三地旅游市场联合推广和游客互流方面合作	标志着三地旅游业的合作关系已从理论构想进入实质性合作阶段
1994	省旅游局和香港旅游协会、澳门政府旅游司在香港召开座谈会,共商三地加强合作、共同发展旅游的事宜	三地旅游合作稳步前进
1995	国务院实施到香港的外国游客进入深圳72 h便利签证政策,2000年推广到144 h	增加赴珠三角的入境游客数量
1997~ 1999	港澳相继回归	三地合作迈上新台阶,合作领域进一步拓展
2003	启动"港澳个人游",至2007年,城市总数达49个 CEPA实施,香港公司可以独资形式在内地建设、改造和经营饭店、公寓楼和餐馆设施。对香港旅行社在内地设立合资旅行社不设置地域限制	赴港澳内地游客快速增长
2008	《珠江三角洲地区改革发展规划纲要》(2008~2020)	三地合作持续深入推进
2016	三地每年推进落实《纲要》	

在三地政府的直接推动下,三地互动发展的基础设施建设得以大力发展,特别是香港和深圳之间,2001年以前,港深之间有落马洲、文锦渡及沙头角的三条跨境行车通道,由于跨境车辆与日俱增,三条通道容量接近饱和,对来往游客通行造成极大的不便。粤港两地政府共同斥资近40亿元兴建深港西部通道,并于2007年7月1日正式通车,大大缓解了两地车辆进出的压力。推动深港两地在金融、物流和旅游业的发展,促进了香港与珠三角地区的进一步融合。同时,"深港物流绿色通道",免予办理人工录单、人工审核、人工验放等手续;"一地两检"措施的实施,更加方便了人员交流和货物运输。随着深港合作的进一步推进,两地自东向西已经构筑了沙头角、文锦渡、罗湖、皇岗、福田、深圳湾等一线陆路口岸无缝对接的便利通

关设置,两地因此得以实现了东进东出、西进西出的大通关格局,每天经两地陆路口岸通行的人流物流,放大了香港作为国际大都市对内地的辐射力,同时也让深圳乃至珠三角通过香港进一步走向国际。

为落实《珠三角地区改革发展规划纲要(2008～2020)》《内地与香港关于建立更紧密经贸关系的安排》(CEPA)及其补充协议,促进粤港更紧密合作,2010年4月7日,广东省人民政府和香港特别行政区政府经协商一致,制定了《粤港合作框架协议》,《协议》的宗旨是以战略思维谋划粤港合作发展思路,完善创新合作机制,进一步建立互利共赢的区域合作关系,有效整合存量资源,创新发展增量资源,推动区域经济一体化,促进社会、文化、生活等多方面共同发展,携手打造亚太地区最具活力和国际竞争力的都市圈,率先形成最具发展空间和增长潜力的世界级新经济区域。《协议》是粤港两地全方位的合作,涉及内容全面、丰富,其中,在旅游业发展领域提出:支持双方旅游企业拓宽粤港旅游合作范畴;联合开发推广"一程多站"旅游线路,研究开发粤港航空及邮轮旅游,形成不同主题、特色、档次的多元旅游产品体系;共同开拓海外旅游市场,开展旅游宣传促销,共同吸引国际游客。有效利用广东"144小时便利签证"政策,简化到香港的外国游客入境广东手续;为广东居民到香港旅游及香港居民到广东旅游相互提供通关、交通等便利措施;建立粤港旅游市场监管和投诉处理协调机制,互通共享旅游市场监管信息,推行诚信旅游,引导企业和从业人员规范服务,提升旅游服务质量;尽快编制完成粤港旅游合作发展规划,开拓区域旅游市场,促进双方在旅游产品开发、品质监管、联合推广、信息交流、协会沟通、过境便利等方面的合作,为区域旅游合作提供长期发展战略,形成区域旅游品牌,将粤港地区建设成为国际著名旅游目的地。《协议》的签订是粤港两地从政府层面对两地经济社会发展合作的又一意义重大的推动。

四、港澳珠三角旅游互动演化发展驱动模式

在基础推动力、市场驱动力、政府调控力的共同作用下,港澳珠三角旅游互动发展逐步深入,合作领域逐步拓宽。但在三地交流的不同阶段,不同类型的驱动力发挥的作用是不同的。大致经历了由"基础推动力为主向政府推动力为主再到市场推动力为主最后到政府推动与市场推动结合"的发展模式。改革开放以前,三地的互动交流是以基础推动力为唯一动力源的交流,三地交流活动较少,仅因为三地地缘关系,偶有民间交流;起步发展时期,政府调控力发挥了重要作用,正是三地政府特别是内地的改革开放政策,开启了三地之间的空前交流时期,此阶段市场驱动力也已开始发挥作用,但由于三地交流量总体仍偏小,且三地市场规则的差异使得市场调控相对薄弱;随着改革开放的逐步深入,三地旅游互动合作也进一步加深,

基础推动力的作用相对减弱,市场驱动力成为主要驱动因素;当互动发展过程中逐渐暴露出一些问题时,政府调控力又发挥了不可替代的作用(图9-6)。

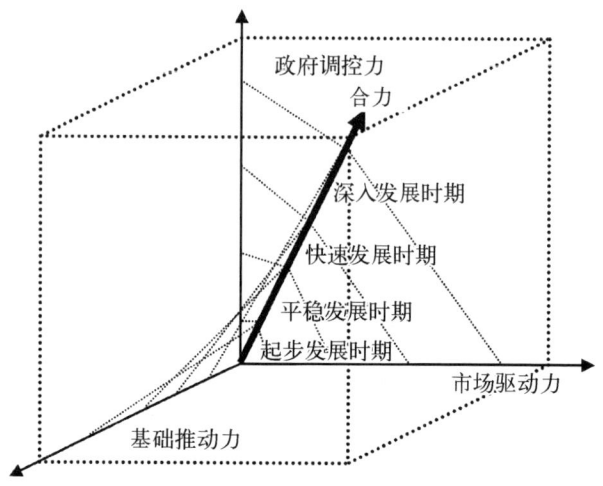

图9-6 港澳珠三角旅游互动发展驱动模型

第二节 泛珠三角区域旅游合作

一、泛珠三角区域概况

"泛珠三角"包括珠江流域地域相邻、经贸关系密切的福建、江西、广西、海南、湖南、四川、云南、贵州和广东9省区,以及香港、澳门2个特别行政区,简称"9+2"(图9-7)。"泛珠三角"面积200.6万km^2,户籍总人口45 698万,2009年,泛珠三角9省区GDP为105 111.01亿元。其中,9省区面积占全国的20.9%,人口占全国的34.8%,GDP占全国的29%。2015年,泛珠三角9省区GDP为243 594.92亿元。其中,9省区面积占全国的20.9%,人口占全国的37.9%,GDP占全国的35.34%。

泛珠三角区域合作的概念最早出现在2003年7月24日的广东省政府的内部文件中。文件指出,广东要"积极推动与周边省区和珠江流域各省区的经济合作,构筑一个优势互补、资源共享、市场广阔、充满活力的区域经济体系",同时,推动9省区与港澳特区的合作,建立"9+2"协作机制,形成泛珠三角经济区。2003年11月,广东首次正式公开提出泛珠三角经济区的构想。同时,在广东省政府的积极组织下,通过召开会议,签署一系列协议,逐步建立起泛珠三角区域合作组织。

第九章 都市圈旅游空间结构优化 · 297 ·

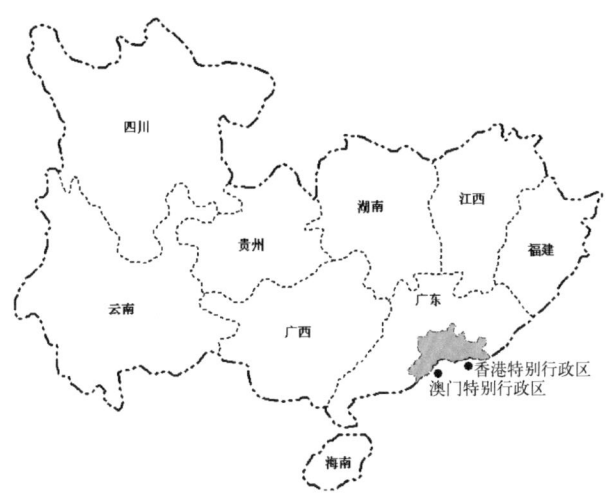

图 9-7 泛珠三角区域分布图

泛珠三角的各种协议的主要内容：创造公平、开放的市场环境，推进泛珠三角区域内能源领域建立长期稳定的合作关系，构筑和完善区域交通运输网络等。其共同目的：积极消除泛珠三角相互间行政壁垒，降低交易成本，实现区域内的有序交易。同时泛珠三角区域合作也成立一套合作机制。

泛珠三角区域合作构想的提出迎合了经济全球化、区域经济一体化进程，以及新一轮国际产业结构调整和产业转移加快的新形势，适逢内地与香港、澳门建立更紧密经贸关系的安排（即 CEPA）以及东盟"10+1"自由贸易区加速形成带来的重要机遇，基于与珠江流域相连、与珠三角相临、经贸关系密切等三方面因素。

二、泛珠三角旅游资源分析与评价

泛珠三角区域内各省区旅游资源特色各异（表9-7），资源价值较高，"9+2"实现了区内旅游资源特别是高品质旅游资源的类型互补，表9-8反映了泛珠9省区5A景区的资源类型，可以看出包括了山水风光、地质奇观、历史人文景观、生态景观、宗教文化、红色文化、主题公园、城市风貌等不同类型。结合香港的现代都市风光、商贸文化及澳门的旅游博彩，泛珠三角区域内可谓自然资源多姿多彩，历史积淀深厚，集境内外特色风情，东西方文化气息，形成了一个综合性旅游资源富集地区。

港澳尤其香港是泛珠三角的旅游发展极，既是泛珠三角区域最主要的入境客源地，也是重要的目的地。香港是国际级的旅游城市，现代化的城市风貌是其核心

表 9-7　泛珠三角各省主要旅游资源特色

省（区）	主要旅游资源	旅游资源特色
福建	武夷山世界文化与自然遗产、厦门鼓浪屿、湄洲岛妈祖文化、泉州海上丝绸之路文化、福建土楼文化遗产、上杭古田会址、昙石山古文化遗址、宁德白水洋奇观八大旅游品牌	山水资源,海滨度假,海峡旅游
江西	庐山、井冈山、三清山、龙虎山、三百山、仙女湖、梅岭、龟峰8个国家级风景名胜区,鄱阳湖等5个国家级自然保护区和14个国家级森林公园,南昌、景德镇、赣州等国家级历史文化名城	红色摇篮,绿色家园,观光休闲度假胜地
湖南	岳阳楼、南岳衡山、中华古代四大书院之一的岳麓书院,以凤凰南长城为代表的湘西风情走廊等著名风景区,以张家界国家森林公园为中心的武陵源风景区	生态旅游,人文资源,文化产业
广东	中国第一经济大省	岭南城市,激情动感
广西	大桂林国际旅游度假区、桂东历史文化名胜自然生态旅游区、金秀大瑶山生态民俗文化旅游区、百色大天坑群旅游区及北部湾滨海旅游和跨国边关风情旅游区五大旅游景区	滨海旅游,跨界旅游,山水风光
海南	兴隆温泉、七仙岭温泉、蓝洋温泉等,适于发展融观光、疗养为一体的旅游。天涯海角、亚龙湾、南山文化旅游区、博鳌亚洲论坛会址等	热带风光,国际旅游岛
四川	峨眉山"中国第一山"、大九寨国际旅游区、卧龙中华大熊猫生态旅游区、三星堆古遗址文化旅游区、都江堰—青城山旅游区等五大旅游精品景区	熊猫故乡,山水资源,历史人文
贵州	国酒文化,长征文化。黄果树大瀑布、龙宫、织金大溶洞、马岭河峡谷等12个国家级风景名胜区,铜仁梵净山,茂兰喀斯特森林、赤水桫椤、威宁草海等7个国家级自然保护区,遵义会议会址等9处国家级文物保护单位和花溪等61个省级风景区	山水风光,生态资源
云南	丽江大研古镇世界文化遗产,世界自然遗产有滇西北"三江并流"风景区,国家重点风景名胜区石林、大理、西双版纳、昆明滇池、丽江玉龙雪山、腾冲地热火山、瑞丽江—大盈江、宜良九乡、建水等	彩云之南万绿之宗
香港	购物、会展、商贸旅游为特色	东方之珠 动感之都
澳门	世界三大赌城之一	旅游博彩业

表 9-8　泛珠三角 9 省区 5A 景区资源类型及特色

5A 景区	省区	资源类型
丽江市玉龙雪山景区	云南	山岳风光、自然奇观
昆明市石林风景区	云南	地质奇观
安顺市龙宫景区	贵州	地质奇观、自然景观
安顺市黄果树大瀑布景区	贵州	山水风光
阿坝藏族羌族自治州九寨沟旅游景区	四川	山水风光、生态环境
乐山市峨眉山景区	四川	山岳风光、宗教文化

续表

5A 景区	省 区	资源类型
成都市青城山——都江堰旅游景区	四 川	山岳、历史人文、宗教文化
三亚市南山文化旅游区	海 南	山岳风光
三亚市南山大小洞天旅游区	海 南	山岳、海景、道家文化
桂林市乐满地度假世界	广 西	山水风光、度假胜地
桂林市漓江景区	广 西	山水风光
深圳华侨城旅游度假区	广 东	主题公园
广州市长隆旅游度假区	广 东	主题公园
张家界武陵源旅游区	湖 南	山岳风光、自然奇观
衡阳市南岳衡山旅游区	湖 南	山岳风光、宗教文化
吉安市井冈山风景旅游区	江 西	红色文化、山岳景观
江西省庐山风景名胜区	江 西	山岳景观、红色文化
南平市武夷山风景名胜区	福 建	山水风光、文化景观

吸引力，人造景点如香港海洋公园、迪士尼乐园是吸引游客的法宝；曾为亚洲规模最大的香港会展中心，每年吸引大量的商务旅客前来会议、经商，促进了商务旅游市场的发展；香港也是世界级的购物中心，商品琳琅满目，丰富多彩，价格合理；各地美食齐聚香港，"游一地而尝尽天下美食"。中西方文化的交融是澳门旅游业的特色，妈祖阁、大三巴、炮台等已列入世界遗产名录的历史建筑群，旅游博彩业也为澳门的旅游经济做出了巨大的贡献，是世界知名的三大赌城。广深珠线路是"小珠三角"旅游的经典线路，另外还有广东四大名山、四大名园、潮汕美食、客家风味菜、地道粤菜等饮食文化精髓，丰富的旅游商品，构成广东旅游资源的亮点。"山美水秀"则是广西旅游资源的整体概括；福建省不仅有武夷山、鼓浪屿、湄洲岛等自然风光，还有千古一绝的永定土楼等人文旅游资源；迤逦的自然风光和悠久的历史文化，使湖南具有独特的旅游资源，如佛教圣地南岳衡山、江南三大名楼之一的岳阳楼、自然风景明珠武陵源风景区，还有毛泽东、刘少奇故居等历史遗迹；江西省旅游资源具有很高的历史价值，如世界遗产庐山、老革命根据地和众多的革命遗址等。独特的自然环境，众多的少数民族，悠久的历史，造就了云南得天独厚的旅游资源，其中路南石林、大理、西双版纳、三江并流、丽江玉龙雪山，都是国家级的重点风景名胜区；"椰林树影，水清沙悠"是海南岛极力塑造的旅游形象，亚龙湾、天涯海角是享受阳光海滩的圣地，热带风光美不胜收；四川省的世界遗产和自然保护区等著名景区广受海内外游人的关注；贵州省旅游资源除富有特色的地域文化、民族民俗风情外，以山石风景、河湖水景、喀斯特洞景、森林风光等为特点的自然景观也相当多（表9-9，表9-10）。

表 9-9　泛珠三角 9 省区各种类型资源及与全国的比较(2008)

比较项目	全国	泛珠	广东	广西	海南	云南	四川	湖南	贵州	江西	福建
5A 景区	76	19	2	2	2	2	3	2	2	2	2
优秀旅游城市	339	102	21	12	5	7	21	12	7	9	8
工农业旅游示范点	203	47	14	4	2	5	9	3	3	5	2
国家级重点文物保护单位	2 351	560	66	42	14	76	127	60	39	51	85
国家森林公园	710	233	24	21	8	27	31	35	21	41	25
国家风景名胜区	208	99	8	3	1	12	14	15	18	12	16
国家自然保护区	310	117	11	15	4	17	22	15	9	7	12
历史文化名城	112	35	6	2	3	5	7	2	2	3	4

表 9-10　泛珠三角 9 省区各种类型资源及与全国的比较(2015)

比较项目	全国	泛珠	广东	广西	海南	云南	四川	湖南	贵州	江西	福建
5A 景区	247	70	12	5	6	8	12	8	5	10	9
优秀旅游城市	339	102	21	12	5	7	21	12	7	9	8
工农业旅游示范点	306	72	20	10	2	8	12	5	4	6	5
国家级重点文物保护单位	4 296	1 068	98	66	24	132	230	183	70	128	137
国家森林公园	826	272	24	21	9	27	37	58	21	46	29
国家风景名胜区	225	108	8	3	1	12	14	19	18	14	19
国家自然保护区	446	149	13	21	9	21	26	23	9	11	16
历史文化名城	131	41	8	3	3	6	8	3	2	4	4

三、泛珠三角区域旅游资源整合及区域旅游合作策略

(一) 泛珠三角区域旅游合作现状

泛珠三角地区各旅游城市旅游资源丰富多样,在区域内部互补性强,因此,各城市如果在旅游业发展中着眼于泛珠三角地区的整体效益,在重大旅游项目引进和开发及其他旅游业发展的决策、措施中互相沟通、协调,避免低水平的重复建设和恶性竞争,致力于实现优势互补。这样,泛珠三角地区各旅游区域将在旅游合作中互惠互利,实现旅游业发展的共赢,各区域将共同打造具有国际影响力的旅游经济区域。

从政府层面,泛珠三角区域旅游合作也已经被提上议事日程,2009 年 6 月,泛珠三角各方在广州签订了《泛珠三角区域旅游合作框架协议》,《协议》中提到泛珠三角区域各省区拥有丰富的旅游资源和独特的旅游产品,旅游市场互补性强,旅游产业具有共同发展的广阔前景和良好的合作潜力。为进一步促进珠三角区域各方

旅游产品的互补和旅游市场的互动，推动旅游合作与交流，各方提出在八个方面加强合作与交流：一是宣传促销方面，包括资源和线路的整合，共同构建泛珠三角区域旅游圈，互为目的地、互相推介、完善自驾车旅游线路和服务体系，共同实现泛珠三角旅游无障碍；二是区域内旅游项目投资方面的合作，举办投资项目洽谈会，开展旅游投资咨询服务，鼓励区内企业以收购、参股、租赁等各种经营形式合资合作经营；三是加强区域内各方旅游市场的管理，完善区域旅游突发事件应对机制的合作，协作处理各种旅游事件和投诉；四是旅游信息的合作，包括相互连接各自的官方网站，官网上设置"泛珠三角区域"窗口等；五是促进区域内各方旅游企业之间的合作，鼓励交流与合作；六是旅游人才培训方面的合作；七是建立合作保障机制；八是加强与区外东盟的交流与合作。目的是通过进一步加强九省（区）和港澳特别行政区的交往与合作，促进区域内部旅游要素自由流动，获取区域内地区间的旅游经济聚集和互补效应，提高旅游市场配置效率，依托市场力量对旅游资源进行更为充分和合理的配置，促进旅游产业专业化分工和旅游产业结构优化，减少旅游项目的重复建设，提高专业化分工水平，进而提升区域旅游综合竞争力。九省（区）签订的省际旅游协议，逐步构建起统一的旅游市场体系和旅游网络质量标准。特别是各省区与区域首位城市香港之间旅游联系密切。区域旅游合作不断深化并取得明显成效，实现了"多赢"的效果。

（二）泛珠三角区域旅游资源整合

1. 合理的区域旅游功能划分

在泛珠三角区域旅游合作中，港澳、珠三角与泛珠三角其他各省区所处的地位和作用有所不同。从泛珠三角区域各省区及港澳的旅游资源特色及旅游业发展状况看，泛珠三角区域从旅游功能上明显分为三个区域层次，香港作为国际性大都市，其城市功能、城市景观、旅游资源、游客类型与泛珠三角其他区域都有着很大不同，香港是国际性的旅游中心，2008年游客接待量为2951万人次，与入境旅游相关的开支也达到1589.5亿港元，入境旅游服务业占有明显优势；澳门则有着国际性博彩旅游的品牌，欧盟、葡语系国家关系密切，2015年接待的游客为5930万人次，2008年游客接待量为2951万人次，与入境旅游相关的开支也达到1589.5亿港元，入境旅游服务业占有明显优势；澳门则有着国际性博彩旅游的品牌，欧盟、葡语系国家关系密切，2015年接待的游客为3071万人次，港澳是泛珠三角旅游业通往更广阔国际市场的窗口，因此，港澳应成为泛珠三角区域旅游的核心区域；珠三角九城市是内地20世纪80年代后逐步率先发展起来的城市和区域，突出体现了我国改革开放的成果，彰显了南国现代岭南城市的特色，但与港澳相比较，在旅游业发展方面还有一定差距，也体现了明显的地方特色，珠三角地区与港澳地区已经形成了唇齿相依、休戚与共的依存关系，又与泛珠三角其他各省地脉相连、文脉相通,是泛珠三角其他省(区)与港澳连接的桥梁,因此珠三角九城市应成为泛珠三角区域旅游的过度区域;而泛珠三角区域其他省区自然资源丰富,区内不乏名山大川、奇山秀水,但分布相对较散,各省区经济发展相比较港澳、珠三角也落后,因此主要体现生态旅游及文化旅游,属于泛珠三角区域旅游的外围区域。

香港、澳门不仅是很具特色的旅游目的地,更重要的是它们同时也是区内最重要的旅游客源地。珠三角九城市则同时是港澳和泛珠三角其他区域主要的目的地,也是港澳最重要的内地客源地和泛珠三角重要的国内客源地,而泛珠三角其他省区从旅游资源方面虽都丰富多彩,但核心资源多表现为奇山秀水,即良好的生态旅游资源,是区内主要的生态、文化旅游目的地。因此,通过大尺度的旅游合作,使泛珠三角形成了资源完备、功能多样相对更加完整的旅游区。整个泛珠三角区域旅游功能的划分如表9-11所示。

表9-11 泛珠三角各区域的区内旅游功能和地位

区域	区域旅游功能
香港、澳门	国际性旅游目的地 区内主要旅游目的地 泛珠三角其他区域最主要的入境客源地
珠三角	港澳最主要的内地客源地 港澳最主要的内地目的地 泛珠三角内地其他区域主要的国内省外客源地及目的地
泛珠三角其他区域	区内主要目的地

2. 旅游资源整合

通过对各省区特色旅游资源的分析可以看出,港澳、珠三角及泛珠三角其他区域在旅游资源类型上存在的差异,泛珠三角区域可以分为港澳的国际性旅游城市、珠三角现代岭南城市及泛珠三角其他区域的生态环境文化旅游资源等三种类型资源区。但由于泛珠三角内地各省区内,除都有着山水生态资源外,各省区内均有着其他特色资源,但各省区面积广袤、资源点众多,根据各省区资源的特色和类型,若要把泛珠三角旅游资源的众多特色整合为一点或一个方面,并统一向外传播是不现实的。因此,可对区内资源类型进一步细分,结合资源布局的区域特征,将这些资源分为以下几个特色资源区域:湖南、江西、福建为山水风光、红色文化;四川省委山水风光、历史人文;云南、贵州、广西为青山秀水、民族风情;广东省珠三角以外的其他区域及海南省委海滨休闲、海岛风光。

山水风光、红色文化旅游区域:泛珠三角区域拥有大量风景秀丽、环境宜人的自然山水风光,其中以江西、湖南、福建三省较为突出,湖南的武陵源、衡山,福建的武夷山,江西庐山等均为知名景点,资源价值极高。且近年来,红色旅游在我国发展的如火如荼,国家旅游局更将2005年定为红色旅游年,把红色旅游确定为全国旅游的核心主题之一。泛珠三角区域的江西、湖南、广西、广东和海南等地发展了一批规模不一的红色资源区。而在这些省区中，真正以红色旅游资源作为核心特色的是江西省，因此，应以江西省为核心，把周边省份中历史地位较为重要的个别红色资源纳入其中，从而形成了泛珠三角的红色文化旅游区域。

青山秀水、民族风情旅游区域：云南、贵州、广西三省区由于特殊的地理区位，形成了山水秀丽、森林密布的良好生态旅游资源，同时，三省区也是我国少数民族的主要聚居区，民族风情是中国文化的瑰宝，各民族都有不同的风俗、习惯、饮食文化和传统特色，民族风情已被证明是现代旅游者热衷的旅游资源，而这正好给少数民族风情资源以巨大的开发机会。三省区集中了纳西族、傣族、彝族、白族、苗族和布依族等多个特色少数民族，将少数民族风情资源有机整合，整体推广，形成独特的形象，将有着巨大的竞争力。

山水风光、历史人文旅游区：四川是我国的旅游资源大省，目前我国经联合国教科文组织批准的世界遗产有31项之多，其中有4项落在了四川省境内，包括世界自然遗产黄龙、九寨沟；世界文化与自然遗产峨眉山—乐山大佛；世界文化遗产青城山—都江堰，四川历史悠久，人文荟萃，历史人文资源丰厚，是泛珠三角的特色旅游区域。

海滨休闲、海岛风光旅游区：海南省是泛珠三角乃至全国唯一的热带海岛，具有独一无二的热带景观资源。阳光、沙滩、椰树、蓝天与大海是海南吸引客人的亮点。其热带景观大大增强了泛珠三角旅游资源的吸引力，为旅游资源的多样性添上了重要的一笔(图9-8)。

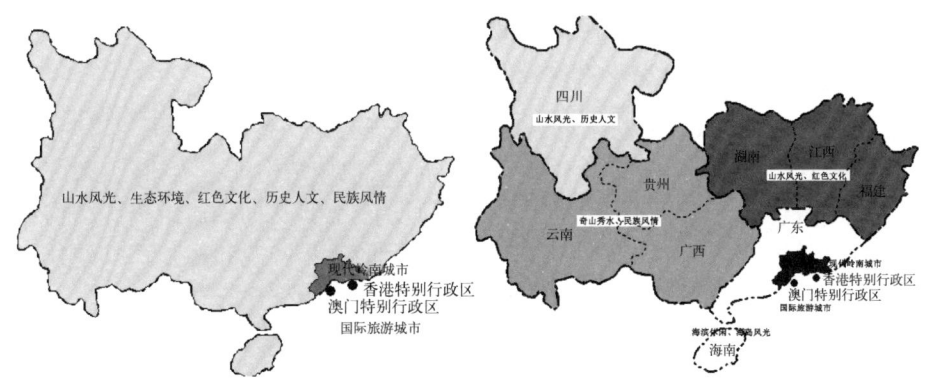

图9-8 泛珠三角旅游资源类型区域划分

(三) 泛珠三角区域旅游合作策略

泛珠三角区域范围大，涉及省区较多，且港澳与内地的体制存在较大差异，因此泛珠三角区域旅游合作具有较强的复杂性。

1. 合作阶段和过程

区域旅游合作从内容方面一般会经历单一化合作、综合性合作、多元化全方位合作三个阶段,对泛珠三角来说,区域旅游合作已经走过了第一个阶段,从泛珠三角概念的提出到现在,各方为区内旅游合作已经做了大量工作,如相互开放旅游目的地,鼓励区内投资者来境内在规定的行业和领域进行多种形式的旅游投资开发活动(如合资或独资建造酒店、度假村、旅游景区)等。这种初期的合作一般是由政府推动企业和民间完成的,合作的内容比较单一,双方的合作关系不够稳定,但它是区域旅游合作大规模开展的前奏和准备;泛珠三角区域旅游合作目前已经进入了行业综合合作期,区域合作的内容涉及旅游行业的各个领域,包括各类旅游企业(旅行社、旅游公司、饭店、旅游景区),以及能为旅游活动提供直接服务的公共设施服务业(交通运输业、园林绿化业、自然保护区管理业、风景名胜区管理业、环境卫生业、海关与口岸边检行业、公安及出入境服务业)。旅游业区域合作的形式是各类企业在市场利益驱动下通过多种方式进行投资、经营、销售、管理等方面的合作,区域旅游业合作呈现出全(旅游)行业和综合性特点,并且旅游行业的合作与其他行业和领域的合作形成相互促进、共同繁荣的互动关系,区域旅游业合作呈现出加速推进的态势;随着泛珠三角区域旅游合作的不断深入,未来,合作将进入多元化全方位合作,届时区域间不仅旅游行业全面形成密切的协作关系,而且,在国民经济中的众多产业,包括与旅游业密切相关、直接相关、间接相关的各个行业,都会广泛地形成合作关系。区域合作的主体多元化,包括中外企业、民间组织、各级区域政府等,各地区的旅游业在市场驱动、政府推动、民间互动等多种机制的综合协调下形成共生共荣、水乳交融、高度融合的全方位合作关系。

2. 泛珠三角区域旅游合作策略

"泛珠三角"区域内部差异显著,省区与省区间、同一省区内部市与市间、甚至同一市内部镇与镇间,旅游资源种类、数量、特色、地域结构都不尽相同,旅游产业结构也千差万别。但如前分析,从较大区域尺度看,各地区间的旅游资源结构和产业结构具有较强的互补性,每个区域都具有相对的优势资源和要素。以差异性和互补性的旅游资源和产业结构为基础,通过形式多样的合作行动将"泛珠三角"各区域的资源和要素整合起来,形成跨区域的旅游产业链和旅游产业集群,就能发挥各地区的比较优势,共同将"泛珠三角"的旅游业做大做强,具体表现在:

1)以旅游线路设计和组织整合旅游资源和产品。"泛珠三角"各区域的旅游资源特色各异,按照旅游资源的分类系统,以特定的旅游产品类型为主题,"泛珠三角"各个区域可以设计生产主题突出的特色旅游产品,针对特定的旅游市场,策划和组织富有特色的、系列化的旅游线路,将"泛珠三角"相关的旅游景区、景点串联起来,形成各具特色、异彩纷呈的旅游线路。例如,可以策划"奇山秀水游""海滨休闲度假游""云贵高原风光旅游""森林生态游""珠三角岭南都市游""民族风情游""红色文化游""珠江溯源游"等主题鲜明的旅游产品和旅游线路。

2）以旅游项目投资促进旅游产品开发、打造旅游品牌。泛珠三角区域内部经济发展程度差异巨大，旅游资源类型的差异也非常明显，粤港澳地区经济发达，但传统意义上的生态旅游资源较少，大量的资金需要找到合适的投资渠道。泛珠三角其他区域经济相对落后，传统的山水人文生态旅游资源众多，需要加强产品开发，但资金缺乏，因此，加强区域内交流与互动，将发达地区的资金引入相对落后区域，共同开发旅游资源，共同打造"泛珠三角"世界级旅游区应成为泛珠三角区域旅游开发的重要手段和机会。多年来，粤港澳地区已经以政府直接投资和政府引导民间投资的方式向广大内地输入资金，开发内地旅游资源和项目，共同打造旅游品牌。

3）以人力资源合作共同提升泛珠三角旅游水平和质量。由于"泛珠三角"各区域旅游业发展的不均衡性，人力资源匮乏成为边远区域许多地区旅游业发展的瓶颈。因此，加强"泛珠三角"旅游人力资源的交流和进行旅游企业经营管理方面的合作是非常必要。大珠三角地区的旅游企业可以与内地的旅游企业横向联合，扶持帮助内地旅游企业的发展壮大，进而以此为阵地，开发内地丰富的旅游资源和潜在的巨大旅游市场，无疑能够做到双赢。实际上，发达地区的旅游经济要素要想渗入欠发达地区，只有和这些欠发达地区的旅游经济实体交流合作，才能适应"水土"，"本土化"始终是区域旅游合作中绕不开的道。

第三节 本 章 小 结

1）改革开放三十余年来，港澳珠三角三地旅游互动合作发展取得长足的进步，三地游客互流量比改革开放前增加了近千倍，旨在促进三地进一步互动合作发展的基础设施、软件建设方面逐步加强，互动交流的方便程度逐步提高，在互动合作发展不同阶段，基础推动力、市场驱动力、政府调控力发挥的作用有所不同，经历了以基础推动力为主到以市场驱动力为主再到以政府调控力为主的发展过程，但总体上是三种驱动力综合作用的结果。

2）虽然港澳珠三角在旅游互动合作方面取得了很大的成就，但三地的旅游互动交流仍然面临许多障碍，阻碍了三地旅游业合作乃至经贸全面合作的深度。如港澳与珠三角在经贸服务的制度标准上差异颇大，且双方缺乏有效快捷的协调机制。旅游等服务业合作的关键是人，人员的自由往来是服务业合作的基础，而三地之间的人员往来的自由程度还远未达到国际市场要求的自由往来条件，三地之间人员流动的时间成本及经济成本仍然较高。有些合作项目由于受制于三地事权的不同，难以由三地政府资助决策和推动。因此，三地旅游业的互动合作需要进一步减少障碍,增强自由度,使得交流进一步便捷、深化。

3) 港澳珠三角三地旅游地缘相连、资源互补、文化同源、经济相融,具有得天独厚的合作基础,由港澳珠三角所组成的大珠三角有着较高的经济发展程度,上亿的人口,具备了成为国际级都市圈的基础条件。港澳珠跨海大桥也于2009年12月15日正式动工兴建,大桥的建设对于完善国家和粤港澳三地的综合运输体系和高速公路网络,密切珠江西岸地区与香港地区的经济社会联系,提升珠三角地区的综合竞争力,保持港澳地区的持续繁荣稳定,促进珠江两岸经济社会协调发展,具有重要意义。未来,通过轨道交通和高速公路为主的基础设施建设,包括香港、澳门在内的大珠三角将实现城际一小时交通圈,以及东西两岸的游客互流。

参考文献

陈广汉.2006.粤港澳经济关系走向研究.广州:广东人民出版社.
靳诚.2006.长三角区域旅游合作演化动力机制探讨.旅游学刊,21(12):43-47.
梁明珠,张欣欣.2006.泛珠三角旅游合作与资源整合模式探究.经济地理,26(2):335-339.
廖春花,明庆忠,邱膑扬.2006.区域合作背景下的地方旅游产品结构调整研究——以云南参与泛珠三角区域合作为例.旅游学刊,21(7):48-55.
刘丽君.2007.中国会展品牌问题研究.商业经济,(10):70-73.
《企业家信息》编辑部.2006.透视中国会展经济.企业家信息,(12):18-32.
秦学.2006.论区域旅游合作模式的变化及其创新发展——以"泛珠三角"和"大珠三角"为例.云南民族大学学报(哲学社会科学版),23(1):98-102.
许桂灵,司徒尚纪.2006.粤港澳区域文化综合体形成刍议.地理研究,25(3):495-506.
叶玉瑶.2006.城市群空间演化动力机制初探——以珠三角城市群为例.城市规划,30(1),61-67.
张婧.2006.香港会展业的成功之道及借鉴思路.价值工程,(9):11-13.
中国国际贸易促进委员会.2006.中国会展经济报告2005.北京:中国经济出版社.